Collection La Blibliothèque dirigée par
Fabrice Flahutez - Camille Morando

Fabrice FLAHUTEZ Camille MORANDO

Isidore Isou's library.
A certain look on lettrisme

La Bibliothèque d'Isidore Isou.
Un certain regard sur le lettrisme

ArtVenir

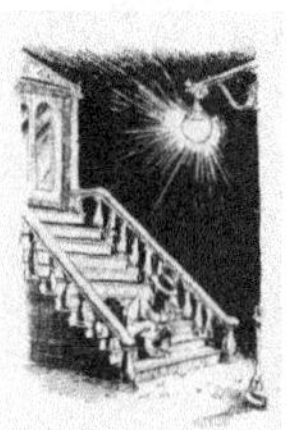

Achevé d'imprimer en janvier 2014
artvenir@gmail.com
5 rue des Petits-Carreaux 75002 Paris France
ISBN 978-2-9539406-1-9

Remerciements – Acknowledgments

Nos chaleureux remerciements vont à l'adresse des personnes et des institutions américaines et françaises dont l'aide apportée à ce projet est inappréciable / We warmly thank people and the French and American Institutions that have helped us in this project.

Catherine Goldstein ; Jacqueline Enger ; Frédéric Acquaviva ; Eric Fabre ; Alain Satié ; Jean-Paul Curtay ; Maria Faustino ; Frédéric Alix ; Ligia Cadavid Zuleta ; Olivia Grandville ; Noëlle Chesnoy, Fabien Danesi, Malte Hameister, Marin Sarvé-Tarr, Department of Art History, **The University of Chicago** ; Derek Christian Quezada, Reference Librarian, **The Getty Research Institute**; Tracey Schuster, Head of Permissions and Photo Archive Services, **The Getty Research Institute** ; Centre de recherches HAR de l'**Université de Paris Ouest Nanterre La Défense**; Camille Morando, la documentation des oeuvres, **Musée national d'art moderne, Centre Pompidou**; Laurence Le Bras, conservateur au département des Manuscrits, **Bibliothèque nationale de France**; Anne Sahin-Bichet, Responsable-adjointe, **Bibliothèque André Malraux**, Paris; Emmanuel Guy, **Université Paris 13-Villetaneuse** and **Parsons The New School for Design**, Paris ; Mary Ann Caws, Distinguished Professor of Comparative Literature, English, and French at the Graduate School of the **City University of New York** (CUNY).

Maquette et conception (designer) nonolamine@gmail.com

★This book has been presented for the first time, February 20, 2014 at the international colloquium organised by Jennifer Cohen et Marin Sarvé-Tarr Interiors and *Exteriors : Avant-Garde Itineraries in Postwar France*, in conjunction with an exhibition at the Smart Museum of Art. Scholars from France and the United States convene to present on emerging and enduring avant-garde movements in post-World War II Paris. Presented by the Department of Art History, University of Chicago, the France Chicago Center, the Franke Institute for the Humanities, the Norman Wait Harris Fund, and the Uncommon Fund at the University of Chicago. Cette publication a fait l'objet d'une première présentation le 20 février 2014 dans le cadre du colloque international *Interiors and Exteriors : Avant-Garde Itineraries in Postwar France* (http://smartmuseum.uchicago.edu/colloquium-interiors-exteriors). Colloque international organisé par Jennifer Cohen et Marin Sarvé-Tarr. Cette rencontre était accompagnée d'une exposition au Smart Museum of Art. L'ensemble des événements est soutenu par le department d'histoire de l'art de l'Université de Chicago, le France Chicago Center, le Franke Institute for the Humanities, le Norman Wait Harris Fund, et le Uncommon Fund de l'Université de Chicago★

Isidore Isou's library
A certain look on Lettrism

Introduction

This publication is the second volume of the series «La bibliothèque de» for Artvenir Publishing. The first book, published in 2011, was devoted to the library of the surrealist André Masson[1]. The study of artists' libraries is justified by the fact that such an inventory, with comments and annotations, can lead to a better understanding of the pathways of a thought and perhaps an entire body of work. « Tell me what you read and I will tell you who you are ». This adage is especially valuable for a more precise approach to the universe of Isidore Isou and Lettrism. It is also a difficult work, which is often urgent because of the fragility of the library itself, which, when it is moved, sold, or dispersed between rightholders during the succession, forces the researcher into a position of haste[2]. On the other hand, a library of a bibliophile probably owes its preservation to collectors who love rare books ; but this is not the case of the library of Isidore Isou (1925-2007) which belongs rather to the library of the scholar. The books in Isou's library are not precious, but they are a mine of information. If Isou's library proves unable to join the collections of a private or public institution, maintaining its identity and integrity, then this edition offers the rare opportunity to see an « image » of the « literary landscape » of the founder of Lettrism. Especially since, *Isidore Isou's library, a certain look on Lettrism* presents the physical library in relation to a whole constellation of other bibliographic indices. And even though the relevance of considering the artist's library as an indivisible whole is questionable, its value as a cultural heritage, its enhancement, and its conservation allows researchers to work methodically and opens perspectives for many new studies : it's the reason behind this book. Isidore Isou was born in 1925 in Botoşani, Romania, arrived in Paris in 1945, and founded alongside Gabriel Pomerand an avant-garde modeled on the historical avant-gardes of the inter-war period. Bringing together in its own history many emblematic artists and thinkers, Lettrism remains to be discovered and to be situated in a currently incomplete history of the second half of the twentieth century. The library is a bottomless well of information on the world of an artist, on his readings and, over

1 Hélène Parant, Fabrice Flahutez, Camille Morando, *La Bibliothèque d'André Masson. Une archéologie*, Paris, Editions Artvenir, 2011.

2 We wish to warmly thank Catherine Goldstein for opening Isidore Isou's apartment in 2013, allowing us to continue investigate his library. A doctoral thesis on Lettrism is being written by Frédéric Alix and will be defended at the University of Paris Ouest Nanterre under the direction of Fabrice Flahutez. This PhD, for the first time, will largely reflect all the archives in the apartment.

time, the evolution of his thought. It is also like a specific country populated by books and texts, notes and borrowings, dedications and images, in which it is necessary to define borders, networks, limits. In short, a constellation of signs that need to be released. *Isidore Isou's library, a certain look on Lettrism* proposes to merge the stories of a corpus of miscellaneous objects, a number of clues to better capture the intimacy of a work, a thought, a movement[3]. Isou's library consists of books that are physically present in his apartment, but also loan slips or records of requests from the National Library of France (Bnf), forms that he had filled out and carefully preserved. His library is also enhanced by all the little bibliographical notes he had left here and there in his apartment, which show both his readings from any given moment and potential readings. To be more complete, we systematically tagged names of writers cited by Isou in his : *La Créatique ou la novatique*[4], to each occurrence of the inventory. Several Interviews with relatives and people who knew him allows us to recover in extremis some of Isou's most recent readings. Similarly, in his theoretical texts one can detect here and there, borrowings that are more or less faithful to other books or authors. Choreographer Olivia Grandville, who had staged *Le Cabaret discrépant* in 2011, noticed that the book by Léandre Vaillat (1878-1952), *Histoire de la danse*[5], was overtly cited in Isou's theories on dance. Finally, Isidore Isou had produced an important piece in 1999 entitled *La Bibliothèque infinitésimale et supertemporelle* which was exhibited in Lisbon in 2010[6]. This piece was composed of hundreds of books reaching across several disciplines. One is tempted to see it as an extension of his own library, although it is instead an ideal library of Lettrism or representative of all disciplines, which he termed Kladologie. It would have been ideal to integrate the inventory of that artwork into our study of Isou's library and compare the two, but the publication schedule for this book did not permit it. As we

---

3 See recent publications : Fabrice Flahutez, *Le lettrisme historique était une avant-garde (1945-1953)*, Dijon : Les presses du réel, 2011 ; Bernard Girard, *Lettrisme, l'ultime avant-garde*, Dijon : Les presses du réel, 2010 ; Greil Marcus, *Lipstick Traces. a secret history of the twentieth century*, Cambridge, Mass. : Belknap Press of Harvard University Press, 2009 ; Catalogue et exposition *Pensiez-vous (vraiment) voir une exposition ? Bientôt les Lettristes (1946-1977)*, (Curators : Bernard Blistène et Frédéric Acquaviva), Paris, Passage de Retz, 10 mai – 17 juin 2012.

4 Isidore Isou, *La Créatique ou la novatique*, Romainville: éditions Al Dante, 2003.

5 Vaillat Léandre (1878-1952), *Histoire de la danse*, Paris : Plon, Collection: Ars et historia (sous la dir. de J. et R. Wittmann), 1942.

6 Isidore Isou, *La Bibliothèque infinitésimale et supertemporelle*, 1999. Text boxes and 12 glass shelves containing various representative works of all disciplines of the Kladologie. (Coll. Eric Fabre, Bruxelles). See *Algumasobras a ler = Someworks to read*, exhibition from May 31 2010 to August 22 2010, Lisboa : Museu Colecção Berardo // itinérance Athena, 2010, p. 250-253.

can see, Isou's library, which is documented here, consists of a bundle of diverse objects that go far beyond the classical sense of a library and its shelves. Recorded here are books that were read, physically present, waiting to be read, borrowed, commented on, etc., objects which he sometimes wished fervently wished to read to fervently read, but because of the vicissitudes of life, was never able to read. Nevertheless, it seems important to mention them to measure the extent of his curiosity for the most distant subjects. Critics who are the least informed on Lettrism, and therefore the most virulent, are also delighted to denigrate the whole movement because of Isidore Isou's personality, the paragon of the crazy artist in command of his troops and his ideas. This is an overly simplified critique, because the library of Isidore Isou shows instead a scholar whose texts or theories were developed based on extensive reading and the diffucult labor of writing. Like any library, it can not be exhaustive. It would be unrealistic and hardly desirable to consider reconstructing a library to find all the readings of a single lifetime. The inventory of Isidore Isou's library, is in many ways a theoretical attempt that brings out a multitude of questions about the genesis of his thought and the evolution of Lettrism.

A library of fragments.

Each library is unique and requires an appropriate methodology, a kind of approach that allows one to better organize disparate elements that are bibliographic indices. The number of books, their quality, date of publication, the topics they cover, how they were used by the owner, crossed out or commented, how they are classified, stored : these are the elements that constitute the identity of a library. The library of Isidore Isou which is assembled in this volume is an overview of what was left in his cramped apartment at 42, rue Saint-André-des-Arts in Paris. As it is a library of not just books, but also written or handwritten pages, the difficulty has been to gather all these bibliographic clues, scattered and often partial. The arrangement of books and documents in the apartment does not suggest that they were classified or arranged according to specific criteria. Everything suggests that the « isouien super-order » should be the rule, a supreme order whose access key was known only to himself. The apartment consists of three tiny rooms along a corridor. To the left of the front door is the bathroom which consists of a bathtub, a sink, and a large closet. To the right, an intermediate room of six to seven square meters overlooks a slightly more spacious room. The entire apartment, which has no kitchen, is 24 sqm (258 square feet). Four windows overlooking the courtyard, two of which face the south, allow the necessary light into the rooms with white walls and a carpeted floor. The layout of the rooms reflects the cheap hotels that were then common in Paris. The three areas of his apartment are in fact composed of two or three rooms from this former hotel, which explains the presence of the corridor. Isidore Isou lived in this small apartment, which he bought on credit, from November 26, 1965 until his death on July 28, 2007. The building, an old hotel, had been previously purchased by the wife of Yves Laloy, Jeanne Eugénie Beauregard at the end of 1964. Facilitated by the Act of July 1965, she bought it to establish a condominium and to sell it split into several little appartments. Yves Laloy (1920-1999) was not an unknown figure since he had collaborated with the Surrealists in 1958 and became famous for having illustrated the latest French edition of André Breton's book *Surrealism and painting* in 1965. The credit granted by the seller to Isidore Isou was spread over 33 months at the usurious rate of 18% interest with complex possibilities of receiving a refund. Legend says Isou has acquired the apartment (or he just paid off his credit?) by reselling an Alberto Giacometti sculpture that was given to him by the artist a few years earlier[7]. An avid reader since his teenage years as evidenced by his writings fed by literary quotes and often based on scholarly arguments, Isou did not have as large a physical library as one might imagine. The narrow appartement and the lifestyle of the artist were not conducive to the accumulation of books. All of the books in the rue Saint-André-des-Arts apartment show a universal interest in all fields of knowledge as was already the case when he spoke of reading in his youth. One can imagine that when Isidore Isou left his native Romania at the dawn of his twenties, for 22 rue de l'Hirondelle in Paris, he also left behind a large number of books, the library of his youth. « I never read for pleasure, he wrote in *Agrégation d'un Nom et d'un Messie*, (I do not like people who savour the books, the dilettantes who only browse the books, as if feasting). I advance through pages, whisking by, to overcome the difficult books, as objects prohibited at certain ages (dirty movies "verboten" to those under the age of sixteen). Later, pleasure completely atrophied, replaced by the value (force of pride, by which it acquires hierarchic scale, rising and falling becoming multiple like an army or like the court of a King of England) [8]».

Isou's years in Romania are likely to remain, and for a long time still, under the veil of opacity due to the lack of sources. One can simply point out that in Botoşani, the public library Biblioteca Judeţeanaă (Mihai Eminescu), was founded in November

7 Isou evokes Giacometti about this in *La Créatique ou la novatique, op.cit.*, p. 970 et p. 1323.
8 Isidore Isou, *Agrégation d'un Nom et d'un Messie*, Paris : Gallimard, 1947, p. 125.

1882 with less than a thousand books when it first opened to the public. A fire in 1917 weakened and played havoc with collections, but in 1931 there were just under two thousand searchable books (many in French). It was not until 1945 that people recovered within the city devastated by war, books found in the ruins of houses and decided to entrust them to the Biblioteca Judeţeanaă. However this corpus remained distant for Isou because of his « exile » in Paris. There are no literary references in Romanian in the Rue Saint-André-des-Arts apartment, except for two early French-Romanian pocket dictionaries, very worn from use over time. In addition, the first twenty years he spent in Paris (1945-1965) are of great financial uncertainty and books circulated from hand to hand without really belong to him. We know that Isou read a lot, but the books of this period could not be stored because of his successive moves. His wife Jacqueline Enger has also told us that the 22, rue de l'Hirondelle apartment had no books, no library. So this is an irrecoverable gap because of the absence of books, documents or notes ; we lose track of Isidore Isou's readings during this period. Following this research, however, we can affirm that Isou often returns to his old readings, sometimes years or decades later. This suggests that a number of books from this period (1945-1965) appear implicit in this inventory. It would be interesting to ask how Isou, just after his arrival in Paris in August 1945, appropriates, with so much speed and such discernment, a whole body of literature, from Dada to Surrealism, the main newspapers from between the wars, and philosophy, poetry, literature, and science in general. Although his autobiography, a fiction in many ways, tells us about his teenage years entirely devoted to the study of books available in Romania, it must be said that many surrealist publications and documents are collected by Yves Poupard-Lieussou[9] in Paris and that it is especially through him that Isou had discovered the sources and used them[10]. Isou was, moreover, a familiar reader of libraries and of archives in

---

9 Yves Poupart-Lieussou (1912-1984) becomes the late 1940s the French specialist of dada and surrealism and Vice President of the Association for the Study of Dada and Surrealism. Yves Poupart-Lieussou had long worked to gather data to reconstruct the history of the Dada movement in Europe and America which makes him one of the major players of reception of Dada after 1945. The Getty Research Institute in Los Angeles retains part of its archives dispersed after his death, eleven boxes under call number: Accession #: 930004.

10 Isidore Isou acknowledges the debt he has to Yves Poupart-Lieussou and repeatedly and explicitly including in Isidore Isou, *Les véritables créateurs et les falsificateurs de dada, le surréalisme et le lettrisme (1965-1973)*, Paris: Centre de créativité, 1973, p. 21: « Mr. Poupard-Lieussou, who kindly allowed me to come several times to see the books and magazines from where I took citations of the authors. Without all publications it would have been difficult for me provide evidence of my assertions, with my thanks ».

order to give a historical basis to his concepts and his movement. An unpublished letter by Jean Cocteau addressed to the deputy head of the National Library of France in January 1953 on Isou's behalf shows that Isou was interested in the library's rare collections and was able to borrow books because of his prestigious sponsor. Jean Cocteau wrote: « Could you help Isidore Isou Goldstein's work in providing him the necessary card that would open your doors ?[11] ». So there are several steps in the reconstruction of this fictional library. Firstly, the short period from 1925-1945, when the young intellectual developed his mind and whose literary influences are detectable in his first two books published by Gallimard in 1947[12]. Then, a second phase from 1945-1965, from his arrival in France to its move to 42 rue Saint-André-des-Arts. Finally, the third period from 1965-2007 that spans nearly forty-five years with some periods of detention at the Sainte Anne Hospital in Paris between 1968 and 1976, where Isou is followed by the psychiatrist Guy Maruani. According to several accounts, Isou liked to say he would have liked to have occupied a room next to that of his friend Cioran who was briefly hospitalized. It would be difficult to reconstruct the first two periods, not knowing if books found on the shelves of the Paris apartment belonged to those times. Moreover, only 20% of the works[13] found at rue Saint-André-des-Arts have publication dates prior to 1965. This does not mean that they were owned by Isou before 1965, since these books were not in the furnished rue de l'Hirondelle apartment. We do not know if at least some of these books remained in Isou's apartment after 1965. Therefore, the books he would have read between 1945 and 1965 are difficult to locate or at least difficult to identify if we only look at bibliographic sources available in his apartment. For the third period, it remains difficult to account for his use of reading because, after all, only a few books are physically present for a man whose writing is at the heart of his life. According to his family and his writings, Isou reads and « devours » books, disciplines, and he is above all a man who borrows books, as we can see through documents found in his apartment in Paris. When compared to a library such as André Breton's, which appeared at his auction in April 2003 in

---

11 Unpublished Letter of Jean Cocteau to the administrator of the National Library, dated January 20, 1953, National Library of France, Department of Manuscripts, call number : NAF 14063.

12 *Agrégation d'un Nom et d'un Messie* and *Introduction à une nouvelle poésie et à une nouvelle musique*.

13 Nine magazines titled *Fonds Social Juif Unifié* account for one item because the magazines are in the form of a single number issue. Similarly, five items are recorded for *Poésie nouvelle* and it is the same for all four numbers *Paris-Théâtre*, given their respective Lettrist ancestry.

Calmels-Cohen, there are slightly fewer than 2,000 items[14]. The library of André Masson, which was the subject of a publication in this collection was 2,500 items (if we include the Aix-en-Provence's list). Jean Dubuffet's library stored at the Dubuffet Foundation brings together 808 books[15], while Le Corbusier's has 1615[16] and the books of Marcel Duchamp: 800[17]. For Isou, aside from the 540 papers present in his home (books, journals, manuscripts) and hundreds of bibliographic notes, the writer had kept more than 500 borrowing slips printed by the National Library of France (Départements des imprimés de la Bibliothèque nationale de France), specially for booking, borrowing or ordering books. Isou's library, with nearly 1,300 items, is comparable, at least in quantitative terms, to those of the major intellectual figures of his time. Request forms printed by the National Library of France were kept in envelopes titled with the name of the field of study. Thus, there is an envelope bearing the name of "medicine", another "physical chemistry, " and yet another "political philosophy", etc. In these envelopes, Isidore Isou had stored request slips from the Bnf, sometimes over the course of several decades. This ordering is not trivial and can rightly be regarded as a kind of library. Envelopes are preserved so as not to forget what is read, what is studied. Old and new request forms from the Bnf were all together to establish a corpus of references that he used, if necessary, to work on a particular field of knowledge. These bulletins are of great interest and show when Isou read (or reread) this or that book and in what edition or translation. Among these bulletins, many were simply filled out, waiting for the opportune time to be submitted to the the library staff in order to have physical access to the book. In the apartment are also kept bibliographical notes. Simple lists of books with or without a call number or small pieces of paper on which Isou meticulously scored one or more references about a topic on which he worked. This inventory has nearly 400 bibliographical notes, titled [NB], some of which are indicated by Isou as « already read », « to be read » or more anecdotal « I stopped on page 220. » The work on bibliographical notes allowed him to « classify » them chronologically when

14 We could also compare with the sale of part of Tristan Tzara's library but its partial character only catalogues nearly 500 items consisting essentially of bibliophile books, connected more or less far from surrealism and literary circle around Tzara. One can see, however: *Une partie importante de la bibliothèque de Tristan Tzara*, Auction catalogue Guy Loudmer, Paris Hotel Drouot, room 9, 4 March 1989.

15 See Marianne Jakobi, « Les lectures d'un peintre « ennemi » de la culture. La bibliothèque de Jean Dubuffet », Paris : *Les Cahiers du Musée national d'art moderne*, n° 77, 2001, p. 92-122.

16 Number given by the Fondation Le Corbusier in Paris.

17 See the book that opened the field of researches on libraries of artists : Marc Décimo, *La bibliothèque de Marcel Duchamp, peut-être*, Dijon, Les presses du réel, 2002.

compared to other notes, the bibliographic notes mentioning the most recent date, in order to find the date of others. These notes say a lot about the use of reading and working arrangements of the artist. There are, for example, lot of bibliographical notes written several years before Isou had filled the borrowing request forms. This is particularly the case of works by Jean-Claude Czyba and Hans Ulrich Zollinger. Isou was a serious reader who conducted research over a long period of time, with a specific purpose, more than a reader who accumulates knowledge. In addition, the artist cultivates universalist research on any subject. Physical sciences, mathematics, literature, politics, economics, etc., are subject to sharp investigations. Isou most often documented the most scholarly source. We can also note that he focuses on the newest works of his time when it comes into resonance with his research: reading L. Ron Hubbard in 1979 three years after the translation of Dianetics in French, reading scientific journals *La Recherche*, *Science et vie* etc., reading books written by politicians of his time (Raymond Barre, Charles de Gaulle, Michel Rocard), reading academic doctoral theses. The relative complexity of the latter are not seen as a problem for one who wished to transform all knowledge, even the most recent academic research. The other feature of this library is the predominance of the collection « Que sais-je ? » by Presses Universitaires de France, which offers in 128 pages summaries on all subjects, written by experts for the general public. The inventory shows 77 occurrences (about 6%) of the collection « Que sais-je ? » founded in 1941 by Paul Angoulvent. This predilection for this transdisciplinary collection shows Isou's need to understand the outline of a discipline in order to go to other scholarly publications, and ultimately, integrate the discipline into his notion of kladologique and a total system. The bibliography appended at the end of each book by the collection « Que sais-je ? » has probably helped and guided the readings of Isou and we can consider that this collection was a kind of introduction to the discipline in which he wanted to work. The other interesting aspect is the almost complete absence of non-Francophone literature. The presence of bilingual books is modest and, except a few books that Isou himself wrote, or were written on Isou, there are not many foreign language texts. The writer spends a lot of time on the premises of the National Library of France, copying the references that he will request for consultation. The bulletins also indicate that he liked to sit in seat 140 of the Bnf. He also used to borrow, starting in 1983, books at the André Malraux public municipal library located at 112, rue de Rennes in Paris, which is about fifteen minutes walking distance from his apartment. The list of his loans has not been consulted, because of the Data Protection Act. The verbatim answer by Anne-Bichet Sahin, Assistant-manager at the library for our survey, is useful to better understand the absence of such data : « Unfortunately, it is technically impossible to provide a retrospective list of books borrowed by a user. Indeed, the law n ° 78-17 of 6 January 1978 relating to computers, data and freedom states that information can not be stored indefinitely in the computer. Shelf life should be determined based on the purpose of each file. Therefore, software management libraries keep, in general, only the name of the last borrower for a given document. Meanwhile, they prohibit a search of usernames to guarantee the anonymity of the borrower: as soon as the documents are returned the library, the data is systematically erased, so any transaction history for a user is impossible[18] ». Books borrowed from the local library therefore are likely to remain unknown. However, when interviewing people who knew Isou in the last years of his life, we learned that some of them helped him in his quest for books by going directly to borrow on his behalf with their personal André Malraux library cards. Frédéric Acquaviva, for example, went to check out books a few times from the years 2000-2001 (Carl von Clausewitz, *De la guerre*, traduction complète par Denise Naville, Paris: Minuit, 1984; *Kurt Schwitters* exhibition organized by the Musée national d'art moderne-Centre de création industrielle from 24 November 1994 to 20 February 1995, Paris: Georges Pompidou, RMN, 1994; *Une Histoire de la notation* but is no longer found in the catalog of the library Malraux, probably because it was added to the collection of the Central Library; Perhaps, André Le Reverend, *Lyautey*, Paris: Fayard, 1983., Saint Augustin, *La Cité de Dieu*, vol. 3, translated from Latin by Louis Moreau (1846), introduction, presentation and notes by Jean-Claude Eslin, Paris: Seuil, collection point, 1994). Maria Faustino visited Isidore Isou in the year 2001-2003 and also agreed to borrow books from the same municipal library (eg Ernest Renan, *Œuvres complètes*, vol. IV, ed ultimately published by Henriette Psichari, Paris: Calmann-Lévy, 1949). Maria Faustino seems to have carefully recorded in a notebook a list of books borrowed by Isou because as she declared « she felt it was important and because one day someone would be able to ask her about it ». Unfortunately, we had only get a partial list of some books that are now recorded in the inventory[19]. It is not huge but it is a lot. Finally, Ligia Cadavid Zuleta, his home help, also preparing a PhD in demography and sociology in Paris, helped Isou obtain books from the Malraux library between 1996 and 2006. Several mornings a week, she would borrow Pléiades Gallimard according to imperturbable orders dictated to her by Isidore Isou. This Gallimard collection

[18] Reply by e-mail from Sahin-Bichet to Fabrice Flahutez, June 26 2012.

19 Catherine Goldstein says that she bought him from time to time academic books from 1983 and until 1990, and lent him half a dozen a year.

seems to be the only one that had in his eyes a certain value. Ligia Cadavid Zuleta remembers that Isou had wanted to reread the writings of Breton, but she did not recall the list of these books. We know from the catalog of the Malraux library, that more than 550 volumes of the collection were potentially available during these years, as were the first three volumes of the writings of André Breton (1988-1992-1999). All these borrowings at the end of Isou's life show not only that the theorist of Lettrism continued to work, but also that he often returned to readings of is youth. Borrowing books from the public library had undoubtedly impacted Isou's mode of reading, not allowing him to write comments or to even to mark the pages of books. The analysis of his archives, if they are one day preserved in an institution, will identify reading notes he had taken during this period in his own books. In his final years, his nursing staff read books aloud, because of the Lettrist founder's deteriorating eyesight. We know from Catherine Goldstein that Isou loved requesting and receiving from publishers a number of books for free. Although the quantity is not particuarly significant, this seems to include dozens of books during these last years at rue Saint-André-des-Arts. Without quantitive data on these publishers, the most common is the Editions du Seuil (dry seal (timbre sec) of the press office). Finally, his friends and colleagues lent him books and documents, giving him time to become acquainted with them. Isidore Isou's library, therefore, poses more problems and questions than it provides certainty on how to read the artist. Today, the reader of this isouienne library must face the facts that it must be considered as a book of compound fragments. However, the little that we have found, when it is annotated, erased, torn, rewrited, reflects an active practice of reading. The reproductions that illustrate this publication, while not exhaustive, are an arbitrary choice that allowed to show the use of books by Isou. Indeed, the artist worked extensively to annotate and record his thoughts on pages. Many books were annotated between the lines or in the margins, and the presence of some loose sheets shows that he appropriates the books in the physical sense of the term. The loose pages are an amazing bibliographic source. These pages were loosely arranged, jumbled among the scattered manuscripts in his apartment. They offer a simple and shakey testimony of a singular practice of reading. Isidore Isou sometimes tore the page of a book, which, by a sort of juxtaposition or « bonding » would meet another loose sheet or a manuscript. There are several schemas of annotations: text analysis, criticism, general reflection or observation. When reading those comments, you may sometimes get the impression that he had decided to make one or more annotations for a potential reader, a future reader that would do research on his library or would find the annotated book in any flea market after a possible dispersion of his property. His annotations address a reader that is not there yet and, like a message in a bottle in the sea, bet on the future to be discovered. One day, perhaps, Isidore Isou's library, which is presented in this book, will be preserved in an institution and will be a collection in which the research community will be able to continue research on Isidore Isou's books and on Lettrism itself. Waiting for that day, *Isidore Isou's Library, a certain look on Lettrism* proposes to partially fill this absence.

La Bibliothèque d'Isidore Isou
Un certain regard sur le lettrisme

Introduction

La présente publication est le deuxième volume de la collection « La bibliothèque de » aux Éditions Artvenir à Paris. Le premier livre, paru en 2011, était consacré à la bibliothèque de l'artiste surréaliste André Masson[1].

Le travail sur les bibliothèques d'artistes se justifie par le fait qu'un tel inventaire commenté et annoté, permet de mieux comprendre les cheminements d'une pensée et peut être d'une œuvre. « Dis-moi ce que tu lis et je te dirai qui tu es ». Cet adage est d'autant plus précieux pour tenter d'approcher plus justement l'univers d'Isidore Isou (1925-2007) et du lettrisme. C'est également un laborieux travail dont l'urgence de traitement n'a d'égal que la fragilité de la bibliothèque elle-même, qui, lorsqu'elle doit être débarrassée, revendue, ou dispersée entre les ayants droit lors de la succession, accélère les pas du chercheur[2]. En revanche, une bibliothèque de bibliophile doit sans doute son salut au collectionneur amoureux des livres précieux. Toutefois, ce n'est nullement le cas de la bibliothèque d'Isidore Isou qui relève plutôt de la bibliothèque de l'érudit. Les livres chez Isou ne sont pas précieux, ils sont une mine d'informations. Si le destin de la bibliothèque d'Isou ne devait hélas pas rejoindre les collections patrimoniales d'une institution privée ou publique, lui permettant de garder son identité et son intégrité, alors réjouissons-nous de pouvoir consulter, par le présent ouvrage, une « image » du paysage livresque du fondateur du lettrisme. D'autant que *La bibliothèque d'Isidore Isou, un certain regard sur le lettrisme (Isidore Isou'slibrary. A certain look on lettrism)* confronte la bibliothèque physique à toute une constellation d'indices bibliographiques divers. Et, même si la pertinence de considérer la bibliothèque d'artiste comme un tout indissociable est sujette à caution, sa patrimonialisation, sa valorisation et sa conservation permet à des chercheurs de travailler sereinement et d'ouvrir des perspectives d'exégèse inédites : c'est la raison de ce livre.

---

[1] Hélène Parant, Fabrice Flahutez, Camille Morando, *La Bibliothèque d'André Masson. Une archéologie*, Paris, Éditions Artvenir, 2011.

[2] Nous remercions ici chaleureusement Catherine Goldstein, la fille d'Isidore Isou, pour nous avoir ouvert l'appartement de son père en 2013, nous permettant de poursuivre le travail d'investigation. Une thèse de doctorat sur le lettrisme est en cours d'écriture par Frédéric Alix et sera soutenue publiquement à l'Université de Paris Ouest Nanterre sous la direction de Fabrice Flahutez. Cette thèse, pour la première fois, fera largement écho à l'ensemble des archives présentes dans l'appartement.

Isidore Isou, né en 1925 à Botoşani en Roumanie, arrive en 1945 à Paris et fonde aux côtés de Gabriel Pomerand (1926-1972) une avant-garde sur l'archétype des avant-gardes historiques de l'entre-deux-guerres. Réunissant au cours de son histoire de nombreux artistes et penseurs emblématiques, le lettrisme reste encore à découvrir et à placer dans une histoire lacunaire de la seconde moitié du XXe siècle[3].La bibliothèque est donc un insondable puits de renseignements sur l'univers d'un artiste, sur ses lectures et, au fil du temps, sur l'évolution de sa pensée. Elle est également une cartographie particulière peuplée de livres et de textes, de notes et d'emprunts, de dédicaces et d'images dont il faut définir les frontières, les réseaux, les limites. En somme, une constellation de signes dont il faut libérer la parole.
Notre *Bibliothèque d'Isidore Isou, un certain regard sur le lettrisme,* n'est cependant pas une bibliothèque au sens classique du terme, car on se propose de faire l'histoire croisée d'un corpus d'objets hétéroclites, d'indices divers, afin de mieux saisir l'intimité de l'œuvre, de la pensée, du mouvement peut-être.

La bibliothèque d'Isou est constituée des livres présents physiquement dans son appartement, mais aussi des bulletins de prêt ou de consultation de la Bibliothèque nationale de France qu'il avait remplis et soigneusement conservés depuis de nombreuses années. Elle est également augmentée par toutes les petites notes bibliographiques qu'il avait laissées, ici ou là, dans son appartement et qui témoignaient de ses lectures en cours ou en devenir. Pour que cette bibliothèque soit plus « complète », les écrivains cités par Isou dans son ouvrage « testament » : *La Créatique ou la novatique*[4] ont été systématiquement indiqués devant chaque occurrence de l'inventaire. Des entretiens avec des proches ou des gens qui l'ont côtoyé ont permis de retrouver *in extremis* certaines de ses dernières lectures. De même, dans ses textes théoriques pouvait-on déceler, ici ou là, des emprunts plus ou moins fidèles à d'autres livres. La chorégraphe française Olivia Grandville (née en 1964), qui a mis en scène *Le Cabaret discrépant* en 2011, s'était aperçue que le livre de Léandre Vaillat

---

[3] Voir les récentes publications : Fabrice Flahutez, *Le lettrisme historique était une avant-garde (1945-1953)*, Dijon : Les presses du réel, 2011 ; Bernard Girard, *Lettrisme, l'ultime avant-garde*, Dijon : Les presses du réel, 2010 ; Greil Marcus, *Lipstick Traces*. Une *histoire secrète du vingtième siècle*, trad. de l'anglais par Guillaume Godard, Paris : Allia, 2000 ; Catalogue et exposition « Pensiez-vous (vraiment) voir une exposition ? Bientôt les Lettristes (1946-1977) », (Commissaires : Bernard Blistène et Frédéric Acquaviva), Paris, Passage de Retz, 10 mai – 17 juin 2012.

[4] Isidore Isou, *La Créatique ou la novatique*, Romainville: éditions Al Dante, 2003.

(1878-1952), *Histoire de la danse*[5], avait été littéralement cité dans les théories d'Isou sur la danse. Enfin, Isidore Isou avait produit une pièce importante en 1999 intitulée *La Bibliothèque infinitésimale et supertemporelle*[6] et qui fut exposée à Lisbonne en 2010. Cette pièce était composée de centaines d'ouvrages regroupant plusieurs disciplines. On serait tenté d'y voir une prolongation de sa propre bibliothèque bien qu'il s'agit plutôt d'une bibliothèque idéale du lettrisme ou représentative de l'ensemble des disciplines de la Kladologie. Il eut été souhaitable d'en intégrer l'inventaire et d'en faire l'analyse croisée, mais le délai de traitement des informations pour le présent ouvrage n'a pas permis de le faire. On le voit, la bibliothèque d'Isou, dont il est fait état ici, est constituée d'un faisceau d'objets de nature fort diverse qui dépassent de loin la bibliothèque classique et ses étagères. Sont consignés les livres lus, présents, à lire, empruntés, commentés, etc., objets dont il avait parfois souhaité ardemment la lecture, mais dont les vicissitudes de la vie ne lui ont pas permis d'en savourer le contenu. Malgré cela, il nous semblait important de les mentionner pour mesurer l'étendue de sa curiosité pour les sujets les plus éloignés. Les détracteurs les moins informés du lettrisme, et donc les plus virulents, se plaisent, d'un coup de trait, à dénigrer l'ensemble du mouvement en faisant de la personnalité d'Isidore Isou le parangon de l'artiste fou aux commandes de ses troupes et de ses idées. C'est une critique bien facile car la bibliothèque d'Isidore Isou montre au contraire un homme érudit et dont chaque texte ou théorie étaient élaborés en fonction de nombreuses lectures et d'un travail d'écriture acharné.

Comme toute bibliothèque, elle ne saurait être exhaustive. Il serait illusoire, et sans doute guère souhaitable, d'envisager de reconstituer une bibliothèque dans son intégralité pour connaître toutes les lectures d'une vie. L'inventaire de la bibliothèque d'Isidore Isou, embrasse plutôt une tentative théorique afin de faire surgir une infinité de questions concernant la genèse de sa pensée et l'évolution du lettrisme.

Une bibliothèque de fragments

---

[5] Léandre Vaillat, *Histoire de la danse*, Paris : Plon, Collection: Ars et historia (sous la dir. de J. et R. Wittmann), 1942.

[6] Isidore Isou, *La Bibliothèque infinitésimale et supertemporelle*, 1999. Textes encadrés et 12 rayonnages vitrés contenant les différents ouvrages représentatifs de l'ensemble des disciplines de la Kladologie. (Coll. Eric Fabre, Bruxelles). Voir *Algumasobras a ler = Someworks to read*, Pièce exposée du 31 mai 2010 au 22 août 2010, Lisboa : Museu Colecção Berardo // itinérance Athena, 2010, p. 250-253.

Chaque bibliothèque est unique et nécessite une méthodologie adaptée, qui permette au mieux d'organiser des éléments disparates que sont les indices bibliographiques. La quantité de livres, leur qualité, la date de leur publication, les sujets qu'ils abordent, la façon dont leur propriétaire les a utilisés, raturés, commentés, la façon dont ils sont classés, rangés, sont des éléments qui constituent l'identité d'une bibliothèque. La bibliothèque d'Isidore Isou qui se trouve réunie dans ce volume constitue un état des lieux, de ce qui restait dans son exigu appartement du 42, rue Saint-André-des-Arts à Paris. Bibliothèque de livres, mais également traces écrites, manuscrites ou feuilles volantes, la difficulté aura été de regrouper tous ces indices bibliographiques, épars et le plus souvent partiels. La disposition des ouvrages et documents dans l'appartement ne permet pas de penser qu'ils étaient classés ou rangés selon des critères particuliers. Tout laisse penser que le « super-ordre isouien » devait être de rigueur bien entendu, un ordre suprême dont la clé d'accès n'était connue que de lui-même. L'appartement était composé de trois minuscules pièces en enfilade. A gauche de la porte d'entrée, se trouvait la salle d'eau composée d'une baignoire, d'un lavabo, et d'un grand placard ; à droite, une pièce intermédiaire de six à sept m^2 et qui donnait sur une chambre à peine plus spacieuse. La surface totale de son habitation sans cuisine était de 24 m^2. Quatre fenêtres sur cour, dont deux exposées plein sud, permettaient de donner la luminosité nécessaire aux pièces aux murs blancs et sol moquetté. La disposition des pièces témoigne d'un bâti hôtelier à bon marché, comme jadis Paris en comptait de nombreux. Les trois pièces constituaient donc la réunification de deux ou trois chambres de cet ancien hôtel, expliquant au passage la prépondérance d'un espace desservant et linéaire. Isidore Isou a vécu dans ce petit appartement, acheté à crédit, du 26 novembre 1965 jusqu'à sa mort le 28 juillet 2007. L'immeuble de cet ancien hôtel avait été préalablement acheté par la femme d'Yves Laloy, Jeanne Eugénie Beauregard fin 1964, le temps d'établir une copropriété facilitée par la loi de juillet 1965 et de le vendre à la découpe dans la foulée. Yves Laloy (1920-1999) n'était pas un inconnu puisqu'il avait fréquenté les surréalistes dès 1958 et resta célèbre pour avoir illustré la dernière édition française du *Surréalisme et la peinture* d'André Breton en 1965[7]. Le crédit consenti à Isidore Isou par la vendeuse s'étalait sur 33 mois au taux usuraire de 18% avec possibilités complexes de règlement anticipé. La légende dit pourtant qu'Isou l'aurait acquis (ou a-t-il simplement soldé son crédit ?) en revendant une sculpture

---

[7] Voir André Breton, *Le Surréalisme et la peinture*, Paris : Gallimard, 3ème et dernière éd. revue et augmentée, 1965, ill. d'une composition inédite d'Yves Laloy.

qu'Alberto Giacometti[8] lui aurait offerte quelques années auparavant.

Avide lecteur depuis son adolescence comme en témoigne ses nombreux écrits nourris de citations et s'appuyant sur une argumentation des plus érudites, Isou ne possédait pas de grande bibliothèque physique comme on aurait pu l'imaginer. L'étroitesse de surface et le mode de vie de l'artiste ne prédisposèrent aucunement à l'accumulation des ouvrages.
L'ensemble des livres qui subsistent dans l'appartement de la rue Saint-André-des-Arts montre un intérêt universaliste pour tous les champs de la connaissance, comme c'était déjà le cas lorsqu'il évoquait la lecture au temps de sa jeunesse. On peut donc imaginer que lorsqu'Isidore Isou quitte sa Roumanie natale à l'aube de ses vingt ans pour, dans un premier temps, habiter différentes adresses parisiennes avant de se poser en 1955 dans un petit hôtel meublé du 22, rue de l'Hirondelle à Paris (ancien Hôtel de la Salamandre), il laisse également derrière lui une importante quantité d'ouvrages lue, une bibliothèque de jeunesse. « Je n'ai jamais lu par plaisir, écrit-il dans l'*Agrégation d'un Nom et d'un Messie*, (je n'aime pas les gens qui dégustent les livres ; les dilettantes feuillettent seulement, ils festoient). Moi, j'avance parmi les pages, en me fouettant, pour surmonter les livres difficiles, comme des objets interdits à certains âges (les films cochons « *verboten* » aux moins de seize ans). Plus tard, le plaisir complètement atrophié, je l'ai remplacé par la valeur (force de l'orgueil ; par lequel celui-ci acquiert une échelle hiérarchique, montante et descendante, devenant multiple comme une armée ou comme la cour d'un roi d'Angleterre)[9] ». Les années roumaines d'Isou resteront sans doute, et encore pour longtemps, sous le voile de l'opacité dû au manque de sources. On peut simplement relever qu'à Botoşani existait la Biblioteca Judeţeanaă (Mihai Eminescu), bibliothèque municipale inaugurée en novembre 1882 et regroupant moins d'un millier d'ouvrages lors de son ouverture au public. L'incendie de 1917 affaiblit les collections, mais en 1931 on compte un peu moins de deux milles ouvrages consultables (dont beaucoup en français) et il faut attendre 1945 pour que les citoyens récupèrent dans la ville dévastée par la guerre, les livres des maisons en ruine et les confient à la Biblioteca Judeţeanaă. Toutefois ce corpus restera étranger à Isou du fait de son exil vers Paris.

On ne dénombre aucune référence livresque en roumain dans l'appartement de la

---

[8] Isou évoque Giacometti (1901-1966) à ce sujet dans *La Créatique ou la novatique*, *op.cit.*, p. 970 et p. 1323.
[9] Isidore Isou, *Agrégation d'un Nom et d'un Messie*, Paris : Gallimard, 1947, p. 125.

rue Saint-André-des-Arts, à part deux anciens petits dictionnaires de poche français-roumain, très abimés par le temps. Par ailleurs, les vingt premières années qu'il passe à Paris (1945-1965) sont d'une grande précarité financière et les livres circulent de mains en mains sans lui appartenir vraiment. On sait qu'Isou lit beaucoup, mais les ouvrages de cette période ne peuvent pas être conservés lors des déménagements successifs et d'après sa femme, Jacqueline Enger, le 22, rue de l'Hirondelle n'avait ni livres, ni bibliothèque. C'est donc ici une lacune inestimable car en l'absence de livres, documents ou notes, nous perdons la trace momentanée des lectures d'Isidore Isou. A l'issue de ces recherches, on constate cependant qu'Isou revient souvent sur ses anciennes lectures et ce, parfois plusieurs années ou décennies après. On peut donc penser qu'un certain nombre d'ouvrages de cette période (1945-1965) apparaissent en filigrane dans le présent inventaire.

Il serait intéressant de se demander comment Isou, à peine arrivé à Paris en août 1945, s'approprie, avec une si grande rapidité et un si grand discernement, toute une littérature, allant de dada au surréalisme, en passant par la presse de l'entre-deux-guerres, la philosophie, la poésie, la littérature, et les sciences en général. Même si sa biographie, fictionnelle à bien des égards, nous renseigne sur ses occupations d'adolescent entièrement consacrées à l'étude des ouvrages disponibles en Roumanie, il faut dire que de nombreux documents surréalistes et publications sont collectionnés par Yves Poupard-Lieussou (1912-1984) [10] à Paris et que c'est notamment, par son intermédiaire, qu'il découvre les sources et les exploite[11]. Isou est, en outre, un lecteur familier des bibliothèques et parcourt inlassablement les fonds d'archives pour donner une assise historique à ses concepts et à son

---

[10] Yves Poupart-Lieussou devient à la fin des années 1940 spécialiste français de dada et du surréalisme et vice Président de l'Association pour l'étude de Dada et du surréalisme. Yves Poupart-Lieussou a longtemps œuvré afin de recueillir des données pour reconstruire l'histoire du mouvement Dada dans toute l'Europe et en Amérique ce qui fait de lui un des acteurs importants de sa réception, après 1945. Le Getty Research Institute de Los Angeles conserve une partie de ses archives dispersées après sa mort, soit onze boites sous la référence : Accession #: 930004

[11] Isidore Isou reconnaît la dette qu'il a envers Yves Poupart-Lieussou à de multiples reprises et notamment d'une manière explicite dans Isidore Isou, *Les véritables créateurs et les falsificateurs de dada, du surréalisme et du lettrisme (1965-1973)*, Paris : Centre de créativité, 1973, p. 21 : « à Monsieur Poupard-Lieussou, qui a bien voulu me permettre de venir plusieurs fois chez lui consulter les livres et les revues où s'expriment les auteurs cités dans ces pages, ensemble de publications sans lequel il m'aurait été difficile d'offrir les preuves de mes affirmations, avec mes remerciements ».

mouvement. Un document inédit de Jean Cocteau adressé à l'administrateur général de la Bibliothèque nationale de France en janvier 1953 montre l'intérêt que porte Isou aux collections patrimoniales et l'entremise de son prestigieux parrain lui permettra facilement les emprunts. Jean Cocteau le libelle ainsi : « Pourriez-vous aider Isidore Isou Goldstein dans son travail en lui procurant la carte indispensable qui lui ouvrirait vos portes[12]».

Il y a donc plusieurs étapes dans la reconstruction de cette bibliothèque fictionnelle. Tout d'abord, la courte période roumaine (1925-1945) où le jeune intellectuel façonne sa pensée et dont on décèle les occurrences d'auteurs dans ses deux premiers ouvrages publiés chez Gallimard en 1947[13]. Puis, une seconde étape (1945-1965), de son arrivée en France à son emménagement au 42, rue Saint-André-des-Arts. Enfin, la troisième période (1965-2007) qui s'échelonne sur près de quarante-cinq ans (avec quelques périodes d'internement entre 1968 et 1976 à l'Hôpital Sainte-Anne à Paris, où Isou est suivi par le médecin psychiatre Guy Maruani et dont, selon plusieurs témoignages, il aimait dire qu'il aurait occupé une chambre à côté de celle de son ami Cioran (1911-1995) brièvement hospitalisé). Il serait difficile de reconstituer les deux premières périodes, ne sachant pas si des livres retrouvés sur les étagères de l'appartement parisien appartiennent à ces époques et seraient parvenus tant bien que mal jusqu'à aujourd'hui. D'ailleurs, seules 20% des occurrences[14] présentes rue Saint-André-des-Arts ont des dates d'édition antérieures à 1965 et cela ne signifie pas pour autant qu'elles ont été possédées avant 1965, puisque ces occurrences n'étaient pas présentes dans le meublé de la rue de l'Hirondelle. Nous ne savons pas si, au moins une partie, a pu parvenir chez Isou après 1965. De ce fait, les ouvrages qu'il aurait lus entre 1945 et 1965 sont difficilement localisables ou du moins identifiables en regardant seulement les sources bibliographiques disponibles chez lui.

Pour la troisième période, demeure la difficulté de rendre compte de l'usage de la lecture car, somme toute, assez peu de livres sont présents physiquement pour un

---

[12] Lettre inédite de Jean Cocteau à l'administrateur de la Bibliothèque nationale, datée du 20 janvier 1953, Bibliothèque nationale de France, département des manuscrits, cote NAF 14063.

[13] *Agrégation d'un Nom et d'un Messie* et *Introduction à une nouvelle poésie et à une nouvelle musique.*

[14] Les neuf occurrences du *Fonds Social Juif Unifié* comptent pour une occurrence étant donné que les revues sont sous la forme d'un seul numéro relié. De même, les cinq numéros de *Poésie nouvelle* sont comptabilisés pour une occurrence et il en est de même pour les quatre numéros de *Paris-Théâtre*, étant donné leur ascendance lettriste respective.

homme dont l'écrit est au cœur de sa vie. D'après ses proches et ses écrits, Isou lit et « dévore » les livres, les disciplines, et il est avant tout un emprunteur d'ouvrages, comme le montre les documents retrouvés dans son appartement parisien.

Si l'on compare avec une bibliothèque comme celle d'André Breton apparue lors de sa vente aux enchères en avril 2003 chez Calmels-Cohen, on dénombre un peu moins de 2000 occurrences[15]. Celle d'André Masson, qui a fait l'objet d'une publication dans cette collection, comptait 2500 occurrences (si l'on intègre la liste d'Aix-en-Provence). La bibliothèque matérielle de Jean Dubuffet conservée à la Fondation Dubuffet rassemble 808 ouvrages[16], tandis que celle de Le Corbusier 1615 volumes[17] et celle de Marcel Duchamp environ 800[18]. Concernant Isou, outre les 540 documents présents chez lui (livres, revues, feuilles volantes) et les centaines de notes bibliographiques, l'écrivain avait gardé plus de 500 bulletins remplis au Département des imprimés de la Bibliothèque nationale de France afin de réserver, emprunter ou commander un ouvrage. La bibliothèque d'Isou, avec près de 1300 occurrences, est donc comparable, du moins en termes quantitatifs, à celles des grandes figures intellectuelles de son temps.

Les bulletins du Département des imprimés de la Bibliothèque nationale de France étaient conservés dans des enveloppes titrées du nom du champ d'étude. Ainsi, une enveloppe portait le nom de « médecine », une autre de « physique-chimie », une autre encore de « philosophie politique », etc. Dans ces enveloppes, Isidore Isou consigne les bulletins de la Bnf et ce rangement s'étale parfois sur plusieurs décennies. Cet ordre n'est pas anecdotique et peut, à juste titre, être considéré comme une sorte de bibliothèque en soit. Des enveloppes, pour ne pas oublier ce que l'on a lu, ce que l'on a étudié. Les bulletins anciens côtoyaient les plus récents pour établir un corpus de références qui lui servait, au besoin, pour travailler un

---

[15] On aurait également pu comparer avec la vente d'une partie de la bibliothèque de Tristan Tzara mais son caractère partiel ne nous indique que près de 500 lots essentiellement composés d'ouvrages de bibliophilie regardant de plus ou moins loin le surréalisme et le cercle littéraire autour de Tzara. On peut voir cependant : « Importante partie de la bibliothèque de Tristan Tzara », cat. de vente aux enchères Guy Loudmer, Paris Hotel Drouot, salle 9, 4 mars 1989.

[16] Voir Marianne Jakobi, « Les lectures d'un peintre « ennemi » de la culture. La bibliothèque de Jean Dubuffet », Paris : *Les Cahiers du Musée national d'art moderne*, n° 77, 2001, p. 92-122.

[17] Chiffre de la Fondation Le Corbusier à Paris.

[18] Voir l'ouvrage qui avait ouvert le champ sur les bibliothèques d'artistes : Marc Décimo, *La bibliothèque de Marcel Duchamp, peut-être*, Dijon, Les presses du réel, 2002.

domaine de la connaissance, en particulier. Ces bulletins sont d'un grand intérêt pour connaître la date à laquelle Isou lit (ou relit) tel ou tel ouvrage et dans quelle édition ou traduction. Parmi ces bulletins, de nombreux étaient simplement remplis, attendant le moment opportun pour être soumis au conservateur de la bibliothèque afin d'avoir accès physiquement au livre. Dans l'appartement étaient également conservées des notes bibliographiques. De simples listes d'ouvrages avec ou sans cote ou des petits bouts de papiers sur lesquels Isou inscrivait méticuleusement une ou plusieurs références pour étayer un sujet sur lequel il travaillait. Le présent inventaire dénombre près de 400 notes bibliographiques, indiquées [NB], dont certaines sont renseignées par Isou des mots « Lu », « à lire » ou encore plus anecdotique « je me suis arrêté à la page 220 ».
Le travail sur les notes bibliographiques a permis de les « borner » chronologiquement lorsqu'elles côtoyaient d'autres notes ; la note bibliographique mentionnant la date d'édition la plus récente, précisant la borne chronologique des autres. Ces notes disent beaucoup sur l'usage de la lecture et sur les modalités de travail de l'artiste. Il existe, par exemple, des notes bibliographiques rédigées plusieurs années avant qu'Isou ne remplisse les bulletins d'emprunt correspondants. C'est le cas notamment des ouvrages de Jean-Claude Czyba (né en 1927) et Hans Ulrich Zollinger (1912-1989). Isou est donc un lecteur consciencieux qui mène des recherches sur le long terme, avec un but précis, plus qu'il ne lit pour accumuler une connaissance ou par goût passager d'un sujet ou d'un autre. Par ailleurs, l'artiste cultive une recherche universaliste en abordant tout type de sujet. Les sciences physiques, les mathématiques, la littérature, la politique, l'économie, etc., font l'objet d'investigations pointues. Isou se documente le plus souvent à la source la plus érudite. On constate également qu'il s'intéresse à l'actualité de son époque lorsqu'elle entre en résonnance avec ses recherches : la lecture de L. Ron Hubbard dès 1979 soit trois ans après la traduction de *La Dianétique* en français, la lecture des revues scientifiques *La recherche, Science et Vie* etc., la lecture des ouvrages d'hommes politiques de son temps (Raymond Barre, Charles de Gaulle, Michel Rocard), la lecture de thèses de doctorat universitaire. La relative complexité de ces dernières n'étant point rédhibitoire pour celui qui se voyait transformer toutes connaissances, fussent-elles issues des plus récentes recherches universitaires.

L'autre particularité de cette bibliothèque est la prédominance de la collection « Que sais-je ? » des Presses universitaires de France qui propose en 128 pages des synthèses sur tous les sujets, écrits par des spécialistes pour le grand public. L'inventaire fait état de 77 occurrences (6% environ) de la collection « Que sais-je ? »

fondée en 1941 par Paul Angoulvent (1899-1976). Cette prédilection pour une collection transdisciplinaire reflète la nécessité pour Isou de comprendre les grandes lignes d'un sujet, d'une discipline afin de pouvoir aller vers d'autres publications érudites et, au final, l'intégrer dans son système kladologique et total. La bibliographie en annexe des numéros de la collection « Que sais-je ? » a sans doute aidé et orienté les lectures d'Isou et l'on peut considérer que la collection a été, en cela, une initiation à la discipline qu'il voulait travailler. L'autre aspect intéressant est la quasi-absence de littérature non francophone. La présence de livres bilingues est modeste et, à part quelques ouvrages dans lesquels Isou a lui-même écrit, ou dans lesquels on a écrit sur Isou, on ne dénombre qu'une part négligeable de textes en langue étrangère.

L'écrivain passe beaucoup de temps dans l'enceinte de la Bibliothèque nationale de France, recopiant les références bibliographiques qu'il va ensuite demander pour consultation. Les bulletins ont aussi la saveur anecdotique d'indiquer qu'il aimait s'installer à la place 140 de l'hémicycle de la Bnf. Il avait également pour habitude d'emprunter, dès 1983, des livres à la Bibliothèque municipale André Malraux située 112, rue de Rennes à Paris, soit à une quinzaine de minutes de chez lui en marchant rapidement. La liste de ses emprunts n'a pas été consultable, en cause de la loi informatique et liberté. La réponse *in extenso* d'Anne Sahin-Bichet, responsable-adjointe de la bibliothèque à notre enquête, permet de mieux comprendre l'absence de ces données : « Malheureusement, il est techniquement impossible de dresser une liste rétrospective des ouvrages empruntés par un usager. En effet, la loi n° 78-17 du 6 janvier 1978 relative à l'informatique, aux fichiers et aux libertés précise que les informations ne peuvent être conservées de façon indéfinie dans les fichiers informatiques. Une durée de conservation doit être établie en fonction de la finalité de chaque fichier. De ce fait, les logiciels de gestion des bibliothèques ne gardent, en général, que le nom du dernier emprunteur pour un document donné. Parallèlement, ils interdisent une recherche à partir des noms d'utilisateurs afin de garantir à ces derniers l'anonymat de leurs emprunts : sitôt les documents rendus, les données sont donc systématiquement effacées rendant impossible tout historique des transactions pour un usager »[19]. Les livres empruntés dans cette bibliothèque municipale resteront donc probablement inconnus. Cependant, en interrogeant les personnes qui côtoyaient Isou dans les dernières années de sa vie, on apprend que certains d'entres eux l'aidaient dans sa quête de livres en allant directement faire des emprunts, avec

[19] Réponse d'Anne Sahin-Bichet à Fabrice Flahutez par courrier électronique, 21 juin 2012.

leur carte personnelle, à la bibliothèque André Malraux. L'artiste Frédéric Acquaviva (né en 1967), par exemple, est allé lui chercher quelques fois des livres à partir de années 2000-2001 (Carl von Clausewitz, *De la guerre*, traduction intégrale par Denise Naville, Paris: Minuit, 1984 ; *Kurt Schwitters*, exposition organisée par le Musée national d'art moderne-Centre de création industrielle du 24 novembre 1994 au 20 février 1995, Paris: Centre Georges Pompidou, RMN, 1994 ; Une *Histoire de la notation* mais que l'on ne retrouve plus dans le catalogue de la bibliothèque Malraux, sans doute parce qu'il a rejoint le fonds de la bibliothèque centrale ; Peut-être, André Le Révérend, *Lyautey*, Paris: Fayard, 1983; Saint Augustin, *La Cité de Dieu*, 3 Vol., traduit du latin de Louis Moreau (1846), introduction, présentation et notes par Jean-Claude Eslin, Paris: Seuil, collection Point, 1994). La chorégraphe et plasticienne portugaise Maria Faustino (née in 1963) rend visite à Isidore Isou vers l'année 2001-2003 et accepte d'emprunter également des livres à la même bibliothèque municipale (ex : Ernest Renan, *Œuvres complètes*, t. IV, éd. définitive établie par Henriette Psichari, Paris : Calmann-Lévy, 1949). Maria Faustino semble avoir très soigneusement consigné dans un cahier la liste des emprunts de livres parce qu'elle déclarera qu'elle avait l'impression « que c'était important et qu'un jour quelqu'un viendrait lui poser des questions à ce sujet ». Malheureusement nous n'avons pu obtenir qu'une liste partielle de quelques occurrences qui sont consignées dans l'inventaire[20]. C'est déjà cela et c'est beaucoup. Enfin, Ligia Cadavid Zuleta (née en 1960), auxiliaire de vie sociale qui préparait en outre une thèse de doctorat en démographie-sociologie à Paris, aidait également Isou entre 1996 et 2006 à se procurer des livres à la bibliothèque Malraux. Plusieurs matins par semaine, elle allait emprunter des pléiades Gallimard selon un ordre imperturbable que lui dictait Isidore Isou. Cette collection Gallimard semble être la seule qui avait à ses yeux une certaine valeur. Ligia Cadavid Zuleta se souvient du désir d'Isou de relire les écrits de Breton, mais n'a pas gardé en mémoire la liste de ces ouvrages. On sait, d'après le catalogue de la bibliothèque Malraux, qu'il avait potentiellement à sa disposition pendant ces années plus de 550 volumes de la pléiade dont les trois premiers volumes des écrits d'André Breton (1988-1992-1999). Tous ces emprunts tardifs dans la vie d'Isou, outre le fait qu'ils montrent que le théoricien du lettrisme continuait de travailler, témoignent aussi qu'il retournait souvent vers des lectures de jeunesse. L'emprunt des livres à la bibliothèque municipale a sans doute opéré un changement dans le mode de lecture d'Isou, ne lui permettant plus d'écrire ses

[20] Catherine Goldstein affirme qu'elle lui achetait de temps en temps des livres scientifiques à partir de 1983 et ce, jusqu'en 1990, et lui en prêtait une demi-douzaine par an.

commentaires à même les pages des livres. L'analyse des archives, si elles sont un jour conservées dans une institution, permettra de repérer les notes de lecture qu'il avait dû prendre pendant cette période. Lors de ces dernières années, le personnel soignant viendra lire à haute voix les ouvrages remédiant à la vue déficiente du lettriste.

On sait par Catherine Goldstein qu'Isou aimait demander et recevoir de la part des éditeurs un certain nombre d'ouvrages gratuitement. Bien que la quantité n'en soit pas appréciable, il semble qu'il s'agisse de plusieurs dizaines d'occurrences pendant ces longues années passées rue Saint-André-des-Arts. La répartition quantitative par éditeurs met en avant les Éditions du Seuil (timbre sec du service presse) sans pour autant pouvoir exploiter cette donnée outre mesure. Enfin, ses amis et collaborateurs lui ont prêté des livres et des documents, le temps d'en prendre connaissance.

La bibliothèque d'Isidore Isou pose donc plus de problèmes et de questions qu'elles n'apportent de certitudes sur les modalités de lecture de l'artiste. Aujourd'hui, le lecteur de cette bibliothèque isouienne doit se rendre à l'évidence qu'il faut la considérer comme un outil de référence composé de fragments, éclairant d'un feu pâle ce que fut l'univers des livres pour le lettriste. Néanmoins, le peu que nous ayons retrouvé, lorsqu'il est annoté, raturé, déchiré, détourné, témoigne d'une pratique active de la lecture. Les reproductions, qui illustrent la présente publication, bien que non exhaustives, relèvent d'un choix arbitraire qui permettait de rendre tangible l'usage du livre par Isou. En effet, l'artiste annote largement les ouvrages et consigne ses pensées à même les pages. Un grand nombre de livres étaient annotés entre les lignes, ou dans les marges, et la présence de certaines feuilles volantes montre qu'il s'approprie le livre au sens physique du terme. Les pages volantes qui constituent une source bibliographique étonnante étaient disposées pêle-mêle parmi les manuscrits épars dans l'appartement. Simple et fragile témoignage d'une pratique singulière de la lecture. Isidore Isou déchirait parfois la page d'un livre, qui, par une sorte de juxtaposition ou « collage », allait rencontrer une autre page volante ou bien un manuscrit écrit de sa main. Il y a plusieurs régimes d'annotation sur les ouvrages allant de l'analyse du texte à la vindicte en passant par une réflexion générale ou un constat. Parfois, on pourrait avoir l'impression qu'il avait destiné une ou plusieurs annotations à un lecteur potentiel, un lecteur du futur qui travaillerait sur sa bibliothèque ou qui trouverait le livre dans le carton d'une quelconque brocante après une éventuelle dispersion de ses biens. L'annotation appelle un lecteur qui n'est pas encore là et qui, comme une bouteille à la mer, parie sur l'avenir pour se faire découvrir. Un jour, peut être, la bibliothèque d'Isidore Isou, présentée dans cet ouvrage, rejoindra une institution et constituera un ensemble auquel la communauté des chercheurs pourra poursuivre la recherche sur le travail d'Isidore Isou sur les livres et avec les livres et, également, sur le lettrisme lui-même. En attendant que ce fonds soit un jour disponible, *La bibliothèque d'Isidore Isou, un certain regard sur le lettrisme (Isidore Isou's Library, a certain look on lettrism)* se propose de palier partiellement à cette absence.

Plan de l'appartement d'isidore Isou

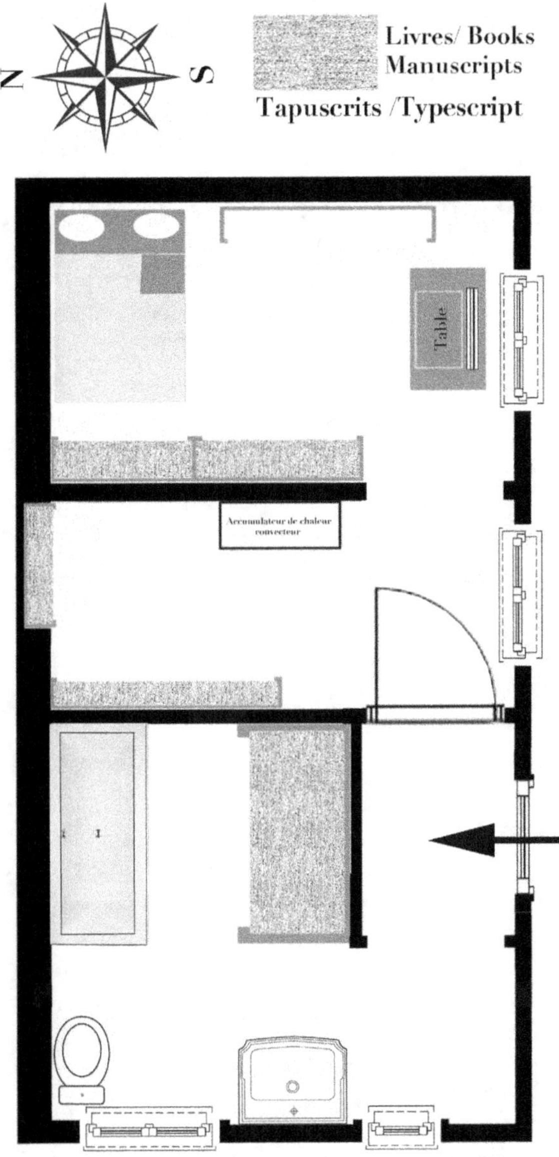

Appartement d'Isidore Isou,
42 rue Saint-André-des-Arts, Paris
2ème étage gauche / 2nd Floor left

Inventory of the library
Inventaire de la bibliothèque

INVENTAIRE DU FONDS

Notes : Il présente par ordre alphabétique les ouvrages du fonds tel qu'il nous est parvenu et la description des bulletins de la Bnf.
Codes:

[DPB-Isou] = Document présent dans la bibliothèque personnelle d'Isidore Isou

[BNF-Pré-R] = Bulletin du département des imprimés la Bibliothèque nationale de France pré-remplie par Isidore Isou

[B-Emprunt] = Bulletin de prêt au personnel du département des imprimés de la bibliothèque nationale de France

[BNF-D] = Bulletin du département des imprimés la Bibliothèque nationale de France rempli par Isidore Isou pour un ouvrage demandé

[NB] = Note bibliographique manuscrite

[FV] = Feuille volante trouvée dans les archives Isou

[CN] = Auteur cité dans *La Créatique et la novatique*

[MF] = Livre emprunté par Maria Faustino à la Bibliothèque Malraux à Paris le 15 mai 2001

[FA] = Livre qu'Isou avait demandé à Frédéric Acquaviva d'emprunter à la Bibliothèque Malraux entre 1999 et 2001

[JE] = Livre déposé par Isidore Isou chez Jacqueline Enger

[OG] Ouvrage signalé par Olivia Granville

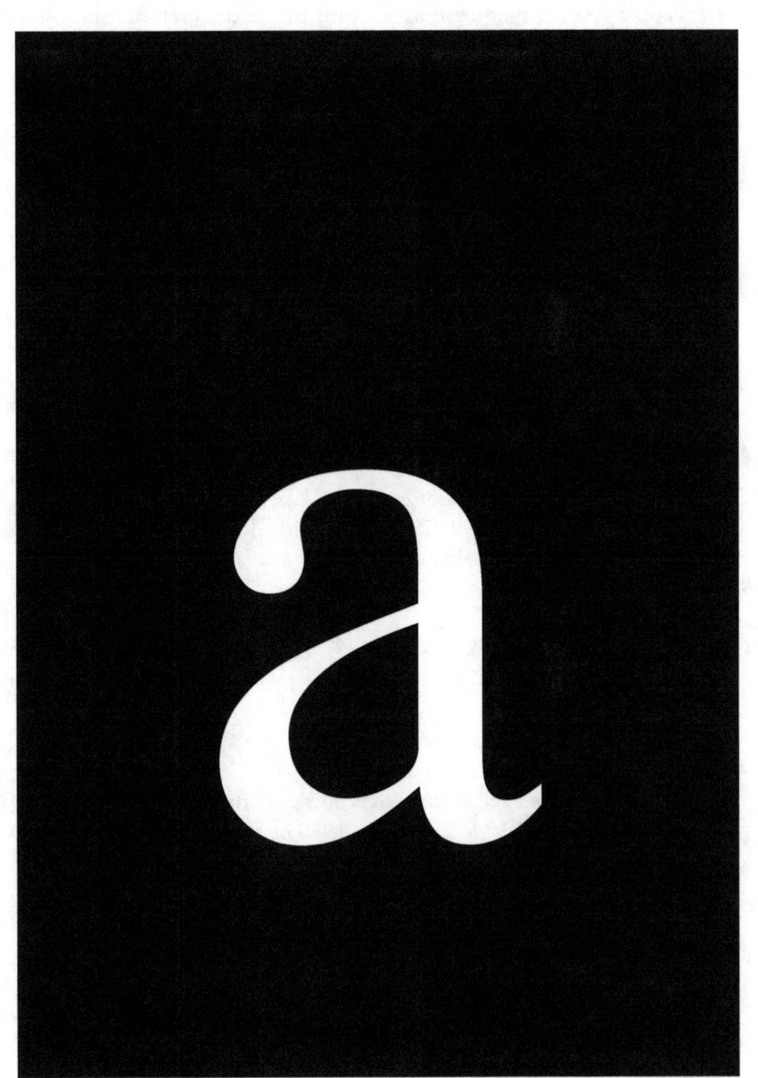

Accord, n°34, Saint-Fargeau-Ponthierry: S.P.S., 3 ème trimestre 1986 [DPB-Isou]

Acevedo Sybil de, Ficquelmont Gérard Marie de, Gérard Alice, Gouhier Henri, [*al*], *Auguste Comte, qui êtes vous ?,* préface d'Edgar Faure, Lyon : La Manufacture, 1988 [DPB-Isou]

Adam, [dir. Rédacteur Edmond Dubois], n° 280, Éditions Condé Nast, avril 1963 [DPB-Isou]

Adam, [dir. Rédacteur Edmond Dubois], n° 277, Éditions Condé Nast, décembre 1962-janvier 1963 [DPB-Isou]

Adams, *La Face cachée de la terre*, traduit de l'américain par Pierre Dimoni, Paris : Éditions Galliera, 1974 [DPB-Isou]

Adotevi Stanislas Spero K., *Négritude et négrologues*, Paris : Union Générale d'Éditions, collection 10/18, 1972 [DPB-Isou]

Adret (Pseud.), *Travailler deux heures par jour*, Paris : Éditions du Seuil, 1977 [BNF-D] daté du 1er septembre 1979, Place 140. Réponse magasin : manque en place recherche en cours. [B-Emprunt] le 19 novembre 1979 et rendu le 20 décembre 1979.

Agel Henri, *Esthétique du cinéma*, Paris : Presses universitaires de France, collection Que sais-je ?, n° 751, 1971 [DPB-Isou]

AICA, (document d'information), 1966 [DPB-Isou]

Aide-mémoire de l'étudiant en sciences appliquées, Paris : Bordas : Dunod : Gauthier-Villars, cop. 1976 [B-Emprunt] le 27 janvier 1979 et rendu le 10 mars 1978

Alain, *Idées, introduction à la philosophie, Platon, Descartes, Hegel, Comte...*, Paris : Union Générale d'Éditions, collection 10/18, 1964 [DPB-Isou]

Albert Philippe, *L'Analyse par radioactivation, applications des radioisotopes à l'analyse chimique*, Rhode-Saint-Genèse : A. De Visscher ; Paris : Gauthier-Villars, 1963 [NB] postérieure à 1973

Albert-Weil Jean, *Simulations médicales, signes, diagnostic, pathogénie, traitement des maladies simulées*, Paris : G. Doin et Cie, 1962 [BNF-Pré-R]

Alembert D', *Opuscules mathématiques ou Mémoires sur différens sujets de géométrie, de méchanique, d'optique, d'astronomie*, 8 tomes en 7 volumes, Paris : David : [puis] Briasson : [puis] C.-A. Jombert, 1761-1780 [NB] postérieure à 1975 et précise simplement : « mécanique 1743 » c'est la raison qui nous fait garder le *Traité de dynamique*. [CN]

Alembert D', *Traité de dynamique*, Paris : David, 1743 [NB] postérieure à 1975 et précise simplement : « mécanique 1743 » c'est la raison qui nous fait garder le *Traité de dynamique*. [CN]

Allaines, Claude d' (Dr.), *Histoire de la chirurgie*, Paris : Presses universitaires de France, collection Que sais-je, n° 935, 1961 [B-Emprunt] le 20 octobre 1980 et rendu le 17 novembre 1980

Alleau René, *La science des symboles, contribution à l'étude des principes et des méthodes de la symbolique générale*, Paris : Payot, collection Bibliothèque scientifique, 1976 [NB]

Allègre Claude, *L'Age des savoirs, pour une renaissance de l'université*, Paris : Gallimard, 1993 [DPB-Isou]

Almanach Hachette: petite encyclopédie populaire de la vie pratique, Paris : Hachette, 1958 [DPB-Isou]

Almanach Hachette: petite encyclopédie populaire de la vie pratique, Paris : Hachette, 1961 [DPB-Isou]

Almanach Hachette: petite encyclopédie populaire de la vie pratique, Paris : Hachette, 1964 [DPB-Isou]

Amerus, n° 1, a multilingual lyripolitical journal of poetry and graphics, an international journal, Jack Hirschman, Alexander Kohav, San Francisco : Amerus Press, 1979 [DPB-Isou]

Amiel Jean, *Cours de chimie. Tome I, Chimie générale, maîtrise de sciences physiques, concours de recrutement des professeurs enseignant dans le second degré*, Paris : Dunod, 1969 [B-Emprunt] le 29 juillet 1971 et rendu le 25 octobre 1971

Amiel Jean, *Cours de chimie. Tome 2, Chimie générale (fin), chimie descriptive*, Paris : Dunod, 1971 [B-Emprunt] le 29 juillet 1971 et rendu le 25 octobre 1971

Amiel Jean-Louis, Rouëssé Jacques, Machover David, *Abrégé de cancérologie*, avec la collaboration de Charles Bergiron, Y. Cachin, Guy de Catalogne, André-Jean-Constant Chavy, [*al.*], Paris ; New York ; Barcelone : Masson, 1976 [BNF-D] daté du 19 octobre 1981, Place 140. Réponse magasin: ouvrage déclassé ; déjà communiqué le 10 juin 1981. Il existe également une fiche de conservation des livres pour le lendemain du 21 octobre 1981. La réponse du magasin indique que cet ouvrage a déjà été communiqué le 11 juin 1980, Place 140. [BNF-D] le 23 octobre 1981, Place 140. Réponse magasin : communiqué le 11 juin 1980.

Ancora, rivista di poesia, dirigé par Leonardo Clerici, n° 1, Roma : "Ancora", 1976 [DPB-Isou]

Anderson Franck, *La rage de jouir*, Paris: Éditions S.D.C., 1972 [DPB-Isou]

[Anonyme], *Quadrille*, [s.l.] : [s. d.] (cote bnf enfer 1520) [NB]

[Anonyme], *La Chair et le diable, festival pour un vicieux !*, [s.l.] : Imprimé en Norvège : 1957 (cote bnf enfer 1516) [NB]

Anthologie des préface [sic] de romans français du XIXe siècle. Présentation de Herbert S. Gershman et Kernan B. Whitworth, jr., Paris : Julliard, 1965 [NB]

Apap G., *Dictionnaire Pred 1975, spécialités, produits et matériels pour l'odontologie*, [dir. publ. J. Guibert], Levallois-Perret : Agence conseil 3P, 1975 [DPB-Isou]

Arendt Hannah, Heidegger Martin, *Lettres : et autres documents 1925-1975*; édition à partir du Fonds Arendt et Heidegger par Ursula Ludz ; traduction de l'allemand par Pascal David, Paris : Gallimard, collection Bibliothèque de philosophie 2001 [DPB-Isou]

Arié Elie Dr., *L'hypertension artérielle aujourd'hui*, Ardenais : les Asclépiades, collection Docteur, dites-moi tout !, 2003 [DPB-Isou]

Aristophane, *Théâtre complet, tome 2. Les Oiseaux. Lysistrata. Les Thesmophories. Les Grenouilles. L'Assemblée des femmes. Plutus*, texte traduit, présenté et annoté par Victor-Henry Debidour, Paris : le Livre de poche, 1966 [B-Emprunt] le 8 mars 1980 et rendu le 24 mars 1980

Aristote, *Organon. I : Catégories. II : De l'interprétation*, Nouvelle traduction et notes par J. Tricot, Paris, J. Vrin, 1936 [DPB-Isou] [CN]

Aristote, *Organon. III. Les premiers analytiques*, Nouvelle traduction et notes par J. Tricot, Paris, J. Vrin, 1936 [DPB-Isou] [CN]

Aristote, *Organon. IV. Les Seconds Analytiques,* nouvelle traduction et notes par J. Tricot, Paris, J. Vrin, 1938 [DPB-Isou] [CN]

Aristote, *Organon. V. Les topiques. Tome I (Livres I-IV)*, Nouvelle traduction et notes par J. Tricot, Paris, J. Vrin, 1939. (2 ex) [DPB-Isou] [CN]

Aristote, *Organon. V. Les topiques. Tome II (Livres V-VIII)*, Nouvelle traduction et notes par J. Tricot, Paris, J. Vrin, 1939 [DPB-Isou] [CN]

Aristote, *Organon. VI. Les réfutations sophistiques*, Nouvelle traduction et notes par J. Tricot, Paris, J. Vrin, 1939 [DPB-Isou] [CN]

Aristote, *Politique*, texte français présenté et annoté par Marcel Prélot, Paris : Presses universitaires de France, collection Bibliothèque de la science politique, 1950 [BNF-Pré-R] [CN]

Aristote, *La Métaphysique*. Nouvelle édition, entièrement refondue, avec commentaire, par Jules Tricot, 2 volumes, Paris, J. Vrin, 1953 [NB] postérieure à 1975 [CN]

Armelin Gisèle, *Les Médecines naturelles*, Paris : le Livre de poche, collection Le Livre de poche, n° 4011, 1974 [B-Emprunt] le 19 novembre 1979 et rendu le sans date

Arnaud Paul, *Cours de chimie organique*, Paris : Gauthier-Villars, 1969 [B-Emprunt] le 29 juillet 1971 et rendu le 25 octobre 1971

Aron Émile, *Mémento d'hépatologie*, Paris : Expansion scientifique, 1976 [BNF-D] daté du 1 décembre 1979, Place 140. Réponse magasin : manque en place

Aron Raymond, *La Philosophie critique de l'histoire, essai sur une théorie allemande de l'histoire*, Paris : J. Vrin, 1950 [BNF-Pré-R] il existe un autre [BNF-Pré-R] pour une autre édition : Paris : Éd. du Seuil, collection Points : sciences humaines, 1970

Aron Raymond, Dimensions de la conscience historique, Paris : Union Générale d'Éditions, collection 10/18,1965 [DPB-Isou]

Arout Georges, *Picasso*, introduction et notes de Georges Arout, Paris : Fernand Nathan éditeur, collection Les Maitres de la couleur, 1954 [DPB-Isou]

Arsouille Mylord, *Mylord Arsouille ou les Bamboches d'un gentleman*, n° 57, Paris, Eurédif, collection Aphrodite Classique, 1978 [DPB-Isou]

Artaud Antonin, *L'Ombilic des limbes*, Paris : Gallimard, 1968 [DPB-Isou] [CN]

Art & Language, Hostages XXV – LXXVI, galerie de Paris, Lisson Gallery London, Marian Goodman Gallery N.Y., 1991 [DPB-Isou]

Artistas de Israel, exposicion de pintura contemporanea des estado de Israel, Ministerio de Instruccion publica, Montevideo Uruguay : Comision nacional de bellas artes, 1956 [DPB-Isou]

Artstudio, « Spécial Joseph Beuys », n° 4, Paris : Association pour la promotion de l'art contemporain international, printemps 1987 [DPB-Isou]

Ashmole Élias, *Theatrum chemicum Britannicum. Containing severall poeticall pieces of our famous English philosophers, who have written the hermetique mysteries in their owne ancient language. Faithfully collected into one volume, with annotations thereon, by Élias Ashmole*, London : printed by J. Grismond, 1652 [NB] : probablement de 1979

Association Des Étudiants En Médecine De Lyon, *Cours de physique et de biophysique. 1re année du 1er cycle des études médicales*, Lyon (8e), Association corporative des étudiants en médecine de Lyon, Faculté de médecine et de pharmacie de Lyon. Laboratoire de physique biologique. 1970 [B-Emprunt] le 29 juillet 1971 et rendu le 25 octobre 1971

Aubigné Théodore Agrippa d', *Les tragiques*. Préface et notes de Georges Mongrédien, Paris : libr. Garnier frères, 1931 [BNF-Pré-R]

Aubigné Théodore Agrippa d', *Les tragiques*. Chronologie, introduction et glossaire par Jacques Bailbé, Paris : Garnier-Flammarion, collection Garnier-Flammarion. Texte intégral, n° 190, 1968 [BNF-Pré-R]

Au carrefour des lettres, courrier du 38 rue de l'université, n° 1, Paris : Debresse, 15 janvier 1955 [DPB-Isou]

Audouze Jean, Vauclair Sylvie, *L'Astrophysique nucléaire*, Paris : Presses universitaires de France, collection Que sais-je ?, n° 1473, 1972 [NB] postérieure à 1975

Aujourd'hui. Art et architecture, n° 26, [Revue bimestrielle dirigée par André Bloc.], Boulogne-sur-Seine : [s.n.], avril 1960 [DPB-Isou]

Auvert Jean, Bienaymé Jean, Cabrol Christian, Couinaud Claude, [*al.*], *La Chirurgie d'aujourd'hui*, Paris : Seghers, 1964 [B-Emprunt] le 11 octobre 1980 et rendu le 20 octobre 1980

Aux poubelles de la gloire, n° 5-6, Nogen-sur-Marne : mars 1978 [DPB-Isou]

« Avignon 73. Pour un front culturel révolutionnaire », *Cahiers du cinéma*, revue mensuelle du cinéma et du télécinéma, rédacteurs en chef Lo Duca et Jacques Doniol-Valcroze, n° 248, novembre 1973 [DPB-Isou]

Ayant Yves, Belorizky Élie, *Cours de mécanique quantique*, Paris ; Bruxelles ; Montréal : Dunod, collection Dunod université : physique, 1974 [NB] postérieure à 1977. [B-Emprunt] le 13 septembre 1978 et rendu le 29 septembre 1978

Aylesworth Thomas G., *Le Monde des microbes*, traduit de l'américain par Vérène Colombani, Paris : Flammarion, collection International library, 1975 [NB]

Ayres Frank, *Mathématiques de base: algèbre, trigonométrie, géométrie, calcul différentiel : théorie et problèmes*, traduit et adapté par Raymond Leblanc, Louise Martin, André Paradis, Montréal ; New York ; Paris : McGraw Hill, collection Série Schaum 1978 [DPB-Isou]

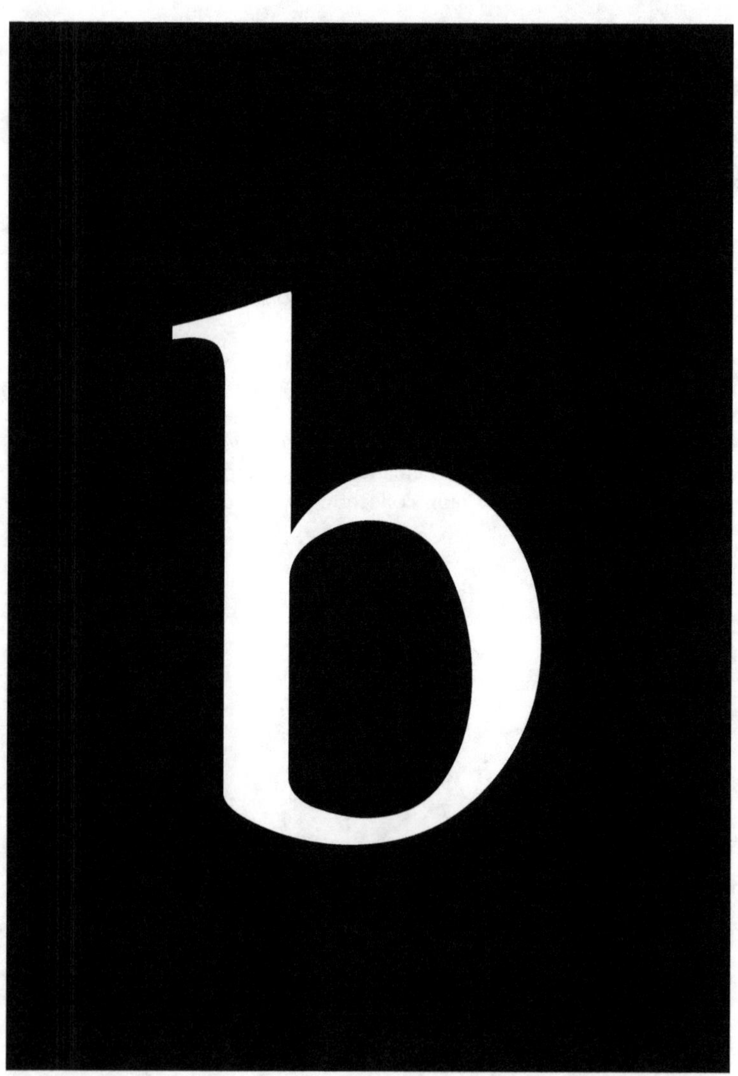

Bachelard Gaston, *L'expérience de l'espace dans la physique contemporaine*, Paris : F. Alcan, 1937 (Isou mentionne les PUF comme éditeur de ce livre) [NB] postérieure à 1972 [CN]

Bachelard Gaston, *L'activité rationaliste de la physique contemporaine,* Paris : Presses universitaires de France, collection Bibliothèque de philosophie contemporaine, 1951 **ou** 1965 [NB] postérieure à 1972 [CN]

Bachelard Gaston, *La formation de l'esprit scientifique: contribution à une psychanalyse de la connaissance objective*, Paris : J. Vrin, collection Bibliothèque des textes philosophiques, 1972 [NB]

Bachelard Gaston, *Le nouvel esprit scientifique*, Paris : Presses universitaires de France, 1987 **ou** 1983 **ou** 1975 **ou** 1958 **ou** 1946 **ou** 1941 **ou** 1934 [NB] postérieure à 1972 [CN]

Balandier Georges, *Structures sociales traditionnelles et changements économiques*, n° 4, [Fac-sim. d'un extrait des Cahiers d'études africaines], Paris: Paulet, mai 1968 [DPB-Isou]

Ball Hugo, *la fuite hors du temps*, préface de Hermann Hesse ; traduit de l'allemand par Sabine Wolf, Paris, Éditions du Rocher, 1993 [DPB-Isou]

Balzac Honoré de, *La Comédie humaine : Études des mœurs : scènes de la vie privée, tome 1, La maison du chat-qui-pelote. Le bal de Sceaux. Mémoires de deux jeunes mariées. La bourse. Modeste Mignon. Un début dans la vie. Albert Savarus. La vendetta. Une double famille, La paix du ménage. Madame Firmiani. Étude de femme*, texte établi et préfacé par Marcel Bouteron, Paris : éditions de la "Nouvelle Revue française", collection Bibliothèque de la Pléiade, n° 26, 1935 [BNF-Pré-R]

Balzac Honoré de, *La Comédie humaine : Études des mœurs : scènes de la vie privée, tome 6, …Le Cousin Pons*, Paris : Gallimard, nrf, collection Bibliothèque de la Pléïade, n° 35, 1955 [NB]

Balzac Honoré de, *Le Cousin Pons*, présenté par Antoine Blondin, Paris : Livre de poche, collection Livre de poche classique, n° 989-990, 1963 [BNF-Pré-R]

Balzac Honoré, *La comédie humaine. 2, Scènes de la vie privée (2). Scènes de la vie de province (1)*, préface de Pierre-Georges Castex, présentation et notes de Pierre Citron, Paris : Éditions du Seuil, collection L'Intégrale, 1965 [DPB-Isou]

Barbarin Paul, *La Géométrie non euclidienne, 3e édition, suivie de mots sur la géométrie non euclidienne dans ses rapports avec la physique mathématique*, par Buhl, Paris, impr.-éditeurs Gauthier-Villars et Cie, 1928 [NB] postérieure à 1971. [BNF-D] 30 septembre 1978, Place 143, voir microfiche m 7661 (15).

Barbusse Henri, *Le feu (journal d'une escouade)*, Paris : Flammarion, 1916 [B-Emprunt] le 15 juillet 1981 et rendu le 17 juillet 1981

Bardo Thödol, le livre des morts tibétain, ou les expériences d'après la mort dans le plan du Bardo, suivant la version anglaise du lama Kazi Dawa Samdup, éditée par Walter Yeeling Evans Wentz, Traduction française de Marguerite La Fuente, précédée d'une préface de Jacques Bacot, Paris, Adrien-Maisonneuve, 1933 [B-Emprunt] le 15 septembre 1981 et rendu le 9 novembre 1981

Barre Raymond, *Éléments d'analyse économique*, Paris : les Cours de droit, (Université de Paris. Institut d'études politiques), 1964 [NB] postérieure à 1997 ?

Barre Raymond, *Cours d'économie internationale*, Paris : les Cours de droit, (Université de Paris. Institut d'études politiques), 1964 [NB] postérieure à 1997 ?

Barre Raymond, *Principes d'analyse économique, tome 1, Introduction générale, analyse micro-économique*, Paris : les Cours de droit, (Université de Paris. Institut d'études politiques), 1966 [NB] postérieure à 1997 ?

Barre Raymond, *Principes d'analyse économique, tome 2, Introduction générale, analyse micro-économique*, Paris : les Cours de droit, (Université de Paris. Institut d'études politiques), 1966 [NB] postérieure à 1997 ?

[NB] : Barre Raymond, *Économie politique. Tome 1*, Paris : Presses universitaires de France, collection Thémis. Économie, 1997

Barre Raymond, *Économie politique. Tome 2*, Paris : Presses universitaires de France, collection Thémis. Économie, 1997 [NB] :

Barrès Maurice, *Un homme libre*, portrait de l'auteur gravé sur bois par Pierre-Eugène Vibert, Paris : G. Crès, collection Les Maîtres du livre, n° 13, 1912 [BNF-Pré-R]

Baruk Henri, *Les Thérapeutiques psychiatriques*, Paris : Presses universitaires de France, collection Que sais-je ?, n° 691, 1966 [DPB-Isou]

Basile Valentin Frère de l'ordre de Saint-Benoit, *Les douze clefs de la philosophie*, traduction, notes, introduction et explication des images par Eugène Canseliet, Paris : les Éditions de Minuit, 1971 [NB] :

Bastenie Paul A., *Le Vieillissement : vers une nouvelle source de jeunesse*, Paris : Flammarion, collection De la science à l'homme, 1983 [BNF-D] du 4 janvier 1988 Place 140 et réponse magasin : Service fermé

Bataille Georges, *La haine de la poésie*, Paris : Éditions de Minuit, collection Propositions 3, 1947 [DPB-Isou]

Bataille Marie-Louise, Wildenstein Georges, *Berthe Morisot. Catalogue des peintures, pastels et aquarelles*, introduction par Denis Rouart, Paris : les Beaux-arts, 1961 [BNF-D] daté du 11 avril 1981, Place 140, Réponse magasin : recherche en cours.

Baudelaire Charles, *Œuvres complètes*, Texte établi et annoté par Y.-G. Le Dantec. Édition révisée, complétée et présentée par Claude Pichois, Paris : Gallimard, 1961, [BNF-D] 5 août 1986, Place 139. Réponse magasin : manque en place [CN]

Baudelaire Charles, *Œuvres complètes*, préface, présentation et notes de Marcel Albert Ruff, Paris : Éditions du Seuil, collection L'Intégrale, 1968 [BNF-Pré-R] daté du 5 août 1986, Place 139 [CN]

Baum Vicki, *Grand hôtel*, préface de Gabriel Veraldi (pseud. William Schmidt) et illustrations de Françoise Adnet, Paris : Culture, art, loisirs, 1965 [B-Emprunt] le 11 avril 1981 et rendu le 21 avril 1981

Bedeschi Giulio, *La Médecine*, traduit de l'italien par Vérène Colombani, Paris : Flammarion, collection International library, 1974 [NB] postérieure à 1975

Beigbeder Olivier, *La symbolique*, Paris : Presses universitaires de France, collection Que sais-je ?, n° 749, 1995 **ou** 1992 **ou** 1988 **ou** 1981 **ou** 1975 **ou** 1968 **ou** 1961 **ou** 1957 [NB] postérieure à 1972

Bencheikh Jamal Eddine, *Poétique arabe: essai sur les voies d'une création*, Paris : Éditions Anthropos, collection Publications de la Sorbonne. Série N.S. Recherches, n° 12, 1975 [NB] postérieure à 1977

Bensaude-Vincent Bernadette, Goldstein Catherine, Micheau Françoise, Stengers Isabelle... [*et al*], *Eléments d'histoire des sciences*, Sous la direction de Michel Serres, Paris : Bordas, 1989 [DPB-Isou]

Bérence Fred, *Léonard de Vinci, L'Homme et son œuvre*, Paris : A. Somogy, 1965 [DPB-Isou]

Bergamini David, *Les mathématiques*, traduit de l'américain par Serge Ouvaroff, Paris : Robert Laffont, collection Laffont sciences, n° 3, 1969 [NB]

Bergson Henri, *L'Évolution créatrice*, Paris : Félix Alcan, collection Bibliothèque de philosophie contemporaine, 1928 [B-Emprunt] le 6 décembre 1980 et rendu le 17 janvier 1981 [CN]

Bérillon Édgar Dr., *La Pathologie précolombienne d'après les ex-votos aztèques*, Clermont (Oise) : impr. de Daix frères et Thiron, (s. d.) [BNF-Pré-R]

Berkaloff André, Bourguet Jacques, Favard Pierre, Guinnebault Maxime, *Biologie et physiologie cellulaire*, Paris : Hermann, 1967 [B-Emprunt] pré-remplie le 10 octobre 1972

Berkaloff André, Bourguet Jacques, Favard Pierre, Lacroix Jean-Claude, *Biologie et physiologie cellulaires*, Nouvelle édition refondue et augmentée, 4 volumes, Paris : Hermann, collection Méthodes, 1977-1981 [BNF-D] Place 141, 6 août 1986 (la réponse du magasin lui demande de préciser quel volume)

Bernard Claude, *De la Méthode expérimentale, de l'expérimentation et de ses perfectionnements, de la critique expérimentale: Leçon d'ouverture du cours de M. Claude Bernard au Collège de France*, Paris : impr. de F. Malteste, 1858 [BNF-D] daté du 21 octobre 1981, Place 140. Réponse magasin : communiqué le 18. [BNF-D] du 23 octobre 1981, Place 140. Réponse magasin : à la reliure. [BNF-D] datée du 26 octobre 1981, Place 140. Réponse magasin : à la reliure. [CN]

Bernard Claude, *Introduction à l'étude de la médecine expérimentale*, Chronologie et préface par François Dagognet, Paris : Garnier-Flammarion, 1965 [DPB-Isou] [CN]

Bernard Jean, Lévy Jean-Paul, *Abrégé d'hématologie*, avec la collaboration de Jean-Pierre Clauvel, Jean-Didier Rain, Bruno Varet, Paris ; New York ; Barcelone : Masson, 1976 [B-Emprunt] le 28 mai 1980 et rendu le 11 juillet 1980

Bernard Jean, Coursaget Jean, *Hommage à louis Bugnard*, directeur honoraire de l'institut national d'hygiène, introduction de Philippe Laudat, [S.l.] : [s.n.], impr. 1979 [DPB-Isou]

Bernard Suzanne, *Rencontre avec un paysan français révolutionnaire*, Paris : Jean-Jacques Pauvert, 1977 [DPB-Isou]

Berthelot Marcellin, *Introduction à l'étude de la chimie des anciens et du moyen âge*, Paris : G. Steinheil, 1889 [BNF-D] 6 mai 1977, Place 144. Réponse magasin : ouvrage déclassé et recherche en cours. [NB] : « Le livre de Berthelot Marcelin sur les alchimistes et les chimistes »

Berthelot Marcellin, *Chimie organique fondée sur la synthèse*, 2 volumes, [Fac-sim. de l'éd. de : Paris : Mallet-Bachelier, 1860], Bruxelles : Culture et civilisation, 1966 [NB] :

Bertillon Suzanne, *Vie d'Alphonse Bertillon, inventeur de l'anthropométrie*, Paris : Gallimard, 1941 [B-Emprunt] le 15 septembre 1981 et rendu le 29 septembre 1981

Bézaguet Alain, *Étude de l'invariance par conjugaison de charge dans les interactions électromagnétiques par recherche directe du mode de désintégration n°-n° e + e*, Thèse. Sc. phys. Orsay. 1967, n° 253, S.l., n.d. [NB] postérieure à 1973

Bichat Xavier, *Notice historique sur la vie de Pierre-Joseph Desault, chirurgien en chef du grand Hospice d'Humanité (ci-devant Hôtel-Dieu) de Paris*, S. l., 1795 [BNF-Pré-R]

Biennale di Venezia, *Punti cardinali dell'arte : XLV esposizione internazionale d'arte*, [a cura di Achille Bonito Oliva], Venezia : Marsilio, 1993 [DPB-Isou]

Bihl Luc (Luc Willette), *Une Histoire du mouvement consommateur : mille ans de luttes*, Paris : Aubier, 1984 [DPB-Isou]

Binet Léon, *Gérontologie et gériatrie, la lutte contre les années*, Que sais-je, n° 919, Paris : Presses universitaires de France, 1962 [DPB-Isou]

Biquard Pierre, *Hommage à Lord Rutherford, Cérémonies du Xe anniversaire de la mort de Lord Rutherford, 7, 8 et 9 novembre 1947, à Paris.* Introduction de P. Biquard. Dessins de Boris Taslitzky, Paris : Fédération mondiale des travailleurs scientifiques, 1948. [B-Emprunt] le 5 septembre 1977 et rendu le 14 octobre 1977

Birnbaum Pierre, *Un Mythe politique, "la République juive" : de Léon Blum à Pierre Mendès France*, Paris : Fayard, 1988. (Ouvrage désormais à la réserve centrale des bibliothèques de prêt de la Ville de Paris) [MF]

Bizarre, « La littérature illettrée ou la littérature à la lettre », n° 32-33, Paris, 1er trimestre 1964 [DPB-Isou]

Blanc Daniel, *La Physique nucléaire*, Paris : Presses universitaires de France, collection Que sais-je ?, n° 2139, 1984 [NB] : « demander aux Périodiques si on peut avoir *La Recherche*, *Science et vie*, *Science*. Lire l'article Grande Encyclopédie sur la Physique et Que-sais-je ? *Physique* afin d'avoir une vue d'ensemble de ses dimensions et problèmes les plus complets et modernes possibles ». [Il n'est pas possible de retrouver le Que-sais-je ? en question car il existe 8 titres différents relatifs à la physique dont 6 sur la période chronologique qui correspondant à la [NB]. Étant donné que Isou cherchait des informations les plus récentes, nous avons retenu que les deux plus récentes publications de la collection Que-sais-je ? c'est à dire le n° 2139 et celui de Péguin Pierre]

Blanché Robert, *L'Épistémologie*, Paris : Presses universitaires de France, collection Que sais-je ?, n° 1475, 1972 [NB]

Blanquet Paul, Blanc Daniel, *La Médecine nucléaire*, Paris : Presses universitaires de France, collection Que sais-je ?, n° 1667, 1976 [B-Emprunt] le 24 mars 1979 et rendu le 4 avril 1979

Bloch Érnst, *Thomas Münzer: théologien de la révolution*, traduit de l'allemand par Maurice de Gandillac ; préface par Rosemarie Ferenczi, Paris : Union générale d'éditions, collection 10/18, 1975 [NB] postérieure à 1976

Blumenson Martin, *La Sicile, débarquement surprise*, Traduit par André Legallois, Verviers : Gérard et Cie ; Paris : l'Inter, 1971 [DPB-Isou]

Bochenski Innocent Marie Joseph, *La Philosophie contemporaine en Europe*, Traduit de la 2e édition par François Vaudou, Paris : Payot, 1962 [DPB-Isou]

Bohr Niels, *Physique atomique et connaissance humaine*; traduit de l'anglais par Edmond Bauer et Roland Omnès; édition établie par Catherine Chevalley, Paris : Gallimard, Collection Folio. Essais, n° 157, 1991 [DPB-Isou]

Boiziau Dominique (sous la direction de), *Annuaire des poètes: France, colonies, étranger*, Paris : R. Debresse, 1933-[1935] [BNF-Pré-R]

Bopp Léon, *Catalogisme ou Esquisse d'une philosophie de l'omnipotence*, Genève, Annemasse : les Éditions du Mont-Blanc, collection Action et pensée, n° 35, 1946 [DPB-Isou]

Bory Charles, *La Thermodynamique*, Paris : Presses universitaires de France, collection Que sais-je ?, n° 1119, 1968 [B-Emprunt] le 18 avril 1978 et rendu le 5 mai 1978

Böttcher Helmuth Maxim, *Vivre 140 ans, la lutte contre la vieillesse, du rêve à la réalité scientifique*, traduit de l'allemand par Claude Maillard, Paris : Plon, 1965 [B-Emprunt] le 20 décembre 1979 et rendu le 23 janvier 1980

Bouhours Jean-Michel, Horrocks Roger, *Len Lye*, textes de Jonathan Dennis, Ian Christie, William Moritz [et al.] ; sous la dir. de Jean-Michel Bouhours et Roger Horrocks, Paris : Éd. du Centre Pompidou, 2000 [DPB-Isou]

Bouissou Roger (Dr.), *Histoire de la médecine*, Encyclopédie Larousse de poche, Paris : le Livre de poche, n° 2294,1967 [DPB-Isou]

Bouligand Georges, *L'accès aux principes de la géométrie euclidienne: introduction à l'axiomatique du plan*, Paris : Vuibert, 1951 [NB] postérieure à 1971 précisant : « géométrie science de l'espace »

Bousquet Jacques, *Anthologie du dix-huitième siècle romantique*, Paris : Jean-Jacques Pauvert, 1972 [NB]

Bouteloup Jacques, *Calcul matriciel élémentaire*, Paris : Presses universitaires de France, collection Que sais-je ?, n° 927, 1969 [NB]. [B-Emprunt] pour l'édition de 1963 le 13 mai 1978 et rendu le 29 mai 1978

Breslow Ronald, *Mécanismes des réactions organiques*, Édition française: Jean-Paul Guetté, Yves Leroux, avec la collaboration de Gérard Martin, Paris : Édiscience, 1970 [B-Emprunt] le 14 octobre 1977 et rendu le 2 décembre 1977. [NB] indiquant : « Lu »

Breton André, *Poèmes*, Paris : Gallimard, 1967 [B-Emprunt] le 21 février 1981 et rendu le 4 avril 1981 [CN]

Brissaud André, *Le Révolutionnaire* (titre d'ensemble : Mussolini), Paris : Perrin, 1975 [B-Emprunt] le 27 juillet 1981 et rendu le 3 août 1981

Brousse Pierre, *Cours de mécanique: 1ers cycles des enseignements supérieurs scientifiques, mathématiques supérieures, mathématiques spéciales, conforme aux nouveaux programmes des classes préparatoires aux grandes écoles*, Paris : Armand Colin, collection U. Série Mathématiques, 1973 [B-Emprunt] le 13 septembre 1978 et rendu le 29 septembre 1978. [BNF-D] du 8 mars 1980, Place 140. Réponse magasin : déjà communiqué le 29 février 1980 et rendu le soir même.

Bruneaux Michel, Boulesteix Claude, *Électrons de conduction et surface de Fermi des métaux*, Paris : Dunod, 1969 [NB] postérieure à 1973

Buat Edmond (général), *Hindenburg et Ludendorff stratèges*, Nancy-Paris-Strasbourg : impr.-éditeurs Berger-Levrault, 1923 [BNF-Pré-R]

Burroughs William, *Le Festin nu*, traduit de l'anglais par Éric Kahane, Paris : Gallimard, 1964, 14 novembre 1988, Hémicycle 12, rendu

Burroughs William Seward, *La Machine molle*, roman trad. de l'anglais par Mary Beach ; adaptation de Claude Pélieu, Paris : Union Générale d'Éditions, collection 10/18, 1971 [DPB-Isou]

Buser Pierre, Imbert Michel, *Neurobiologie. 1, Mécanismes fondamentaux et centres nerveux*, Paris : Hermann, 1993 (dédicacé le 29/01/2006) [DPB-Isou]

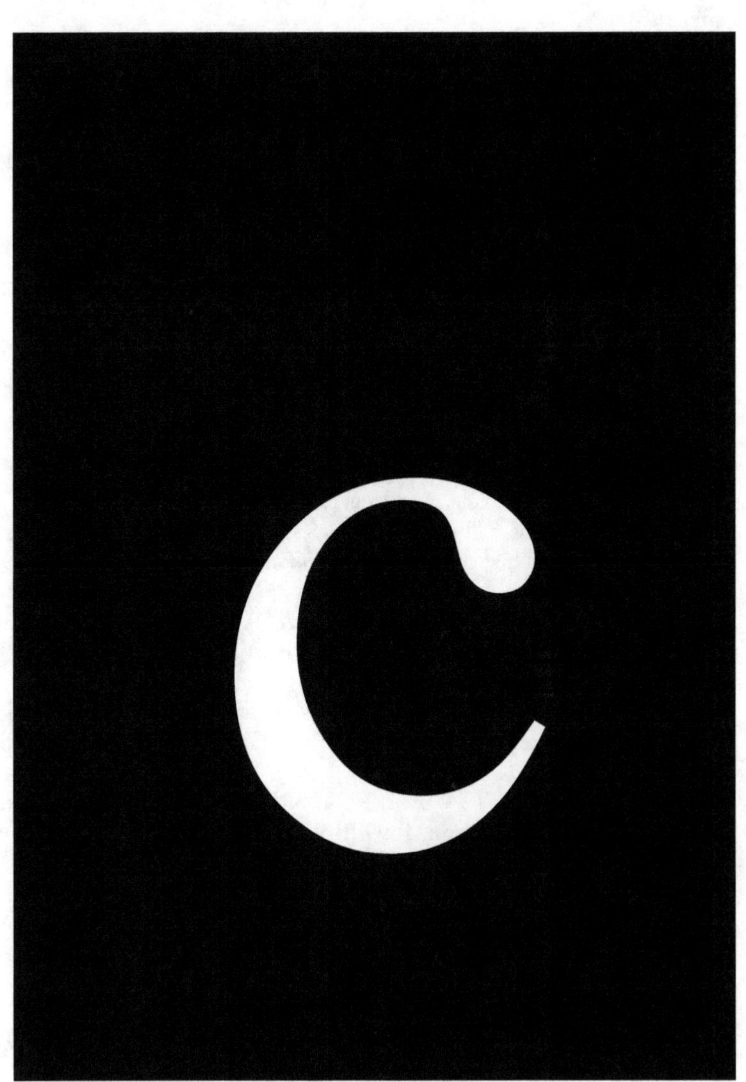
C

Cabu, *Le Journal de Catherine*, texte et dessins de Cabu, Paris : Gallimard, collection Folio, n° 529. Série bête et méchante, 1973 [B-Emprunt] le 16 mai 1981 et rendu le 5 juin 1981

Cahiers de la Compagnie Madeleine Renaud-Jean-Louis Barrault, « répertoire et voyages », troisième année, neuvième cahier (n° 9), Paris : René Julliard, 1955 [DPB-Isou]

Cahiers de l'association internationale pour l'étude de dada et du surréalisme, n° 3, Paris : Lettres modernes, 1969 [DPB-Isou]

Cahiers du théâtre : revue consacrée à la création et à la recherche au théâtre, n° spécial « sur le théâtre d'avant-garde », n° 6-271 (En 1971 absorbe "Paris théâtre" dont il poursuit la numérotation en parallèle. Maurice Lemaître est alors réd. en chef et le titre dans l'ours porte en plus : "bulletin de la Société d'étude et de promotion des arts du spectacle, société d'histoire du cinéma (S.E.P.A.S.S.)), Paris : [s.n.], 1974 [DPB-Isou]

Cahiers du théâtre : revue consacrée à la création et à la recherche au théâtre, nouvelle série trimestrielle, n° 7/ 272, (En 1971 absorbe "Paris théâtre" dont il poursuit la numérotation en parallèle. Maurice Lemaître est alors réd. en chef et le titre dans l'ours porte en plus : "bulletin de la Société d'étude et de promotion des arts du spectacle, société d'histoire du cinéma (S.E.P.A.S.S.)), Paris : [s.n.], 1972 [DPB-Isou]

Campbell Robert, *La Mécanique analytique*, Paris : Presses universitaires de France, collection Que sais-je ?, n° 1435, 1971 [NB] :

Cantinat Jean, *La Pédagogie du christ*, Paris : Éditions ouvrières, collection Sacerdoce et laïcat, [1965 ?] (exemplaire du service de presse, non massicoté) [DPB-Isou]

Cantor Georg, *Sur les Fondements de la théorie des ensembles transfinis* ; traduction de F. Marotte, Paris : A. Hermann, 1899 [BNF-Pré-R] [CN]

Capuron Joseph (Dr.), *Nouveau Dictionnaire de médecine, de chirurgie, de physique, de chimie et d'histoire naturelle*, Paris : J.-A. Brosson, 1806 [BNF-D] le 23 octobre 1981, Place 140. Réponse magasin : communiqué

Caquet René, Dauchy François, *Examens de laboratoire en pratique médicale courante*, Nouvelle édition revue et corrigée, Paris : "Gazette médicale de France", 1977 [DPB-Isou]

Carnap Rudolf, *Les Fondements philosophiques de la physique*, traduction de Jean-Mathieu Luccioni et Antonia Soulez, Paris : Armand Colin, collection U. Série Épistémologie, 1973 [NB] postérieure à 1978 [CN]

Carroll Lewis, *Alice racontée aux petits enfants et Poésies pour Alice*, texte français par Henri Parisot. [Illustrations de Tenniel.] Suivis de Lettres à des enfants, texte français par Jacques Papy, Paris : le Terrain vague (Eric Losfeld), 1969 non massicoté [DPB-Isou]

Casanova Gaston, « Espaces euclidiens et hermitiens», Paris : Presses universitaires de France, collection *Que sais je ?* n° 1751, 1979 [DPB-Isou] [CN]

Casanova Giacomo, *Mémoires de J. Casanova de Seingalt, écrits par lui-même, suivis de fragments des Mémoires du prince de Ligne.* 3 volumes, Nouvelle édition collationnée sur l'édition originale de Leipsick et ornée de gravures sur bois, d'après les dessins de Maillart, premier grand prix de Rome, Paris, librairie Garnier Frères, 1923 [BNF-Pré-R] [CN]

Casanova Giacomo, *Mémoires*, tome 1, (1725-1756), texte présenté et annoté par Robert Abirached et Elio Zorzi ; préface de Gérard Bauër, Paris : Gallimard, collection Bibliothèque de la Pléiade, n° 132, 1958 [BNF-D] 25 juillet 1986, Place 140 [CN]

Casanova Giacomo, *Mémoires*, tome 2, (1756-1763), texte présenté et annoté par Robert Abirached, Paris : Gallimard, collection Bibliothèque de la Pléiade, n° 137, 1959 [BNF-D] 25 juillet 1986, Place 140. [BNF-Pré-R] [CN]

Casanova Giacomo, *Mémoires*, tome 3, (1763-1774), texte présenté et annoté par Robert Abirached, Paris : Gallimard, collection Bibliothèque de la Pléiade, n° 147, 1960 [BNF-D] 25 juillet 1986, Place 140. Réponse magasin : le t. 3 manque en place. [CN]

Casanova Giacomo, *Mémoires*, tome 5, Notes et documents annexes de Jacques Branchu, Paris : le Livre de poche, n° 2389, 1971 [DPB-Isou] [CN]

Caullery Maurice, *Génétique et hérédité*, Paris : Presses universitaires de France, collection Que-sais-je ?, n° 113, 1943 [B-Emprunt] le 24 mars 1979 et rendu le 13 avril 1979

Caute David, *1968 dans le monde*, traduit de l'anglais par Yves Sarda, Paris : Robert Laffont, 1988 [DPB-Isou]

Céline Louis-Ferdinand, *"Guignol's band", roman*, Paris : le Livre de poche, collection Le Livre de poche, n° 2541, 1969 [B-Emprunt] le sans date et rendu le sans date [CN]

Céline Louis-Ferdinand, *Féerie pour une autre fois*, Paris : Gallimard, collection Folio, n° 918, 1977 [B-Emprunt] le 15 septembre 1981 et rendu le 29 septembre 1981 [CN]

Centre international d'études pédagogiques (CIEP), *Initiation à la technologie*, Toulouse : Centre régional de documentation pédagogique, 1969 [B-Emprunt] le 10 mars 1978 et rendu le 20 mars 1978

Cercle Ouvert, « L'Objet dans le roman », n° 10, [Directeur : Jacques Nantet], Paris : La Nef de Paris, 1958 [DPB-Isou]

Cervantès Saavedra Miguel de, *Nouvelles exemplaires*, traduction, préface et notes de Jean Cassou, Paris : Gallimard, collection Folio, n° 1256, 1980 [BNF-Pré-R] [CN]

Ceysson Bernard, Lemoine Serge, Abadie Daniel, [et al.], *25 ans d'art en France 1960-1985*, sous la direction de Robert Maillard, Paris : Jacques Legrand, Larousse, 1986 [DPB-Isou]

Chalumeau Marie-Thérèse, *Précis d'immunologie*, Paris : Presses universitaires de France, collection : Le Biologiste, 1976 [B-Emprunt] le 4 avril 1980 et rendu le 5 mai 1980

Champagne Guy, *Après la drogue*, Paris : Éditions du Seuil, collection Points. Série Actuels n° 8, 1974 [DPB-Isou]

Changeux Jean-Pierre, *L'Homme neuronal*, Paris : Fayard, collection Le Temps des sciences, 1983 [DPB-Isou]

Changeux Jean-Pierre, *L'Homme de vérité*, Paris : Odile Jacob, 2002 [DPB-Isou]

Charlot Gaston, *Cours à l'usage des étudiants en maîtrise de chimie, Cours de chimie analytique générale. 1, Solutions aqueuses et non aqueuses*, Masson et Cie, 1967 [NB] postérieure à 1973. Seconde [NB] indiquant : « regarder Charlot L'aspect de la chimie minérale ». Troisième [NB] postérieure à 1975

Charlot Gaston, *Cours de chimie analytique générale. 2, Méthodes électrochimiques et absorptiométriques, chromatographie*, Paris ; New York ; Barcelone : Masson, 1971 [NB] postérieure à 1973. Seconde [NB] indiquant : « regarder Charlot L'aspect de la chimie minérale ». Troisième [NB] postérieure à 1975

Charlot Gaston, *Cours de chimie analytique générale. 3, Exercices: équilibres en milieu homogène, équilibres hétérogènes, séparations*, par Magdeleine Machtinger et Robert Rosset, Paris ; New York ; Barcelone : Masson, 1972 [NB] postérieure à 1973. Seconde [NB] indiquant : « regarder Charlot L'aspect de la chimie minérale ». Troisième [NB] postérieure à 1975

Charlot Gaston, *Chimie analytique quantitative, tome 1, Méthodes chimiques et physico-chimiques*, Paris : Masson, 1974 [NB] postérieure à 1973. Seconde [NB] indiquant : « regarder Charlot L'aspect de la chimie minérale ». Troisième [NB] postérieure à 1975

[NB] : Charlot Gaston, *Chimie analytique quantitative, tome 2, Méthodes sélectionnées d'analyse chimique des éléments*, Paris : Masson, 1974 [NB] postérieure à 1973. Seconde [NB] indiquant : « regarder Charlot L'aspect de la chimie minérale ». Troisième [NB] postérieure à 1975

Charvin René, *Belle espionne*, Paris : EURÉDIF, collection Aphrodite, 1977 [DPB-Isou]

Charvin René, *Belle au pensionnat*, Paris : Eurédif, collection Orties blanches, n° 1, 1979 [DPB-Isou]

Charvin René, *Belle et Brice*, Paris : Eurédif, 1979 [DPB-Isou]

Chateaubriand François-René de, *Mémoires d'outre-tombe*, [BNF-Pré-R] cote 2699 Cha.m. (2) [CN]

Chateaubriand François-René de, *Mémoires d'outre-tombe*, 2 volumes, [BNF-Pré-R] 16° L33 a 31 Q (1) et (2) [CN]

Chaucer Geoffrey, *Les Contes de Cantorbéry*, traduction nouvelle, introduction et notes de Jean-Pierre Foucher ; Suivis du *Pèlerinage de Cantorbéry* par É.C. Julier, Paris : le Livre de poche, collection Le Livre de poche classique, 1974 (dans cette note isou recherche : *Prologue du Conte du Valet du Chanoine*) [NB] postérieure à 1975

Chauchard Paul, *Physiologie de la conscience*, Paris : Presses universitaires de France, collection Que-sais-je ?, n° 333, 1948 [B-Emprunt] le 14 mars 1979 et rendu le 4 avril 1979

Chaudes soirées, La Loupe : socodim, 1er trimestre 1986 [DPB-Isou]

Chauvineau Jean, *La Logique moderne*, Paris : Presses universitaires de France, collection Que sais-je ?, n° 745, 1957 [DPB-Isou]

Chazy Jean, *Cours de mécanique rationnelle, tome 1. Dynamique du point matériel.* 4e édition, Paris, Gauthier-Villars, 1952 [BNF-Pré-R] daté 30 septembre 1978, Place 143

Chefs-d'œuvre de l'art, directeur de publication Didier Fouret, 1ère année, n° 1, Studio Hachette, mars 1963. [JE]

Chemla Marius, Périé Jacques, *La Séparation des isotopes*, Paris : Presses universitaires de France, collection Sup. Le Chimiste, n° 11, 1974 [NB]

Chertok Léon, *L'Hypnose, théorie, pratique et technique*, préface de Henry Ey, Paris : Payot, Petite bibliothèque Payot, 1969 [DPB-Isou]

Chomsky Noam, *Le langage et la pensée*, traduit de l'américain par Louis-Jean Calvet, Paris : Payot, collection Petite bibliothèque Payot, n° 148, 1969 [DPB-Isou]

Choquet Gustave, *L'Enseignement de la géométrie*, Paris : Hermann, 1964 [NB] postérieure à 1971

Chrétien Jacques, *Abrégé de pneumologie*, avec la participation de M. Nebut, A.-M. Clauzel, Françoise Henri-Papillon, A. Hirsch... [*al.*], Paris ; New York ; Barcelone : Masson, 1976 [BNF-D] 26 novembre 1981, Place 143. Réponse magasin : manque en place

Cibert Jean, Cibert Jacques, Massoumi Mohadjer Réza, *Abrégé d'urologie*, Paris : Masson, collection d'abrégés de médecine, 1972 [NB] postérieure à 1978 raturée indiquant que Isou s'est arrêté à la page 252. [B-Emprunt] le 10 mars 1980, oblitérée le 20 mars 1980 et rendu le 4 avril 1980. [B-Emprunt] le 5 mai 1980 et rendu le 13 mai 1980

Cicéron, *Caton l'ancien, de la vieillesse. Lélius, de l'amitié. Des devoirs*, traduction nouvelle avec notices et notes par Charles Appuhn, Paris : Garnier frères, collection Classiques Garnier, 1933 [BNF-Pré-R] [CN]

Cicéron, *De la Vieillesse, De l'Amitié, Des Devoirs*, traduction, notices et notes par Charles Appuhn, Paris : Garnier-Flammarion, collection Garnier-Flammarion. Texte intégral, n° 156, 1967 [BNF-Pré-R] [CN]

Clarke Robert, *René Leriche ou l'Humanisme en chirurgie*. Choix de textes, bibliographie, Paris : Seghers, 1962 [B-Emprunt] le 16 juillet 1980 et rendu le 21 juillet 1980

Clausewitz Carl von, *De la guerre*, traduction intégrale par Denise Naville, Paris : Minuit, 1984. [FA]

Clément Bernard, *La Libre concurrence*, Paris : Presses universitaires de France, collection Que sais-je ?, n° 1063, 1977 [DPB-Isou]

Clément Élisabeth, Demonque Chantal, *Philosophie, terminales CDE*, sous la dir. de Laurence Hansen-Love, Florence Khodoss, Paris : Hatier, 1989 [DPB-Isou]

Clémentine et sa bonne, tome 1, Paris : Evasion, 2 ème trimestre 1988 [DPB-Isou]

Cochrane Archibald Leman, *L'Inflation médicale: réflexions sur l'efficacité de la médecine*, traduit et adapté par les Dr. André Rougemont et Étienne Gubéran ; présentation par le Dr. Louis Massé, Paris : Éditions Galilée, collection R.C., 1977 [B-Emprunt] le 8 août 1979 et rendu le 21 août 1979

Cohen Albert, *Le Livre de ma mère*, Paris : Nrf, Gallimard, 1954 [DPB-Isou]

Collections d'expression française, catalogue [Préface de François Mathey], juillet-octobre 1962. Musée des arts décoratifs, Paris : Musée des arts décoratifs, 1962 [DPB-Isou]

Comfort Alex, *Vivrons-nous plus jeunes plus longtemps ? bilan et perspectives de la gérontologie*, Verviers : Gérard et Cie ; Paris : l'Inter, Marabout université n° 165, 1968 [DPB-Isou]

Comfort Alex, *L'Origine des obsession sexuelles*, Traduit de l'anglais par Gerty Colin, Verviers : Gérard et Cie ; Paris : l'Inter, collection Marabout université, n° 189, 1969 [DPB-Isou]

Communication, Art, vidéo et cinéma, Section photographie [et] Écritures. Exposition. Paris, Grand Palais du 10 au 22 novembre 1986, Paris: Écritures, 1986 [DPB-Isou]

Comparaisons, Salon, du 12 mars au 2 avril 1962, Musée d'art moderne de la Ville de Paris, 1962 [DPB-Isou]

Comte Auguste, *Philosophie des sciences*, textes choisis par Jean Laubier, Paris : PUF, 1974. [MF]

Comte Auguste, *Cours de philosophie positive.* Tome 1, Édition identique à la première, parue au commencement de juillet 1830, Paris : Schleicher frères, 1907 [BNF-Pré-R] [CN]

Comte Auguste, *Cours de philosophie positive.* Tomes 2-5, Édition identique à la première, parue au commencement de juillet 1830, Paris : Schleicher frères, 1908 [BNF-Pré-R] [CN]

Comte Auguste, *Système de politique positive ou Traité de sociologie instituant la religion de l'humanité*, 4 volumes, Paris, G. Crès et Cie, 1912 [BNF-Pré-R] fonds Barrès [CN]

Confessions érotiques, [coll. dir. par Esparbec], Paris : Média 1000, 1987 [DPB-Isou]

Connaître l'art de la démesure de Quentin, Paris : Jean Dopagne et Michel Broomhead, 1986 [DPB-Isou]

Conquest Robert, *La Grande Terreur: les purges staliniennes des années 30 ; précédé de Sanglantes moissons : la collectivisation des terres en URSS*, traduit de l'anglais par Marie-Alyx Revellat et Claude Seban, Paris : Robert Laffont, collection Bouquins, 1995 **ou** Paris : Stock, 1970 [NB] postérieure à 1997 ?

Conte Michel, Ristelhueber Jean, Dalayeun Jean, *Abrégé de thérapeutique*, Paris : Masson, collection d'abrégés de médecine, 1973 [B-Emprunt] le 11 juin 1980 et rendu le 2 août 1980

Cook Rebecca J., Dickens Bernard Morris, Fathalla Mahmoud F., *Santé de la reproduction et droits humains*, Paris : Masson, 2005 [DPB-Isou]

Corneille Pierre de, *Théâtre de Corneille, précédé des discours sur le poème dramatique, suivi d'un examen analytique des pièces non comprises dans la présente édition et d'un choix de poésies diverses.* Nouvelle édition avec notes et préface de Voltaire, 2 volumes, Paris : Garnier frères, 1893 [BNF-Pré-R] [CN]

Corneille Pierre de, *Œuvres complètes*, édition publiée par Albert Demazière, précédées de "Vie de Corneille" par Bernard Le Bouyer de Fontenelle, Genève : Éditions de Crémille ; Paris : diffusion F. Beauval, 1972 [B-Emprunt] le 5 mai 1980 et rendu le 11 juin 1980 [CN]

Couderc Paul, *L'Astrologie*, Paris : Presses universitaires de France, collection Que sais-je ?, n° 508, 1957 ou 1974 ou 1978 ou 1951 [NB] postérieure à 1972. Seconde [NB] postérieure à 1975 précisant: « histoire de l'astrologie ». Une troisième [NB] : Couderc Paul, *L'Astrologie*, Paris : Presses universitaires de France, collection Que sais-je ?, n° 687, 1975

Couderc Paul, *L'Univers*, Paris : Presses universitaires de France, collection Que sais-je ?, n° 508, 1974 [NB] postérieure à 1975

Couderc Paul, *La Relativité*, mise à jour par Francis Perrin, Paris : Presses universitaires de France, collection Que sais-je ?, n° 37, 1981 [NB] postérieure à 1980 précisant : « Chercher le livre sur Einstein Seghers et puis lire livre PUF sur la relativité ». [Malgré l'existence de plusieurs titres et auteurs sur la relativité aux PUF (Couderc Paul ; Kourganoff Vladimir ; Rocard Jean-Michel ; Balibar Françoise ; Mavridès Stamatia), nous pensons, au regard des dates, qu'il s'agit de celui de Couderc de 1981]

Courrier secret, n° 19, Saint-Fargeau-Ponthierry: S.P.S., 4 ème trimestre 1986 [DPB-Isou]

Courtois Jean-Emile, Perlès Roland, *Précis de chimie biologique*, tome I, préface de Paul Fleury, Paris : Masson & Cie Editeurs, 1959-1960 [DPB-Isou]

Courtois Jean-Emile, Perlès Roland, *Précis de chimie biologique*, tome II, préface de Paul Fleury, Paris : Masson & Cie Editeurs, 1960 [DPB-Isou]

Crauzat Ernest de, *L'œuvre gravé et lithographié de Steinlen: catalogue descriptif et analytique suivi d'un essai de bibliographie et d'iconographie de son œuvre illustré*, préface de Roger Marx, Paris : Société de propagation des livres d'art, 1913 [BNF-Pré-R] daté 25 juillet 1986, Place 140

Cresson André, *Bergson, sa vie, son œuvre: avec un exposé de sa philosophie,* Paris : Presses universitaires de France, collection Les philosophes, 1964 [B-Emprunt] le 6 décembre 1980 et rendu le 30 décembre 1980

Cros Charles, *Opere*, volume II, introduction, traduction a cura di Laura Aga-Rossi, Chieti : Métis, 1990 [DPB-Isou]

Crowther James Gerald, *Science et techniques, Grande-Bretagne. James Clerk Maxwell, 1831-1879*, traduit par Marc-André Bera, Paris : Hermann, collection Actualités scientifiques et industrielles, n° 1052, 1948. [BNF-D] 10 juillet 1978, Place 140. Réponse magasin : tome ? SVP car la cote est incomplète. [BNF-Pré-R] du 12 juillet 1978, Place 141

Cuny Hilaire, *L'Astronomie d'aujourd'hui*, Paris : Éditions la Farandole, 1961[NB]

Cuny Hilaire, *Albert Einstein.* Présentation par Hilaire Cuny. Choix de textes, bibliographie, Paris : Seghers, 1961 [NB] postérieure à 1980 précisant : « Chercher le livre sur Einstein Seghers et puis lire livre PUF sur la relativité ». [BNF-Pré-R]. [BNF-D] daté du 13 mai 1978, Place 140. Réponse magasin : le livre a déjà été communiqué ?.

Cuny Hilaire, *Ivan Pavlov*, présentation et Choix de textes d'Ivan Pavlov par Hilaire Cuny, Paris : Pierre Seghers, 1962 [B-Emprunt] le 14 août 1980 et rendu le 19 août 1980

Cuny Hilaire, *Heisenberg*, choix de textes de Werner Heisenberg présenté par Hilaire Cuny, Paris : Seghers, 1966 [B-Emprunt] le 29 septembre 1978 et rendu le 16 octobre 1978 il existe une fiche Hémicycle 10 avec le nom de l'auteur et le titre mais une cote erronée.

Curie Marie, *Radioactivité* (Madame Pierre Curie), publié par Irène Joliot-Curie et Frédéric Joliot, Paris : Hermann, 1935 [NB] postérieure à 1980 précisant : « Chercher livre sur la radioactivité moderne sinon commencer avec celui de Marie Curie (Hermann, 1935) » [CN]

Curtay Paul, Curtay Jean-Paul, *Priorité au caractère: nouvelles bases pour le métier de parent et la politique éducative*, préface de Jacques Chaban-Delmas, Paris : Association pour le développement du caractère et des valeurs humaines, 1990 [DPB-Isou]

Czyba Jean-Claude, Dubois Paul, Girod Christian, *Éléments de biologie humaine : embryologie et histologie*, sous la direction de Jean-Marie Legay, Paris : Flammarion, 1975 [B-Emprunt] le 4 août 1979 et rendu le 1er septembre 1979

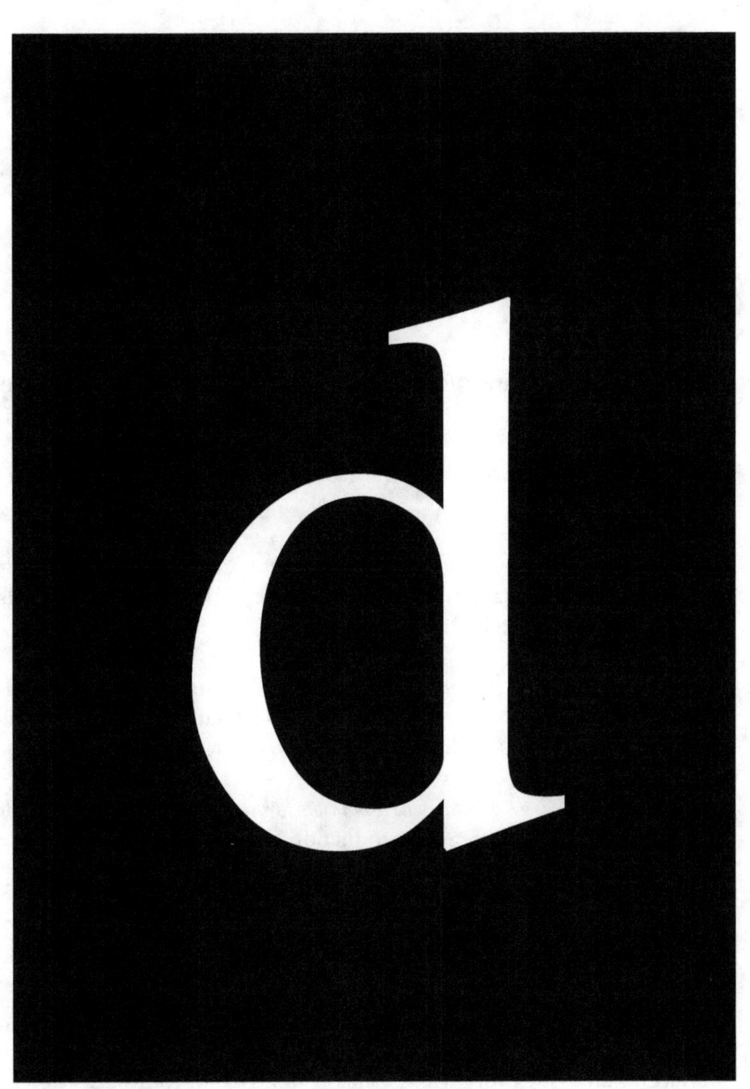
d

Daguet Gaston Louis, *Éléments d'immunologie médicale*, Paris : Flammarion, 1976 [B-Emprunt] le 27 août 1979 et rendu le 29 septembre 1979

Da Lage Christian, *Appareil digestif*, Paris: Éditions médicales et universitaires polycopie des étudiants en médecine, 1970 [B-Emprunt] le 3 octobre 1979 et rendu le 10 novembre 1979

Daligand Daniel, Duval Bruno, Sunder Richard, *La Pansémiotique*, plaquette, Paris : Association française de pansémiotique, 1988 [DPB-Isou]

Dalí Salvador, *Oui*, volume 1, textes réunis et présentés par Robert Descharnes, Paris : Denoël : Gonthier, Bibliothèque Médiations, n° 196, 1979 [DPB-Isou] [CN]

Damiens Claude (pseud. Isidore Isou), *Belle de lumière, Le roman de Berthe Morisot reine des Impressionnistes*, Paris : Robert Laffont, collection Couleurs du temps passé, 1956 [DPB-Isou]

Damiens Claude (pseud. Isidore Isou), *La Reina del impresionismo*, Buenos Aires: Troquel, 1959 [DPB-Isou]

Daniel Defoe, *Vie et aventures de Robinson Crusoé*, tome 1, traduction de Petrus Borel... Portrait gravé par Flameng, introduction de Hermile Reynald, Paris : Librairie des bibliophiles, 1878 [BNF-Pré-R]

Daniel Defoe, *Vie et aventures de Robinson Crusoé*, tome 2, traduction de Petrus Borel... Portrait gravé par Flameng, introduction de Hermile Reynald, Paris : Librairie des bibliophiles, 1878 [BNF-Pré-R]

Daniel Defoe, *Vie et aventures de Robinson Crusoé*, tome 3, traduction de Petrus Borel... Portrait gravé par Flameng, introduction de Hermile Reynald, Paris : Librairie des bibliophiles, 1878 [BNF-Pré-R]

Daniel Defoe, *La Vie et les étranges et surprenantes aventures de Robinson Crusoé*, traduction de Pétrus Borel revue par Olivier Todd, Paris : Julliard, 1964 [BNF-Pré-R]

Dante Alighieri, *La Divine comédie*, traduction de Louise Espinasse-Mongenet ; texte français et notes revus par Louise Cohen et Claude Ambroise ; préface par Paul Renucci, Paris : les Libraires associés, 1965 [B-Emprunt] le 23 janvier 1980 et rendu le 20 février 1980. [B-Emprunt] le 27 juin 1981 et rendu le 3 août 1981 [CN]

Daremberg Charles, *Histoire des sciences médicales : comprenant l'anatomie, la physiologie, la médecine, la chirurgie et les doctrines de pathologie générale : depuis les temps historiques jusqu'à Harvey*, 2 volumes, Paris : J.-B. Baillière, 1870 [B-Emprunt] le 6 octobre 1980 et rendu le 17 janvier 1981. [NB] raturée

Darnell James E., Lodish Harvey, Baltimore David, *La Cellule : biologie moléculaire*, traduit de l'américain par André Ferron, et [*al.*], Paris : Vigot ; Ville Mont-Royal (Québec) : Decarie, 1988 [NB]

Darwin Charles, *L'origine des espèces au moyen de la sélection naturelle ou la Lutte pour l'existence dans la nature*, traduit par Edmond Barbier, Paris : Schleicher frères, 1907 [B-Emprunt] le 20 décembre 1980 et rendu le sans date. [BNF-Pré-R] pour une autre édition : Darwin Charles, *L'Origine des espèces au moyen de la sélection naturelle ou la Lutte pour l'existence dans la nature*, traduit par Jean-Jacques Moulinié, présentation de Pierre-Paul Grassé, Verviers : Gérard ; Paris : diffusion Inter-forum, collection Marabout université, n° 234, 1973. [BNF-Pré-R] pour une autre troisième édition : Darwin Charles, *L'Origine des espèces au moyen de la sélection naturelle ou la Lutte pour l'existence dans la nature*, traduit par Jean-Jacques Moulinié, Paris : C. Reinwald, 1873 [CN]

Dauphin Jean-Pierre, *Raymond Queneau plus intime*, Bibliothèque nationale de France, avril 1978, catalogue par Jean-Pierre Dauphin, Paris : Gallimard, 1978 [DPB-Isou]

Dauzat Albert, *Tableau de la langue française, origine, évolution, structure actuelle*, Paris : Payot, Petite bibliothèque Payot, n° 100, 1967 [DPB-Isou]

David Régis, *La Conversion des énergies*, Paris : Presses universitaires de France, collection Que sais-je ?, n° 1205, 1966 [BNF-Pré-R]. [B-Emprunt] le 18 avril 1978 et rendu le 5 mai 1978. [NB] postérieure à 1977

D'Eaubonne Françoise, *Le Féminisme ou la mort*, La féminitude ou la subjectivité radicale, Paris : Pierre Horay, 1974 [DPB-Isou]

Debbasch Charles, *Le Droit de la radio et de la télévision*, Paris : Presses universitaires de France, collection Que sais-je ?, n° 1360, 1969 [B-Emprunt] le 20 mars 1978 et rendu le 18 avril 1978

Debord Guy, *Considérations sur l'assassinat de Gérard Lebovici*, Paris : Éditions Gérard Lebovici, 1985 [DPB-Isou]

Debord Guy et Becker-Ho Alice, *Le Jeu de la guerre : relevé des positions successives de toutes les forces au cours d'une partie,* Paris : Éditions Gérard Lebovici, 1987 [DPB-Isou]

Debord Guy, *Commentaires sur la société du spectacle*, Paris : Gérard Lebovici, 1988 [DPB-Isou]

Dedron Pierre, Itard Jean, *Mathématiques et mathématiciens*, Préface de Joseph Pérès, Paris : Magnard, 1959 [NB]. [B-Emprunt] le 30 septembre 1978 et rendu le 3 octobre 1978.

Dekobra Maurice, *La Madone des sleepings, roman cosmopolite*, Paris : Éditions Baudinière, 1925 [BNF-Pré-R]

Delachet André, *L'Analyse mathématique*, Paris : Presses universitaires de France, collection Que sais-je ?, n° 378, 1949 **ou** 1954 **ou** 1958 **ou** 1969 **ou** 1977 [NB] postérieure à 1970

Delachet André, *La Géométrie contemporaine*, Paris : Presses universitaires de France, collection Que sais-je ?, n° 401, 1950 **ou** 1957 [NB] postérieure à 1970

Delachet André, *Le calcul vectoriel*, Paris : Presses universitaires de France, collection Que sais-je ?, n° 418, 1979 **ou** 1971 **ou** 1967 [NB] postérieure à 1970

Delachet André, *Calcul différentiel et intégral*, Paris : Presses universitaires de France, collection Que sais-je ?, n° 466, 1968 [B-Emprunt] le 13 mai 1978 et rendu le 29 mai 1978

Delachet André, Queysanne Michel, *L'Algèbre moderne*, Paris : Presses universitaires de France, collection Que sais-je ?, n° 661, 1955 **ou** 1957 **ou** 1960 **ou** 1961 **ou** 1969 [NB] postérieure à 1970

De la part de Péret, [Association des amis de Benjamin Péret], Paris : Association des amis de Benjamin Péret, 1963 Il existe deux [B-Emprunt] sans aucune date

Delaunay Paul (Dr.), *La Vie médicale aux XVIe, XVIIe et XVIIIe siècles*, Paris : Éditions Hippocrate, collection Hippocrate, 1935 [B-Emprunt] le 10 septembre 1980 et rendu le 11 octobre 1980

Delmas André, *Voies et centres nerveux : introduction à la neurologie*, Paris : Masson, 1975, (dédicacé le 29/01/2006) [DPB-Isou]

Delore Pierre, *Précis d'hydrologie et de climatologie clinique et thérapeutique*, avec la collaboration de M. Milhaud, Paris, G. Doin, 1951 [NB]

Deniker Jean, *La Psychopharmacologie*, Paris : Presses universitaires de France, collection Que sais-je ?, n°1216, 1966 [DPB-Isou]

Denis Henri, *Histoire de la pensée économique*, Paris : Presses universitaires de France, 1966, ou 1967 ou 1971 ou 1974 ou 1977 ou 1980 ou 1983 ou 1990 ou 1988 ou 1993 [NB]

Desanti Jean-Toussaint, *Les Idéalités mathématiques, recherches épistémologiques sur le développement de la théorie des fonctions de variables réelles*, Paris : Éditions du Seuil, 1968 [BNF-Pré-R]

Desanti Dominique, *Les Socialistes de l'utopie*, Paris : Payot, collection : Petite bibliothèque Payot, n° 190, 1971 [DPB-Isou]

Descartes René, *L'Homme de René Descartes et un Traitté de la formation du foetus du mesme autheur, avec les remarques de Louys de La Forge*,... sur le Traitté de l'homme de René Descartes et sur les figures par luy inventées. [Publié par Claude Clerselier, et suivi de la version de la préface que M. Schuyl a mise au devant de la version latine qu'il a faite du traitté de l'homme.], Paris : Compagnie des libraires, 1729 [BNF-Pré-R] [CN]

Descartes René, *Discours de la méthode. Suivis d'extraits de la "Dioptrique", des "Météores", de la "Vie de Descartes"*, par [Adrien] Baillet, *du "Monde", de "l'Homme" et de lettres.* Chronologie et préface par Geneviève Rodis-Lewis, Paris : Garnier-Flammarion, 1966 [DPB-Isou] [CN]

D'Espagnat Bernard, *Conceptual Foundations of Quantum Mechanics*, Second Edition, Reading, Mass. : W. A. Benjamin, Advanced Book Program, 1976. [DPB-Isou]

Destouches Jean-Louis, *La mécanique ondulatoire*, Paris : Presses universitaires de France, collection Que sais-je ?, n° 311, 1964 [B-Emprunt] le 30 septembre 1978 et rendu le 28 octobre 1978

Destouches Jean-Louis, *La Mécanique élémentaire*, Paris : Presses universitaires de France, collection Que sais-je ?, n° 906, 1967 [B-Emprunt] le 25 janvier 1978 et rendu le 17 février 1978. [NB].

Destouches Jean-Louis, *Qu'est-ce que la physique mathématique ?*, Paris : Gauthier-Villars, collection Traité de physique théorique et de physique mathématique, 1967 [B-Emprunt] le 25 janvier 1978 et rendu le 17 février 1978

Destouches Jean-Louis, *La Physique mathématique*, Paris : Presses universitaires de France, collection Que sais-je ?, n° 1133, 1969 [NB]

Devaux Pierre, *Les Aventuriers de la science*, Paris : Gallimard, 1943 [BNF-Pré-R]

Dévoré Georges, *Chimie organique* (Mathématiques spéciales B et B', D.U.É.S.), Paris : Vuibert, 1971 [B-Emprunt] le 14 octobre 1977 et rendu le 2 décembre 1977

Dickens Charles, *Les aventures d'Olivier Twist*, traduction nouvelle par Charlotte et Marie-Louise Pressoir, Paris, Nelson, 1935 [BNF-Pré-R]

Dickens Charles, *Les aventures d'Olivier Twist*, préface de Jean-Louis Curtis ; traduction de Francis Ledoux ; notes de Pierre Leyris, Paris : Gallimard, collection Folio, n° 386, 1973 [BNF-Pré-R]

Dictionnaire français-anglais, par Kenneth Urwin, Paris : Larousse, collection mercure, 1968 [DPB-Isou]

Diderot Denis, *Essai sur les règnes de Claude et de Néron et sur les mœurs et les écrits de Sénèque*, présentation par Roger Lewinter, volume 2, Paris : Union générale d'édition, collection 10/18, 1972 [DPB-Isou] [CN]

Dimier Louis, *Histoire de la peinture française, des origines au retour de Vouet. 1300 à 1627*, 2 volumes, Mâcon ; Paris et Bruxelles : Librairie nationale d'art et d'histoire ; G. Van Oest, éditeur, 1925 [BNF-Pré-R]. [NB] postérieure à 1970

Dingemans Guy, *La Tragédie de l'univers. De l'atome à l'éternité*, Paris : Armand Colin, 1958 [DPB-Isou]

Djian Jacqueline, Chappon Claude, *La Médecine moléculaire*, Paris : Robert Laffont, 1970 [B-Emprunt] le 27 août 1979 et rendu le 29 septembre 1979

Dolto Françoise, *Psychanalyse et pédiatrie, les grandes notions de la psychanalyse*, Paris : Éditions du Seuil, 1971 [DPB-Isou]

Dolto Françoise, *Le cas Dominique*, Paris : Éd. du Seuil, 1971 (exemplaire service presse) [DPB-Isou]

Dorgelès Roland, *Partir*, Paris : Albin Michel, 1948 (Ouvrage désormais à la réserve centrale des bibliothèques de prêt de la Ville de Paris) (Livre qu'Isou avait demandé à Maria Faustino d'emprunter à la Bibliothèque Malraux le 15 mai 2001, mais qui n'était plus disponible car déjà emprunté à cette date par un autre lecteur)

Dossier Planète (Cahier de la série) n° spécial « L'amour à refaire », Alan W. Watts, Gabriel Véraldi, Wilhelm Reich, Louis Pauwels, René Nelli, Jacques Mousseau, Suzanne Lilar, revue *Planète*, n° 4, décembre 1971 [DPB-Isou]

Drieu La Rochelle Pierre, *Journal 1939-1945*, édition établie, présentée et annotée par Julien Hervier, Paris : Gallimard, 1992 [DPB-Isou]

Drillat J., Torrès L., Layole J., Vallino M., *Structure de la matière, options physique, chimie, biologie, géologie*, (PC-CB-BG) sous la direction de Armand Lattes, Henri-Pierre Gervais, Paris : Armand Colin, 1967 [DPB-Isou]

Drillat J., Gauvreau A., Rivière M., Noël Y., *La Chimie au 1er cycle, 2e année, Chimie organique mécanismes et fonctions simples*, sous la direction de Armand Lattes, Henri-Pierre Gervais, Paris : Armand Colin, 1968 [DPB-Isou]

Drôles d'envois : mail art, art postal : [exposition], 14 mars-30 avril 1992, Centre d'animation culturelle de Compiègne et du Valois, Compiègne : CACCV, 1992 [DPB-Isou]

Dru Jean-Marie, *Le Saut créatif : ces idées publicitaires qui valent des milliards*, Paris : Jean-Claude Lattès, 1984 [DPB-Isou]

Ducassé Pierre, Histoire des techniques, Paris : Presses universitaires de France, collection Que sais-je ?, n° 126, 1968 [B-Emprunt] le 10 mars 1978 et rendu le 20 mars 1978

Duhamel Jérôme, *Le grand méchant bêtisier 1994*, Paris : Albin Michel, 1993 [DPB-Isou]

Duhem Pierre, *La chimie est-elle une science française ?*, Paris : A. Hermann et fils, 1916 [NB] précisant: « Lire si possible »

Dujarric de la Rivière René, Chabrier Madeleine, *La Vie et l'œuvre de Lavoisier, d'après ses écrits*, Paris : Albin Michel, 1958 [NB] précisant : « Lu »

Du Maurier George, *Peter Ibbetson: avec une introduction par sa cousine Lady X.*, traduit de l'anglais par Raymond Queneau, Paris : Gallimard, collection L'Imaginaire, 1978 [DPB-Isou]

Dunne Desmond, *Yoga pour tous*, traduit et adapté par Jean Chapelle, Billy Martin, Marc Robineau et André Saudemont ; illustrations de Michel de Séréville, Paris : le Livre de poche, n° 3837, 1974 [DPB-Isou]

Dupuy Gaston, *Radioactivité et énergie nucléaire*, Paris : Presses universitaires de France, collection Que sais-je ?, n° 33, 1968 [B-Emprunt] le 18 avril 1978 et rendu le 5 mai 1978

Dupuy Jean-Pierre, Karsenty Serge, *L'Invasion pharmaceutique*, Paris : Éditions du Seuil, collection Points, n°84, 1977 (ouvrage estampillé service presse) [DPB-Isou]

Duquesne Maurice, *Matière et antimatière*, Paris : Presses universitaires de France, collection Que sais-je ?, n° 767, 1964 [NB] précisant : « Maurice Duquesne Matière et antimatière avant 1966 PUF ». [B-Emprunt] le 5 juin 1981 et rendu le 15 juillet 1981

Durand Daniel, *Guide pratique de l'athlétisme*, Dijon : CRDP, 1991 Hémicycle
Durkheim Emile, *Sociologie et philosophie*, présentation de Bruno Karsenti ; préf. de Célestin Bouglé, Paris : PUF, quadrige, 1996. (Livre qu'Isou avait demandé à Maria Faustino d'emprunter à la Bibliothèque Malraux le 15 mai 2001, mais qui n'était plus disponible car déjà emprunté à cette date par un autre lecteur)

Duverger Simone, *Les Amants raffinés*, Luxembourg : L. Ayme, [s. d.] (cote bnf enfer 1511) [NB]

Duvigneaud Jean, *Le Scarabée international*, n° 2, Paris : Inter Éditions : Scarabée international, 1982 [DPB-Isou]

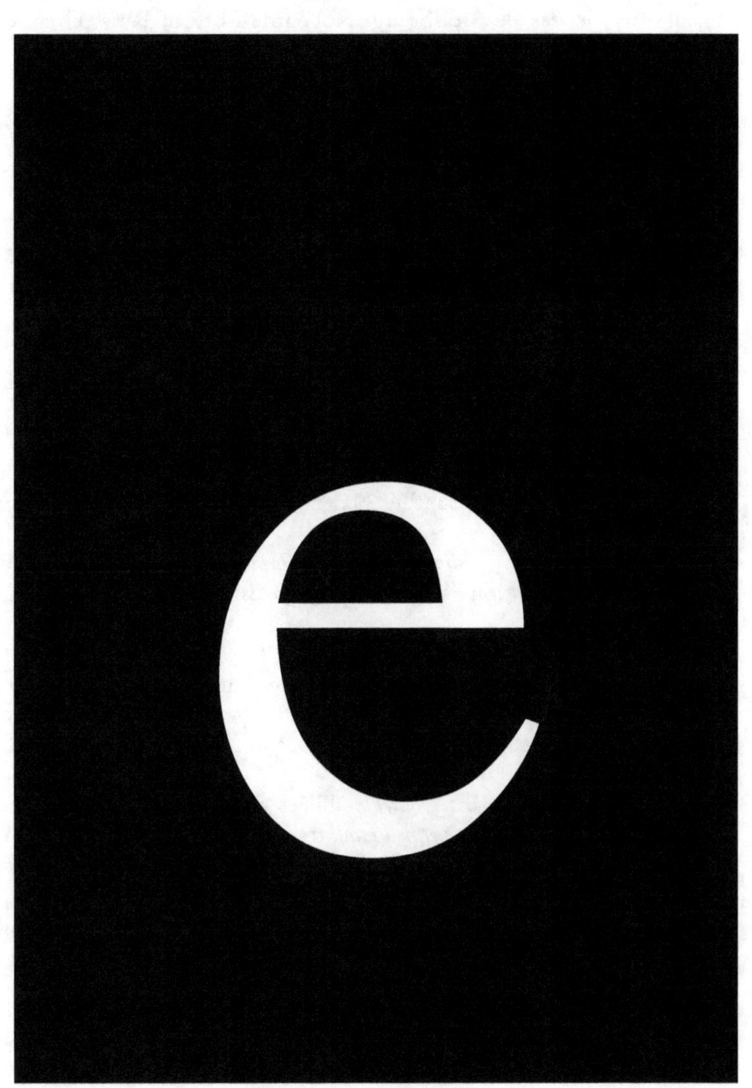
e

Eggli Edmond, professeur à l'Université de Liverpool, *L'"Érotique comparée" de Charles de Villers, 1806*. Thèse complémentaire pour le doctorat ès lettres, présentée à la Faculté des lettres de Strasbourg, Nogent-le-Rotrou; Paris, librairie universitaire J. Gamber, éditeur, 1927 [NB]

Einstein Albert, *Conceptions scientifiques, morales et sociales*, traduit de l'anglais par Maurice Solovine, Paris : Flammarion, 1952 [BNF-D] du 29 mai 1978, Place 140. Réponse magasin : provisoirement indisponible, manque en place [CN]

Elkaïm Gilbert, *Les Équilibres en physique*, Paris : Presses universitaires de France, collection Que sais-je ?, n° 1711, 1978 [BNF-D] du 7 août 1979, Place 140. Réponse magasin : date d'édition pas encore en face. [BNF-D] du 8 août 1979, Place 140. Réponse magasin : manque en place

Elkaïm Gilbert, *Les Equilibres chimiques*, Paris : Presses universitaires de France, collection Que sais-je ?, n° 1711, 1978 [DPB-Isou]

Endocrinologie : D.C.É.M. 4, Strasbourg : Amicale des étudiants en médecine de Strasbourg, 1975 [B-Emprunt] le 20 décembre 1979 et rendu le 23 janvier 1980

Engels Friedrich, *Anti-Dühring, M. E. Dühring bouleverse la science*, traduction d'Émile Bottigelli, Paris, Éditions sociales, 1950 [B-Emprunt] le 4 mai 1971 et rendu le 22 juillet 1971 [CN]

Engels Friedrich, *Dialectique de la nature*, traduit de l'allemand par Émile Bottigelli, Paris, Éditions sociales, 1952 [B-Emprunt] le 4 mai 1971 et rendu le 29 juillet 1971 [CN]

Engels Friedrich, *Œuvres complètes*, publiées par Émile Bottigelli, tome 4. *L'Origine de la famille, de la propriété privée et de l'État*, traduit par Jeanne Stern ; *Sur l'histoire des anciens Germains, L'Époque franque*, traduit par Émile Bottigelli ; *La Marche*, traduit par Robert Costes et Jean Bérard, Paris, Éditions sociales, 1954 [B-Emprunt] le 24 février 1979 et rendu le 2 mars 1979. [NB] raturée postérieure à 1984, précisant: « vérifier le titre au juste du livre d'Engels, *L'Origine de la famille, de la propriété privée et de l'État* » [CN]

En marge. La revue du refus pour une nouvelle participation. Rédacteur : Serge Berna, 1re année, n° 1, Paris, Galerie de la Huchette (Limoges, les Presses rapides) : [s.n.?] janvier-février 1955 [DPB-Isou]

Escourolle Raymond, Poirier Jacques, *Manuel élémentaire de neuropathologie*, Paris ; New York ; Barcelone : Masson, 1977 (une note rayée indiquant que Isou s'est arrêté à la page 101) [NB] raturée postérieure à 1978. [B-Emprunt] le 5 mai 1980 et rendu le 28 mai 1980

Étiemble René, *L'Écriture*, Paris : Gallimard, collection Idées, n° 280, 1973 [DPB-Isou]

Euclide, *adjecta praefatiuncula [auctore S. Grynaeo] in qua de disciplinis mathematicis nonnihil*, Basileae : apud J. Hervagium, 1533 [BNF-Pré-R] [CN]

Euripide, *Théâtre*, tome 4, traduction avec une introduction et notes par Henri Berguin et Georges Duclos, Paris : Garnier frères, collection Classiques Garnier, 1935 [BNF-Pré-R] [CN]

Euripide, *Théâtre complet, tome 4, Les Légendes d'Athènes : Ion, Médée, Hippolyte, les Héraclides, les Suppliantes, fragments*, traduction, introduction et notes par Henri Berguin, et Georges Duclos, Paris : Garnier-Flammarion, collection Garnier-Flammarion. Texte intégral, n° 122, 1966 [BNF-Pré-R] [CN]

Exposition internationale du petit bronze: du 5 au 24 juin 1962, catalogue du Musée d'art moderne de la ville de Paris, Paris : Musée d'art moderne, 1962 [DPB-Isou]

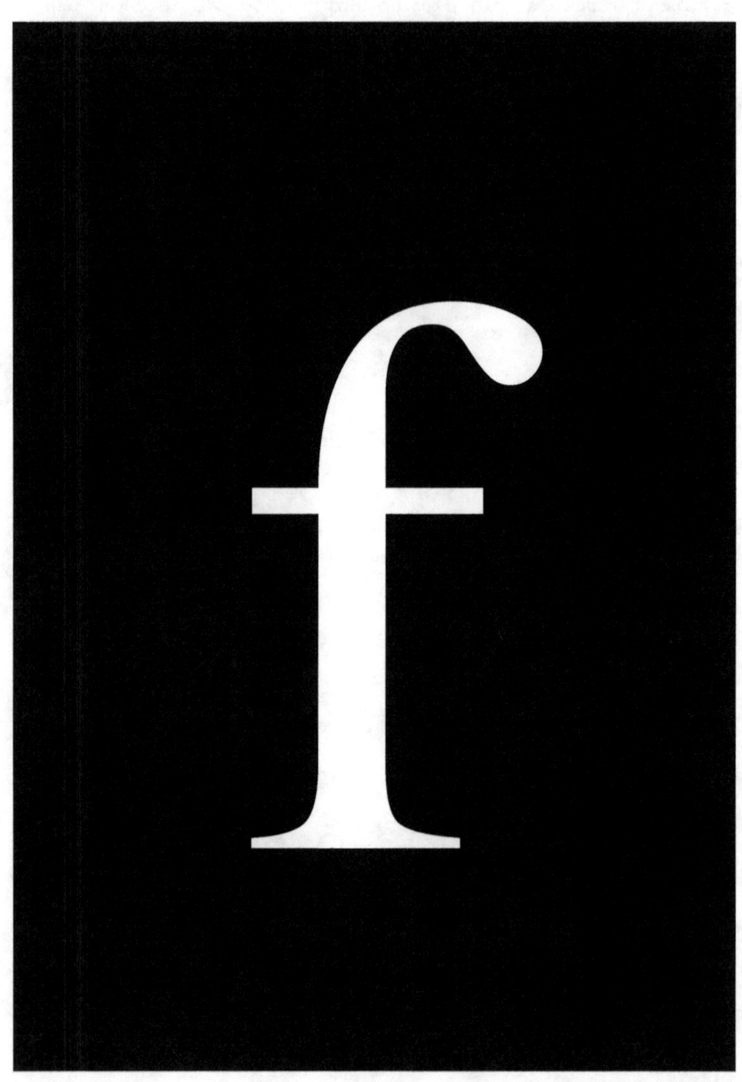

Fabra Paul, *L'Anticapitalisme: essai de réhabilitation de l'économie politique*, Paris : Flammarion, collection Champs, 1979 [DPB-Isou]

Fabre René, Dillemann Georges, *Histoire de la pharmacie*, Paris : Presses universitaires de France, collection Que-sais-je ?, n° 1035, 1971 (Isou cherchait une histoire de la pharmacie et c'est la seule qui est disponible à l'époque) [NB] postérieure à 1982

Faculté de médecine de Saint-Antoine, *Pathologie externe de l'appareil locomoteur: 1972-1973*, 2d cycle d'études médicales, Académie de Paris, Faculté de médecine de Saint-Antoine, Paris : Éditions médicales et universitaires polycopie des étudiants en médecine, 1973 [B-Emprunt] le 23 janvier 1980 et rendu le 20 février 1980

Fantasmes, album 2, fantaisies sexuelles et super orgasme, volume 1, n°3, Canada, Montréal : Éditions joyeuses Ltée, mars 1981. [DPB-Isou]

Fataliev, Khalil' Magomedovich, *Le Matérialisme dialectique et les sciences de la nature*, Moscou: Éditions du Progrès, 1966 [DPB-Isou]

Fau René, Andrey B., Le Men J., Dehaudt H., *Psychothérapie des débiles mentaux*, Paris : Presses universitaires de France, 1970 [DPB-Isou]

Faulkner William, *The wild palms*, Penguin Books, 1961 [DPB-Isou] [CN]

Favard Pierre, Durand Michel, *La Cellule*, Paris : Hermann, 1967 [B-Emprunt] le 10 octobre 1972 et rendu le sans date

Ferradini Christiane, Foos Catherine, *Synthèse, Premier cycle des études médicales, 41, L'atome et la liaison chimique*, *PCEM, fonctions simples*, Paris : Armand Colin, 1974 [DPB-Isou]

Ficini Jacqueline. Lumbroso-Bader Nicole, Depezay Jean-Claude, *Éléments de chimie-physique. [1.], Structure de la matière, cinétique chimique*, Paris : Hermann, 1968 [NB] postérieure à 1971 précisant : « Curtay m'avait prêté »

Fieschi Pascal, *Comment devenir un écrivain, cours complet en 31 leçons*. Illustrations de Claude Verrier, Paris : la Table ronde, 1953 [DPB-Isou]

Figuères Léo (choix de textes marxistes présentés par), *La jeunesse et le communisme*, Paris : Éditions Sociales, paris, 1963 [DPB-Isou]

Flaceliere Robert, *L'Amour en Grèce*, Paris : Hachette, 1960, non massicoté [DPB-Isou]

Flamel Nicolas, *Le livre des figures hiéroglyphiques ; Le Sommaire philosophique ; Le Désir désiré* ; avant-propos de René Alleau; étude historique... par Eugène Canseliet ; textes revus sur les éditions anciennes et suivis d'un glossaire et de notes bibliographiques par Maxime Préaud, Paris : Retz, 1977 [NB]

Flaubert Gustave, *Œuvres complètes: correspondance*, 1ère série. 1830-1846, Paris : L. Conard, 1926 [BNF-Pré-R] [CN]

Flaubert Gustave, *Œuvres complètes: correspondance*, 2ème série. 1847-1852, Paris : L. Conard, 1927 [BNF-Pré-R] [CN]

Flaubert Gustave, *Œuvres complètes: correspondance*, 3ème série. 1852-1854, Paris : L. Conard, 1929 [BNF-Pré-R] [CN]

Flaubert Gustave, *Œuvres complètes: correspondance*, 4ème série. 1854-1861, Paris : L. Conard, 1930 [BNF-Pré-R] [CN]

Flaubert Gustave, *Œuvres complètes: correspondance*, 5ème série. 1862-1868, Paris : L. Conard, 1930 [BNF-Pré-R] [CN]

Flaubert Gustave, *Œuvres complètes: correspondance*, 6ème série. 1869-1872, Paris : L. Conard, 1930 [BNF-Pré-R] [CN]

Fonds social juif unifié, revue du FSJU : *L'arche* (un article sur Isou), n° 1, janvier 1957 [DPB-Isou]

Fonds social juif unifié, revue du FSJU : *L'arche*, n° 2, février 1957 [DPB-Isou]

Fonds social juif unifié, revue du FSJU : *L'arche*, n° 3, mars 1957 [DPB-Isou]

Fonds social juif unifié, revue du FSJU : *L'arche*, n° 4, avril 1957 [DPB-Isou]

Fonds social juif unifié, revue du FSJU : *L'arche*, n° 5, mai 1957 [DPB-Isou]

Fonds social juif unifié, revue du FSJU : *L'arche*, n° 6-7, juin-juillet 1957 [DPB-Isou]

Fonds social juif unifié, revue du FSJU : *L'arche*, n° 8-9, août-septembre 1957 [DPB-Isou]

Fonds social juif unifié, revue du FSJU : *L'arche*, n° 10, octobre 1957 [DPB-Isou]

Fonds social juif unifié, revue du FSJU : *L'arche*, n° 12, décembre 1957 [DPB-Isou]

Fontainas André, *Tableau de la poésie française d'aujourd'hui*, Paris : Éditions de la "Nouvelle Revue critique", Collection Essais critiques, artistiques, philosophiques et littéraires, n° 28, 1931 [BNF-Pré-R]

Fontenelle Bernard de, *Histoire des oracles*, édition critique publiée par Louis Maigron, Paris : E. Cornély, collection Société des textes français modernes, 1908 [BNF-Pré-R]

Fontenelle Bernard de, *Entretiens sur la pluralité des mondes*; [suivi de] *Histoire des oracles* ; présentation de Jacques Bergier, Verviers : Gérard ; Paris : diffusion Inter-forum, collection Marabout université, n° 236, 1973 [BNF-Pré-R]

Fontenelle Bernard de, *Éléments de la géométrie de l'infini*, [Reprod. en fac-sim.], introduction de Michel Blay et Alain Niderst, Paris : Klincksieck, 1995 [DPB-Isou]

Fort Paul, Mandin Louis, *Histoire de la poésie française depuis 1850*, avec une préface de Paul Crouset, Paris : Éditions Flammarion, 1926 [BNF-Pré-R]. [NB] postérieure à 1970

Foucault Michel, *Naissance de la clinique, une archéologie du regard médical*, Paris : Presses universitaires de France, 1972 [B-Emprunt] le 21 février 1981 et rendu le 4 mars 1981

Fougereau Michel, *Éléments d'immunologie fondamentale*, Paris ; New York ; Barcelone : Masson, collection Maîtrises de biologie, 1977 [BNF-D] daté du 4 avril 1980, Place 140. Réponse magasin : communiqué le XX

Fourastié Jean, Fourastié jacqueline, *Pouvoir d'achat, prix et salaires*, Paris : Gallimard, collection Idées, n° 374, 1977 [DPB-Isou]

Fourré Maurice, *La Nuit du Rose-Hôtel*, avec une préface d'André Breton, Paris : Gallimard, 1950 [B-Emprunt] le 11 juillet 1980 et rendu le 2 août 1980

Fourrier Charles, *Théorie des quatre mouvements et des destinées générales*, suivi de *Le nouveau monde amoureux*, introduction et édition établie par Simone Debout-Oleszkiewicz, Dijon : Les presses du réel, collection L'Écart absolu, 1998 [DPB-Isou]

France. État-major de l'armée de la marine, *Bulletin officiel de la Marine nationale. 10, 3, Direction centrale des services de santé des armées... Nomenclature des maladies, traumatismes et causes de décès dans les forces armées.* 1re éd. Volume arrêté à la date du 1er octobre 1962. Édition méthodique, Paris : Impr. nationale, 1962 [BNF-Pré-R]

Frazer James George, *Atys et Osiris: études de religions orientales comparées*, traduction française par Henri Peyre, Paris : librairie orientaliste Paul Gauthner, collection Annales du musée Guimet. Bibliothèque d'études, 1926 [BNF-Pré-R] [CN]

Frazer James George, *Adonis: étude de religions orientales comparées*, traduction française par Lady Frazer, Paris : librairie orientaliste Paul Gauthner, collection Annales du musée Guimet. Bibliothèque d'études, 1934 [BNF-Pré-R] [CN]

Freinet Célestin, *Les Maladies scolaires*, Cannes : Éditions de l'École moderne française, 1964 [BNF-Pré-R]

Freud Sigmund, *Essais de psychanalyse appliquée*, Paris : Gallimard, collection Idées, n° 243, 1971 [DPB-Isou] [CN]

Frézal Jean Dr., Feingold Josué, Tuchmann-Duplessis Herbert Dr., *La Pathologie médicale, 17, Génétique, maladies du métabolisme, embryopathies*, sous la direction de Pasteur Vallery-Radot, Jean Hamburger, François Lhermitte, Paris : Flammarion, 1973 [B-Emprunt] pré-remplie

Friedman Milton, *Inflation et systèmes monétaires*, traduit de l'américain par Daisy Caroll, Paris : Calmann-Lévy, 1969 [BNF-Pré-R]

Friedman Milton et Rose, *La tyrannie du statu quo*, Paris : Jean-Claude Lattès, 1984 [DPB-Isou]

Friedmann Georges, *Fin du peuple juif ?*, Paris : Gallimard, collection Idées, 1965 [DPB-Isou]

Fromm Erich, *La Crise de la psychanalyse, essais sur Freud, Marx et la psychologie sociale*, traduit par Jean-René Ladmiral, Paris : Denoël : Gonthier, bibliothèque Médiations, n° 109, 1973 [DPB-Isou]

Fynn, *Anna et Mister God*, avant-propos de Vernon Sproxton ; traduit de l'anglais par Luc de Goustine ; illustrations de Papas William, Paris : Seuil, 1976 [NB]

g

Gajdos Alfred, *Enzymopathies*, 5 volumes, collection publiée sous la direction de Alfred Gajdos ; par Pierre Boivin, J. Boisse, H. Lestradet, A. Gajdos, Paris ; New York ; Barcelone : Masson, 1971-1978 [NB] postérieure à 1978

Galbraith John Kenneth, *Le nouvel état industriel : essai sur le système économique américain*, traduit de l'anglais par Jean-Louis Crémieux-Brilhac et Maurice Le Nan, Paris : Gallimard, collection Bibliothèque des sciences humaines, 1968 [NB] postérieure à 1978

Galilei Galileo (Galilée), *Discours et démonstrations mathématiques concernant deux sciences nouvelles*; introduction, traduction et notes par Maurice Clavelin, Paris : Armand Colin, collection Philosophies pour l'âge de la science, 1970 [B-Emprunt] le 29 mai 1978 et rendu le sans date [CN]

Gamow Georges, *La Gravitation, de la pomme de Newton aux fusées planétaires*, traduction par le Dr Jacques Métadier, Paris : Payot, 1963 [NB]

Gamow George, *Trente années qui ébranlèrent la physique: histoire de la théorie quantique*, traduit par Geneviève Guéron ; illustré par l'auteur, Paris : Dunod, 1968 [B-Emprunt] le 25 janvier 1978 et rendu le 17 février 1978

Garbarino Jean (Dr.), Delmas Henri, *Prothèse dentaire, 2e année d'études, nouveau programme*, Marseille : Flammarion, 1967 [B-Emprunt] le 15 mai 1980 et rendu le 25 mai 1980

Garnier Pierre, *Seuls quelques-uns le peuvent*, nouvelle..., 10e série. n°1, Fay-aux-Loges : "Les Cahiers de Rochefort", (dédicacé par Pierre Garnier à Isou en février 1959). [JE]

Garnier Pierre, *Sept poèmes extraits d'Ithaque*, Fay-aux-Loges : "Les Cahiers de Rochefort", 1959 (dédicacé par Pierre Garnier à Isou en août 1959). [JE]

Gaulle Charles (de), *Mémoires d'espoir*, t. 1, Paris : le Livre de poche, n° 3478, 1972 [DPB-Isou] [CN]

Gaulle Charles (de), *Mémoires d'espoir*, t. 2, Paris : le Livre de poche, n° 3479, 1972 [DPB-Isou] [CN]

Gautier Théophile, *Mademoiselle de Maupin*, tome 1, Paris : René Hilsum, éditeur, 1932. [BNF-Pré-R]

Gautier Théophile, *Mademoiselle de Maupin*, tome 2, Paris : René Hilsum, éditeur, 1932. [BNF-Pré-R]

Gautier Théophile, *Mademoiselle de Maupin.* Chronologie et introduction par Geneviève Van Den Bogaert, Paris : Garnier-Flammarion, collection Garnier-Flammarion. Texte intégral, n° 102, 1966 [BNF-Pré-R]

Gelinat Laurence (de), *Photographe de femmes*, Paris : Duponchelle, 1968 [DPB-Isou]

Genouvrier Emile, Désirat Claude, Hordé Tristan, *Nouveau dictionnaire des synonymes*, Paris : Larousse, 1977 [DPB-Isou]

Gentis Roger, *Les Murs de l'asile*, Paris : F. Maspero, collection Cahiers libres, n° 163, 1970 [DPB-Isou]

Geoffroy Saint-Hilaire Isidore, *Histoire générale et particulière des anomalies de l'organisation chez l'homme et les animaux, ou Traité de tératologie*, 4 volumes, Paris : J.-B. Baillière, 1832-1837 [BNF-Pré-R] 24 octobre 1981, Place 140

Gide Charles, Rist Charles, *Histoire des doctrines économiques. Tome 1,* Des physiocrates à J. Stuart Mill, Paris : Librairie du Recueil Sirey, 1947 [BNF-Pré-R]

Gide Charles, Rist Charles, *Histoire des doctrines économiques. Tome 2, De l'école historique à John Maynard Keynes*, Paris : Librairie du Recueil Sirey, 1947 [BNF-D] avec la mention « Je désire le tome 2 » daté du 9 juillet 1986, Place 140. Réponse magasin : manque en place. Un autre [BNF-D] daté du 9 juillet 1986, Place 137. avec la mention « Je désire le tome 2 ». Réponse magasin : communiqué à vous-même le 7 juillet 1986

Ginouvès René, *L'archéologie gréco-romaine*, Paris : Presses universitaires de France, collection Que sais-je ?, n° 54, 1975 **ou** 1982 **ou** 1992 [NB] postérieure à 1972

Ginsberg Allen, *Howl : and other poems*, traduit de l'américain par Robert Cordier et Jean-Jacques Lebel, Paris : Christian Bourgois, 1977, 14 novembre 1988, Hémicycle 12, rendu

Girod Christian, Czyba Jean-Claude, *Cours d'histologie et embryologie, Système nerveux central, récepteurs de la sensibilité*, 2 volumes, Villeurbanne : SIMÉP éditions, 1972 [NB] postérieure à 1978. [BNF-D] daté du 4 août 1979, Place 140. Réponse magasin : recherche en cours. [BNF-D] daté du 21 octobre 1981, Place 140. Réponse magasin : manque en place.

Giroud Maurice, *Pathologie infectieuse*: Université Claude Bernard, U.E.R. Alexis Carrel, 2S, Lyon: Association corporative des étudiants en médecine de Lyon, 1975 [B-Emprunt] le 1er décembre 1979 et rendu le 20 décembre 1979

Goethe Johann Wolfgang von, *Les Affinités électives*, volume 1, traduction originale, introduction et notes par Jean-François Angelloz, texte allemand et traduction française en regard, Paris : Aubier-Flammarion, 1968 [DPB-Isou] [CN]

Goethe Johann Wolfgang von, *Les Affinités électives*, volume 2, traduction originale, introduction et notes par Jean-François Angelloz, texte allemand et traduction française en regard, Paris : Aubier-Flammarion, 1968 [DPB-Isou] [CN]

Goguel Jean, *La gravimétrie*, Paris : Presses universitaires de France, collection Que sais-je ?, n° 1030, 1972 [B-Emprunt] le 20 mars 1978 et rendu le 18 avril 1978

Gomez Jean, *Dictionnaire encyclopédique des symptômes*, traduit de l'anglais par Paul Alexandre ; illustrations de Katharine Modesty, Paris : Éditions Planète, 1970 [DPB-Isou]

Gonseth Ferdinand, *La Géométrie et le problème de l'espace, tome 5. Les Géométries non euclidiennes*, Neuchatel, Éditions du griffon, 1953 [B-Emprunt] le 30 septembre 1978, vérifié le 30 novembre 1978 et rendu le 5 décembre 1978

Gordes Eric, *Françoise la vicieuse*, Redessan : Sotraco, 3 ème trimestre 1986 [DPB-Isou]

Granderye Léon-Maurice, *Dictionnaire de chimie*, Paris : Dunod, 1962 [NB] postérieure à 1971

Granger Michel, Carles Jacques, *Des sous-dieux au surhomme ou À la recherche de la bio-création artificielle de l'homme*, Paris : Albin Michel, 1977 [DPB-Isou]

Grassé Pierre-Paul, *Traité de zoologie, anatomie, systématique, biologie, publié sous la direction de* Pierre-Paul *Grassé, Tome 1. Phylogénie, protozoaires, généralités, fla*gellés, Paris : Masson, 1952 [BNF-Pré-R] Place 140

Grassé Pierre-Paul, *Traité de zoologie, anatomie, systématique, biologie*, tome 12, Vertébrés : embryologie, grands problèmes d'anatomie comparée, caractéristiques biochimiques, publié sous la direction de Pierre-Paul Grassé par P. Brien, R. Cordier, A. Dalcq, [*al.*], Paris : Masson, 1954 [NB]

Grassé Pierre-Paul, Laviolette Pierre, Hollande André, Nigon Victor, [*al.*], *Biologie générale à l'usage des étudiants préparant la licence et la maîtrise ès sciences biologiques, des étudiants en médecine et pharmacie et des élèves des grandes écoles*, Paris : Masson et Cie, 1966 [B-Emprunt] le 25 octobre 1971 et rendu le sans date

Grassé Pierre-Paul, *Traité de zoologie, anatomie, systématique, biologie. Tome 16, Mammifères. Fascicule 6, Mamelles, appareil génital, gamétogenèse, fécondation, gestation*, Paris : Masson, 1969 [NB]

Gregory Richard L. (sous la direction de), *Le cerveau, un inconnu : dictionnaire encyclopédique*, adaptation française par Jean Doubovetzky, Nicolas Kopp et Jean-François Lemaire, Paris : Robert Laffont, collection Bouquins, 1993 [DPB-Isou]

Gresham Geoffrey Austin, *Atlas d'anatomie pathologique générale*, traduit de l'anglais par G. Strauch, Basel ; Paris : S. Karger, 1973 (réf. absente la bnf) [NB] postérieure à 1978

Gross Bernard, *Synthèse, Premier cycle des études médicales, 46, Chimie, PCEM, fonctions simples*, Paris : Armand Colin, 1975 [DPB-Isou]

Guénon René, *La Crise du monde moderne*, Paris : Gallimard, collection Tradition, n° 3, 1946 [DPB-Isou]

Guénon René, *L'Ésotérisme de Dante*, Paris, les Éditions traditionnelles, 1949 [NB]. sur un bulletin du département des imprimés avec d'autres notes. [B-Emprunt] le 6 décembre 1980 et rendu le 19 décembre 1980

Guénon René, *Le Symbolisme de la croix*, avec une préface de Robert Amadou, Paris : Union Générale d'Éditions, collection 10/18, 1970 [NB]

[*] Guérin Daniel, *La Lutte de classes sous la Première République, 1793-1797*. Nouvelle édition revue et augmentée, 2 volumes, Paris : Gallimard, 1968 [NB] postérieure à 1980 raturée mais qui mentionne : « chercher Daniel Guérin, luttes de classes pendant la Révolution ou histoire de l'anarchie de Sergent [Alain] pour voir ce que sont devenus les enragés »

[*] Guérin Daniel, *La Révolution française et nous*, Paris : F. Maspero, collection Petite collection Maspero, n° 172, 1976 (ou Bruxelles : Éditions La Taupe, 1969) [NB] postérieure à 1980 raturée mais qui mentionne : « chercher Daniel Guérin, luttes de classes pendant la Révolution ou histoire de l'anarchie de Sergent [Alain] pour voir ce que sont devenus les enragés »

Guérineau Gustave, *Amour sauvage,* Paris : Brut diffusion, collection de luxe, 1988 [DPB-Isou]

Guide des arts contemporains en France : arts plastiques, musiques nouvelles, jazz, video, cinéma expérimental, [dir. Michel Giroud], [1ère éd.] parue, Paris : Kanal, 1988-1989 (2 ex.) [DPB-Isou]

Guillerme Jacques, *La Longévité,* Paris : Presses universitaires de France, collection Que sais-je ?, n° 754, 1964 [NB]. [B-Emprunt] le 24 mars 1979 et rendu le 13 avril 1979

Guillerme Jacques, *Technique et technologie*, textes choisis et présentés par Jacques Guillerme, Paris : Hachette, collection Textes et documents philosophiques, 1973 [B-Emprunt] le 10 mars 1978 et rendu le 20 mars 1978

Guilliermond Alexandre, Mangenot Georges, Plantefol Lucien, *Traité de cytologie végétale*, Paris : Le François, 1933 [NB] postérieure à 1976

Guiraud Pierre, *La Sémantique*, Paris : Presses universitaires de France, collection Que sais-je ?, n°655, 1955 [DPB-Isou]

Guiraud Pierre, *La Grammaire*, Paris : Presses universitaires de France, collection Que sais-je ?, n°788, 1958 [DPB-Isou]

Guirdham Arthur, *La Communication silencieuse*, traduit de l'anglais par Claudine Brelet, Paris : Payot, collection Aux confins de la science, 1972 [BNF-Pré-R]

Guirdham Arthur, *Les Facteurs cosmiques de la maladie*, traduit et adapté de l'anglais par Claudine Brelet-Rueff, Paris : Fayard, collection L'Expérience psychique, 1974 [BNF-Pré-R]

Gurdjieff Georges, *Récits de Belzébuth à son petit-fils : critique objectivement impartiale de la vie des hommes*, volume 1, Paris : Stock, 1979 [DPB-Isou] [CN]

Gurdjieff Georges, *Récits de Belzébuth à son petit-fils : critique objectivement impartiale de la vie des hommes*, volume 2, Paris : Stock, 1979 [DPB-Isou] [CN]

Gurdjieff Georges, *Récits de Belzébuth à son petit-fils : critique objectivement impartiale de la vie des hommes*, volume 3, Paris : Stock, 1979 [DPB-Isou] [CN]

Gurtler Joseph (Dr.), *Essais d'une sulfadiazine polyvitaminée dans un service de gériatrie psychiatrique*, hôpital psychiatrique de Rouffach, Presses Universitaires de France, 1967 [DPB-Isou]

Guy de Chauliac, *La Grande chirurgie de Guy de Chauliac, composée en l'an 1363, revue et collationnée sur les manuscrits et imprimés latins et français... avec des notes, une introduction sur le moyen âge, sur la vie et les oeuvres de Guy de Chauliac, un glossaire et une table alphabétique, par É. Nicaise*, Paris : F. Alcan, 1890 [BNF-Pré-R]

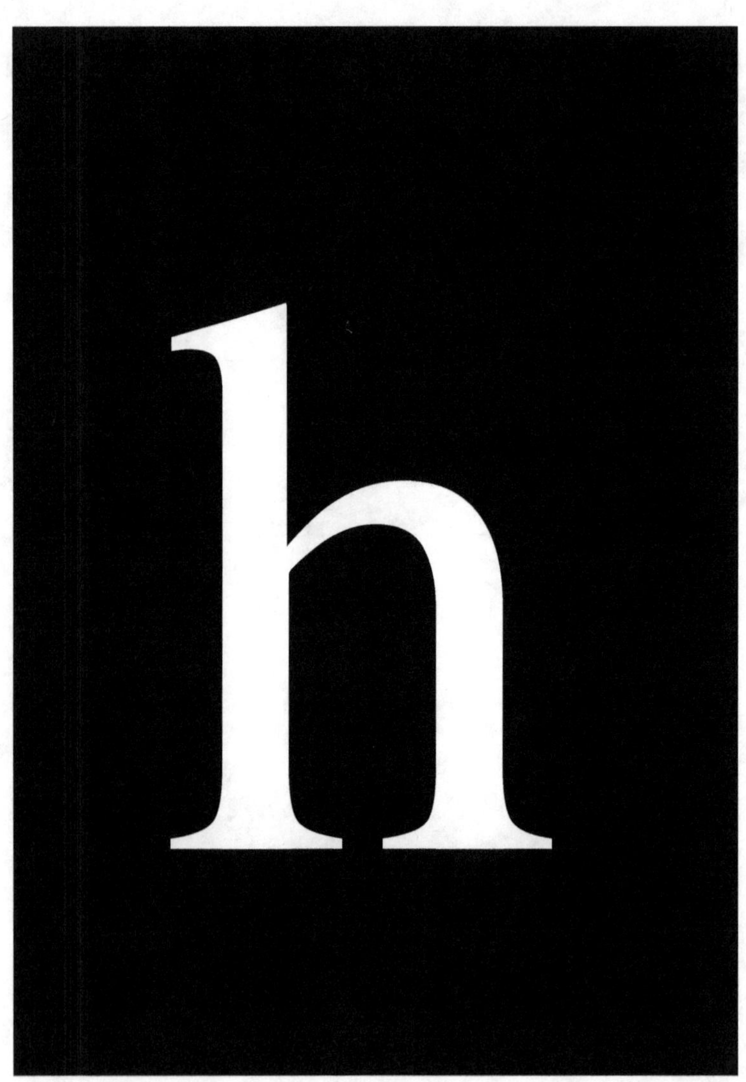

Hadamard Jacques, *Leçons de géométrie élémentaire, tome I, Géométrie plane*, cours complet de mathématiques élémentaires, publié sous la direction de M. Darboux, Paris : Armand Colin, 1898 [BNF-Pré-R] Place 143

Hadamard Jacques, *Leçons de géométrie élémentaire, tome II, Géométrie dans l'espace*, cours complet de mathématiques élémentaires, publié sous la direction de M. Darboux, Paris : Armand Colin, 1901 [BNF-Pré-R] Place 143

Hadamard Jacques, *Leçons de géométrie élémentaire, tome 1. Géométrie plane*, Paris : Armand Colin, 1931 [NB] postérieure à 1971 précise seulement « Hadamard, géométrie élémentaire » donc nous avons gardé les deux tomes.

Hadamard Jacques, *Leçons de géométrie élémentaire, tome 2. Géométrie dans l'espace*, Paris : Armand Colin, 1949 [NB] postérieure à 1971 précisant seulement « Hadamard, géométrie élémentaire » donc nous avons gardé les deux tomes.

Hadès, *Le Mythe de l'Antéchrist*, Paris : Albin Michel, 1979 [DPB-Isou]

Haedrich Marcel, *Coco Chanel secrète*, Paris : Robert Laffont, 1971 [DPB-Isou]

Hahn Otto, *New atoms: progress and some memories, a collection of papers*, edited by Dr. W. Gaade, New York ; Amsterdam ; London : Elsevier publishing C°, 1950 la note précise : chercher un livre, des textes d'Otta Hahn. [NB] postérieure à 1980

Haïssinsky Moïse, *La Chimie nucléaire et ses applications*, Paris, Masson et Cie, 1957 [NB] postérieure à 1980

Haldane John Burdon Sanderso, *Biochimie et génétique*, traduit de l'anglais par Philippe L'Héritier et Nadine Plus, Paris : Presses universitaires de France, collection Bibliothèque scientifique internationale, 1956 [BNF-Pré-R] du 30 octobre 1981, Place 139. [NB] précisant: « Lu ».

Halévy Elie, *L'ère des tyrannies: études sur le socialisme et la guerre*, Paris : Gallimard, Collection Tel, 1990. (Ouvrage désormais à la réserve centrale des bibliothèques de prêt de la Ville de Paris) [MF]

Hallain Marc, Chaleil Max, Daniel Jacques, Rochu Gilbert, *La créativité en noir et blanc*, avec une préface de Abraham Moles, Paris: Nouvelles Éditions polaires, 1973 [DPB-Isou]

Halsted George Bruce, *Géométrie rationnelle, traité élémentaire de la science de l'espace*, traduction française par Paul Barbarin, avec une préface de C.-A. Laisant, Paris : Gauthier-Villars, 1911 [NB] postérieure à 1971 précisant « Qui est paru après celui de Hilbert »

Hanna Melvin W., *Introduction à la mécanique quantique pour les chimistes.* Édition française: Valentin Hérault, Paris : Édiscience, 1972 [NB] postérieure à 1977

Harrap's New Pocket French and English Dictionary, abridged by Patricia Forbes and Margaret Ledésert, Paris : Bordas, 1972 [DPB-Isou]

Harris Harry, *Biochimie génétique humaine*, traduit par le Dr. Maurice Pestel, Paris : Masson et Cie, 1963 [B-Emprunt] le 19 mars 1981 et rendu le 21 avril 1981

Hayli Avram, *Newton*, Paris : Seghers, collection Savants du monde entier, 1970 [B-Emprunt] le 13 mai 1978 et rendu le 29 mai 1978

Hazard René, Cheymol Jean, J. Lévy, Boissier Jacques-Robert, *Manuel de pharmacologie*, 2e édition revue et augmentée, Paris : Masson et Cie, 1969 [B-Emprunt] le 25 octobre 1971 et rendu le 25 octobre 1971

Heidegger Martin, *Approche de Höderlin*, traduit de l'allemand par Henry Corbin, Michel Deguy, François Fédier et Jean Launay, Paris : Gallimard, Collection : Classiques de la philosophie, 1988. [MF]

Heidegger Martin, *L'Être et le temps*, traduit de l'allemand et annoté par Rudolf Boehm et Alphonse de Waelhens, Paris : Gallimard, collection Bibliothèque de philosophie, 1964 [BNF-D] daté du 6 mars 1976, Place 310. Réponse magasin : déjà communiqué dans le passé [CN]

Heine Maurice, *Recueil de confessions et observations psycho-sexuelles, tirées de la littérature médicale et présentées avec un avant-propos*, Paris : Le Terrain vague (Eric Losfeld), 1957 [DPB-Isou]

Heller Michel, *Le monde concentrationnaire et la littérature soviétique*, Lausanne : l'Âge d'homme, 1974 [NB]

Helmholtz Hermann von, *Mémoire sur la conservation de la force; précédé d'un exposé élémentaire de la transformation des forces naturelles*, traduit de l'allemand par Louis Pérard, Paris : V. Masson et fils, 1869 [NB]. Une seconde [NB] : indiquant : « Helmholtz conservation de la force » [CN]

Helms-Liesenhoff Karl Heinz, *L'Affaire Rigoletta*, traduit de l'allemand par Geneviève Birre, Givors : André Martel, 1955 [DPB-Isou]

Helms-Liesenhoff Karl Heinz, *La Révolte des paysans*, traduit de l'allemand par Geneviève Birre, Givors : André Martel, 1955 [DPB-Isou]

Helms-Liesenhoff Karl Heinz, *Splenda*, traduit de l'allemand par Geneviève Birre, Givors : André Martel, 1955 [DPB-Isou]

Helms-Liesenhoff Karl Heinz, *Le Mariage du diable*, traduit de l'allemand par Geneviève Birre, Givors : André Martel, 1955 [DPB-Isou]

Helms-Liesenhoff Karl Heinz, *Les Gretchen se marient*, Paris : Presses pocket, 1975 [DPB-Isou]

Helms-Liesenhoff Karl Heinz, *Gretchen dans la débâcle*, traduit de l'allemand par Geneviève Birre, Paris : Presses pocket, 1975 [DPB-Isou]

Helms-Liesenhoff Karl Heinz, *La Fin des gretchen*, traduit de l'allemand par Geneviève Birre, Paris : Presses pocket, 1976 [DPB-Isou]

Helvétius Claude-Adrien, *De l'Esprit*, [NB] précisant : à lire

Helvétius Claude-Adrien, *De L'Homme*, [NB] précisant : à lire

Hennequin Jacques, *Électromagnétisme et relativité restreinte, M.P. 2, P.C. 2*, Paris : Dunod, 1970 [NB]

Héran Jacques, *Guide pratique des études médicales: du P.C.E.M. 1 à la thèse, l'internat*, Paris : Flammarion, 1978 [NB] postérieure à 1978

Herland Michel, *Keynes*, Paris : Union Générale d'Éditions, collection 10/18, 1981 [DPB-Isou]

Hérodote, *Histoires*, tome 1 et 2, texte traduit par Philippe-Ernest Legrand, introduction de Alphonse Dain, Paris : les Belles lettres, 1962 [B-Emprunt] le 4 mars 1981 et rendu le 27 avril 1981. [BNF-D] daté du 28 mars 1986, Place 140. Réponse magasin : déjà communiqué et voir salle de travail

Hésiode, *Théogonie*, texte établi et traduit par Paul Mazon, sous le patronage de l'Association Guillaume Budé, Paris : les Belles lettres, collection des universités de France, 1964 [BNF-Pré-R]. [B-Emprunt] le 8 mars 1980 et rendu le 23 mars 1980 [CN]

Hilbert David, *Les fondements de la géométrie*, édition critique avec introduction et compléments préparée par Paul Rossier, Paris : Dunod, 1971 [NB] : précise : « Euclide. David Hilbert » [CN]

Hiršal Josef, Grögerová Bohumila, *Slovo, pismo akce, hlas, (word, letter, action, voice) K estetice kultury technického věku.* Výběr z esejů, manifestů a uměleckých programů druhé poloviny xx století. (Uspořádali J. Hiršal a B. Grögerová.), 63, Prague : Československý spisovatel, 1967 [DPB-Isou]

Hitler, Adolf, *Mein Kampf* (Mon combat), traduction exacte de l'édition intégrale, Paris, "La Défense française", Librairie critique, 6 janvier 1939, [B-Emprunt] le 27 janvier 1979 et rendu le 21 février 1979 [CN]

Hoffmann Banesh, *L'Étrange histoire des quanta*, traduit de l'américain par Chantal de Richemont, Paris : Éditions du Seuil, 1967 [B-Emprunt] le 5 mai 1978 et rendu le 13 mai 1978. [NB] postérieure à 1977

Hofmannsthal Hugo von, *Andreas*; traduit de l'allemand par Eugène Badoux ; fragments traduits par Jacques Le Rider ; préface et notes de Jacques Le Rider, Paris : Gallimard, collection Folio bilingue n° 41, 1994 [DPB-Isou]

Hondt Jacques d', *Hegel, sa vie, son œuvre, avec un exposé de sa philosophie*, Paris : Presses universitaires de France, collection Les Philosophes, n° 62, 1967 [B-Emprunt] le 4 décembre 1972 et rendu le sans date.

Hondt Jacques d', *Hegel*, Paris : Presses universitaires de France, collection Philosophes, 1975 Hémicycle 10

Horace, *Œuvres complètes*, volume 1, texte établi, traduit, préfacé et annoté par François Richard, Paris, Garnier, 1944 [BNF-Pré-R] [CN]

Horace, *Œuvres complètes*, volume 2, texte établi, traduit, préfacé et annoté par François Richard, Paris, Garnier, 1944 [BNF-Pré-R] [CN]

Horace, *Œuvres*, traduction, introduction et notes par François Richard, Paris : Garnier, Flammarion, collection Garnier-Flammarion. Texte intégral, n° 159, 1967 [BNF-Pré-R] [CN]

Horkheimer Max, *Théorie traditionnelle et théorie critique*, trad. de l'allemand par Claude Maillard et Sibylle Muller, Paris : Gallimard, collection Tel n° 277, 1996 [DPB-Isou]

Howorth Muriel, *Pioneer research on the atom, Rutherford and Soddy in a glorious chapter of science : The life story of Frederick Soddy*, foreword by John Arnold Cranston, London : New World publications, 1958 [NB] postérieure à 1963 précisant : « chercher des textes de J. Thomson ou Millikan [Robert Andrews] sur Rutherford et Mendéleieff ». Seconde [NB] postérieure à 1973. Troisième [NB] précisant : chercher Soddy Frederick (1877-1956)

Huant Érnest, Dussert André, *La Pathologie du milieu par rapport au terrain. Les Maladies de notre société*, Paris : Debresse, 1961 [BNF-Pré-R], Place 140

Hubbard L. Ron, *Dianétique 55*, traduction par J.-J. Delance ; publié par l'Église de scientologie de France, Paris : Église de scientology de France, 1975 [B-Emprunt] le 26 octobre 1979 et rendu le 3 novembre 1979

Hubbard L. Ron, *La Dianétique: la science moderne de la santé mentale : un manuel de méthodes dianétiques*, traduction par J.-J. Delance ; publié par l'Église de scientologie de France, Paris : Association française de scientologie, 1976 [B-Emprunt] le 3 octobre 1979 et rendu le sans date

Hugo Victor, *Œuvres complètes, Roman. I. Han d'Islande. Bug-Jargal. Le Dernier jour d'un condamné. Claude Gueux*, publiées par Paul Meurice, puis par Gustave Simon, Paris : Imprimerie nationale, Ollendorff, 1910 [BNF-Pré-R] 25 avril 1986, Place 140 [CN]

Hugo Victor, *Œuvres complètes, Ruy Blas*, tome 2, Bruxelles : É. Laurent : Mme Laurent, 1838 **ou** Hugo Victor, *Ruy Blas, drame en 5 actes*, Paris : Renaissance, 8 novembre 1838 ; Leipzig : Brockhaus et Avenarius, 1838 (cote correspond à deux ouvrages : Y-THN-15964) [BNF-Pré-R] [CN]

Hugo Victor, *Les Misérables*, (Édition spéciale destinée aux camps de prisonniers de guerre), Paris : Impr. nationale, 1943 [BNF-Pré-R] [CN]

Hugo Victor, *Œuvres poétiques, tome1, Avant l'exil, 1802-1851*, préface de Gaëtan Picon. Édition établie et annotée par Pierre Albouy, Paris : Gallimard, 1964 [BNF-Pré-R] [CN]

Hugo Victor, *Les Châtiments,* introduction et notes de Frantz André Burguet, Paris : le Livre de poche, 1964 [DPB-Isou] [CN]

Hugo Victor, *Les Misérables*, tome 1, chronologie et introduction par René Journet, Paris : Garnier-Flammarion, 1966 [BNF-Pré-R] [CN]

Hugo Victor, *Les Misérables*, tome 2, chronologie et introduction par René Journet, Paris : Garnier-Flammarion, 1966 [BNF-Pré-R] [CN]

Hugo Victor, *Les Misérables*, tome 3, chronologie et introduction par René Journet, Paris : Garnier-Flammarion, 1966 [BNF-Pré-R] [CN]

Hugo Victor, *La Légende des siècles*, t. 1, Préface de Claude Roy et notices et notes de José Lupin, Paris : Le Livre de poche, 1968 [DPB-Isou] [CN]

Hugo Victor, *Poésie*, tome 3, préface de Jean Gaulmier ; présentation et notes de Bernard Leuilliot, Paris : Éditions du Seuil, collection L'Intégrale, 1972 [BNF-Pré-R] [CN]

Huisman Denis, Patrix Georges, *L'Esthétique industrielle*, Paris : Presses universitaires de France, collection Que sais-je ?, n° 957, 1961 [DPB-Isou]

Husserl Edmund, *La Crise de l'humanité européenne et la philosophie*, traduit de l'allemand par Paul Ricœur ; préface par Stephan Strasser, n° 2, [Fac-sim.], Paris: Paulet, avril 1968 [DPB-Isou] [CN]

Hutton Kenneth, *Comprendre la chimie: conquête de la matière*, Verviers : Gérard ; Paris : diffusion Inter-forum, collection Marabout université, 1973 [DPB-Isou]

Huxley Julian Sorell, Darwin Charles, *Les Pages immortelles de Darwin*, choisies et expliquées par Julian Sorell Huxley. Texte de Julian Sorell Huxley (en italique) : traduction Marguerite Buchet, Paris : Corrêa, 1939 [B-Emprunt] le 6 ? novembre 1980 et rendu le 6 décembre 1980

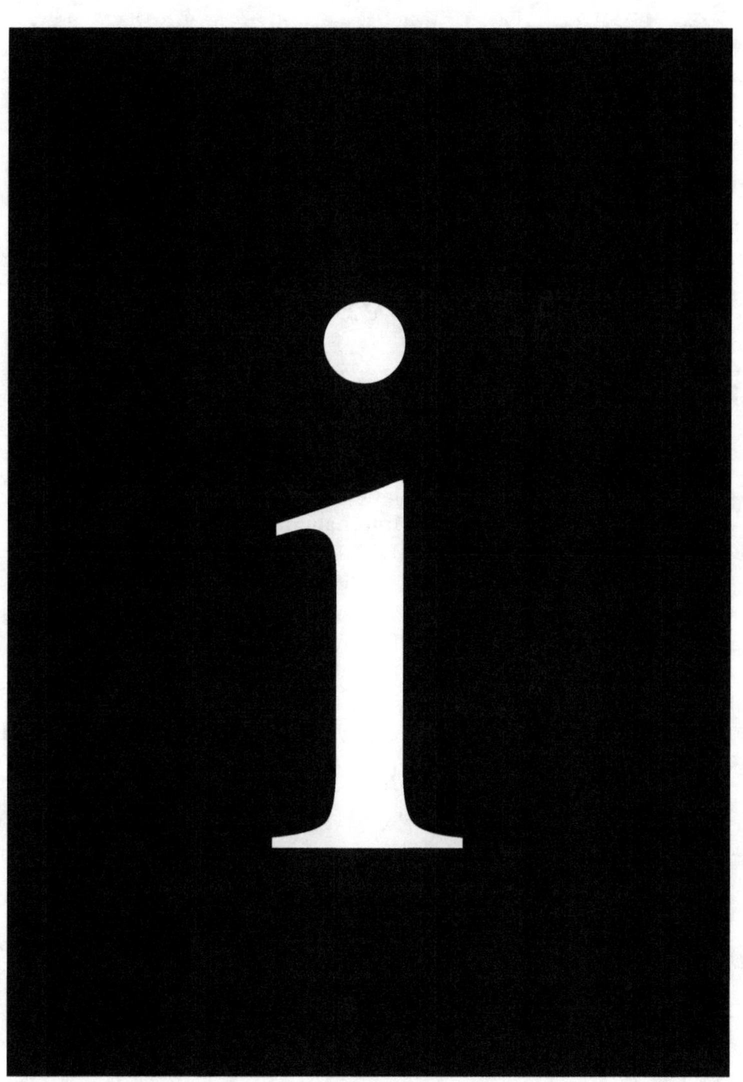

Iliazd, *Afat*, soixante-seize sonnets. Six gravures originales sur cuivre de Pablo Picasso, Paris : le Degré quarante et un, 1939-1940 [BNF-Pré-R]

Iliazd, *Rahel*, deux sonnets [en russe], précédés de leur traduction littérale. Ornés de gravures sur bois de cormier par Léopold Survage, calligraphies par Marcel Mée, Paris : Impr. Union, 1941 [BNF-Pré-R]

Immunological reviews, n° 75, « immunology of Feto-Maternal Relationship », Munksgaard, Copenhagen, 1983 [DPB-Isou]

Infeld Léopold, Einstein Albert, *L'Évolution des idées en physique, des premiers concepts aux théories de la relativité et des quanta*, traduit de l'anglais par Maurice Solovine, Paris : Flammarion, 1964 [B-Emprunt] le 29 mai 1978 et rendu le sans date

INSERM, *INSERM mode d'emploi: un guide pour faciliter l'accès à la recherche médicale et en santé*, [sous la dir. de la Mission d'information et de communication de l'INSERM], Paris : INSERM, 1989 [DPB-Isou]

Internationale Situationniste : revue de la section française de l'I.S., n° 5, bulletin central édité par les sections de l'Internationale situationniste, Paris : Internationale situationniste, décembre 1960 [DPB-Isou]

Internationale Situationniste : revue de la section française de l'I.S., n° 12, bulletin central édité par les sections de l'Internationale situationniste, Paris : Internationale situationniste, septembre 1969 [DPB-Isou]

Ionesco Eugène, *Théatre V. Jeux de massacre ; Macbett ; La Vase ; Exercices de conversation et de diction françaises pour étudiants américains*, Paris : Gallimard, 1974 [DPB-Isou]

Isou Isidore, *La Profondeur de l'expansion nouvelle du lettrisme, embrassant le passé, le présent et le futur de la culture*, Paris : Centre de créativité, collection Lettrisme, n° 21, 1973 [BNF-Pré-R]

Isou Isidore, « De l'impressionnisme au lettrisme : l'évolution des moyens de réalisation de la peinture moderne », *Le monde des Grands Musées*, n° 3, Paris : Filipacchi, juillet-août 1973 [DPB-Isou]

Isou Isidore, *Histoire du socialisme : du socialisme primitif au socialisme des créateurs ; (suivie de) Manifestes pour le soulèvement de la jeunesse*, Paris : Scarabée et compagnie, 1984 [DPB-Isou]

[Pseud. Isou Isidore], [Anonyme], *Les Nuits d'une libertine, ou Traité des lubricités modernes*, Caracas : 1955 (cote bnf enfer 1518) [NB]

[Pseud. Isou Isidore], [Anonyme], *Les Orgies d'un séducteur : méthode pour bien faire l'amour*, Québec [Paris?] : [s.n.], [19..] [BNF-Pré-R]

[Pseud. Isou Isidore], [Anonyme], *Mémoires d'une maquerelle*, [s.l.] : [s. d.] [c. 1955] [NB]

[Pseud. Isou Isidore], [Anonyme], *Mémoires d'un gigolo, ou le Guide des débauches*, Rome : [s. d.] (cote bnf enfer 1517) [NB]

[Pseud. Isou Isidore], Palu, S., *Les Étapes de l'amour*, Berlin : [s. d.] (cote bnf enfer 1537) [NB]

[Pseud. Isou Isidore], Palu S., *Les Étapes de l'amour*, Berlin, [S.d.] [NB]

[Pseud. Isou Isidore], Suffren André, *A Diary of the senses*, traduit du français par Helen Tucker, [Traduction de : La Confidence sensuelle], Paris : Océanic-press, 1958 [BNF-Pré-R]

[Pseud. Isou Isidore], Suffren André, *La Confidence sensuelle*, Montréal : Impr. royale, [s. d.] (cote bnf enfer 1540) [NB]

[Pseud. Isou Isidore], Zorine Anne, *Souvenirs d'une courtisane*, Rome : [s. d.] (cote bnf enfer 1563) [NB]

Ivanov Boris, *Physique nouvelle*, Moscou, Éditions de Moscou (Éditions Mir), collection Science pour tous, 1966 [DPB-Isou]

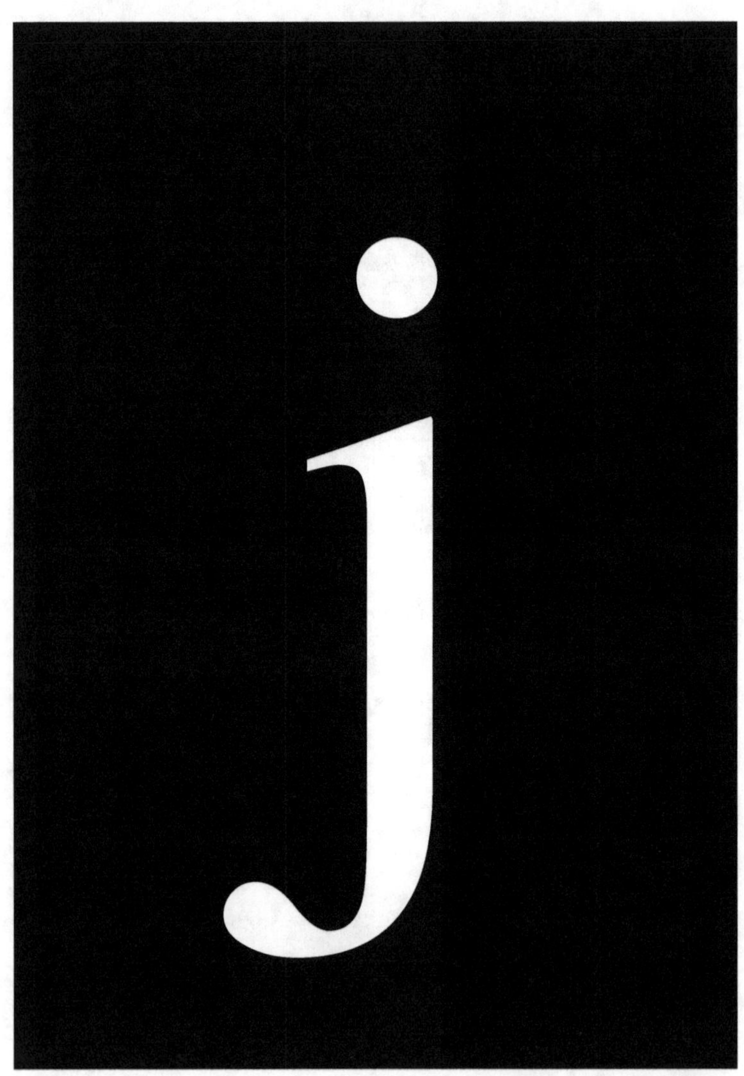

Jacus (pseud.), *Approches des dieux*, Éditions rosicruciennes, Villeneuve-Saint-Georges, Paris : C. Cornuault, 1984 [DPB-Isou]

Jacus (pseud.), *Secret des dieux : message cosmologique bithéiste*, Paris : Éditions Moeris Kephren : le Monde inconnu, 1984. [DPB-Isou]

Jankélévitch Vladimir, *La Mort*, Paris : Flammarion, collection Champs, 1977 [DPB-Isou] [CN]

Jarry Alfred, *Œuvres complètes.* Tome 1; textes établis, présentés et annotés par Michel Arrivé tome 1, Paris : Gallimard, Collection Bibliothèque de la Pléiade, n° 236, 1988 [DPB-Isou] [CN]

Jean Dausset, Prix Nobel de médecine et de physiologie, 10 octobre 1980, INSERM, recueil offert par l'institut national de la santé et de la recherche médicale en l'honneur de son Prix Nobel, [documents publiés par l'INSERM Institut national de la santé et de la recherche médicale], Paris : INSERM, 1980 [DPB-Isou]

Jeune, dure et pure ! : une histoire du cinéma d'avant-garde et expérimental en France, sous la direction de Nicole Brenez et Christian Lebrat, Paris : Cinémathèque française ; Milano : Mazzotta, 2001 [DPB-Isou]

Jonson Ben, *L'alchimiste: comédie en cinq actes*, adaptation de Marcel Moussy, Paris : l'Arche, collection Répertoire pour un théâtre populaire, 1957 [NB] postérieure à 1975 précisant : « à chercher L'Alchimiste de Ben Jonson »

Jordan Max, *Portez.. armes*, Paris : Éditions du Grand Damier, série espionnage, n° 34, 1957 [DPB-Isou]

Jordan Max, *Dans le lac*, Paris : Éditions du Grand Damier, série espionnage, n° 53, 1958 [DPB-Isou]

Jordan Pascual, *La physique et le secret de la vie organique*, traduit de l'allemand, d'après la 6e édition par André Metz et Maurice Mareschal ; préface d'André George, Paris : Albin Michel, collection Cahiers de la Collection Sciences d'aujourd'hui, 1959 [NB] postérieure à 1963

Joseph Kosuth : investigations sur l'art et problématiques: 1965-1973 ; 1974 [catalogue] exposition 20 mars-21 avril 1974, Musée d'art moderne de la ville de Paris, Paris : A. R. C. 2, 1974 [DPB-Isou]

Josselin Yves (Pseud.), *Un agent bien tranquille, roman d'espionnage,* Paris : Librairie des Champs-Élysées, 1963 [DPB-Isou]

Jouhandeau Marcel, *Le Voyage secret*, Paris : Arléa, 1988 [DPB-Isou]

Joutes amoureuses, Saint-Partaleon-de-Larche : Rejean, 1er trimestre 1989 [DPB-Isou]

Jukes Geoffrey, *Stalingrad, 300.000 hommes encerclés*, traduit par le lieutenant-colonel Maurice Parlongue, Verviers : Gérard et Cie ; Paris : l'Inter, collection Marabout. Histoire illustrée de la Seconde guerre mondiale, n° 10, 1971 [DPB-Isou]

Jukes Geoffrey, *La Défense de Moscou, coup d'arrêt à l'Est*, traduit par le lieutenant-colonel Maurice Parlongue. Introduction du général Hasso von Manteuffel, Verviers : Gérard et Cie ; Paris : l'Inter, collection Marabout. Histoire illustrée de la Seconde guerre mondiale, n° 19, 1971 [DPB-Isou]

Jung Carl Gustav, Kerényi Karl, *Introduction à l'essence de la mythologie : l'enfant divin, la jeune fille divine*, Paris : Petite bibliothèque Payot, 1974 [DPB-Isou] [CN]

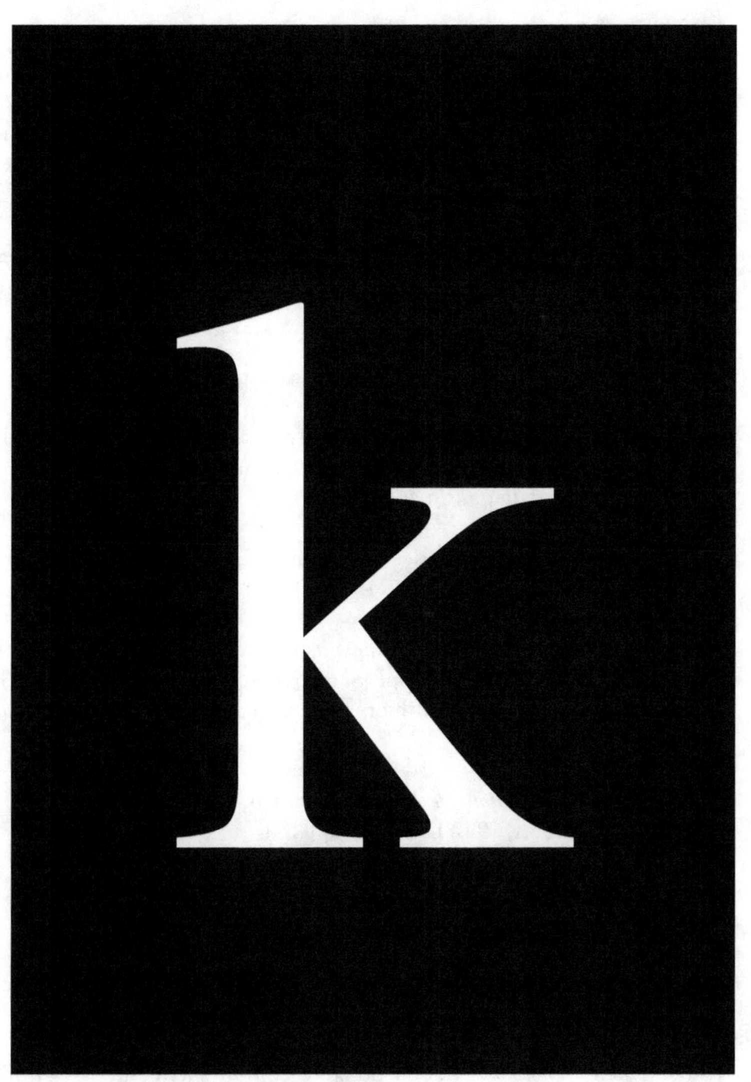

Kafka, *L'Amérique*, traduit de l'allemand par Alexandre Vialatte, Paris : Gallimard, collection Folio n° 406, 1973 [DPB-Isou] [CN]

Kahan Théo, *Les Particules élémentaires, physique des hautes énergies*, Paris : Presses universitaires de France, collection Que sais-je ?, n° 1293, 1969 [B-Emprunt] le 26 juin 1978 et rendu le 10 juillet 1978 (la fiche mentionne une date d'édition de 1977 mais la cote fait référence à la première édition de 1969). [NB] postérieure à 1977 indiquant : « à acheter *Les particules élémentaires* de Théo Kahan, Que sais-je ?, 1293, 1977 »

Kahn Olivier, *Structure électronique des éléments de transition: ions et molécules complexes*, Paris : Presses universitaires de France, 1977 La notice est raturée sans doute du à une erreur sur le nom « Kuhn ». Deux [NB]

Kahn Gustave, *Contes juifs*, Paris : Éditions d'Aujourd'hui, collection Les Introuvables, 1977 (Ouvrage désormais à la réserve centrale des bibliothèques de prêt de la Ville de Paris) (Livre qu'Isou avait demandé à Maria Faustino d'emprunter à la Bibliothèque Malraux le 15 mai 2001, mais qui n'était plus disponible car déjà emprunté à cette date par un autre lecteur)

Kanal Magazine, Le journal des Cheyennes, L'actualité culturelle, n° 31-32, Paris : Kanal magazine, août-septembre 1987 [DPB-Isou]

Kandinsky Wassily, *Cours du Bauhaus*, d'après des notes manuscrites de Wassily Kandinsky ; préface de Philippe Sers ; traduit de l'allemand par Suzanne et Jean Leppien, Paris : Denoël-Gonthier, collection Bibliothèque Médiations n° 174, 1978 [DPB-Isou] [CN]

Kant Emmanuel, *Critique de la raison pure*, t. 1, Traduit de l'allemand par Jules Barni, Paris, Joseph Gibert, 1942 [DPB-Isou] [CN]

Kant Emmanuel, *Critique de la raison pure*, t. 2, Traduit de l'allemand par Jules Barni, Paris, Joseph Gibert, 1942 [DPB-Isou] [CN]

Karli Pierre, *Le Cerveau et la liberté*, Paris : Odile Jacob, 1995, (dédicacé Noël 2005) [DPB-Isou]

Karlson Peter, *Biochimie*, traduit de la 7e édition allemande par Annie et Jean-Pierre Garel, Paris : Doin, 1971 [B-Emprunt] le 10 octobre 1972 et rendu le sans date. [B-Emprunt] le 2 décembre 1977 et rendu le 25 janvier 1978. [NB] raturée et [NB] postérieure à 1975

Kaufmann Arnold, Fustier Michel, Drevet Annick, *L'Inventique, nouvelles méthodes de créativité*, Paris : Entreprise moderne d'édition, 1970 [BNF-D] daté du 26 mai 1976, Place 143. Réponse magasin : livre déjà communiqué le 5 mars 1976 ?. [NB] postérieure à 1978

Kayas Georges J., *Les Particules élémentaires, de Thalès à Gell-Mann*, 2 volumes, Antony : G.J. Kayas, 1976 [BNF-D] du 10 mars 1980, Place 140. Réponse magasin : Pas en place. [BNF-D] du 28 mars 1980, Place 140. Réponse magasin : à la reliure

Kayser Charles, *Physiologie, volume 1, Introduction historique. Les fonctions de nutrition*; avec la collaboration de Denise Albe-Fessard, Xavier Aubert, Daniel Bargeton, Paris : Masson, 1963 [NB] postérieure à 1978

Kayser Charles, *Physiologie, volume 2, Système nerveux. Muscle*; avec la collaboration de Denise Albe-Fessard, Xavier Aubert, Daniel Bargeton, Paris : Masson, 1963 [NB] postérieure à 1978

Kayser Charles, *Physiologie, volume 3, Les grandes fonctions. (nutrition exceptée)* ; avec la collaboration de Denise Albe-Fessard, Xavier Aubert, Daniel Bargeton, Paris : Masson, 1963 [NB] postérieure à 1978

Keim Jean-A., *Histoire de la photographie*, Paris : Presses universitaires de France, collection Que sais-je ?, n°1417, 1970 [DPB-Isou]

Kerg Théo, *cat. exposition Théo Kerg, « 10 ans de Tactilisme 1959-1969 »*, 15 mars – 7 avril 1969, Centre culturel, Tremblay-les-Gonesse, 1969 [DPB-Isou]

Kibble Thomas Walter Bannerman, *Mécanique classique*, traduit par Michel Le Ray et Françoise Guérin, Paris : Édiscience ; New York ; Londres ; Düsseldorf : McGraw-Hill, 1972 [B-Emprunt] le 13 septembre 1978 et rendu le 29 septembre 1978. Il existe 2 fiches Hémicycle 10

Kirchberger Paul, *La Théorie atomique. Son histoire et son développement*, traduit par Marcel Thiers, d'après la 2e édition allemande, revue et augmentée, avec 31 figures, Paris : Payot, 1930. [NB] postérieure à 1963 précisant : « Chercher un ouvrage de Kirchberger sur la chimie où il loue le tableau périodique ».

Kiss Ferenc, Szentágothai János, *Atlas anatomiae corporis humani*, 3 volumes, Budapest : Akadémiai Kiadó ; Paris : Masson, 1974 [NB] postérieure à 1976

Klinger Fred, *Mais oui, vous comprenez les maths !*. Dessins de Jean Mangin. 4e édition, Bruxelles : Éditions du Jour ; Paris : Gallus, 1961 [NB] postérieure à 1973

Koestler Arthur, *Le Cri d'Archimède, l'art de la découverte et la découverte de l'art*, traduit de l'anglais par Georges Fradier, Paris : Calmann-Lévy, 1965 [B-Emprunt] le 1er septembre 1979 et rendu le 29 septembre 1979

Kolodkine Paul, *Mendeléëv: choix de textes, bibliographie*, Paris : Seghers, collection Savants du monde entier, 1963 [NB] postérieure à 1963 précisant: « chercher des textes de J. Thomson ou Millikan [Robert Andrews] sur Rutherford et Mendéleieff ». [B-Emprunt] le 5 septembre 1977 et rendu le 14 octobre 1977.

Kourganoff Vladimir, *La Recherche scientifique*, Paris : Presses universitaires de France, collection Que sais-je ?, n° 781, 1958 [DPB-Isou]

Kovalevskaia Sofia Vasilevna, *Souvenirs d'enfance de Sophie Kovalewsky, écrits par elle-même et suivis de sa biographie, par Mme Anna-Charlotte Leffler, duchesse de Cajanello*, Paris : Hachette, 1895 [NB] : sur la [BNF-Pré-R] de Metchnikoff

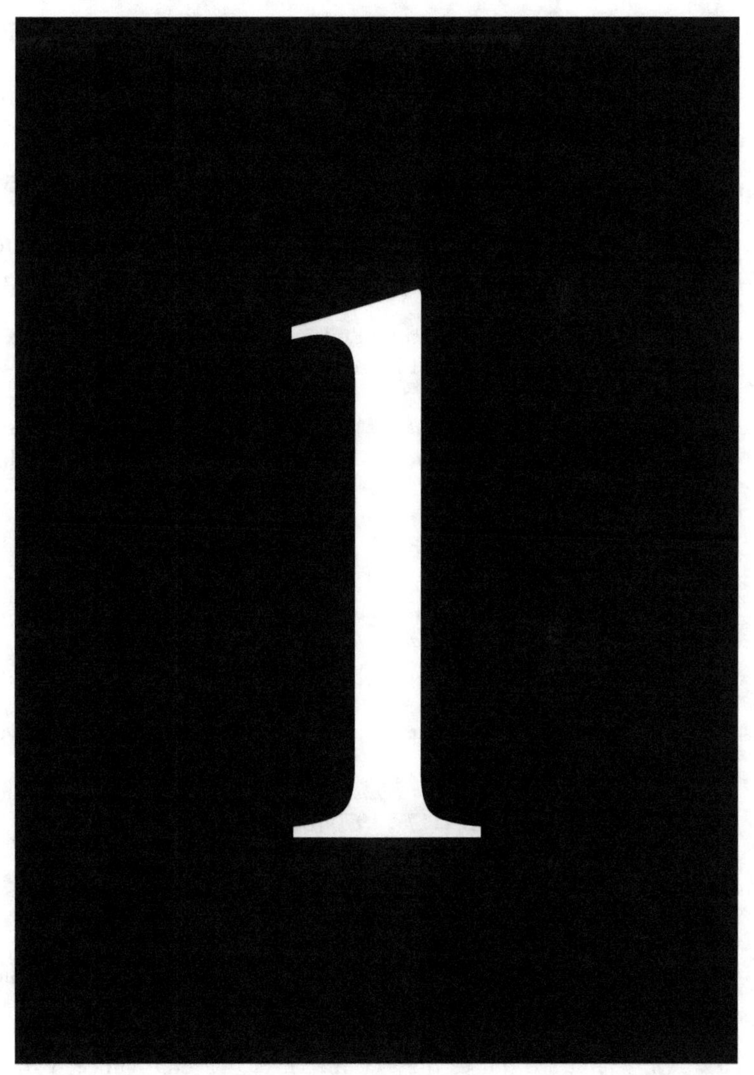

La Bhagavad-Gîta, le Chant du Seigneur, traduit du sanscrit par Anna Kamensky. Introduction d'André Fraigneau, Paris : J.-B. Janin, 1947 [BNF-Pré-R]

La Bible, par louis Segond, Paris : Société biblique française, 1972 [DPB-Isou]

La Biennale di Venezia, 1978, Magazzini del sale alle Zattere, 20 septembre – 15 octobre, a cura di Mirella Bentivoglio [DPB-Isou]

La bigote se déchaine, Paris : Promo contact, 3 ème trimestre 1990 [DPB-Isou]

Labrande Christian, *La Première Internationale*, textes choisis et présentés par Christian Labrande, Paris : Union Générale d'Éditions, collection 10/18, 1976 [DPB-Isou]

L'Actualité artistique internationale, Rédacteur Robert Vrinat, n° 72, Paris : [s.n.?], novembre-décembre 1953 [DPB-Isou]

La Femme, avec la collaboration de 308 poètes contemporains, avec un avertissement par Jean Grassin et Jean Poilvet Le Guenn, Paris : Jean Grassin, 1960 [DPB-Isou]

Lagrange Marie-Joseph, *Le Messianisme chez les Juifs (150 av. J.-C. à 200 ap. J.-C.)*, Paris : V. Lecoffre, 1909 [NB]

Laignel-Lavastine Maxime, Guégan Bertrand, Jaïs Lucien, Porteret Léo, (directeurs de publication), *Histoire générale de la médecine, de la pharmacie, de l'art dentaire et de l'art vétérinaire*, 3 volumes, Paris : Albin Michel, 1936-1949 [NB] postérieure à 1976

Laing Ronald David, *Soi et les autres*, Paris : Gallimard, 1971 [DPB-Isou]

Lamy Maurice, *Les Maladies héréditaires*, Paris : Presses universitaires de France, collection Que sais-je ?, n° 1177, 1970 [BNF-Pré-R]

Lamy Maurice, *Tempéraments et prédispositions aux maladies*, Paris : Hachette, collection On en parle, 1970 [BNF-Pré-R]

La Nef, « Vers une anti-médecine ? », nouvelle série, Paris : Tallandier, 1972 [BNF-Pré-R]

La Nef, « Jeunesse qui es-tu ? », cahier n° 8, 12 ème année, Paris : Julliard, 1955 (exemplaire du service de presse) [DPB-Isou]

Lanne Jean-Claude, *Velimir Khlebnikov, poète futurien*, tome I, Paris : Institut d'études slaves, Collection Bibliothèque russe de l'Institut d'études slaves, n° 64, 1983 (dédicacé par Lanne à Lemaitre) [DPB-Isou]

Lanne Jean-Claude, *Velimir Khlebnikov, poète futurien*, tome II, Paris : Institut d'études slaves, Collection Bibliothèque russe de l'Institut d'études slaves, n° 64, 1983 [DPB-Isou]

Lansay Jacqueline de, *Les Délices libertines*, roman, Buenos-Aires : 1957 (cote bnf enfer 1519) [NB]

La Recherche, « La Genèse de la méditerranée», n° 71, Paris : Société d'éditions scientifiques, octobre 1976 [DPB-Isou]

La Recherche, « Le Récepteur de la morphine, Les effets d'un conflit nucléaire tactique», n° 78, Paris : Société d'éditions scientifiques, mai 1977 [DPB-Isou]

La Recherche, « Le Gulf Stream, Les Celtes», n° 79, Paris : Société d'éditions scientifiques, juin 1977 [DPB-Isou]

La Recherche, « L'Age du bronze en Europe, La théorie des catastrophes», n° 81, Paris : Société d'éditions scientifiques, septembre 1977 [DPB-Isou]

La Recherche, « Les Anciens Mayas, Les manipulations génétiques», n° 82, Paris : Société d'éditions scientifiques, octobre 1977 [DPB-Isou]

La Recherche, « L'Évolution du climat, l'immunité antivirale », n° 83, Paris : Société d'éditions scientifiques, novembre 1977 [DPB-Isou]

La Recherche en neurobiologie, articles choisis et présentés par Marcel Blanc, Paris : Ed. du Seuil, collection Point, 1977 (exemplaire du service de presse) [DPB-Isou]

La revue de gériatrie, tome 2, n° 2, Paris : La Vie médicale, avril 1977 [DPB-Isou]

La Revue musicale, n° spécial, Lecerf Emile, « André Malraux », Paris : Richard-Masse, 1971, exemplaire HC, non massicoté [DPB-Isou]

La Revue musicale, n° spécial « La musique et le ballet », n° 219, Paris : Richard-Masse, décembre-janvier 1953 [DPB-Isou]

La Revue musicale, n° spécial « Varèse, Xenakis, Berio, Pierre Henry», n° double 265-266, Paris : Richard-Masse, 1968 [DPB-Isou]

La Revue musicale, n° spécial Schaikevitch André, « Serge Lifar et le destin du ballet de l'Opéra », n° 278-279, Paris : Richard-Masse, 1971 [DPB-Isou]

La Revue musicale, n° spécial « La Musique lettriste », n° 282-283, Paris : Richard-Masse, 1971 [DPB-Isou]

La Revue musicale, n° spécial Schaeffer Pierre, « De la musique concrète à la musique même », n° 303-304-305, Paris : Richard-Masse, 1977 [DPB-Isou]

La Revue musicale, « Varèse vingt ans après », triple numéro, 383-384-385, sous la direction de François-Bernard, Mâche, Paris : Richard-Masse, 1985 (pas entièrement massicoté) [DPB-Isou]

La revue naturiste internationale, n° 2, mars 1956 [DPB-Isou]

La revue naturiste internationale, n° 4, mai 1956 [DPB-Isou]

La Revue théâtrale : (revue internationale du théâtre, directeur Paul Arnold ; comité fondateur, G. Baty. J.-J. Bernard, J. Cocteau, R. Cogniat [... et *al.*]), n° 39, 12 ème année, Paris : Bordas (La Librairie théâtrale), 1959 [DPB-Isou]

Larsen Egon, *12 hommes qui ont changé notre vie*, traduit de l'allemand par Gilberte Lambrichs, Paris : P. Horay, 1956 [NB]

La Rue: revue trimestrielle culturelle et littéraire d'expression anarchiste, [dir. S. Joyeux], n° 8, Paris : Groupe libertaire Louise-Michel, 1970 [DPB-Isou]

Lassaigne Jacques, *Tout Modigliani*, Paris : Flammarion, 1982 [DPB-Isou]

La Table ronde: revue mensuelle, n° 196, Paris : Éditions de la Table ronde, SEPAL, mai 1964 [DPB-Isou]

Latil Pierre de, *Énrico Fermi*, Paris : Seghers, collection Savants du monde entier, 1963 [B-Emprunt] le 5 septembre 1977 et rendu le 14 octobre 1977

La Tour de feu: revue internationaliste de création poétique, « Antonin Artaud. La santé des poètes », n° 112, Paris : José Corti, Paris, décembre 1971 [DPB-Isou]

Launois Daniel, *L'Électronique quantique*, Paris : Presses universitaires de France, collection Que sais-je ?, n° 1303, 1968 [BNF-D] du 8 août 1979 Place 140 réponse magasin cote à compléter : (remarque erronée)

Laurent Gaston, *Les Grands écrivains scientifiques (de Copernic à Berthelot)*, Paris : Armand Colin, 1905 (marqué à lire) [NB] postérieure à 1956

Lauret Jean-Claude, Lasierra Raymond, *La Torture et les pouvoirs*, Paris : Balland, 1973 [DPB-Isou]

Lavedan Pierre, Hugueney Jeanne, *L'Urbanisme au Moyen âge*, Paris : Arts et métiers graphiques, collection Bibliothèque de la Société française d'archéologie, n° 5, 1974 [NB]

La véritable scission dans l'Internationale, circulaire publique de l'Internationale Situationniste, Paris : Éditions Champ libre, 1972 [DPB-Isou]

La Vie mystérieuse des chefs-d'œuvre: la science au service de l'art : [Exposition. Paris, Grand Palais. 1980-1981], Galeries nationales du Grand Palais, 10 octobre 1980-5 janvier 1981, Paris : Éditions de la Réunion des musées nationaux, 1980 [B-Emprunt] le 29 septembre 1981 et rendu le 23 novembre 1981. [BNF-Pré-R]

Lavoisier Antoine-Laurent de, Fourcroy Antoine-François, Berthollet Claude-Louis, Guyton de Morveau Louis-Bernard, Hassenfratz Jean-Henri, *Méthode de nomenclature chimique, proposée par MM. de Morveau, Lavoisier, Bertholet et de Fourcroy. On y a joint un nouveau système de caractères chimiques adaptés à cette nomenclature, par MM. Hassenfratz et Adet Pierre-Auguste*, Paris : Cuchet, 1787 [NB] postérieure à 1963 [CN]

Lavoisier Antoine-Laurent de, *Traité élémentaire de chimie: présenté dans un ordre nouveau et d'après les découvertes modernes*, 2 volumes, Bruxelles : Culture et civilisation, 1965 [NB] précisant : à lire [CN]

Lazio Jean-Pierre, *La Mafia du médicament*, Paris : Éditions Sociales, 1977 [DPB-Isou]

Léautaud Paul, *Le Petit ouvrage inachevé*, présenté et annoté par Édith Silve, Paris : Arléa, 1987 [DPB-Isou]

Le Bon Gustave, *Psychologie des foules*, Paris : Presses universitaires de France, 1947 [BNF-Pré-R]

Leca Dominique, *Du Ministre des finances*, Paris : Plon, 1966 [DPB-Isou]

Lecaillon Jacques, *Les Mécanismes de l'économie*, Paris : Éditions Cujas, 1966 [DPB-Isou]

Lecène Paul, *L'Évolution de la chirurgie*, Paris : É. Flammarion, 1923 [NB] postérieure à 1976

Le Clerc Daniel, *Histoire de la médecine, où l'on voit l'origine et le progrès de cet art*, Genève : J. A. Chouet et D. Ritter, 1696 **ou** Amsterdam : G. Gallet, 1702 **ou** Amsterdam : aux dépens de la Compagnie, 1723 **ou** La Haye : I. Van der Kloot, 1729 [NB]

Leclerc Henri, *Microbiologie générale*, Paris : Doin, collection Biologie appliquée, 1975 [B-Emprunt] le 27 août 1979 et rendu le 29 septembre 1979

Leclercq René, *La Théorie de l'heuristique et ses applications,* Paris : l'auteur, 5, rue Étex, 1972 [BNF-D] communiqué le 7 avril 1976, Place 142

Le Douarin Nicole, *Des chimères, des clones et des gènes*, Paris : Éditions Odile Jacob, 2000 [DPB-Isou]

Lefort Marc, *La Chimie nucléaire, étude des noyaux radioactifs et des réactions nucléaires*, Paris : Dunod, 1966 [NB] postérieure à 1975 précisant : « Lu ». [B-Emprunt] le 14 octobre 1977 et rendu le 2 décembre 1978

Léger Lucien, Frileux Claude, Détrie Philippe, Prémont Michel, [*al.*], *Sémiologie chirurgicale*, avec des dessins de Pierre Izard, Paris : Masson, 1974 [NB] postérieure à 1976

Legeza Ireneus László, *Magie du Tao : le langage secret des diagrammes et de la calligraphie*, Paris : Chêne, 1975 [NB] postérieure à 1978

"Le grand jeu": collection complète, [Réunit les éd. fac-sim. des trois numéros de la revue "Le grand jeu" parue de juin 1928 à octobre 1930 et la reconstitution du n °4 qui devait paraître en 1932], Paris : Jean-Michel Place, 1977 [DPB-Isou]

Le Guide des états majors des grandes entreprises 2001, Paris : États-majors Éditions, 2000 [DPB-Isou]

Leibniz Gottfried Wilhelm, *Opuscules et fragments inédits de Leibniz: extraits des manuscrits de la Bibliothèque royale de Hanovre*, par Louis Couturat, Paris : F. Alcan, collection historique des grands philosophes, 1903 [BNF-Pré-R] datée du 11 octobre 1980, Place 140 [CN]

Leiris Michel, *Journal 1922-1989*; édition établie, présentée et annotée par Jean Jamin, Paris : Gallimard, 1992 [DPB-Isou]

Leiris Michel, *Journal de Chine*, édition établie, présentée et annotée par Jean Jamin, Paris : Gallimard, 1994 [DPB-Isou]

Lemaitre Maurice, *Le Film est déjà commencé* ?, Préface de Jean-Isidore Isou, Paris, A. Bonne, 1952 [DPB-Isou]

Lemoine Serge, *Mondrian et De Stijl*, Paris : Hazan, 1987 [DPB-Isou]

Le Monde Libertaire, n°95, novembre 1963 [DPB-Isou]

Lénine Vladimir Iliitch, *Œuvres choisies*, tome 1, Moscou : Éditions en langues étrangères, 1948 [DPB-Isou] [CN]

Lénine Vladimir Iliitch, *Matérialisme et empiriocriticisme*, notes critiques sur une philosophie réactionnaire, Paris, Éditions sociales, 1948 [B-Emprunt] le 4 décembre 1972 et rendu le sans date [CN]

Lénine Vladimir Iliitch, *Œuvres, 31, Avril-décembre 1920*, Paris ; Moscou : Éditions Sociales : Éditions en langues étrangères, 1961 [BNF-Pré-R] [CN]

Lénine Vladimir Iliitch, *Œuvres, 29, Mars-août 1919*, Paris ; Moscou : Éditions Sociales : Éditions en langues étrangères, 1962 [BNF-Pré-R] [CN]

Lénine Vladimir Iliitch, *Œuvres, 5, Mai 1901-février 1902*, Paris ; Moscou : Éditions Sociales : Éditions en langues étrangères, 1965 [BNF-Pré-R] [CN]

Lénine Vladimir Iliitch, *Sur l'art et la littérature*, textes choisis et présentés par Jean-Michel Palmier, tome 1 et 2, Paris : Union Générale d'Éditions, collection 10/18, n° 998-999, 1976 [BNF-Pré-R]. [NB] [CN]

Lénine Vladimir Iliitch, *Sur l'art et la littérature*, textes choisis et présentés par Jean-Michel Palmier, tome 3, Paris : Union Générale d'Éditions, collection 10/18, Série Esthétique, 1976 [BNF-Pré-R]. [NB] [CN]

Lénine Vladimir Iliitch, *Que faire ?: les questions brûlantes de notre mouvement*, Paris : Éditions sociales, 1947 [BNF-Pré-R]. [CN]

Lénine Vladimir Iliitch, *Que faire ?: les questions brûlantes de notre mouvement*, Pékin : Éditions en langues étrangères, 1974 [B-Emprunt] le 28 mai 1980 et rendu le 11 juin 1980 [CN]

Lénine Vladimir Iliitch, *Que faire ?. Traduit de la dernière édition revue et corrigée par Lénine. Précédé de la préface au recueil "Douze années" et suivi du Dossier de "Que faire"*. Présenté et annoté par Jean-Jacques Marie, Paris : Éditions du Seuil, 1966 [B-Emprunt] le 11 juin 1980 et rendu le 11 juillet 1980 [CN]

Léon Pierre, Burstynsky Edward, Schogt Henry, *La Phonologie*, tome1, *Les Écoles et les théories*, Paris : Klincksieck, 1977 [NB] postérieure à 1978

Leontiev Lev, *Précis d'économie politique*, Moscou : Éditions de Moscou, 1972 [DPB-Isou]

Leprince Albert (Dr.), *La Médecine électronique, élixir de longue vie*, Paris : Dangles, 1962 [B-Emprunt] le 1er décembre 1979 et rendu le 20 décembre 1979

Lequesne Michel, Alagille Daniel, *Éléments de pathologie médicale*, 3e édition entièrement remise à jour avec la collaboration de François Nocton (Dr.) et Jacques Quevauvilliers, Paris : Flammarion, 1969 [B-Emprunt] en deux exemplaires, pré-remplis seulement.

Le renouveau de la pensée libérale, [organisée par l'Association pour la liberté économique et le progrès social] Paris : Nouvelles Éditions latines, 1970 [DPB-Isou]

Le Révérend André, *Lyautey*, Paris : Fayard, 1983. [FA]

Les Cahiers d'Hermès, n° 1, publiés sous la direction de Rolland de Renéville, Paris : La Colombe, Éditions du Vieux Colombier, 30 avril 1947 (non massicoté entièrement) [DPB-Isou]

Les 50 questions les plus souvent posées au diplôme d'État d'infirmière, chirurgie, médecine, obstétrique, pédiatrie, par un groupe de médecins correcteurs au diplôme d'État, Paris : Intermédica éditions, 1967 [BNF-Pré-R]. [BNF-D] du 17 novembre 1980, Place 141. Réponse magasin : A demander par bulletin rose deux jours à l'avance, Versailles

Les dossiers du Canard enchainé, « Les flambeurs du crédit Lyonnais : le scandale financier du siècle », Paris : "Le Canard enchaîné", juillet 1997 [DPB-Isou]

Les Inrockuptibles, « Bourdieu par lui-même », n° 426, 28 janvier au 3 février 2004, Paris : Ed. Indépendantes, 2004 [DPB-Isou]

Les lavandières, Paris : Éditions OEDIP, 1er trimestre 1984 [DPB-Isou]

Les Lettres Françaises, directeur Aragon, n° 1188, 22-28 juin 1967 [DPB-Isou]

Les Lettres, Poésie nouvelle, 8e série, n° 30, Paris : Éditions André Silvaire, 1963. [JE]

Les lèvres nues, (textes de l'IL, 1954-1958), Paris : Plasma, 1978 [DPB-Isou]

Les lèvres nues (1954-1958), « Table rase », Paris : Plasma, 1978 [DPB-Isou]

L'esprit voyeur, Paris : Promo contact, 3 ème trimestre 1990 [DPB-Isou]

Les Temps modernes, revue mensuelle, directeur Jean-Paul Sartre, Paris : TM, 1945- [BNF-Pré-R]

Le Targat François, *Kandinsky*, Paris : Albin Michel, collection les grands maitres de l'art contemporain, 1986 [DPB-Isou]

Le travail de l'art, dir. de publication Catherine Strasser, n° 1, Paris : Association des arts en europe, septembre 1997 [DPB-Isou]

Le travail de l'art, dir. de publication Catherine Strasser, n° 2, Paris : Association des arts en europe, juin 1998 [DPB-Isou]

Le travail de l'art, dir. de publication Catherine Strasser, n° 3, Paris : Association des arts en europe, hiver 1998-1999 (2ex.) [DPB-Isou]

Letteratura francese contemporanea, Bérenice, opera dir. da Pasquale Anjel Jannini, Gabriele Aldo Bertozzi, Anno II, n° 4, Roma, novembre 1981 [DPB-Isou]

Letteratura francese contemporanea, Le correnti d'avanguardia, opera dir. da Pasquale Anjel Jannini, Gabriele Aldo Bertozzi, Anno II, n° 4, Roma, novembre 1981 [DPB-Isou]

Letteratura francese contemporanea, Bérenice, opera dir. da Pasquale Anjel Jannini, Gabriele Aldo Bertozzi, Anno VII, n° 18, Roma, 1986 [DPB-Isou]

Letteratura francese contemporanea, Bérenice, opera dir. da Pasquale Anjel Jannini, Gabriele Aldo Bertozzi, Anno VIII, n° 21, Roma, novembre 1987 [DPB-Isou]

Letteratura francese contemporanea, Bérenice, Letteratura francese: le correnti d'avanguardia / opera dir. da Pasquale Anjel Jannini, Gabriele Aldo Bertozzi, Anno XI, n° 26, Roma, 1989 [DPB-Isou]

Letteratura francese contemporanea, Bérenice, anno I, n°1, diretta da gabriele-Aldo Bertozzi, Roma, marzo 1993 [DPB-Isou]

Letterboek Album de lettres, encyclopédie illustrée, n° 10, Holland : Arti Alkmaar, sd. [DPB-Isou]

Lettres secrètes, n°4, Saint-Fargeau-Ponthierry: S.P.S., 3 ème trimestre 1986 [DPB-Isou]

Le Veda, textes réunis et présentés par Jean Varenne, préface par Sarvepalli Radhakrishnan, Paris : Éditions Planète, s. d. [BNF-Pré-R]

Le Veda, premier livre sacré de l'Inde, textes réunis et présentés par Jean Varenne, traduit du sanskrit, 2 volumes, Verviers : Gérard et Cie ; Paris : l'Inter, collection Marabout université, n° 145-146, Trésors spirituels de l'humanité, 1967 [BNF-Pré-R]

Lévêque Jean-Jacques, *Michel-Ange, à l'école des grands peintres*, [sous la direction de Gilles Néret], Éditions de Vergeures, 1982 [DPB-Isou]

Lévi-Strauss Claude, *Mythologiques, vol. 1, Le cru et le cuit*, Paris : Plon, 1964 (ouvrage provenant de la bibliothèque de la Fondation nationale des Sciences Politiques) [DPB-Isou]

Lévi-Strauss Claude, *Anthropologie structurale*, Paris : Plon, 1980. (Livre qu'Isou avait demandé à Maria Faustino d'emprunter à la Bibliothèque Malraux le 15 mai 2001, mais qui n'était plus disponible car déjà emprunté à cette date par un autre lecteur)

Lewinsohn Richard, *À la conquête de la richesse : John D. Rockefeller, les Rothschild. Alfred Nobel, John Pierpont Morgan, les Krupp, Thomas Alva Edison, Henry Ford, Lord Leverhulme, Aristide Boucicaut, traduit de l'allemand par A. Lecourt*, Paris : Payot, 1928 [B-Emprunt] le sans date et rendu le 20 octobre 1980

Lexique des poètes français, Paris : Éditions De La Fontaine Au Roy, 1995 [DPB-Isou]

L'Express, « L'illusion Gorbatchev », spécial URSS, n° 1722, 15-21 mai 1987 [DPB-Isou]

L'Héritier Philippe, *Dictionnaire de génétique*, Paris ; New York ; Barcelone : Masson, collection de dictionnaires spécialisés de médecine et de biologie, 1979 [BNF-D] du 31 juillet 1986, Place 140. Réponse magasin : S-D-T miccrofilm U472

L'Héritier Philippe, *Génétique*, Paris : Masson, collection Maîtrises de biologie, 1975 [BNF-D] 24 septembre 1981, Place 140. Réponse magasin : orienté vers la salle de travail et vers une autre côte. [BNF-D] du 31 juillet 1986, Place 140. Réponse magasin : Voir salle de travail LL 476

Lherminier Pierre, *L'art du cinéma*, préface d'André Malraux ; Ricciotto Canudo, André Beucler, Gus Bofa... [et *al.*] (Recueil de textes de cinéastes.), Paris : Seghers, collection Melior, 1960 [DPB-Isou]

Lhermitte Jean, *Les fondements biologiques de la psychologie*, Paris : Gauthier-Villars, collection Science et civilisation : collection d'exposés synthétiques du savoir humain, 1925 [B-Emprunt] le 15 juillet 1981 et rendu le 28 août 1981

Libération, n° Hors-série « Pourquoi filmez-vous ? 700 cinéastes du monde entier répondent », Paris : Libération, mai 1987 [DPB-Isou]

L'Informatore Librario, Rassegna Mensile di Attualita bibliografica e culturale, directeur Ulderico Piernoli, n° 3, Anno VIII, Roma : mars 1978 [DPB-Isou]

Lissagaray Prosper-Olivier, *Histoire de la Commune de 1871*, Paris : Librairie du travail, 1929 [DPB-Isou]

Lockemann Georg, *Histoire de la chimie*, traduit par François Stoeber, Paris : Dunod, 1962 [NB] postérieure à 1963 précisant : « Lu ».

Lorenz Konrad, *Il parlait avec les mammifères, les oiseaux et les poissons*, traduit de l'allemand par Denise Van Moppès, Paris : Éditions J'ai lu, 1973 [DPB-Isou] [CN]

Lorenz Konrad, *Trois essais sur le comportement animal et humain : les leçons de l'évolution de la théorie du comportement*, Paris : Éditions du Seuil, collection Points, n° 51, 1974 [DPB-Isou] [CN]

Lot Germaine, *Charles Nicolle.* Avant-propos de Jean Rostand, présentation et choix de textes par Germaine Lot, Paris : Seghers, 1961 [B-Emprunt] le 21 juillet 1980 et rendu le 2 août 1980

Louÿs Pierre, *Manuel de civilité pour les petites filles*, Paris : EURÉDIF, collection Aphrodite classique, 1978 [DPB-Isou]

Lwoff André, *L'évolution physiologique: étude des pertes de fonctions chez les microorganismes*, Paris : Hermann, collection Actualités scientifiques et industrielles. Microbiologie, 1944 [B-Emprunt] le 20 octobre 1980 et rendu le 6 décembre 1980

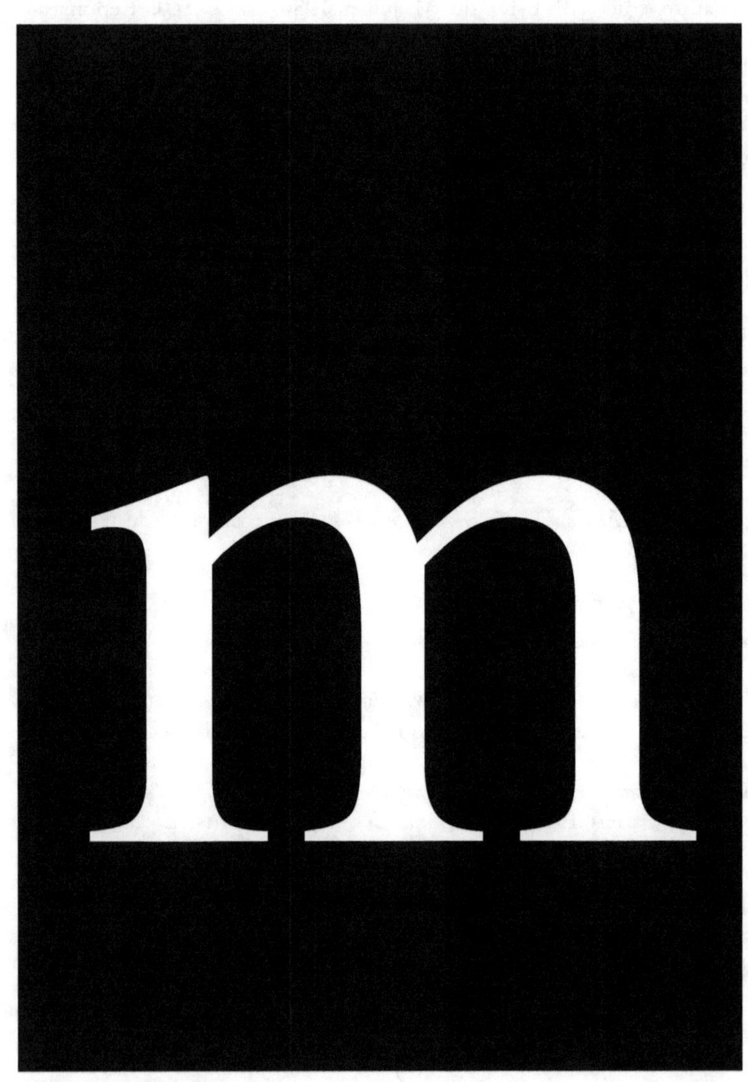

Maby Pascale, *Le Dossier des prophètes, voyants et astrologues*, Paris : Albin Michel, collection Les Chemins de l'impossible, 1978 [DPB-Isou]

Macciochi Maria Antonietta, *De la Chine*, traduit de l'italien par Louis Bonalumi, Gérard Hug, Micheline Pouteau et Gilbert Taïeb, Paris : Éditions du Seuil, collection Points Actuels n° 7, 1974 [DPB-Isou]

Machabey Armand, *La Notation musicale*, édition mise à jour par Michel Huglo, Paris, Presses universitaires de France : collection Que Sais-je ?, n° 514, 1971. (Ouvrage désormais à la réserve centrale des bibliothèques de prêt de la Ville de Paris) [FA]

Mac Kenzie Alain, *Le Pavillon des caractères tracés, petit vocabulaire chinois*, Paris : Jean-Jacques Pauvert, 1970 [DPB-Isou]

Magazine Littéraire, « vingt-ans de philosophie en France », n° 127-128, septembre 1977 [DPB-Isou]

Mahé André, *Ma cure de rajeunissement*, Paris : Éditions du Seuil, 1956 [B-Emprunt] le 6 août 1980 et rendu le 12 août 1980

Maillant Charles (Dr.), *Le Sommeil*, Paris : Julliard, 1968 [BNF-Pré-R]

Maillet Pierre, *L'énergie*, Paris : Presses universitaires de France, collection Que sais-je ?, n° 648, 1973 [B-Emprunt] le 20 mars 1978 et rendu le 18 avril 1978

Maintenant Arthur Cravan (un des fac-sim. des 5 numéros de la revue "*Maintenant*" dir. par A. Cravan, 1912-1915), Paris : Jean-Michel Place, 1977 [DPB-Isou]

Malte Eliane de, *Minettes offertes*, Larche : Éditions Rejean, 2 ème trimestre 1990 [DPB-Isou]

Mandel Ernest, *Traité d'économie marxiste*, t. 1, Paris : Union Générale d'Éditions, collection 10/18, 1969 [DPB-Isou]

Mandel Ernest, *Traité d'économie marxiste*, t. 2, Paris : Union Générale d'Éditions, collection 10/18, 1969 [DPB-Isou]

Mandel Ernest, *Traité d'économie marxiste*, t. 3, Paris : Union Générale d'Éditions, collection 10/18, 1969 [DPB-Isou]

Mandel Ernest, *Traité d'économie marxiste*, t. 4, Paris : Union Générale d'Éditions, collection 10/18, 1969 [DPB-Isou]

Mandel Ernest, *Contrôle ouvrier conseils ouvriers auto-gestion*, t. 1, anthologie, Paris : F. Maspero, collection Poche rouge, 1973 [DPB-Isou]

Mandonnet Claude, *Diagnostic différentiel et diagnostic étiologique : aide-mémoire du praticien*, préface de Raymond Villey, Orléans, Laboratoires Servier, 1964 [DPB-Isou]

Manoury comtesse de (pseud. Marquise de Mannoury d'Ectot, née H. Nicolas Le Blanc), *Le Roman de Violette*, Paris : Eurédif, collection Aphrodite classique, n°17, 1976 [DPB-Isou]

Mantoux Paul, *La Révolution industrielle au XVIIIe siècle, essai sur les commencements de la grande industrie moderne en Angleterre*, Paris : G. Bellais, 1906 [BNF-Pré-R]

Mao Tsé-Toung, *Ecrits choisis en trois volumes.* Traduction et notes de l'édition officielle de Pékin t. 2, Paris : F. Maspero, petite collection Maspero, 1967 [DPB-Isou]

Mao Tsé-Toung, *Ecrits choisis en trois volumes.* Traduction et notes de l'édition officielle de Pékin t. 3, Paris : F. Maspero, petite collection Maspero, 1967 [DPB-Isou]

Mao Tsé-toung, *De la contradiction*, Samizdat, 1977 [DPB-Isou]

Marcus Greil, *Lipstick Traces, A secret history of the Twentieth Century*, Cambridge, Mass. ; London : Harvard university press, 1989 [DPB-Isou]

Marcus Greil, *Lipstick Traces, une histoire secrète du vingtième siècle*, traduit de l'anglais par Guillaume Godard, Paris : Éditions allia, 1998 [DPB-Isou]

Maréchal André, *Étude des effets combinés de la diffraction et des aberrations géométriques sur l'image d'un point lumineux*, Thèses présentées à la Faculté des sciences de l'Université de Paris pour obtenir le grade de docteur ès sciences physiques, Paris : Éditions de la Revue d'optique théorique et instrumentale, 1948. [BNF-D] du 30 septembre 1978, Place 143. Réponse magasin : à demander par bulletin rose 3 jours à l'avance, annexe de Versailles.

Maréchal André, Terrien Jean, *Optique théorique*, Paris : Presses universitaires de France, collection Que sais-je ?, n° 615, 1971 [BNF-Pré-R]. Second [BNF-Pré-R] pour l'édition de 1979

Marie Maximilien, *Histoire des sciences mathématiques et physiques*, 12 volumes, Paris : Gauthier-Villars, 1883-1888 [NB] postérieure à 1963

Marshack Alexander, *Les Racines de la civilisation: les sources cognitives de l'art, du symbole et de la notation chez les premiers hommes*, traduction de Jacques B. Hess, Paris : Plon, 1972 [NB]

Martin Charles-Noël, *Tables numériques de physique nucléaire* ; textes français-anglais, préface de M. Louis de Broglie, Paris : Gauthier-Villars, 1954 [NB] postérieure à 1975

Martin Charles-Noël, *Les satellites artificiels*, Paris : Presses universitaires de France, collection Que sais-je?, n° 813, 1972 [B-Emprunt] le 3 octobre 1978 et rendu le 16 octobre 1978

Maruani Guy, Watzlawick Paul, *L'Interaction en médecine et en psychiatrie : en hommage à Gregory Bateson*, Paris: Atelier Alpha bleu ; Toulouse: Érès, 1982 [DPB-Isou]

Marvin Alain, *Gertrude*, sl., Éditions de Bavière, 1947 [DPB-Isou]

Marx Karl, *Misère de la philosophie : réponse à la philosophie de la misère de M. Proudhon*, Paris : Marcel Giard, 1922 [DPB-Isou]

Marx Karl et Engels Friedrich, *Critique des programmes de Gotha et d'Erfurt*, Paris : Éditions sociales, 1966 [DPB-Isou]

Marx Karl, *Le Capital*, livre 1, traduction de Joseph Roy, chronologie et avertissement par Louis Althusser, Paris : Garnier-Flammarion, 1969 [DPB-Isou]

Marx Karl, Engels Friedrich, *La guerre civile aux Etats-Unis : 1861-1865*, traduction et présentation de Roger Dangeville, Paris : Union Générale d'Éditions, collection 10/18, 1970 [DPB-Isou]

Marx Karl, Engels Friedrich, *Correspondance*, Moscou : Éditions du progrès, 1976 [DPB-Isou]

Marx Karl, Engels Friedrich, *Correspondance. T. 1. Les Premières Années de leur liaison. 1844-1849*. Avec 4 planches hors texte. Traduite par Jules Molitor, Paris : Alfred Costes, 1931 [BNF-Pré-R]

Marx Karl, *Le Capital, critique de l'économie politique*, tome 2 : *Le Procès de circulation du capital*, traduit par Julian Borchardt et Hippolyte Vanderrydt, avec une préface de Friedrich Engels, Paris : V. Giard et E. Brière, collection Bibliothèque socialiste internationale, 1900 [B-Emprunt] le 25 octobre 1971 et rendu le 2 février 1972. Il existe deux [BNF-Pré-R] également

Marx Karl, *Le Capital, I-IV. Le Procès de la production du capital, précédé d'une introduction sur l'ensemble du marxisme par Karl Kautsky. - 1924. 4 vol. ; V-VII. Le Procès de la circulation du capital, avant-propos de Frédéric Engels. - 1926-1934 ; VIII. La Reproduction et la circulation du capital total. - 1926 ; IX-XIV. Le Procès d'ensemble de la production capitaliste, avant-propos de Frédéric Engels. - 1928-1930.* Traduction par Jules Molitor, Paris : Alfred Costes, 1924-1934 [BNF-Pré-R]

Marx Karl, *Histoire des doctrines économiques*, publiée par Karl Kautsky ; traduit par Jules Molitor, 8 volumes, Paris : Alfred Costes, 1924-1925 [BNF-Pré-R] précisant : à vérifier ancien catalogue imprimé

Marx Karl, *Œuvres philosophiques. Tome I, Réunit : Différence de la philosophie de la nature chez Démocrite et chez Épicure. Contribution à la critique de la philosophie du droit de Hegel. Le Manifeste philosophique de l'École de droit historique. La question juive*, traduit par Jules Molitor, Paris : Alfred Costes, 1927 [BNF-D] 26 avril 1988, Place 140. Réponse magasin :Tome SVP [car isou demande l'ouvrage] « concernant la question juive »

Marx Karl, *Lettres à Kugelmann (1862-1874).* Préface de Lénine. Introduction de Erno Czobel, Paris : Éditions sociales internationales, 1930 [BNF-D] du 26 avril 1988, Place 140. Réponse magasin : hors d'usage

Marx Karl, *Le Capital, critique de l'économie politique, Livre 1er, Le Développement de la production capitaliste, traduction de Joseph Roy, entièrement révisée par l'auteur ; préface de Friedrich Engels et lettre de Maurice La Châtre à Karl Marx. Tome 1er, 1. La Marchandise et la monnaie. 2. La Transformation de l'argent en capital. 3. La Production de la plus-value absolue*, Paris : Éditions sociales, 1948 [BNF-Pré-R]. Second [BNF-Pré-R] pour l'édition suivante : Paris, Bureau d'éditions, 1938

Marx Karl, *Les Luttes de classes en France, 1848-1850.* [Suivi de] Engels Friedrich, *Les Journées de juin 1848, Le 18-brumaire de Louis Bonaparte.* Avertissements par Émile Bottigelli, Paris, Éditions sociales, 1948 [B-Emprunt] le 25 octobre 1971 et rendu le sans date

Massain Robert, *Physique et physiciens*, Paris, Éditions École et collège, 1939 [B-Emprunt] le 25 janvier 1978 et rendu le 17 février 1978

Massain Robert, *Chimie et chimistes*, Paris : Magnard, 1963 [NB] : précisant : « Lu ». [BNF-D] daté du 29 mars 1980, Place 140. Réponse magasin : communiqué à vous-même

Massigli Andrea, *Andrea Massigli. Images*, [Suivi de] *Adorable Christiane*, [s.l.] : Éditions Élam, [s. d.] (cote bnf enfer 1512) [NB]

Massignon Louis, *Parole donnée*, introduction de Vincent Monteil, Paris : Julliard, 1962 [DPB-Isou]

Mathé Roger, *L'Aventure d'Hérodote à Malraux*, Paris : Bordas, collection Univers des lettres Bordas. Recueil thématique, 719, 1985 [DPB-Isou]

Matras Jean-Jacques, *L'acoustique appliquée*, Paris : Presses universitaires de France, collection Que sais-je ?, n° 385, 1977 [NB]

Matras Jean-Jacques, *Le Son*, Paris : Presses universitaires de France, collection Que sais-je ?, n° 293, 1972 [B-Emprunt] le 13 mai 1978 et rendu le 29 mai 1978. [BNF-D] daté du 12 mars 1980, Place 140. Réponse magasin : communiqué à vous même le 11 [mars 1980]. [NB]

Matthews Paul Taunton, *Introduction à la mécanique quantique*, traduit par Alain Couget, Pierre Gautier, Paris : Dunod, 1970 [B-Emprunt] le 13 septembre 1978 et rendu le 29 septembre 1978. [BNF-Pré-R] daté du 18 avril 1978, Place 119

Mauclair Camille, *Un siècle de peinture française : 1820-1920*, Paris : Payot, 1930 [BNF-Pré-R]

Maurer Françoise (née Tison), *Aspects mathématiques de la théorie unitaire du champ d'Einstein*, Thèse d'État : Sciences mathématiques : Paris :1958, Paris : Gauthier-Villars, 1959 [BNF-D] 27 juillet 1981, Place 160. Réponse magasin : Annexe de Versailles

Mauriac Claude, *L'alittérature contemporaine : Artaud, Bataille, Beckett, Kafka, Leiris, Michaux*, [*al.*], Paris : Albin Michel, 1958 ou Paris : Albin Michel, 1969 [FV] . [DPB-Isou]

Maurice Rapin: œuvres graphiques 1950-1980, préface de Mirabelle Dors, avec une composition originale en couleurs, Vélizy-Villacoublay: Mirabelle Dors et Maurice Rapin, 1981. [JE]

Maurois André, *Dialogues sur le commandement*, illustrations de R. Antral, Paris : J. Ferenczi & Fils éditeurs, collection Le livre moderne illustré, n° 241, 1936 [BNF-Pré-R]

Mauvais-Jarvis Pierre, Taurelle Roland, *Gynécologie*: Faculté de médecine Necker-Enfants malades, certificat intégré de gynécologie-obstétrique, publié par le Département Atelier de l'Organisation Wagram, Paris, Paris: Organisation Wagram, Département Atelier, 1977 [B-Emprunt] le 23 janvier 1980 et rendu le 20 février 1980

Maxi photo X, Les Plaisirs du samedi soir, Orléans : Éditions du lac, [sd] [DPB-Isou]

Meadowcroft William H., *T. A. Edison : avec notes autobiographiques de Thomas Alva Edison* ; avec 16 illustrations hors texte, traduit de l'anglais par A. Tougard de Boismilon, Paris : Payot, 1929 [BNF-Pré-R] 27 septembre 1980, Place 139. [B-Emprunt] le 23 septembre 1980 et rendu le 11 octobre 1980

Medvedev Jaurès (Jores Aleksandrovitch), *Grandeur et chute de Lyssenko*, traduit de l'édition anglaise par Pierre Martory ; préface de Jacques Monod, Paris : Gallimard, collection Témoins, 1971 [B-Emprunt] le 6 novembre 1980 et rendu le 6 décembre 1980

Mendéléeff Dimitri, *Principes de chimie*, traduit du russe par É. Achkinasi, H. Carrion ; avec préface de M. le professeur Armand Gautier, Paris : B. Tignol, collection Bibliothèque des actualités industrielles, n° 61-62, 1897 [NB] postérieure à 1971 [à noter : Isou Isidore, *Principes de chimie*, Sèvres : "Université Léonard de Vinci", 1982]. Seconde [NB] précisant: « Mendeleieff, loi périodique des éléments chimiques 1971. Troisème [NB] : postérieure à 1963 précisant: « chercher des textes de J. Thomson ou Millikan [Robert Andrews] sur Rutherford et Mendéleieff » [CN]

Ménétrier Jacques, *Ce monde polarisé: essai clinique*, Paris : R. Julliard, 1958 [B-Emprunt] le 6 août 1980 et rendu le 19 août 1980

Méric de Bellefon Philippe (de), *Yoga pour chacun*. Illustrations de Michel de Séréville, Paris : le Livre de poche, 1968 [DPB-Isou]

Merleau-Ponty Maurice, *Phénoménologie de la perception*, Paris : Gallimard, collection Tel, 1976 [DPB-Isou]

Mességué Maurice, *Mon herbier de santé*, Paris : le Livre de poche, 1977 [DPB-Isou]

Metchnikoff Élie, *Quelques remarques sur le lait aigri*, Paris : E. Rémy, 1908 [BNF-Pré-R]

Metchnikoff Élie, *Essais optimistes*, Paris : A. Maloine, 1914 [B-Emprunt] le 16 mai 1981 et rendu le 5 juin 1981

Metzger Hélène, *Newton, Stahl, Boerhaave et la doctrine chimique*, Paris : F. Alcan, collection Bibliothèque de philosophie contemporaine, 1930 [B-Emprunt] le 17 novembre 1980 et rendu le 30 décembre 1980. il existe une fiche Hémicycle 10

Metzger Hélène, *Les Doctrines chimiques en France du début du XVIIe à la fin du XVIIIe siècle*, Paris : A. Blanchard, 1969 [BNF-Pré-R]

Meyer Philippe, *La Révolution des médicaments: mythes et réalités*, Paris : Fayard, collection Le Temps des sciences, 1984 [DPB-Isou]

Meyer Philippe, *Le Mythe de jouvence : essai sur la santé, la vieillesse et l'argent*, Paris : Éditions Odile Jacob, 1987 [DPB-Isou]

Michel Magne, cat expo, édité par Claude Bollack, et Frédéric Gollong, Saint Paul de vence, 1977 [DPB-Isou]

Mike Rose : Bilder und bildnerisches Gestalten ; [1959 - 1979 ; anlässl. d. Ausstellung durch d. Stadt Bamberg in d. Neuen Residenz Bamberg], Übers.: Anne Meissonnier (Franz.) ; Alexander Wyse (Engl.), Hanau : Edition 7 & 70, 1979. (dédicacé par Mike Rose à Isou). [JE]

Mililot Michel (Michel Millot), *L'École des filles ou la Philosophie des dames*, adapté en français moderne par Dominique Labarrière, Paris : EURÉDIF, collection Aphrodite classique, 1979 [DPB-Isou]

Millán Fernando, Sánchez Jesús García, *La Escritura en libertad : antología de poesía experimental*, selección, prólogo y notas bibliográficas de Fernando Millán y Jesús García Sánchez, Madrid : Alianza editorial, collection Alianza Tres, n° 16, 1975 [DPB-Isou]

Milton John, *Paradis perdu*. Tome 1, Livres I à V, introduction, traduction et notes de Pierre Messiaen, Paris : Aubier-Montaigne, collection bilingue des classiques étrangers, 1971 [DPB-Isou] [CN]

Milton John, *Paradis perdu*. Tome II, Livres VI à XII, introduction, traduction et notes de Pierre Messiaen, Paris : Aubier-Montaigne, collection bilingue des classiques étrangers, 1971 [DPB-Isou] [CN]

Ministère de la solidarité, de la santé et de la protection sociale, *Dix-huitième rapport sur la situation démographique de la France présenté au Parlement par Monsieur Claude Evin, Ministre de la solidarité, de la santé et de la protection sociale et Madame Hélène Dorlhac, Secrétaire d'Etat auprès du Ministre de la solidarité, de la santé et de la protection sociale chargé de la famille* ; rapport préparé par l'Institut national d'études démographiques en application de l'article 8 de la Loi n°67-1176 du 28 décembre 1967 relative à la régulation des naissances, Paris : Ministère de la solidarité, de la santé et de la protection sociale, 1989 [DPB-Isou]

Miquel René, *Vies des milliardaires*, Paris, Fournier-Valdès, 1948 [NB] postérieure à 1978

Mirabeau Honoré-Gabriel de Riqueti (comte de), *Le Libertin de qualité ou Ma conversion*, Paris : Eurédif, collection Aphrodite classique, n° 28, 1976 [DPB-Isou]

Mirabeau Honoré-Gabriel de Riqueti (comte de), *Hic et Hec ou l'Élève des RR. PP. jésuites d'Avignon ; (suivi de) Contes gaulois*, Paris : EURÉDIF, collection Aphrodite classique, 1978 [DPB-Isou]

Mirabeau Honoré-Gabriel de Riqueti (comte de), *Érotika biblion*, Paris : EURÉDIF, collection Aphrodite classique, 1980 [DPB-Isou]

Misrahi Robert, *Marx et la question juive*, Paris : Gallimard, collection Idées, 1972 [DPB-Isou]

Mitault Henri, Éstève René, *Cours de mathématiques, programme de la classe de mathématiques, tome 3, transformations ponctuelles et coniques, mouvements élémentaires du corps solide et méthodes générales de la géométrie descriptive, statique du point matériel. A l'usage de la classe de mathématiques et des candidats aux grandes écoles*, Paris : Librairie Istra, 1949 [BNF-Pré-R] Place 143

Mitchum Mikaël, *L'Amour du vice*, Saint-Partaleon-de-Larche : Rejean, 1er trimestre 1989 [DPB-Isou]

Mitchum Mikaël, *Pour le plaisir*, Saint-Partaleon-de-Larche : Rejean, 1er trimestre 1989 [DPB-Isou]

Mitterrand François, *Politique 2, 1977-1981*, Paris : Fayard, 1981 [B-Emprunt] le 27 juillet 1981 et rendu le 28 août 1981

Mollien François-Nicolas, *Mémoires d'un ministre du Trésor public, 1780-1815*, 3 volumes, notice biographique par M. Charles Gomel, Paris : Guillaumin, 1898 [BNF-Pré-R]

Mondor Henri, *Grands médecins presque tous*, Paris : Corrêa, 1945 [B-Emprunt] le 11 avril 1981 et rendu le 21 avril 1981

Mondor Henri, *Anatomistes et chirurgiens*, Paris, Éditions Fragrance, 1949 [B-Emprunt] le 29 août 1981 et rendu le 15 septembre 1981

Monférier Jacques, *Le Suicide*, ulb n° 705, Paris, Montréal : Bordas, 1970 [DPB-Isou]

Monge Maurice, *Géométrie, Classe de 1re, sections A', C, M, M'*, Paris : Librairie E. Belin, 1962 [DPB-Isou]

Monge Maurice, *Algèbre, trigonométrie. Classe de 1re, sections A', C, M, M'*, Paris : Librairie E. Belin, 1962 [DPB-Isou]

Montaigne Michel de, *Essais*, texte établi et annoté par Albert Thibaudet, Paris : Gallimard, collection Bibliothèque de la Pléiade, n° 14, 1950 [BNF-Pré-R]. [NB] postérieure à 1955 [CN]

Montesquieu Charles-Louis de Secondat, *Considérations sur les causes de la grandeur des Romains et de leur décadence. Avec le Dialogue de Sylla et d'Eucrate, Lysimaque, Dissertation sur la politique des Romains dans la religion, le Discours sur Cicéron, Remarques sur certaines objections.* Texte établi, avec introduction, notes et variantes, par Gonzague Truc, Paris, Garnier, 1945 [BNF-Pré-R] [CN]

Montucla Jean-Étienne, *Histoire des mathématiques, dans laquelle on rend compte de leurs progrès depuis leurs origines jusqu'à nos jours*, 2 volumes, Paris : A. Jombert, 1758 [NB] : postérieure à 1978

Moody Raymond Dr., *La Vie après la vie: enquête à propos d'un phénomène, la survie de la conscience après la mort du corps*, traduit de l'américain par Paul Misraki, Paris : Robert Laffont, collection Les Énigmes de l'univers, 1977 [BNF-Pré-R]

Morain André, *Le Milieu de l'art: seize années de chroniques photographiques*; publié par l'Atelier Annick Le Moine, Paris : Chêne, 1977. [JE]

Morand Paul, *Ci-gît Sophie Dorothée de Celle*, Paris : Flammarion, collection L'Histoire en liberté, 1968 [DPB-Isou]

Moreux Jean-Charles, *Histoire de l'architecture*, Paris : Presses universitaires de France, collection Que sais-je ?, n° 18, 1964 [DPB-Isou]

Mot : dites, image, ouvrage publié à l'occasion de la manifestation Mot : dites, image / organisée par Scratch et le Musée national d'art moderne au Centre national d'art et de culture Georges Pompidou, Cinéma du Musée, du 19 octobre au 13 novembre 1988 ; catalogue sous la direction de Yann Beauvais et Miles McKane, Paris : Centre Georges Pompidou, 1988 [DPB-Isou]

Mouille Jean, *L'Aquarium des voluptés,* [s.l.] : [s. d.] (cote bnf enfer 1513) [NB]

Mounolou Jean-Claude, Vigier Philippe, *Précis de génétique physiologique,* Paris : Presses universitaires de France, collection Sup. Le Biologiste, 1976 [B-Emprunt] le 19 mars 1981 et rendu le 24 avril 1981

Munck Eckehard, *La Révolution biologique,* traduit de l'allemand par Pierre Leccia, Paris : Flammarion, 1974 [NB] postérieure à 1975

Murger Henri, *Scènes de la vie de Bohème,* préface de La Varende ; édition annotée par Marcel Crouzet, Paris : Bordas, collection Les Grands maîtres, 1949 [BNF-Pré-R]

Murger Henri, *Scènes de la vie de Bohème,* texte présenté et annoté par Françoise Geisenberger, Paris : Julliard, 1964 [BNF-Pré-R]

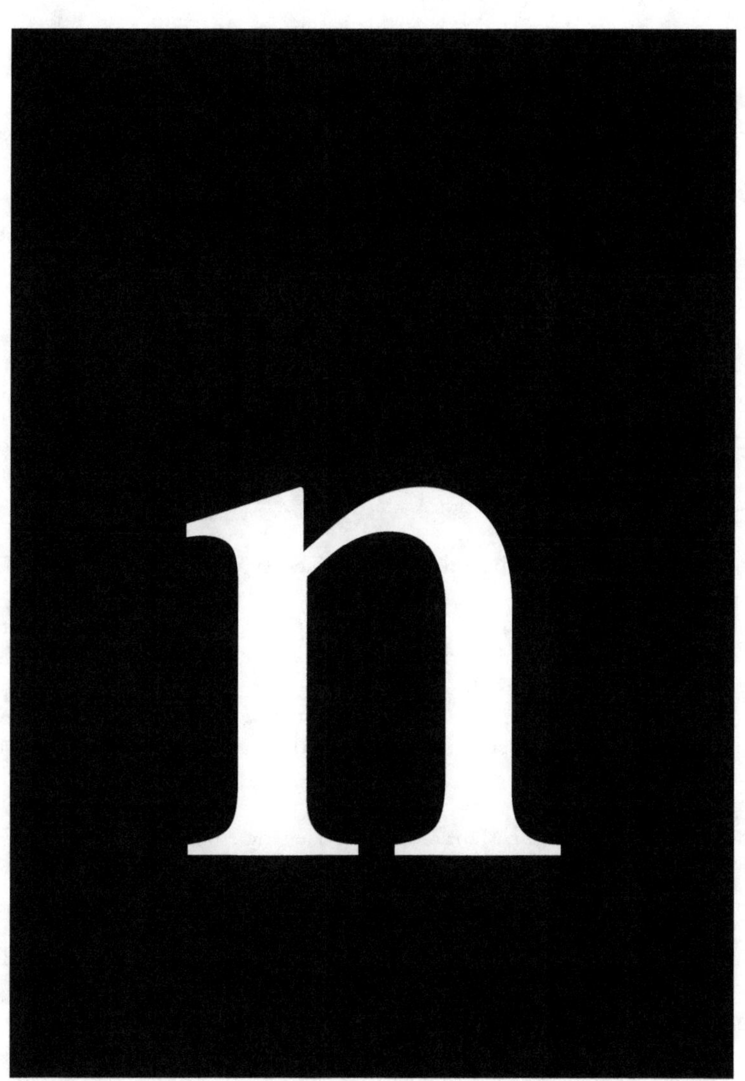

Nefzaoui Cheikh (Nafzāwī Muḥammad ibn 'Umar al), *Le Jardin parfumé: manuel d'érotologie arabe*, Paris : EURÉDIF, collection Aphrodite classique, 1977 [DPB-Isou]

Neirynck Jacques, *Tout savoir sur le cerveau et les dernières découvertes sur le Moi*, Lausanne ; Paris : Favre, 2006 (dédicacé le 29/01/2007) [DPB-Isou]

Nerciat Andréa (de), *Le Doctorat impromptu*, Paris : Eurédif, collection Aphrodite classique, 1978 [DPB-Isou]

Néret Gilles, *30 ans d'art moderne : peintres et sculpteurs*, Paris: Fernand Nathan, 1988 [DPB-Isou]

Nerval Gérard de, *Les Illuminés* ; édition présentée, établie et annotée par Max Milner, Paris : Gallimard, collection Folio, 1976 [FV] [CN]

Neuberg A. (pseud. collectif), *L'Insurrection armée.* Préface par le Comité central du Parti Communiste, S.F.I.C. Présentation de Erich Wollenberg, (Reproduction en fac-similé de l'édition imprimée à Paris, par l'Imprimerie centrale, en 1931), Paris : F. Maspero, 1970 [DPB-Isou]

New Horizons, seventh exhibition, The Tel-Aviv Museum, mai 1956 [DPB-Isou]

Newton Isaac, *Écrits sur la religion*, traduction de l'anglais, présentation et notes de Jean-François Baillon, Paris : Gallimard, collection Tel, 1996 [DPB-Isou] [CN]

Nicolle Charles, *Naissance, vie et mort des maladies infectieuses*, Paris : Alcan, collection Nouvelle collection scientifique, 1930 [B-Emprunt] le 15 juillet 1981 et rendu le 17 juillet 1981 [CN]

Nicolle Charles (Dr Maurice-Charles-Eugène), *Biologie de l'invention*, Paris : F. Alcan, 1932 [NB] sur [BNF-Pré-R] [CN]

Nicolle Jacques, *La symétrie dans la nature et les travaux des hommes*, préface de Louis de Broglie, Paris : La Colombe, éd. du Vieux colombier, 1955 [B-Emprunt] le 5 juin 1981 et rendu le 27 juin 1981

Niehans Paul (Dr.), *Le Problème du cancer*, traduit de l'allemand par le Dr W. Michel, Berne : Stämpfli et Cie, 1969 [B-Emprunt] le 26 octobre 1979 et rendu le sans date

Nietzsche Friedrich, *Opinions et sentences mêlées*. T. 1, traduit par Henri Albert, Paris : Denoël : Gonthier, collection Bibliothèque Médiations, n° 127, 1975 [DPB-Isou] [CN]

Nietzsche Friedrich, *Ainsi parlait Zarathoustra: un livre qui est pour tous et qui n'est pour personne*, textes et variantes établis par Giorgio Colli et Mazzino Montinari ; traduit de l'allemand par Maurice de Gandillac ; édition française sous la direction de Gilles Deleuze et Maurice de Gandillac, Paris : Gallimard, collection Idées, n° 267, 1972 Hémicycle 10 [CN]

Nietzsche Friedrich, *Ainsi parlait Zarathoustra,* traduit par Marthe Robert, Paris : le Club français du livre, collection Le Club français du livre. Privilège, 1967 [BNF-D] du 8 juillet 1986, Place 140. Réponse magasin : manque en place. [BNF-D] du 9 juillet 1986, Place 137. Réponse magasin : manque en place. [CN]

Nietzsche Friedrich, *Humain trop humain : un livre pour les esprits libres*, t. I, Traduit par Alexandre-Marie Desrousseaux, Paris : Denoël : Gonthier, 1973 bibliothèque Médiations, 1973 [DPB-Isou] [CN]

Nietzsche Friedrich, *Humain trop humain : un livre pour les esprits libres*, t. II, Traduit par Alexandre-Marie Desrousseaux, Paris : Denoël : Gonthier, 1973 bibliothèque Médiations, 1973 [DPB-Isou] [CN]

Nietzsche Friedrich, *Humain trop humain*, *Le Voyageur et son ombre.* T. 2, traduit par Henri Albert, Paris : Denoël : Gonthier, collection Bibliothèque Médiations, n° 128, 1975 [DPB-Isou] [CN]

Nietzsche Friedrich, *Humain trop humain : un livre pour les esprits libres*, t. I, Traduit par Alexandre-Marie Desrousseaux, sous la direction de Henri Albert, Paris : Société du "Mercure de France", 1899 [BNF-D] 7 juillet 1986, Place 141. Réponse magasin : voir microfiche [CN]

Nietzsche Friedrich, *Humain trop humain : un livre pour les esprits libres*, t. II, Traduit par Alexandre-Marie Desrousseaux, sous la direction de Henri Albert, Paris : Société du "Mercure de France", 1899 [BNF-D] 7 juillet 1986, Place 141. Réponse magasin : voir microfiche [CN]

Noguez Dominique, *Éloge du cinéma expérimental: définitions, jalons, perspectives*, Musée d'art moderne, Centre Georges Pompidou, Paris : Centre Georges Pompidou, 1979 (livre offert par le mnam) [DPB-Isou]

Noguez Dominique, *Éloge du cinéma expérimental*, Paris : Éd. Paris expérimental, collection Classiques de l'Avant-garde, 1999 [DPB-Isou]

Non Stève, *Imago*, Paris : Balland, 1973 [DPB-Isou]

Nordenfalk Carl, *Manuscrits irlandais et anglo-saxons : l'enluminure dans les Îles britanniques de 600 à 800*, Paris : Chêne, 1977 [DPB-Isou]

Norton Thomas, *Thomas Norton's ordinal of alchemy*, edited by John Reidy, London ; New York ; Toronto : Oxford university press, collection Early English text society, n° 272, 1975 [NB] : probablement de 1979

Novalis, *Henri d'Ofterdingen*. Traduction nouvelle par Robert Rovini. Préface par Julien Gracq, Paris : Union Générale d'Éditions, collection 10/18, 1967 [DPB-Isou]

Nova Magazine, n° 110, 2003 [DPB-Isou]

Nozières Philippe, *Le Problème à N corps, propriétés générales des gaz de fermions*, Paris : Dunod, 1963 [B-Emprunt] le 2 décembre 1977 et rendu le 22 janvier 1978. Au verso du [B-Emprunt] il y a une [NB] postérieure à 1980 et précisant: « chercher un livre sur les Hadrons, les leptons, les fermions, tout ce qu'il y a est en anglais, un livre à la BN ».

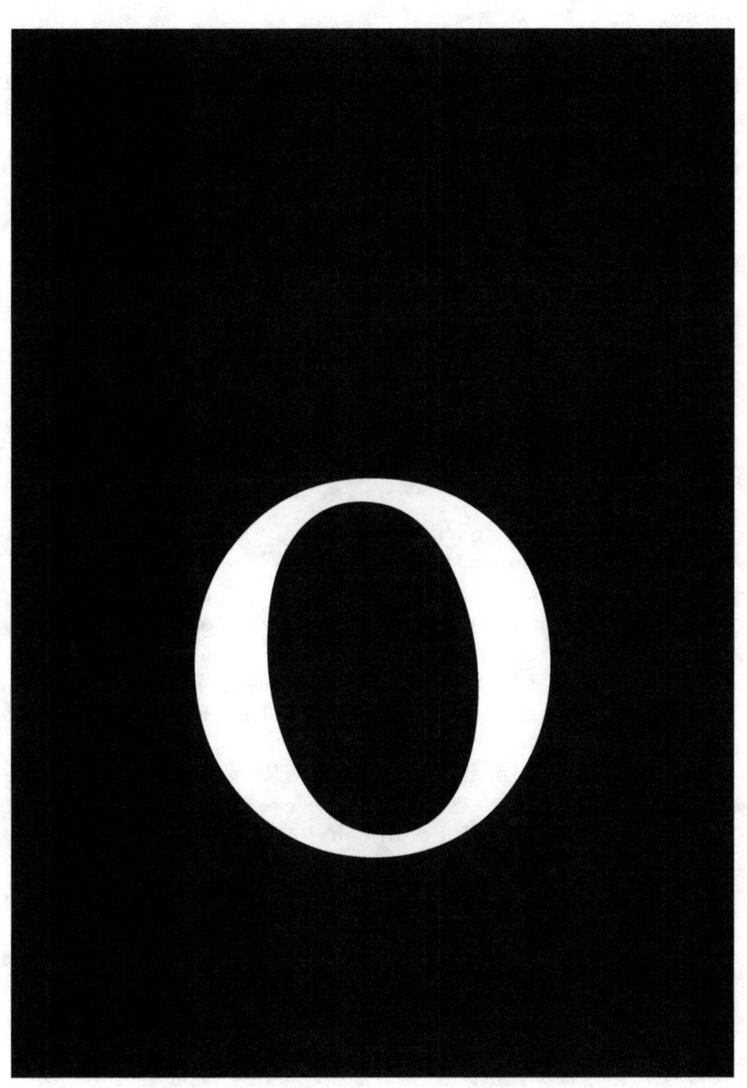

Obraska Paul, *Médecine. 6, Gastro-entérologie*, avec la collaboration du Dr. Henri Michel Debien, Paris : Masson et Cie, 1973 [B-Emprunt] le 3 octobre 1979 et rendu le sans date

Oettingen, Hélène d' (pseud. Léonard Pieux et Roch Grey, Baronne), *Roch Grey. Chevaux de minuit, épopée*, avec des Pointes sèches et burins de Pablo Picasso, Cannes, Paris : Degré quarante et un, 1956 [BNF-Pré-R]

Ohsawa Georges (Nyoiti Sakurazawa), *Le Zen macrobiotique ou l'Art du rajeunissement et de la longévité*, Paris : J. Vrin, 1976 [B-Emprunt] le 11 octobre 1980 et rendu le 20 octobre 1980

Omnès Roland, *Introduction à l'étude des particules élémentaires*, Paris : Édiscience, 1970 [BNF-D] du 27 janvier 1979, Place 78. Réponse magasin : Tome SVP [ce qui est curieux car il n'y a qu'un seul tome ?!]

Omnès Roland, *Philosophie de la science contemporaine*, Paris : Gallimard, collection Folio. Essais, n° 256, 1994 [DPB-Isou]

Oppenheimer Julius Robert, *La science et le bon sens*, traduit de l'anglais par Albert Colnat, Paris : Gallimard, 1955 [DPB-Isou]

Organisation mondiale de la santé, *Manuel de la classification statistique internationale des maladies, traumatismes et causes de décès, fondé sur les recommandations de la conférence pour la 8e révision, 1965, et adopté par la 19e Assemblée mondiale de la santé*, Genève : Organisation mondiale de la santé, 1968 [BNF-Pré-R]. Second [BNF-Pré-R] pour les 2 tomes

Organisation mondiale de la santé, *Manuel de la classification statistique internationale des maladies, traumatismes et causes de décès*, Genève : OMS, 1969 [NB] : sur [BNF-Pré-R] de OMS 1968. Second [BNF-Pré-R] pour les 2 tomes

Ormesson Jean d', *Au plaisir de Dieu*, Paris : Gallimard, 1974 [DPB-Isou]

Orsoni Paul, *Bases, principes et procédés techniques de la chirurgie*, Paris : Masson, 1975 [B-Emprunt] le 23 septembre 1980 et rendu le 6 novembre 1980

Oudinot Pierre (Dr.), Jagot Paul Clément, *L'Insomnie vaincue, l'art de s'endormir aisément malgré le bruit, les préoccupations ou la douleur*, Paris : Dangles, 1968 [BNF-Pré-R]

Oulipo, *Atlas de littérature potentielle*, Paris : Gallimard, collection Folio essais, n° 109, 1988 [DPB-Isou]

Oulipo, *La Littérature potentielle (Créations Re-créations Récréations)*, Paris : Gallimard, 1973 [DPB-Isou]

Otto Rudolf, *Le Sacré : l'élément non rationnel dans l'idée du divin et sa relation avec le rationnel*, traduit de l'allemand par André Jundt, Paris, Payot, 1969 [DPB-Isou]

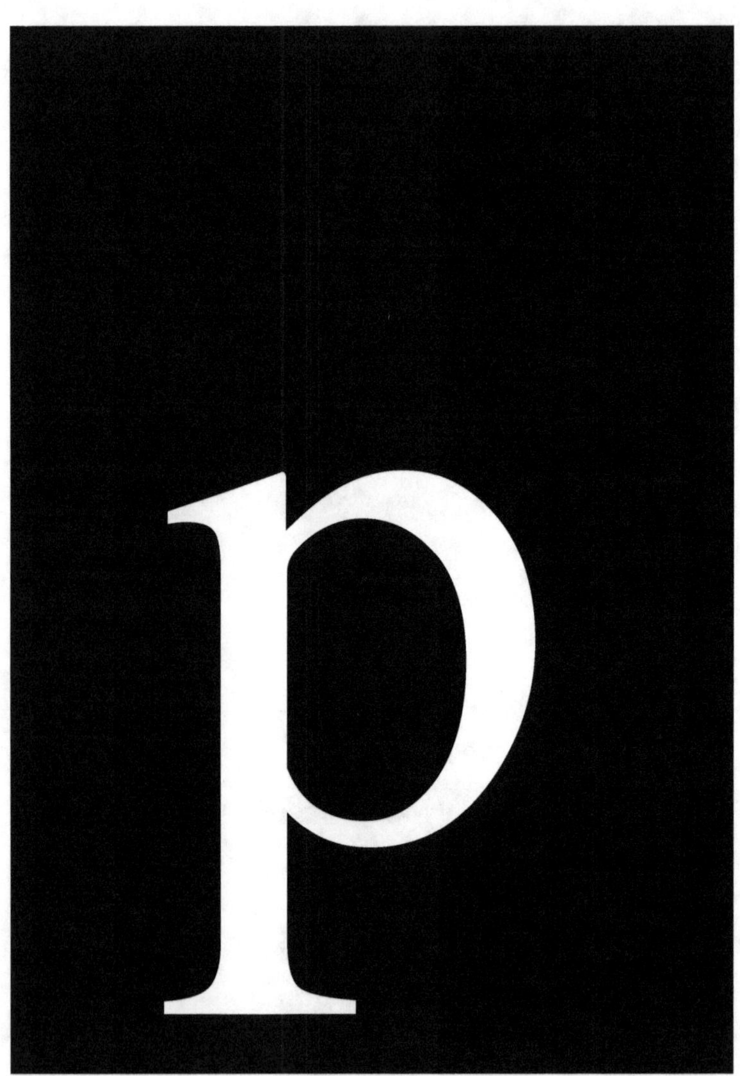

PA contact : le magazine des couples échangistes, n°3, Paris: Femina-PA contact, 3 ème trimestre 1987 [DPB-Isou]

Panagos Christos Th., *Le Pirée, Etude économique et historique depuis les temps les plus anciens jusqu'à la fin de l'Empire Romain*, traduction de Pierre Gerardat, préface d'André Mirambel, Athènes, [Paris : C. Klincksieck,], 1968 (dédicacé à Isou en 1986) [DPB-Isou]

Papaioannou Kostas, *Marx et les marxistes*, Paris : Flammarion, collection Science, 1972 [DPB-Isou]

Papaioannou Kostas, *Marx et les marxistes*, textes choisis et présentés par Kostas Papaioannou ; préface de Philippe Raynaud, Paris : Gallimard, collection Tel n° 309, 2001 [DPB-Isou]

Paracelse, *La Grand chirurgie de Philippe Aoréole Théophraste Paracelse, traduite en français de la version latine de Josquin d'Alhem, par M. Claude Dariot,... Plus un discours de la goutte et causes d'icelle, avec sa guérison. Item III traictez de la préparation des médicamens... Nouvellement mis en lumière par ledit Dariot*, Montbéliart : J. Foillet, 1608. [BNF-Pré-R]

Paré Ambroise, *Œuvres complètes d'Ambroise Paré revues et collationnées sur toutes les éditions avec les variantes [...], accompagnées de notes historiques et critiques et précédées d'une introduction sur l'origine et les progrès de la chirurgie en Occident du sixième au seizième siècle et sur la vie et les ouvrages d'Ambroise Paré par J.-F. Malgaigne*, 3 volumes, Paris : J.-B. Baillière, 1840-1841 [BNF-Pré-R]

Pareto Vilfredo, *Manuel d'économie politique*, traduit sur l'édition italienne par Alfred Bonnet, Paris : V. Giard et E. Brière, collection Bibliothèque internationale d'économie politique, 1909 [BNF-Pré-R] [CN]

Pariscope, n° 933, 9 avril 1986 [DPB-Isou]

Paris Jean, *Joyce par lui-même*, Paris : Éditions du Seuil, collection Ecrivains de toujours, 1957 [DPB-Isou]

Paris-Théâtre, « les maxibules de Marcel Aymé », n°185, redacteur en chef Maurice Lemaitre, 3 ème trimestre 1962 [DPB-Isou]

Paris-théâtre, n° 196, rédacteur en chef Maurice Lemaître, Paris : [s.n.], 1963 [DPB-Isou]

Paris-théâtre, n° 203, rédacteur en chef Maurice Lemaître, Paris : [s.n.], 1963 [DPB-Isou]

Paris-théâtre, n° 252-253, rédacteur en chef Maurice Lemaître, Paris : [s.n.], 1968 [DPB-Isou]

Partisans, n° 46, Paris : Maspéro, février-mars 1969 [DPB-Isou]

Pascal Blaise, *Pensées*, texte de l'édition Brunschvicg. Édition nouvelle précédée de la vie de Pascal par Mme Périer, sa sœur. Introduction et notes par Ch.-M. Des Granges, Paris : Garnier, collection Classiques Garnier, 1941 [BNF-Pré-R] [CN]

Pascal Blaise, *Pensées*, texte établi et annoté par Jacques Chevalier, préface de Jean Guitton, Paris : le Livre de poche, 1962 [BNF-Pré-R] [CN]

Pascal Paul, *Nouveau traité de chimie minérale, tome VIII, Premier fascicule, Carbone*, publié sous la direction de Paul Pascal, par P. Amiel, P. Brun, P. Delhaes, [et *al.*], Paris : Masson, 1968 [NB] postérieure à 1978. Seconde [NB] postérieure à 1975 précisant: « On trouve tout sur élément 104-105. Y a t-il d'autres ? on trouve tout sur les isotopes radioactifs. Chercher toutes les constantes physiques »

Patel Jean-Claude (secrétaire général), Cachera Jean-Paul, Cukier Jacob, Lavarde Ghislain, Rettori René, [*al.*] (comité de rédaction), *Pathologie chirurgicale*, Paris : Masson, 1975 [NB] postérieure à 1976

Payen La Garanderie Hugues, *Mécanique quantique*, Paris : Masson et Cie, 1971 [BNF-Pré-R] du 18 avril 1978, Place 119

Péguin Pierre, *La Physique des matériaux*, Paris : Presses universitaires de France, collection Que sais-je ?, n° 1573, 1974 [NB] : « demander aux Périodiques si on peut avoir *La Recherche*, *Science et vie*, *Science*. Lire l'article Grande Encyclopédie sur la Physique et Que-sais-je ? *Physique* afin d'avoir une vue d'ensemble de ses dimensions et problèmes les plus complets et modernes possibles ». [Il n'est pas possible de retrouver le Que-sais-je ? en question car il existe 8 titres différents relatifs à la physique dont 6 sur la période chronologique qui correspondant à la [NB]. Étant donné que Isou cherchait des informations les plus récentes, nous avons retenu que les deux plus récentes publications de la collection Que-sais-je ? c'est à dire le n° 1573 et celui de Blanc Daniel]

Pendulum, undergraduate and graduate literary magazine, Pasadena : California Institute of Technology, Autumn, november 1952 [DPB-Isou]

Pernet Roger, Lespinard Victor, *Algèbre, Trigonométrie et notions d'analyse. Classe de 1re A', C, M, M'. Programme du 2 mai 1961*, Lyon : André Desvigne, 1961 (achat d'occasion librairie Gibert Jeune) [DPB-Isou]

Pernety Dom Antoine-Joseph, *Dictionnaire mytho-hermétique : dans lequel on trouve les allégories fabuleuses des poëtes, les métaphores, les énigmes et les termes barbares des philosophes hermétiques expliqués*, texte conforme à l'éd. de 1787, Paris : E.P. : Denoël, 1972 [NB]

Perros Georges, *Une Vie ordinaire*, Paris : Gallimard, 1967 [DPB-Isou]

Perrot Jean, *La Linguistique*, Paris : Presses universitaires de France, collection Que sais-je ?, n°570, 1959 [DPB-Isou]

Perroux François, *La Valeur*, Paris, Presses universitaires de France, 1943 [B-Emprunt] le 25 octobre 1971 et rendu le 2 février 1972. [BNF-D] daté du 15 juillet 1986, Place 141. Réponse magasin : voir microfiche n 2264 (3)

Peters Arthur King, *Jean Cocteau et son univers*, Paris : Chêne, 1987 [DPB-Isou]

Pétrarque, *Canzoniere*, préface de Jean-Michel Gardair, Paris : Gallimard, collection Poésie, 1998 [DPB-Isou]

Peyrethon Jacques, *Sommeils et évolution, étude polygraphique des états de sommeil chez les poissons et les reptiles*, (Thèse. Méd. Lyon. 1968. N° 201), Lyon : Impr. des Beaux-Arts, 1968 [BNF-Pré-R]

Phusis Maurice, *Classification universelle systématique et coordonnée des connaissances humaines ; Précédée d'un « Essai de discours sur la logique »*, Paris : Librairie Amédée Legrand, 1934 [DPB-Isou]

Piaget Jean, *Épistémologie des sciences de l'homme*, Paris : Gallimard, collection Idées, n° 260, 1972 [DPB-Isou]

Picabia Francis, *Écrits. [1], 1913-1920*, textes réunis et présentés par Olivier Revault d'Allonnes, Paris : Pierre Belfond, 1975 [DPB-Isou]

Pichon Jean-Charles, *L'homme et les dieux: histoire thématique de l'humanité*, Paris: Robert Laffont, 1965 [DPB-Isou]

Pichot André, *La naissance de la science, Vol. 1 : Mésopotamie, Egypte*, Paris : Gallimard, collection Folio essais, n° 154-155, 1991 [DPB-Isou]

Pie XII, *[Actes. 1940-1958], Les Malades, Qu'en pense l'Église ?. Pour une théologie de la maladie. Pie XII parle de la maladie. L'Église et les malades en France*, Champrosay-Draveil : Prieuré Saint-Jean, 1959 [BNF-Pré-R]

Piéron Henri, *La Sensation*, Paris : Presses universitaires de France, Collection Que sais-je?, n° 555, 1974 [B-Emprunt] le 18 avril 1978 et rendu le 5 mai 1978

Pierre José, « Le surréalisme aujourd'hui », supplément au n° 177 de *La Quinzaine littéraire*, Paris : La Quinzaine littéraire, 1973 [DPB-Isou]

Pietsch Max, *La Révolution industrielle, de la machine à vapeur à l'automation et à la fission de l'atome*, traduit par Jacques Legray, Paris : Payot, 1963 [DPB-Isou]

Pil'nâk Boris Andreevič, *La Volga se jette dans la Caspienne*, traduit du russe, par Gustave Aucouturier, Paris : Éditions du Carrefour, 1931 [B-Emprunt] le 11 avril 1981 et rendu le 21 avril 1981

Piraux Henry, Les Radio-isotopes et leurs applications industrielles, Paris : Dunod, 1962 [NB] postérieure à 1980

Planck Max, *Autobiographie scientifique et derniers écrits*, introduction, traduction et notes d'André George, Paris : Albin Michel, collection Les Savants et le monde, 1960 [B-Emprunt] le 29 mai 1978 et rendu le sans date

Planck Max, *Original papers in quantum physics*; annotate by Hans Kangro, translated by D. Ter Haar and Stephen G. Brush, London : Taylor and Francis, collection Classic papers in physics, 1972 [B-Emprunt] le 29 mai 1978 et rendu le sans date

Planète Plus, n° spécial « Antonin Artaud, l'homme et son message », dir. Par Marc de Smedt, février 1971 [DPB-Isou]

Poe Edgar, *Euréka*, traduit par Charles Baudelaire, Paris : Michel-Lévy frères, 1871 [B-Emprunt] le 10 septembre 1980 et rendu le 23 septembre 1980 [CN]

Poésie nouvelle, n° 3, (bulletin du Mouvement lettriste et hypergraphique et du Soulèvement de la jeunesse / dir. Maurice Lemaître), Paris : [s.n.?], avril – mai – juin 1958 [DPB-Isou]

Poésie nouvelle, n° 4, (bulletin du Mouvement lettriste et hypergraphique et du Soulèvement de la jeunesse / dir. Maurice Lemaître), Paris : [s.n.?], juillet-août-septembre 1958 [DPB-Isou]

Poésie nouvelle, n° 5, (bulletin du Mouvement lettriste et hypergraphique et du Soulèvement de la jeunesse / dir. Maurice Lemaître), Paris : [s.n.?], nov – dec 1958 [DPB-Isou]

Poésie nouvelle, n° 7, (bulletin du Mouvement lettriste et hypergraphique et du Soulèvement de la jeunesse / dir. Maurice Lemaître), Paris : [s.n.?], avril – mai – juin 1959 [DPB-Isou]

Poésie nouvelle, n° 12, (bulletin du Mouvement lettriste et hypergraphique et du Soulèvement de la jeunesse / dir. Maurice Lemaître), Paris : [s.n.?], juillet-août-septembre 1959 [DPB-Isou]

Poisson Albert, *Cinq traités d'alchimie des plus grands philosophes: Paracelse, Albert le Grand, Roger Bacon, Raymond Lulle, Arn. de Villeneuve, traduit du latin en français par Albert Poisson, précédés de la Table d'émeraude ; suivis d'un glossaire*, Paris : bibliothèque Chacornac, collection d'ouvrages relatifs aux sciences hermétiques, 1890 [NB] postérieure à 1963. Seconde [NB] qui précise : « chercher et lire sur l'alchimie de Que sais-je ? »

Politzer Georges, *La Fin d'une parade philosophique, le bergsonisme*, Paris : Jean-Jacques Pauvert, 1967 [DPB-Isou]

Pomerand Gabriel, *Le Cri et son archange, contradiction entre un bâtard et son archange ou l'évolution d'un ex-matriculé*, Paris : Fontaine, 1948, [B-Emprunt] le 12 août 1980 et rendu le [sans date]. [BNF-Pré-R]

Pontalis Jean Bertrand, *Après Freud*, Paris : Gallimard, collection Idées, 1971. (Ouvrage désormais à la réserve centrale des bibliothèques de prêt de la Ville de Paris) [MF]

Popper Karl Raimund, *La Logique de la découverte scientifique*, traduit de l'anglais par Nicole Thyssen-Rutten et Philippe Devaux ; préface de Jacques Monod, Paris : Payot, collection Bibliothèque scientifique, 1973 [B-Emprunt] le 29 mai 1978 et rendu le [sans date]. [BNF-Pré-R]

Potet François, *Histopathologie du tube digestif*, avec la collaboration de Janine Barge, Étienne Martin, Pierre Zeitoun, Paris : Masson, 1974 [B-Emprunt] le 3 octobre 1979 et rendu le sans date

Pour la science, n° 1, Paris : Eugène Belin, novembre 1977 [DPB-Isou]

Power Arthur, *Éntretiens avec James Joyce*, traduits par Anne Villelaur ; [Suivis de] *Souvenirs de James Joyce*, par Philippe Soupault, Paris : Pierre Belfond, collection Entretiens, 1979 [B-Emprunt] le 21 février 1981 et rendu le 2 mars 1981

Poyen Jacques et Jeanne, *Le Langage électronique*, Paris : Presses universitaires de France, collection Que sais-je ?, n°900, 1960 [DPB-Isou]

Pozner Vladimir, *Panorama de la littérature russe contemporaine*, avec une préface de Paul Hazard, Paris : Éd. Kra, collection Panoramas des littératures contemporaines, 1929 7 novembre 1988 Hémicycle 12. [BNF-D] du 1er décembre 1988, Hémicycle 11, R

Premiers éléments pour un programme national d'innovation, Ministère de l'industrie, [Délégation à l'innovation et à la technologie], sous la dir. De thierry Gaudin, Paris : la Documentation française, SERPI, janvier 1979 [DPB-Isou]

Premier livre de poésie, Paris : Gautier-Languereau, 1975 (exemplaire du service presse) [JE]

Prévost Georges, Petit Claudine, *Génétique et évolution*, Paris : Hermann, 1967 [B-Emprunt] le 10 octobre 1972 et prolongé au 18 décembre 1972

Prisme, « spatialisme mental et déréalisation », n° 13, Marans : automne 1979 [DPB-Isou]

Prisme, « Qu'est-ce que le narcissisme ? », n° 14, Marans : hiver 1979-1980 [DPB-Isou]

Privé madame, (dir de publication michel buh), Montreuil : Éditions de la Fortune, 1er trimestre 1986 [DPB-Isou]

Proceedings / of the 1976 CÉRN school of physics, Wepion, CÉRN, 76-20 June 1974, European organization for nuclear research, Geneva : C.É.R.N., 1976 [NB] précisant : à lire

Proudhon Pierre-Joseph, *Oeuvres choisies.* Textes présentés par Jean Bancal, Paris : Gallimard, collection Idées, n° 139, 1967 [DPB-Isou] [CN]

Proust Marcel, *A la recherche du temps perdu, volume 3, A l'ombre des jeunes filles en fleurs,* Paris, Gallimard, 1949 [BNF-Pré-R] [CN]

Proust Marcel, *A la recherche du temps perdu, volume 4, A l'ombre des jeunes filles en fleurs,* Paris, Gallimard, 1949 [BNF-Pré-R] [CN]

Proust Marcel, *A la recherche du temps perdu, volume 5, A l'ombre des jeunes filles en fleurs,* Paris, Gallimard, 1949 [BNF-Pré-R] [CN]

Proust Marcel, *A la recherche du temps perdu, volume 1, Du côté de chez Swann*, Paris : le Livre de poche, collection Le Livre de poche, n° 1426-1427, 1965 [BNF-Pré-R] [CN]

Proust Marcel, *A la recherche du temps perdu, volume 2, A l'ombre des jeunes filles en fleurs,* Paris : le Livre de poche, collection Le Livre de poche, n° 1428-1429, 1965 [BNF-Pré-R] existe en deux exemplaires [CN]

Proust Marcel, *A la recherche du temps perdu, volume 5, Sodome et Gomorrhe*, Paris : le Livre de poche, collection Le Livre de poche, n° 1641-1642, 1966 [BNF-D] département des imprimés volume mis de coté. Deux [BNF-Pré-R]. [BNF-D] daté du 29 janvier 1986, Place 141. Réponse magasin: Service Fermé. [BNF-Pré-R] pour l'édition de Paris : Gallimard, 1949 (volume 9 et 10) [CN]

Pullman Bernard, *La Biochimie électronique*, Paris : Presses universitaires de France, collection Que sais-je ?, n° 1075, 1963 [B-Emprunt] le 24 mars 1979 et rendu le 4 avril 1979

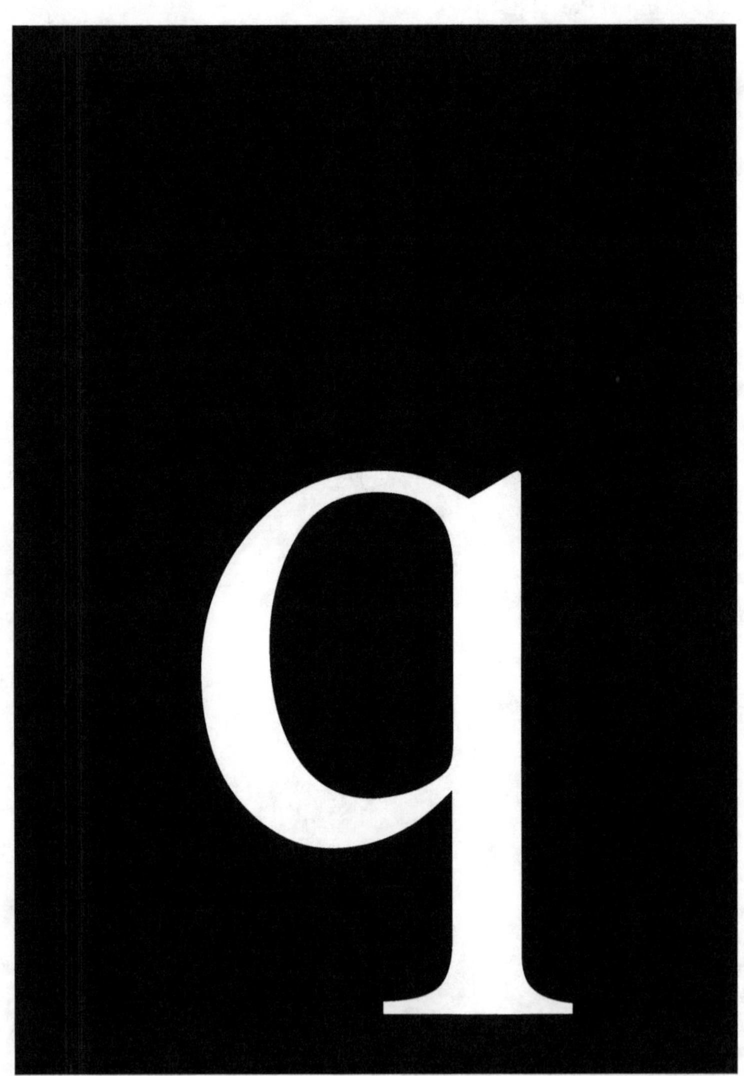
q

Quelques applications des mathématiques, textes de N. Vilenkine, G. Chilov, V. Ouspenski, J. Lioubitch, traduit par Djilali Embarek, Moscou : Éditions Mir ; [Paris], 1975 [DPB-Isou]

Queneau Raymond, *Journaux : 1914-1965*, édition établie, présentée et annotée par Anne Isabelle Queneau, Paris : Gallimard, 1996 [DPB-Isou]

Quinet Jean, Pelletier Gabriel, *Édouard Branly*, Paris : Seghers, collection Savants du monde entier, n° 13, 1962 [B-Emprunt] le 3 septembre 1980 et rendu le 10 septembre 1980

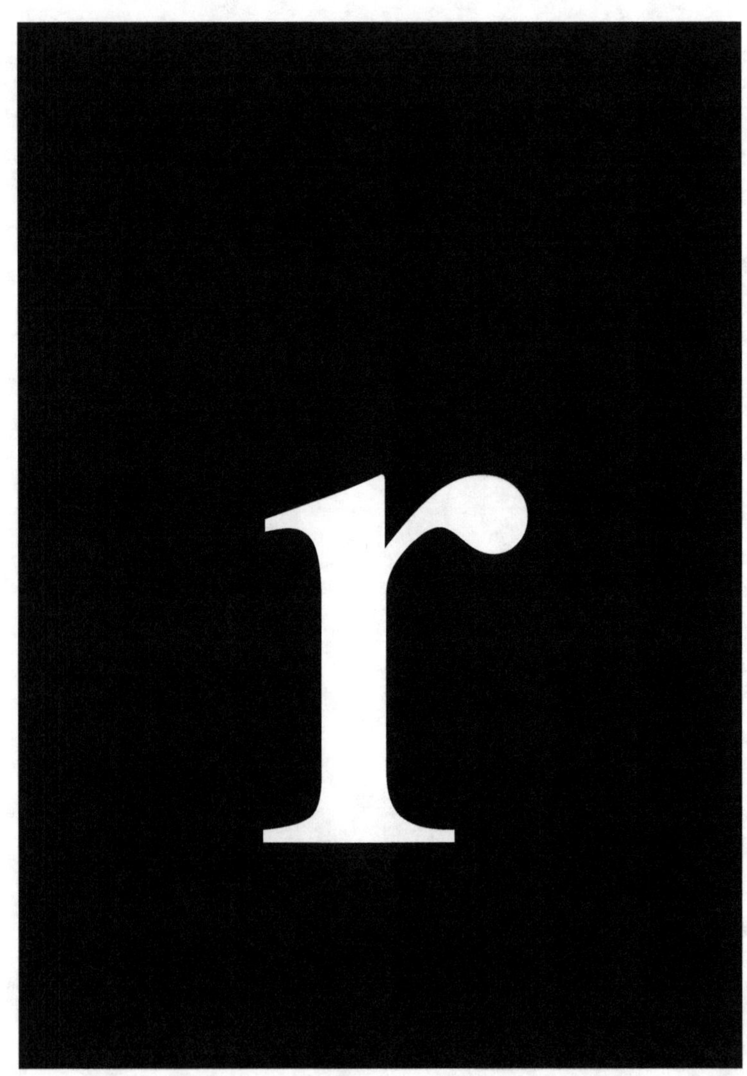
r

Rapin Maurice, *Aporismes: vivre et mourir, que veux-tu? : ils reprennent le travail*, l'exemple de Mirabelle Dors, René Magritte, Pierre Bourgin,Viry-Châtillon : SEDIEP, 1970. [JE]

Raqā'iq al-ḥulal fī daqā'iq al-ḥiyal, *Le Livre des ruses: la stratégie politique des Arabes*, traduction par René R. Khawam Paris : Phébus, collection Domaine arabe, 1976 [NB]

Rasponi Simonetta, *Michelangelo*, Paris : Celiv, 1990 [DPB-Isou]

Raynal Maurice, *Anthologie de la peinture en France de 1906 à nos jours*, Paris : éditions Montaigne, 1927 [BNF-Pré-R]

Read John, *De l'alchimie à la chimie*, traduit de l'anglais par Jacques Brécard, Paris : A. Fayard, 1959 [NB] postérieure à 1963 précisant : « Lu ». Seconde [NB] postérieure à 1975 précisant : « chercher et lire sur l'alchimie de Que sais-je ? ». Troisième [NB] postérieure à 1975 raturée précisant: « Lu ». [BNF-D] daté du 29 mars 1980, Place 140. Réponse magasin : communiqué à vous-même

Reart Jean, *Les Tarots n'ont pas menti*, Paris : Robert Laffont, 1956. [DPB-Isou]

Reclus Paul (Dr.), *La Cocaïne en chirurgie*, publiée sous la direction de M. Léauté, Paris : G. Masson, 1895 [BNF-D] 6 août 1986, Place 141. Réponse magasin : cote à compléter

Régnier Jean, *Influence de la concentration des ions H sur un phénomène physiologique : Anesthésie de la cornée par le chlorhydrate de cocaïne*, Thèses présentées à la Faculté des sciences de Paris, pour obtenir le grade de docteur ès sciences naturelles, Saint-Dizier : impr. de A. Brulliard, 1925 [BNF-D] 6 août 1986, Place 141. Réponse magasin : voir Annexe de Versailles

Reineg, *Voici comment vous pouvez, vous aussi, dormir naturellement*, Pau : Marrimpouey jeune, 1971 [BNF-Pré-R] 4 octobre 1974, Place 118 (9h 25). Second [BNF-Pré-R] sans date

Reischauer Edwin Oldfather, *Histoire du Japon et des Japonais de 1945 à 1970*, Paris : Éditions du Seuil, collection Points Histoire, 1973 [DPB-Isou]

Renan Ernest, « Vie de Jésus, Les apôtres, Saint Paul, L'antéchrist », *Oeuvres complètes*, tome 4, édition définitive établie par Henriette Psichari, Paris : Calmann-Lévy, 1949. [MF]

Renaud Paul, *Analogies entre les principes de Carnot, Mayer et Curie*, Paris : Hermann, collection Actualités scientifiques et industrielles, 1937 [NB]. Deux autres [NB] : indiquant : « Mayer conservation de l'énergie 1842 »

Renou Louis, *Hymnes et prières du Veda*, textes traduits du sanskrit, Bordeaux, Paris : Adrien-Maisonneuve, 1938 [BNF-Pré-R] [CN]

Renou Xavier, *L'Infini aux limites du calcul: Anaximandre, Platon, Galilée*, Paris : F. Maspero, collection Algorithme, 1978 [NB]

Réouven René, *Dictionnaire des assassins: de Caïn à Pica, d'Adams à Zulotea*, Paris : Denoël, 1974 [NB] postérieure à 1977

Reuchlin Maurice, *Les Méthodes en psychologie*, Paris : Presses universitaires de France, collection Que sais-je ?, n° 1359, 1969 [DPB-Isou]

Revel Jean-François, *La Cabale des dévots*, Paris : Julliard, 1962 [DPB-Isou]

Revue Aspects, « Sénescence et sénilité », Revilan 1er bilan clinique, Bordeaux : Laboratoires français de thérapeutique, 1967 [DPB-Isou]

Revue Aspects, « LE 3ème âge », Bordeaux : Laboratoires français de thérapeutique, 1969 [DPB-Isou]

Revue de bibliologie schéma et schématisation, n° 26, « signes / Schémas / images », Paris: Société de bibliologie et de schématisation, 2 ème trimestre 1987 [DPB-Isou]

Revue de bibliologie schéma et schématisation, n° 28, « relations image / Ecrit », Paris: Société de bibliologie et de schématisation, 2 ème trimestre 1988 [DPB-Isou]

Revue d'esthétique, « Le Cinéma en l'an 2000 », nouvelle série, n° 6, Paris : Éditions Privat, 1984 [DPB-Isou]

Revue internationale du droit d'auteur, n°106, Paris : H. Lemoine, octobre 1980 [DPB-Isou]

Rey Robert, *Quelques satellites de Watteau. Antoine Pesne et Philippe Mercier, François Octavien, Bonaventure de Bar, François-Jérôme Chantereau, thèse complémentaire par le doctorat ès lettres... par M. Robert Rey*, Paris : Librairie de France, 1931 [BNF-Pré-R]

Rhine Joseph Banks, *Le Nouveau monde de l'esprit*, traduit de l'anglais par Albert Colnat, Paris, A. Maisonneuve, 1955. Non massicoté [DPB-Isou] [CN]

Ricardo David, *Œuvres complètes*, traduites en français par Constancio Francisco Solano et Alcide Fonteyraud, augmentées de notes de Jean-Baptiste Say, Malthus, Sismondi, Rossi, Blanqui, etc., précédées d'une notice par Alcide Fonteyraud et d'une préface par Maurice Block, Paris : Guillaumin, collection des principaux économistes, 1882 [BNF-Pré-R] [CN]

Richet Gabriel, Beaufils Michel, *Néphrologie: physiopathologie clinique*, Paris : J.-B. Baillière, collection Bibliothèque de l'étudiant en médecine, 1977 [B-Emprunt] le 20 février 1980 et rendu le sans date

Rifkin Jeremy, *La fin du travail*, traduit de l'américain par Pierre Rouve, préface de Michel Rocard, Paris : Éd. la Découverte, collection La découverte poche, 1997 [DPB-Isou]

Rilke Rainer Maria, *Les Elégies de Duino, suivi de Les sonnets à Orphée*, traduit de l'allemand par Lorand Gaspar et Armel Guerne, édition bilingue, Paris : Éditions du Seuil, collection Points, n° 54, 1974 [DPB-Isou] [CN]

Ripley George, *Les Douze portes d'alchimie; La Vision du chevalier George ; Le Traité du mercure,* introduction, notes et figures, Bernard Biebel, traduit de l'anglais, Paris : Éditions de la Maisnie, collection Œuvres chymiques, 1979 [NB] : probablement de 1979. Seconde [NB] : postérieure à 1975 précisant : « chercher et lire sur l'alchimie de Que sais-je ? »

Ritter, Otto (Dr), Fattorusso, Vittorio (Dr), *Dictionnaire de pharmacologie clinique à l'usage du médecin, du pharmacien et de l'étudiant*, Paris : Masson et Cie, 1967 [NB]

Ritter Otto (Dr.), Fattorusso Vittorio (Dr.), *Vademecum clinique du médecin praticien [Texte imprimé], du symptôme à l'ordonnance*, Paris : Masson et Cie, 1967 [NB] postérieure à 1971

Ritter Otto (Dr.), Fattorusso Vittorio (Dr.), *Dictionnaire de pharmacologie clinique, à l'usage du médecin, du pharmacien et de l'étudiant*, Paris : Masson et Cie, 1967 [NB] postérieure à 1971

Roanac Walter de, *Ô perverse frimousse*, Paris : EURÉDIF, collection Aphrodite classique, 1976 [DPB-Isou]

Robert Ladislas, *Mécanismes cellulaires et moléculaires du vieillissement*, Paris ; New York ; Barcelone : Masson, collection de biologie moléculaire, 1983 [NB]

Robinet André, *Merleau-Ponty* [Textes choisis de Maurice Merleau-Ponty], Paris : Presses universitaires de France, coll sup, 1970 [DPB-Isou]

Robin Gilbert, *L'Education des enfants difficiles*, Paris : Presses universitaires de France, collection Que sais-je ?, n°71, 1967 [DPB-Isou]

Rocard Michel, *Plan intérimaire: stratégie pour deux ans, 1982-1983*, Paris : Flammarion, 1982 [DPB-Isou]

Rocchiccioli-Deltcheff Claude, *Les Isotopes*, Paris : Presses universitaires de France, collection Que sais-je ?, n° 1111, 1971 [DPB-Isou]

Rocchiccioli-Deltcheff Claude, *Le pH et sa mesure*, Paris : Presses universitaires de France, collection Que-sais-je ?, n° 1248, 1970 **ou** 1967 [NB] postérieure à 1975

Rohmer Francis, Buchheit, Collard, Isch, *Neurologie : D.C.E.M. 3*, Strasbourg : Amicale des étudiants en médecine de Strasbourg, 1977 [B-Emprunt] le ? et rendu le 5 mai 1980

Romains Jules, *Knock ou le Triomphe de la médecine, 3 actes*, Paris : Gallimard, 1961 [B-Emprunt] le 6 novembre 1980 et rendu le 17 novembre 1980

Romer Alfred, *Radiochemistry and the discovery of isotopes.* Édited with commentary and an introductory historical essay, by Alfred Romer, New York : Dover publications, 1970 [NB] postérieure à 1980

Ronsard Pierre (de), *Les Amours. Amours de Cassandre. Amours de Marie. Sonnets pour Astrée. Sonnets pour Hélène. Amours diverses.* Texte établi, présenté et annoté par Albert-Marie Schmidt, Paris : le Livre de poche, collection Le Livre de poche classique, n°1242-1243, 1964 [DPB-Isou] [CN]

Rose Mike, *Das Unbuch*, München : Bachmaier, 1981. [JE]

Rosenberg Steven Dr., Barry John M., *La cellule transformée: un espoir contre le cancer*, traduit de l'américain par le Dr Jean Doubovetzky, Paris : Presses de la Renaissance, 1992 [DPB-Isou]

Rosnay Joël de, *Les Origines de la vie*, Paris : Éditions du Seuil, 1977 [BNF-D] 19 juillet 1981, Place 141. Réponse magasin : recherche en cours

Rossier Paul, *Géométrie synthétique moderne*, Paris : Vuibert, 1961 [NB] postérieure à 1971 précisant « très bien expliqué ».

Roth Étienne, *Chimie nucléaire appliquée*, Paris : Masson et Cie, collection du Conservatoire national des arts et métiers, 1968 [NB] postérieure à 1975

Roth Graf, *L'École des caresses*, [s.l.] : [s. d.] (cote bnf enfer 1514) [NB]

Roth Philip, *Portnoy et son complexe*, traduit de l'anglais par Henri Robillot, Paris : Gallimard, collection Folio, n° 470, 1973 [DPB-Isou]

Rouanet Pierre, *Pompidou*, Paris : Bernard Grasset, 1969 [DPB-Isou]

Rouet Marcel, *Triomphez de l'insomnie*, Paris : Productions de Paris N.O.É., collection Encyclopédie vie pratique, n° 9, 1972 [BNF-Pré-R]

Rougeot Louis, Grignard Roger Victor, *Principales fonctions de la chimie minérale*, Paris : Desforges, 1973 [B-Emprunt] le 14 octobre 1977 et rendu le 2 décembre 1977. [NB] précisant : « LU »

Rougerie Gabriel, *Géographie des paysages*, Paris : Presses universitaires de France, collection Que sais-je ?, n° 1362, 1969 [B-Emprunt] le 20 mars 1978 et rendu le 18 avril 1978

Rousseau Jean-Jacques, *Préface de "la Nouvelle Héloïse", ou Entretien sur les romans entre l'éditeur et un homme de lettres*, Paris : Duchesne, 1761 [BNF-D] 28 avril 1986, Place 140, Réponse magasin : réserve [CN]

Rousseau Jean-Jacques, *Emile ou de l'Education.* Chronologie et introduction par Michel Launay, Paris : Garnier-Flammarion, 1966 [DPB-Isou] [CN]

Rousseau Jean-Jacques, *Du contrat social*, présenté par José Médina, André Senik, Claude Morali, Gérard Chomienne, Paris : Magnard, 1986 [DPB-Isou] [CN]

Rousseau Pierre, *L'Astronomie sans télescope*, Paris : Presses universitaires de France, collection Que sais-je ?, n° 13, 1976 [B-Emprunt] le 27 mars 1980 et rendu le 4 avril 1980

Rousseau Pierre, *De l'atome à l'étoile*, Paris : Presses universitaires de France, collection Que sais-je ?, n° 2, 1976 [B-Emprunt] le 22 mars 1980 et rendu le 27 mars 1980

Rouvière Henri, *Précis d'anatomie et de dissection*, Paris : Masson et Cie, collection de précis médicaux, 1962 [B-Emprunt] le 6 décembre 1971 et rendu le 2 février 1972

Rouvière Henri, *Anatomie humaine: descriptive, topographique et fonctionnelle*, 11e édition révisée et augmentée par A. Delmas, 3 volumes, Paris : Masson, 1974 [NB] postérieure à 1976

Rouzé Michel, *Oppenheimer, Robert Oppenheimer et la bombe atomique*, choix de textes, Paris : Seghers, 1962 [B-Emprunt] le 6 août 1980 et rendu le 12 août 1980

Rueff Jacques, *Les Fondements philosophiques des systèmes économiques.* Textes et essais rassemblés et publiés sous la direction de Emil M. Claassen, Paris : Payot, 1967 [DPB-Isou]

Rullière Roger, *Abrégé de cardiologie*, Paris : Masson, 1975 [B-Emprunt] le 29 septembre 1979 et rendu le 3 novembre 1979

Russell Bertrand, *Introduction à la philosophie mathématique*, traduit de l'anglais par George Moreau, Paris : Payot, 1928 [B-Emprunt] le 23 septembre 1980 et rendu le 11 octobre 1980 [CN]

Russell Bertrand, *Histoire de la philosophie occidentale en relation avec les événements politiques et sociaux de l'Antiquité jusqu'à nos jours*, traduit de l'anglais par Hélène Kern, Paris : Gallimard, collection Bibliothèque des Idées, 1953 [NB] postérieure à 1963 précisant : « chapitre sur Aristote et Émpédocle » [CN]

Russell Bertrand, *Autobiographie, 1872-1914*, tome 1, traduction de l'anglais par Michel Berveiller, Paris : Stock, 1967 [B-Emprunt] le 15 septembre 1981 et rendu le 29 septembre 1981 [CN]

Russell Bertrand, *Autobiographie, 1872-1914*, tome 2, traduction de l'anglais par Michel Berveiller, Paris : Stock, 1969 [B-Emprunt] le 15 septembre 1981 et rendu le 29 septembre 1981 [CN]

Ruyer Raymond, *La Gnose de Princeton: des savants à la recherche d'une religion*, Paris : le Livre de poche, collection Le Livre de poche, n° 8303, 1977 [NB]

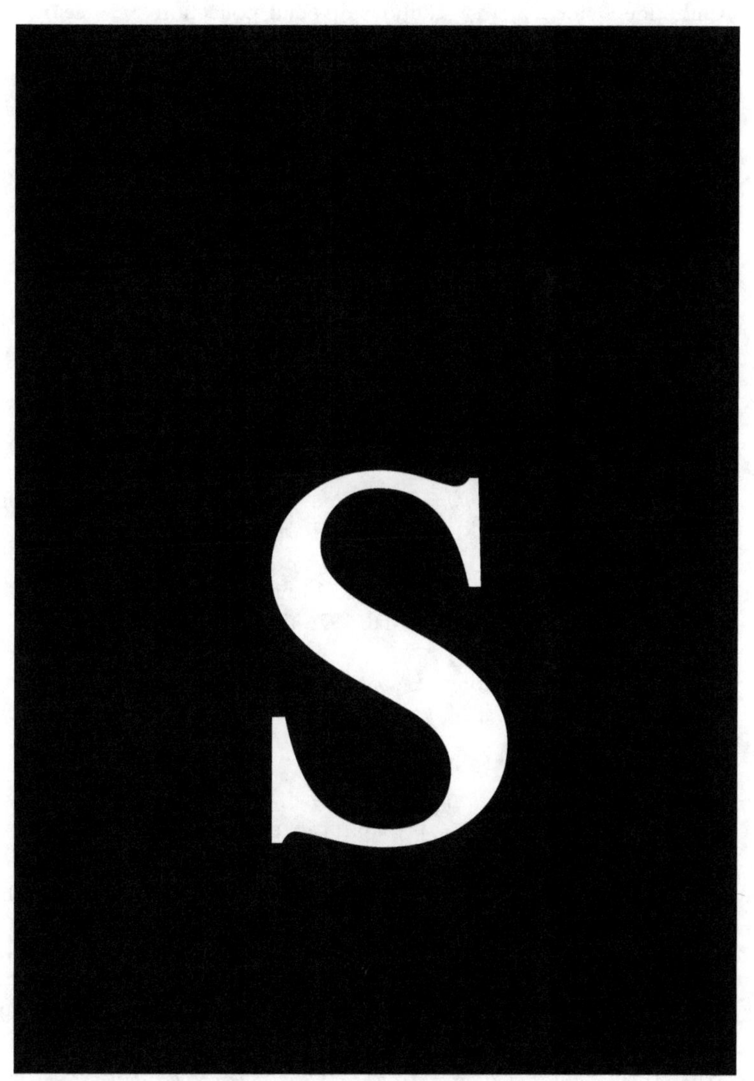

Sagan Carl, *Les Dragons de l'Eden: spéculations sur l'évolution de l'intelligence humaine et autre*; traduction de l'américain par Vincent Bardet, avec la collaboration d'Aimée-Catherine Deloche, Paris : Éditions du Seuil, collection Science ouverte, 1980 [DPB-Isou]

Săineanu Constantin, *Dictionnaire français-roumain*, Bucarest : Impr. "Cultura naţională", 1928 (x2) [DPB-Isou]

Saint Augustin, *La Cité de Dieu*, 3 Vol., traduit du latin de Louis Moreau (1846), introduction, présentation et notes par Jean-Claude Eslin, Paris : Seuil, collection Point, 1994. [FA]

Salières François Dr., *Écrivains contre médecins*, Paris : Denoël, 1948 [BNF-Pré-R]. [B-Emprunt] le 17 novembre 1980 et rendu le 6 décembre 1980

29e Salon de la jeune peinture, « Réintégration au musée d'art moderne », [catalogue d'exposition] au Palais des glaces, 1978. [JE]

30e Salon de la jeune peinture, [catalogue d'exposition] du 6 septembre au 7 octobre 1979, parvis de la Tour Montparnasse, Paris: Comité Jeune peinture, 1979. [JE]

Salon de mai, 32 ème salon, 30 avril au 13 juin 1976, (couverture d'Isabelle Waldberg), Paris la Défence : Le Salon de Mai, 1976 [DPB-Isou]

Samuelson Paul Anthony, *L'économique : techniques modernes de l'analyse économique*, traduction de Gaël Fain, 2 volumes, Paris : Armand Colin, collection U, 1969 [NB] postérieure à 1978

Sanderson Ivan T., *Les Invisibles sous les mers*, traduit de l'anglais par France-Marie Watkins, Paris : Albin Michel, 1979 [DPB-Isou]

Sarsam Maher, *Neutronique des boucles d'irradiation, boucle IRÉNÉ*, [S.l.], [n.d.], Thèse de 3e cycle : Physique nucléaire, physique des réacteurs : Paris 11, Orsay : 1980, n° de thèse : 2862 [NB] antérieure à 1986: précisant : « Chercher B.N. rubrique matière s'il existe la neutronique ? » [La première occurrence est celle-ci, les deux autres qui sont conservées à la bnf ne correspondent pas au niveau des dates (1986 et 1998)]

Sartre Jean-Paul, *L'Être et le néant : essai d'ontologie phénoménologique*, Paris : Gallimard, collection Tel, 1976 [DPB-Isou]. [BNF-Pré-R] [CN]

Sartre Jean-Paul, *L'imaginaire: psychologie phénoménologique de l'imagination*, Paris : Gallimard, collection Idées, 1985 [DPB-Isou] [CN]

Satié Alain, *Tatouages*, photographies d'Alain Satié ; préface de Isidore Isou, Paris : A. Satié, 1969 [DPB-Isou]

Satie Erik, *Écrits*, réunis, établis et annotés par Ornella Volta, Paris : Éditions Champ libre, 1977 [DPB-Isou] [CN]

Saunier-Seïté Alice, *En première ligne : de la communale aux universités*, Paris : Plon, 1982 [DPB-Isou]

Sauvy Alfred, *La Montée des jeunes*, Paris : Calmann-Lévy, 1962 (ouvrage estampillé service presse) [DPB-Isou]

Sauvy Alfred, *La Révolte des jeunes*, Paris : Calmann-Lévy, 1970 [DPB-Isou]

Schapira Georges, Dreyfus Jean-Claude, *Pathologie moléculaire*, avec la collaboration de Jean-Claude Kaplan, Jacques Kruh, Dominique Labie, P. Laudat... [*al.*], Paris : Masson, collection de biologie moléculaire, 1975 [B-Emprunt] le 19 août 1980 et rendu le 23 septembre 1980

Schérer René, *Charles Fourier ou la Contestation globale*, présentation, choix de textes, bibliographie, par René Schérer, Paris : Seghers, collection Philosophes de tous les temps, n° 61, 1970 [B-Emprunt] le 2 mars 1979 et rendu le 10 mars 1979

Schiller Friedrich von, *Poèmes philosophiques. Gedankenlyrik*. Traduits et préfacés par Robert d'Harcourt, Paris : Aubier, collection bilingue des classiques étrangers, 1944. [DPB-Isou] [CN]

Schlatter Christian, *Art conceptuel, formes conceptuelles*: exposition du 8 octobre au 3 novembre 1990, Galerie 1900-2000 ; Galerie de poche, Paris, [catalogue par] Christian Schlatter, Paris : Galerie 1900-2000, 1990 [DPB-Isou]

Schmitt Henri, *Éléments de pharmacologie*, Paris : Flammarion, 1976 [B-Emprunt] le 29 septembre 1979 et rendu le 26 octobre 1979

Scholem Gershom Gerhard, *Fidélité et utopie : essais sur le judaïsme contemporain*, traduit par Margueritte Delmotte et Bernard Dupuy ; préface, notes et bibliographie par Bernard Dupuy, Paris : Presses pocket, collection Agora, n°118, 1992 [DPB-Isou]

Scholem Gershom Gerhard, *Le messianisme juif : essais sur la spiritualité du judaïsme*, préface, notes et bibliographie par Bernard Dupuy, Paris : Presses pocket, collection Agora, n°115, 1992 [DPB-Isou]

Schrödinger Erwin, *Mémoires sur la mécanique ondulatoire*, traduit par Al. Proca. Préface de Marcel Brillouin, avec un avant-propos de l'auteur et des notes inédites, spécialement écrites pour cette traduction, Paris : F. Alcan, 1933 [NB] postérieure à 1980

Schroeder-Devrient Wilhelmina, *Mémoires d'une chanteuse allemande*, Paris : Eurédif, collection Aphrodite classique, n° 7, 1975 [DPB-Isou]

Schwitters Kurt, *Merz: écrits ; Ursonate*, Suivi de Schwitters par ses amis / éd. établie, présentée & annotée par Marc Dachy ; textes allemands trad. par Marc Dachy et Corinne Graber, textes anglais trad. par Marc Dachy, Paris : Gérard Lebovici, 1990 [DPB-Isou]

[*Schwitters*] *Kurt Schwitters*, exposition organisée par le Musée national d'art moderne-Centre de création industrielle du 24 novembre 1994 au 20 février 1995, Paris : Centre Georges Pompidou, RMN, 1994. [FA]

Science & vie, n° 716, Paris: Excelsior publications, mai 1977 [DPB-Isou]

Science & Vie, n° 719, Paris: Excelsior publications, août 1977 [DPB-Isou]

Science et vie, n° 720, Paris: Excelsior publications, sept 1977 [DPB-Isou]

Science et vie, hors série, n° 120, Paris : Science et vie, septembre 1977 [DPB-Isou]

Science & Vie, n° 721, Paris: Excelsior publications, octobre 1977 [DPB-Isou]

Science et vie, n° 722, Paris: Excelsior publications, novembre 1977 [DPB-Isou]

Science et vie, n° 764, Paris: Excelsior publications, mai 1981 [DPB-Isou]

Science et vie, hors série, n° 204, Paris : Science et vie, septembre 1998 [DPB-Isou]

Science et vie, n° 973, Paris: Excelsior publications, octobre 1998 [DPB-Isou]

Sciences & Avenir, « L'exploration des icebergs», n° 366, Paris : Sciences et avenir, août 1977 [DPB-Isou]

Sciences & Avenir, « Révélations sur les dinosaures », n° 411, Paris : Sciences et avenir, mai 1981 [DPB-Isou]

Sciences & Avenir, n° spécial, « 20 ans dans l'espace », n° 34, Paris : Sciences et avenir, 1981 [DPB-Isou]

Scott Walter, *Œuvres*, traduites par Auguste-Jean-Baptiste Defauconpret. Rob Roy, Paris : G. Barba, 1844 [BNF-Pré-R]

Secrets de femmes, [dir. publ. A. Guerber], Paris : France inter Éditions, n° 5, 1987 [DPB-Isou]

Ségur Anatole-Henri-Philippe de, *Les Mémoires d'un troupier*, Paris : Bray et Retaux, 1880. [JE]

Séminaire international Michio Kushi, *La Santé par l'alimentation, le physique et le mental, l'auto-réflexion, le diagnostic, la vie embryonnaire et l'enfance, principes de base de la vie humaine*, Séminaire international Michio Kushi: du 2 au 9 juillet 1977, chalets du Rosey, CH 3780, Gstaad, Suisse / organisé par le Centre international Ignoramus, traduit de l'anglais par M. Magarinos, Paris : SODIPE, 1977 [BNF-Pré-R]

Sendy Jean, *Les Cahiers de cours de Moïse*, Paris : Éditions J'ai lu, collection J'ai lu. L'Aventure mystérieuse, n° 245, 1970 [NB] postérieure à 1975

Sendy Jean, *Le Temps messianique*, Paris : Robert Laffont, collection Les Énigmes de l'univers, 1975 [NB]

Sendy Jean, *L'Ère du Verseau: fin de l'illusion humaniste,* Paris : Éditions J'ai lu, collection J'ai lu. L'Aventure mystérieuse, n° 376, 1980 [NB] postérieure à 1975

Sénégas Jacques, *Anatomie générale de l'appareil locomoteur*: Laboratoire d'anatomie de l'Université de Bordeaux II-U.E.R. I, Bordeaux: Éditions Bergeret, 1976 [B-Emprunt] le 20 décembre 1979 et rendu le 23 janvier 1980

Serge Victor, *Naissance de notre force*, Paris : Rieder, 1931 [BNF-Pré-R]

Serge Victor, *Ville conquise*, Paris : Rieder, 1932 [BNF-Pré-R]

Serge Victor, *Les Révolutionnaires. Les Hommes dans la prison*, (préface de Panaït Istrati). *Naissance de notre force. Ville conquise. S'il est minuit dans le siècle. L'Affaire Toulaév. Romans,* Paris : Éditions du Seuil, 1967 [BNF-Pré-R]

Serrus Charles, *Traité de logique*, Paris : Aubier, 1945 [DPB-Isou]

Seuphor Michel, *L'Art abstrait. 1910-1918: origines et premiers maîtres*, Vol. 1, Paris : A. Maeght, 1971 [DPB-Isou]

Shakespeare William, *Œuvres complètes, Le Songe d'une nuit d'été. Henry IV*, tome 7 Traduction de François-Victor Hugo. Eaux-fortes enluminées de Maurice Leroy, Paris, Éditions Arc-en-ciel, 1949-1951 [BNF-Pré-R] [CN]

Shaw Bernard, *La Charrette de pommes, comédie en 3 actes.* Version française par Augustin et Henriette Hamon, Paris : éditions Montaigne ; Fernand Aubier, éditeur, 1930 [B-Emprunt] le 14 août 1980 et rendu le 19 août 1980 [CN]

Shaw Bernard, *L'Homme et le surhomme. Comédie et philosophie. Le Bréviaire du révolutionnaire.* Version française par Augustin et Henriette Hamon. Paris : Aubier, 1931 [B-Emprunt] le 27 mars 1980 et rendu le 4 avril 1980. [BNF-Pré-R] [CN]

Shaw Bernard, *Trois pièces pour puritains. Le Disciple du diable, César et Cléopâtre, la Conversion du capitaine Brassbound.* Version française par Augustin et Henriette Hamon. Paris : Éditions Montaigne ; Fernand Aubier, éditeur, 1935 [B-Emprunt] le 17 mars 1980 et rendu le 27 mars 1980 [CN]

Shaw Bernard, *Androclès et le lion. Défense d'entrer. Pygmalion.* Version française par Augustin et Henriette Hamon. Paris : Aubier, 1938 [B-Emprunt] le 4 avril 1980 et rendu le 5 mai 1980 [CN]

Shaw Bernard, *Mariage.* Version française par Augustin et Henriette Hamon. Paris : Aubier, 1941 [B-Emprunt] le 4 avril 1980 et rendu le 5 mai 1980 [CN]

Shaw Bernard, *Le Dilemme du docteur.* Version française par Augustin et Henriette Hamon. Paris : Aubier, 1941 [B-Emprunt] le 4 avril 1980 et rendu le 5 mai 1980 [CN]

Shaw Bernard, *La Commandante Barbara,* [Suivi de] *Comment il mentit au mari.* Version française par Augustin et Henriette Hamon. Paris : Aubier, 1944 [B-Emprunt] le 4 avril 1980 et rendu le 5 mai 1980. [BNF-Pré-R] [CN]

Shaw Bernard, *La Seconde île de John Bull,* Version française par Augustin et Henriette Hamon. Paris : Aubier, 1945 [B-Emprunt] le 27 mars 1980 et rendu le 4 avril 1980 [CN]

Shaw Bernard, *Genève, pages d'histoire imaginaire en 3 actes.* Version française par Augustin et Henriette Hamon, Paris : Aubier, 1946 [B-Emprunt] le 19 août 1980 et rendu le 3 septembre 1980. [BNF-Pré-R] [CN]

Shaw Bernard, *Retour à Mathusalem, pentateuque métabiologique.* Version française par Augustin et Henriette Hamon. Préface de Jean Rostand, Paris : Aubier, 1959 [B-Emprunt] le 6 août 1980 et rendu le [sans date] [CN]

Shaw Bernard, *Mésalliance. Avec un essai sur les parents et les enfants.* Version française par Augustin et Henriette Hamon. Paris : Aubier, 1950 [B-Emprunt] le 21 juillet 1980 et rendu le 2 août 1980 [CN]

Shaw Bernard, *Mon portrait en seize esquisses.* Version française par Augustin et Henriette Hamon. Paris : Aubier, 1950 [B-Emprunt] le 21 juillet 1980 et rendu le 2 août 1980 [CN]

Shaw Bernard, *Sainte Jeanne, chronique en 6 scènes et un épilogue.* Version française par Augustin et Henriette Hamon. Paris : Aubier, 1949-1951 [B-Emprunt] le 11 juillet 1980 et rendu le 16 juillet 1980 [CN]

Shaw Bernard, *La Dame brune des sonnets. La Première pièce de Fanny.* Version française par Augustin et Henriette Hamon. Paris : Aubier, 1951 [B-Emprunt] le 11 juillet 1980 et rendu le 21 juillet 1980 [CN]

Shaw Bernard, *Trop vrai pour être beau.* Version française par Augustin et Henriette Hamon. Paris : Aubier, 1952 [B-Emprunt] le 11 juillet 1980 et rendu le 16 juillet 1980 [CN]

Shaw Bernard, *La Grande Catherine.* Version française par Augustin et Henriette Hamon. Paris : Aubier, 1952 [B-Emprunt] le 11 juillet 1980 et rendu le 21 juillet 1980 [CN]

Shaw Bernard, *La Maison des cœurs brisés.* Version française par Augustin et Henriette Hamon. Paris : Aubier, 1953 [B-Emprunt] le 11 juillet 1980 et rendu le 16 juillet 1980 [CN]

Shaw Bernard, *La Milliardaire. Avec une préface sur les patrons.* Version française par Augustin et Henriette Hamon. Paris : Aubier, 1953 [B-Emprunt] le 11 juillet 1980 et rendu le 21 juillet 1980 [CN]

Shaw Bernard, *Le Soldat O'Flaherty, croix de Victoria 1915.* Version française par Augustin et Henriette Hamon. Paris : Aubier, 1955 [B-Emprunt] le 21 juillet 1980 et rendu le 2 août 1980 [CN]

Shaw Bernard, *Théâtre complet, tome 2, Pièces plaisantes*, textes français, Lucette Andrieu, Marie Dubost, Anne Villelaur, Paris : l'Arche, 1974 [B-Emprunt] le 10 mars 1980 et rendu le 17 mars 1980 [CN]

Shaw Bernard, *Théâtre complet*. tome 1, *Les Maisons des veufs. Un Bourreau des cœurs. La Profession de madame Warren: pièces déplaisantes*; textes français par Robert Soulat, Paris : L'Arche, 1974 [B-Emprunt] le 8 mars 1980 et rendu le [sans date] [CN]

Signes schémas images, [exposition], 15 janvier-24 février 1988, espace Méditerranée, Acropolis, (introduction par Robert Estivals), Paris : Société de bibliologie et de schématisation, Nice, Éditions Nice Acropolis, 1988 [DPB-Isou]

Skinner Eugene William, Phillips, Ralph Wilbur, *Science des matériaux dentaires*, traduction de Maurice Navarro, avec la collaboration de Jean Navarro, Paris : J. Prélat, 1971 [B-Emprunt] le 4 septembre 1981 et prolongé le 29 septembre 1981 puis rendu le 4 novembre 1981

Simonnot Philippe, *Les Nucléocrates*, Grenoble : Presses universitaires de Grenoble, collection Capitalisme et survie, 1978 [NB]

Simons G.L., *Les Records sexuels*, traduit de l'américain par Sophie Rachline et Farhid Chenoun, Paris : G. Authier, 1978. Sur cette [BNF-Pré-R] il y a une [NB] : pour un autre livre (Desanti)

Sinclair Louis, *Leon Trotsky: a bibliography*, Stanford : Stanford university, Hoover institution press, collection Hoover institution bibliographical series, 1972 [BNF-Pré-R]

Smith David W., University of Washington. Service de pédiatrie, *Le Manuel de pédiatrie par les membres du Service de pédiatrie de la Faculté de médecine de l'Université de Washington*, publié par David W. Smith, Richard É. Marshall, traduit de l'américain par le Dr. Françoise Polge d'Autheville et le Dr. Robert Henri Polge, Paris : Maloine, 1973 [B-Emprunt] le 13 mai 1980 et rendu le 11 juin 1980

Smith John Maynard, *La Théorie de l'évolution*, Paris : Payot, collection Petite bibliothèque Payot, n°30, 1962 [DPB-Isou]

Soula L.-Camille (Dr.), *Précis de physiologie*, Paris : Masson, 1953 [B-Emprunt] le 6 décembre 1971 et rendu le 2 février 1972

Soulié de Morant George, *L'Acupuncture chinoise, la tradition chinoise classifiée, précisée.* Préface du Professeur Paul Mériel et avant-propos du Dr. Marcel Martiny, Paris, J. Lafitte, 1957 [B-Emprunt] le 12 août 1980 et rendu le sans date

Souriau Jean-Marie, *Géométrie et relativité*, Paris : Hermann, 1964 [NB] postérieure à 1971

Souvenirs sur Marx et Engels, traduit du russe par Aleksandr Roudnikov et Robert Rodov ; [préface par l'Institut du marxisme-léninisme près du Comité central du Parti communiste de l'Union soviétique] Moscou, Éditions du progrès; Paris : diff. Messidor, 1982 [DPB-Isou]

Spartito preso: la musica da vedere, [mostra], Firenze, Sala d'arme di Palazzo vecchio, 14 marzo-3 maggio 1981, catalogo a cura di Daniele Lombardi, Firenze : Vallecchi, Collection : Le Carte da Fuoco, n°4., 1981. [JE]

Spiegel Murray R., *Théorie et applications de la mécanique générale*, New York ; Montréal : McGraw-Hill ; Paris : Édiscience, collection Série Schaum, 1972 [NB] postérieure à 1977. [BNF-Pré-R] daté du 18 avril 1978, Place 119

Spindler Henry, *Les nombres structuraux en chimie*, Paris : Hermann, collection Actualités scientifiques et industrielles, 1938 [B-Emprunt] le 30 septembre 1978, vérifié le 30 novembre 1978 et rendu le 5 décembre 1978

Staline Joseph, *Ma vie*, traduit du russe par M. Dorosy-Yzanovitch, Paris : Caractères, 1956, (2 ex.) [DPB-Isou] [CN]

Staline Joseph, *Les Bases du léninisme*, présentation de Patrick Kessel, Paris : Union Générale d'Éditions, collection 10/18, 1969 [DPB-Isou] [CN]

S'Tarcante, *Sexie, ou l'Éloge de la nymphomanie*, London : [s. d.] (cote bnf enfer 1515) [NB]

Stein Gertrude, *Autobiographie de tout le monde*, traduit par Marie-France de Paloméra, Paris : Seuil, collection Fiction et C, 1978 [B-Emprunt] le 16 mai 1981 et rendu le 5 juin 1981

Stendhal, *Histoire de la peinture en Italie*, édition établie par V. Del Litto, Paris : Gallimard, collection Folio Essais, n° 297, 1996 [DPB-Isou] [CN]

Stewart Balfour, *La conservation de l'énergie*, Paris : G. Baillière, collection Bibliothèque scientifique internationale, 1879 [BNF-Pré-R] rose

Stoleru Lionel, *L'Impératif industriel*, Paris : Éditions du Seuil, 1969 [NB] postérieure à 1997 ?

Stoleru Lionel, *L'Équilibre et la croissance économiques, principes de macroéconomie*, Paris : Dunod, 1970 [NB] postérieure à 1997 ?

Stoleru Lionel, France. Économie et finances (Ministère), *Économie et société humaine.* Rencontres internationales du Ministère de l'économie et des finances, [Paris, 20-22 juin 1972] ; préface de Valéry Giscard d'Estaing ; présentation de Lionel Stoléru, Paris] : Denoël, collection Regards sur le monde, 1972 [NB] postérieure à 1997 ?

Strindberg August, *Strindbergs Werke. Deutsche Gesamtausgabe, unter Mitwirkung von Émil Schering als Uebersetzer vom Dichter selbst veranstaltet, VI. Abteilung : 4, Dramaturgie*, München : G. Müller, 1910-1930 [BNF-Pré-R]

Strindberg August, *Théâtre, tome 1. Camarades ["Kamraterna"]. Paria. Devant la mort ["Inför Döden"]. Il ne faut pas jouer avec le feu ["Leka med Elden"]. Le Lien ["Bandet"].*, Paris : L'Arche, 1958 [B-Emprunt] le 21 août 1980 et rendu le 3 septembre 1980

Strindberg August, *Théâtre, tome 2. L'Avent ["Advent"]. Crime et crime ["Brott och Brott"]. Pâques ["Påsk"].*, Paris : L'Arche, 1958 [B-Emprunt] le 21 août 1980 et rendu le 3 septembre 1980

Strindberg August, *Théâtre, tome* 3, *Charles XII. La Reine Christine. Gustave III*, Paris : L'Arche, 1960 [B-Emprunt] le 21 août 1980 et rendu le 3 septembre 1980

Strindberg August, *Théâtre, tome* 4, *La Danse de mort ("Dödsdansen")*, édition intégrale, Paris : L'Arche, 1960 [B-Emprunt] le 21 août 1980 et rendu le 3 septembre 1980

Strindberg August, *Théâtre, tome* 5, *Le Songe ["ett Drömspel"]. Le Hollandais ["Holländaren"]. Les Babouches d'Abou Kassem ["Abu Casems tofflor"]. La Grand'route. ["Stora Handsvaten"].* Pièces traduites par Carl-Gustaf Bjurström et André Mathieu, Paris : L'Arche, 1960 [B-Emprunt] le 3 septembre 1980 et rendu le 10 septembre 1980. [BNF-D] daté du 10 septembre 1980, Place 141. Réponse magasin : manque en place

Strindberg August, *Théâtre, tome 6, Pièces de chambre : Orage ["Oväder"]. La Maison brûlée ["Brända tomten"]. La Sonate des spectres ["Spöksonaten"]. Le Pélican. ["Pélikanen"]. Le Gant noir ["Svarta handsken"]. L'Ile des morts ["Toten-Insel"],* Paris : L'Arche, 1961 [B-Emprunt] le 3 septembre 1980 et rendu le 10 septembre 1980. [BNF-D] daté du 10 septembre 1980, Place 141. Réponse magasin : manque en place

Strindberg August, *Théâtre, tome 7, La Saga des Folkungar. Gustave Vasa*, Paris : L'Arche, 1961 [B-Emprunt] le 3 septembre 1980 et rendu le 10 septembre 1980

Strindberg August, *Théâtre cruel et théâtre mystique*, traduit du suédois par Marguerite Diehl avec une préface et présentation de Maurice Gravier, Paris : Gallimard, 1964 [B-Emprunt] le 10 septembre 1980 et rendu le 11 octobre 1980. [BNF-Pré-R]

Suard Michèle, Praud Brigitte, Praud Lionel, *Éléments de chimie générale*, Paris : Flammarion, 1971 [NB] précisant : « Lu ». Une autre [NB] indique également : « Lu ».

Suire Roger, *Doublez l'intelligence de vos enfants*, Paris : Buchet-Chastel, 1961 non massicoté [DPB-Isou]

Suite extraite d'une suite, images et textes de Andralis, André Bosmans, Pierre Bourgin, Daniel Cointe... [et al.] ; réunis et présentés par Mirabelle Dors et Maurice Rapin, Vélizy-Villacoublay: M. Rapin, 1980. (Recueil de textes extraits des 4 séries de tracts ill. de la Tendance populaire surréaliste, 1957-1978) (dédicacé par Mirabelle Dors et Maurice Rapin) [JE]

Sun Tse, *Les Treize articles*, Éditions préparée par Monique Beuzit, Roberto Cacérès, Paul Maman, Luc Thanassecos, Tran Ngoc An. Tirés de la version Amiot (1772) refondue et augmentée d'après les manuscrits chinois de 812 et 983 après J.-C., Paris : Librairie L'Impensé Radical, 1971 [DPB-Isou]

Sur un achèvement culturel exemplaire, Paris : entreprise 7891, juin 1987 [DPB-Isou]

Swann Peter C., *La Peinture chinoise*. Traduit de l'anglais par Georges Lambin, Paris : Gallimard, collection Idées arts, n°7, 1966 [DPB-Isou]

Swift Jonathan, *Voyages en plusieurs lointaines contrées de l'univers, par Lemuel Gulliver, d'abord médecin, puis capitaine à bord de plusieurs navires. En quatre parties : I. Voyage à Lilliput. II. Voyage à Brobdingnac. III. Voyages à Laputa, Balnibarbi, Luggnagg, Glubbdubdrib et au Japon. IV. Voyages au pays des Houyhnhnms*, traduction d'André Desmond, préface d'Émile Pons et illustrations de Samivel, Paris : Stock, 1945 [BNF-Pré-R]. [FV] [CN]

Swift Jonathan, *Voyages de Gulliver*, traduit et annoté par Jacques Pons d'après l'édition de Émile Pons ; préface de Maurice Pons, Paris : Gallimard, collection Folio, n° 597, 1976 [BNF-Pré-R]. [FV] [CN]

Sydenham Thomas, *Médecine pratique de Thomas Sydenham*, traduite par Augustin-François Jault. *Éssai sur les fièvres, et dissertations sur les maux de gorge gangréneux et la colique de Devonshire*, par Jean Huxam, Paris : au bureau de l'"Encyclopédie", 1835 [B-Emprunt] le 4 mars 1981 et rendu le 14 avril 1981

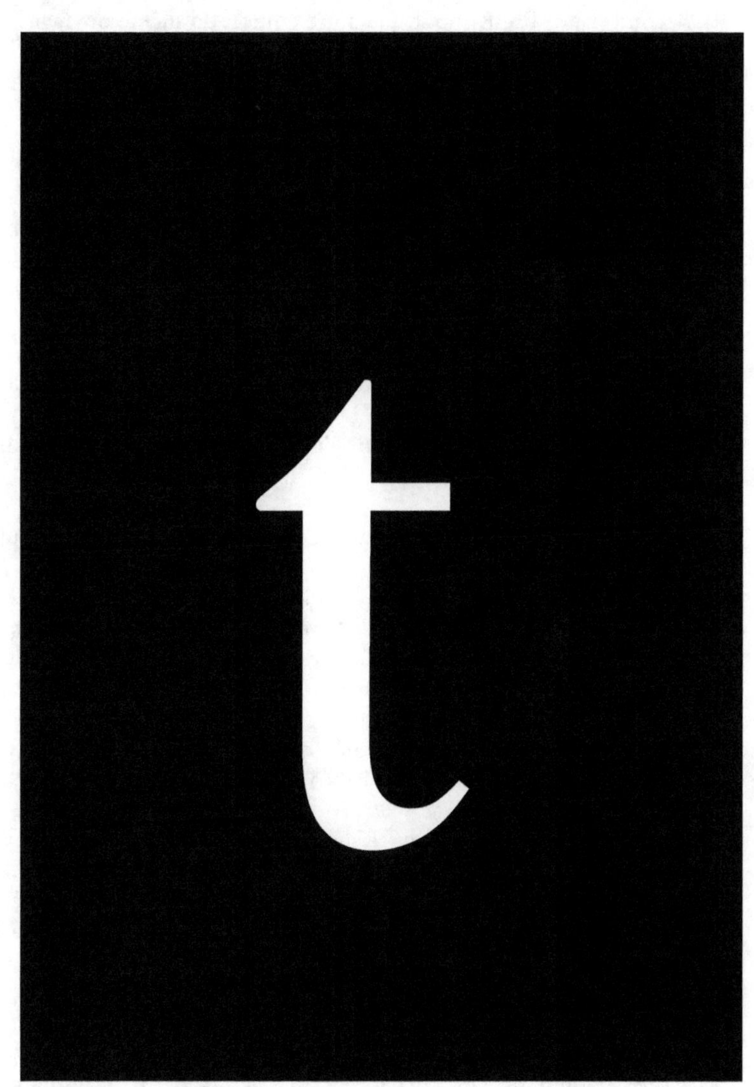

Tacite, *Histoires*, texte établi et traduit par Henri Goelzer. Préface d'Emmanuel Berl, Paris : Livre de poche, collection Le livre de poche, n° 1112-1113, 1963 [BNF-Pré-R]. Second [BNF-Pré-R] pour une autre édition du même ouvrage : Tacite, *Histoires*, texte établi et traduit par Henri Goelzer, tome 2 [Livres 4-5.], Paris : les Belles lettres, 1949. Troisième [BNF-Pré-R] pour cette édition de 1949 : daté du 4 juillet 1986, Place 141

Tadié Jean-Yves, *La Critique littéraire au xxe siècle*, Paris : Pierre Belfond, collection Les Dossiers Belfond, 1987 [DPB-Isou]

Tapie Jean, Faculté de médecine de Toulouse. Clinique médicale, *Les Variations et le destin des maladies, par M. le professeur Jean Tapie, leçon inaugurale faite le 2 mai 1939*, Toulouse : E. Privat, 1940 [BNF-Pré-R]

Tapié Michel, *Del Barocco d'Insiemi*, edito da : d'ars agency, Milano : 1965 [DPB-Isou]

Tapié Michel, Espaces Abstraits, de l'intuition à la formalisation, Milano : Edizioni Galleria d'Arte cortina, Avril 1969 [DPB-Isou]

Tarkos Christophe, *L'Argent*, Romainville: Al Dante, 1999 [DPB-Isou]

Taylor Frederick Winslow, *Études sur l'organisation du travail dans les usines. Première partie : la taille des métaux ; deuxième partie : l'emploi des courroies ; troisième partie : la direction des ateliers*, traduction française de L. Descroix Angers : impr. de Burdin, Publication de la Revue de métallurgie, 1907 [BNF-Pré-R] [CN]

Thomas Louis-Vincent, Luneau René, (choisis, traduits et présentés par) *Les Religions d'Afrique noire.* 2, Paris : Stock, 1981 [NB]

Thomas Louis-Vincent, Luneau René, *Les Religions d'Afrique noire, textes et traditions sacrés*, avec le concours de Jean-Léonce Doneux, Paris : Fayard, Denoël, 1969. (Ouvrage désormais à la réserve centrale des bibliothèques de prêt de la Ville de Paris) (Livre qu'Isou avait demandé à Maria Faustino d'emprunter à la Bibliothèque Malraux le 15 mai 2001, mais qui n'était plus disponible car déjà emprunté à cette date par un autre lecteur)

Thom René, *Paraboles et catastrophes : entretiens sur les mathématiques, la science et la philosophie*, traduits de l'italien par Luciana Berini, Paris : Flammarion, 1985 [DPB-Isou]

Thorwald Jürgen, *Les grands chirurgiens*, traduction de Jean-Jacques Villard, Paris : Presses de la Cité, 1971 [B-Emprunt] le 20 octobre 1980 et rendu le 6 novembre 1980

Thucydide, *La Guerre du Péloponnèse*, T. 1, texte présenté, traduit et annoté par Denis Roussel, Paris : le Livre de poche, n° 1722, 1966 [DPB-Isou]

Thucydide, *La Guerre du Péloponnèse*, T. 2, texte présenté, traduit et annoté par Denis Roussel, Paris : le Livre de poche, n° 1723, 1966 [DPB-Isou]

Thuillier Guy, « La Promotion sociale », Paris : Presses universitaires de France, collection *Que sais je ?* n° 1218, 1966 [DPB-Isou]

Time-Life books, « Le Savant », par David Bergamini, Henry Morgenthau et les rédacteurs de "Life", Amsterdam : Time-life international, 1966 [NB]

Tinbergen Niko, *La Vie sociale des animaux, introduction à la sociologie animale*, traduit de l'anglais par Laurent Jospin, Paris : Payot, collection Petite bibliothèque Payot. Science de l'homme, 1967 [B-Emprunt] le 5 juin 1980 et rendu le 26 juin 1980

Tinbergen Niko, *L'Étude de l'instinct*, traduit par Bernard de Zélicourt et François Bourlière, Paris : Payot, collection Petite bibliothèque Payot, n° 370, 1980 [B-Emprunt] le 23 juin 1981 et rendu le 3 août 1981

Tite-Live, *Histoire romaine de Tite Live*. Tome 3, traduction nouvelle, avec une introduction, des notes et une table historique et géographique, par M. Gaucher, Paris : L. Hachette, 1894 [BNF-Pré-R] du 25 juillet 1986, Place 140. Second [BNF-Pré-R] sans date [CN]

Tite-Live, *Histoire romaine de Tite Live*, traduction nouvelle, avec une introduction, des notes et une table historique et géographique, par M. Gaucher, 4 volumes, Paris : L. Hachette, 1814 [BNF-D] du 7 juillet 1986, Place 141. Réponse magasin : hors d'usage. Il existe une feuille de réponse de la conservation [CN]

Tolstoï Léon, *Résurrection, tome 1 et 2. Première édition intégrale*, traduit par Édouard Beaux, Paris : Gallimard, 1946 [BNF-Pré-R] [CN]

Tolstoï Léon, *Résurrection, tome 1,* préface de Georges Nivat, traduit par Édouard Beaux, Paris : Gallimard, collection Folio, n° 1284, 1981 [BNF-Pré-R] [CN]

Tolstoï Léon, *Résurrection, tome 2,* préface de Georges Nivat, traduit par Édouard Beaux, Paris : Gallimard, collection Folio, n° 1285, 1981 [BNF-Pré-R] [CN]

Tondriau Julien, *L'Occultisme,* Verviers : Gérard et Cie, collection Marabout université, n° 38, 1964 [DPB-Isou]

Torris Georges, *Essai sur l'hominisation : psychologie et biologie,* Paris : Éditions universitaires, collection Psychothèque, n°23, 1973 [NB] : indiquée sur la [BNF-Pré-R] de Geoffroy Saint-Hilaire, 24 octobre 1981, Place 140

Tosi Barbara, *Mondrian, il classici pittura,* n° 17, Roma : Armando Curcio Editore, 1978-1979 [DPB-Isou]

Tout Léonard de Vinci, texte de Giulio Bora, traduit par Simone Darses, Paris : Flammarion, 1981 [DPB-Isou]

Tout Van Gogh, texte de Paul Aletrino, Paris : Flammarion, 1981 [DPB-Isou]

Trémolières Jean, *Biologie générale, tome 1, Bases physico-chimiques de la biologie,* Paris : Dunod, 1969 [B-Emprunt] le 29 juillet 1971 et rendu le 25 octobre 1971

Tresse Arthur, *Théorie élémentaire des géométries non euclidiennes,* tome 1, Paris : Gauthier-Villars, 1957 [NB] postérieure à 1971

Trotsky jugé par Lénine, préface et présentation par M. Olminsky. Lettre de Trotsky à Tchkéidzé et à M. Ouritsky, Paris : Librairie de l'Humanité, 1925 [BNF-Pré-R] avec deux cotes bnf. [CN]

Trotsky Léon, *La Révolution permanente,* Paris : Gallimard, collection Idées, 1964 [DPB-Isou] [CN]

Trosky Léon, *Cours nouveau,* Paris : Union Générale d'Éditions, collection 10/18, 1972 [DPB-Isou] [CN]

Tzara Tristan, *Œuvres complètes. Vol. 1, 1912-1924*; traduction des poèmes roumains par Claude Sernet et Colomba Voronca, Paris : Flammarion, 1975 [DPB-Isou] [CN]

Tzara Tristan, *Lampisteries; (précédées des) Sept manifestes Dada,* avec quelques dessins de Francis Picabia, Paris : Société Nouvelle des Éditions Pauvert, 1985 [DPB-Isou] [CN]

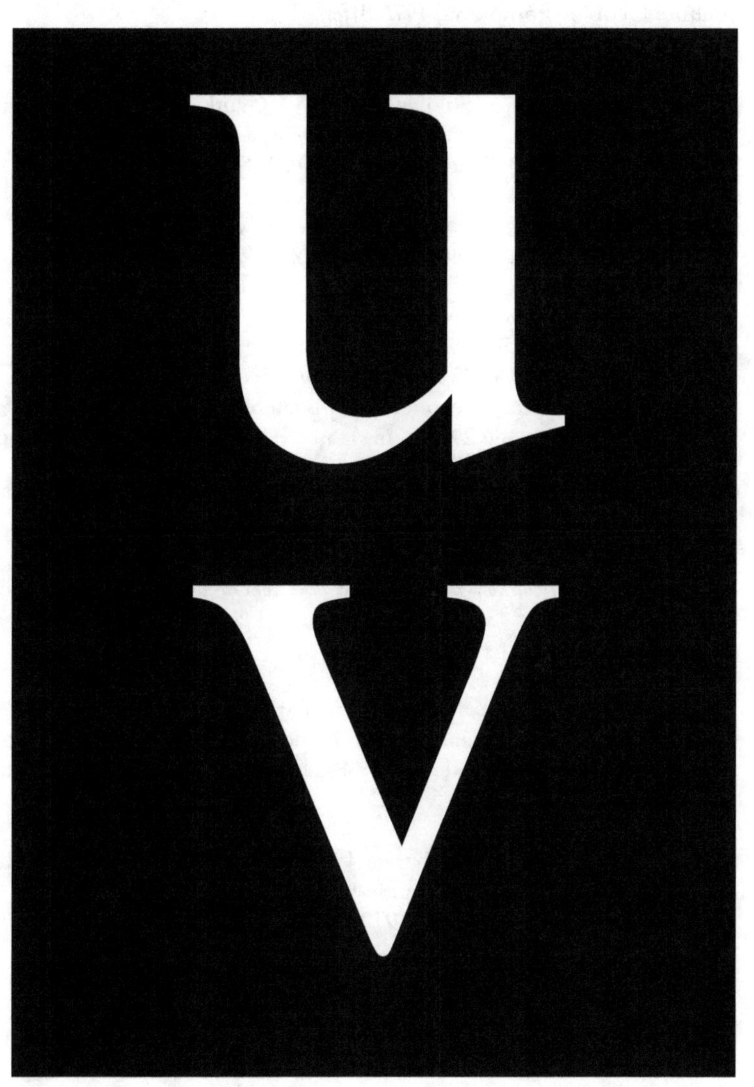
u
v

Une Histoire du cinéma, exposition organisée par le Centre national d'art et de culture Georges-Pompidou, catalogue par Peter Kubelka, Paris : Centre national d'art et de culture Georges-Pompidou, 1976. [JE]

Urbain Georges, *Les notions fondamentales d'élément chimique et d'atome*, publiée sous la direction de Maurice Solovine, Paris : Gauthier-Villars, collection Science et civilisation : collection d'exposés synthétiques du savoir humain, 1925 [NB]. [B-Emprunt] le 5 juin 1980 et rendu le 27 juin 1980.

Vaillat Léandre (1878-1952), *Histoire de la danse*, Paris : Plon, Collection: Ars et historia (sous la dir. de J. et R. Wittmann), 1942. [OG]

Valentin Luc, *Physique subatomique : noyaux et particules*, Paris : Hermann, collection Enseignement des sciences, 1975 [NB] raturée précisant: « Chercher à la maison de la chimie *La Recherche scientifique* ou *Science et Vie* ou rechercher les textes de bose ou des textes sur les bosons ». Seconde [NB] postérieure à 1974 précisant: « à reprendre, je me suis arrêté à la page 299 ». Puis la note a été raturée et il a ajouté en rouge « Lu ». Sur la même note est indiqué : « Chercher deux textes ou livres récents sur les protons et les neutrons ». [B-Emprunt] le 5 septembre 1977 et rendu le 14 octobre 1977. Il existe une fiche Hémicycle 10 datée du 8 juillet 1991

Valéry Paul, *Introduction à la méthode de Léonard de Vinci : 1894*, Paris : Gallimard, collection Idées, n° 54, 1964 [B-Emprunt] le 3 septembre 1980 et rendu le 10 septembre 1980 [CN]

Vallery-Radot René, *La Vie de Pasteur*, Paris : Flammarion, 1946 [B-Emprunt] le 12 août 1980 et rendu le sans date. [NB] postérieure à 1973 précisant: « Lire si j'ai le temps la vie de Pasteur de Valery-Rabot (?) (sic) par plaisir et peut-être nécessité médicale »

Vallery-Radot Pasteur, Hamburger Jean, Lhermitte François, Émile Étienne, Baulieu H., Bricaire Henri Victor, Leprat Jacques, *La Pathologie médicale, volume 10, Glandes endocrines*, Paris : Flammarion, 1972 [B-Emprunt] le 20 décembre 1979 et rendu le 23 janvier 1980

Vallès Jules, *Le bachelier*, chronologie et préface par Émilien Carassus, Paris : Garnier-Flammarion, collection Garnier-Flammarion. Texte intégral, n° 221, 1970 [NB]

Van Bever Adolphe, Léautaud Paul, *Poètes d'aujourd'hui. Morceaux choisies accompagnés de notices biographiques et d'un essai de bibliographie*, tome I, II et III, nouvelle édition corrigée et augmentée, Poitiers, Paris : Mercure de France, 1930 [BNF-Pré-R]

Van der Meersch Maxence, *Pourquoi j'ai écrit "Corps et âmes"*, Paris : Albin Michel, 1956 [NB] postérieure à 1976

Vaneigem Raoul, *Traité de savoir-vivre à l'usage des jeunes générations*, Paris : Gallimard, 1967 [DPB-Isou]

Van Seters Frits, *Le Guide Marabout des échecs*, Verviers : Gérard ; Paris : collection Marabout service, n° 189, 1972 [DPB-Isou]

Van Ussel Jos, *Histoire de la répression sexuelle*, traduit de l'allemand par Catherine Chevalot, Paris : Robert Laffont, 1972 [NB] postérieure à 1977

Varga Jeno (Evgenii Samouilovitch), Mendelsohn L., Vladimir Iliitch Lénine, *L'Impérialisme, stade suprême du capitalisme. - E. Varga et L. Mendelsohn. Données complémentaires à "L'Impérialisme" de Lénine*, Paris : Éditions sociales, 1950 [BNF-Pré-R]

Varga Evgenii Samouilovitch, *Essais sur l'économie politique du capitalisme*, Moscou : Éditions du Progrès, 1967 [DPB-Isou]

Vasilesco Florin, *La notion de capacité*, Paris : Hermann, collection Actualités scientifiques et industrielles, 1937 [NB]

Vasilesco Florin, *La notion de point irrégulier dans le problème de Dirichlet*, Paris : Hermann, collection Actualités scientifiques et industrielles, 1938 [B-Emprunt] le 30 septembre 1978, vérifié le 30 novembre 1978 et rendu le 5 décembre 1978

Vassiliev Mikhail, Stanioukovitch Kirill, *L'Univers des sept éléments*, traduit du russe par Marc Bodin, Moscou : Éditions de la Paix, 1968 [NB]

Veraldi Gabriel, *Longévité et immortalité*, Genève : Vernoy : Idégraf : diffusion ICED, 1981 [DPB-Isou]

Verdet Jean-Pierre, *Le Ciel, ordre et désordres*, Paris : Gallimard, collection Découvertes Gallimard : traditions n° 26, 1987 [DPB-Isou]

Verlaine Paul, *Œuvres en prose complètes*, texte établi, présenté et annoté par Jacques Borel, Paris : Gallimard, collection Bibliothèque de la Pléiade, n° 239, 1972 Hémicycle 10

Verne Jean, *L'Histologie*, Paris : Presses universitaires de France, collection Que sais-je?, n° 1228, 1974 [B-Emprunt] le 31 juillet 1979 et rendu le sans date

Verriest Gustave, *Introduction à la géométrie non euclidienne par la méthode élémentaire*, Paris : Gauthier-Villars, 1951 [NB] postérieure à 1971 précisant : « Bien fait ».

Victor Brauner: poème de René Char, exposition 4 avril-18 mai 1963, Galerie le Point cardinal, Paris : Le Point cardinal, 1963. [JE] [CN]

Vidal Jordi, Lallement Jimmy, *La Raison dans l'histoire*, Paris : Fondation pour le dépassement de l'économie préhistorique, 1er trimestre 1975 [DPB-Isou]

Vigny Alfred de, *Servitude et grandeur militaires*, texte établi, annoté et précédé d'une introduction par Alphonse Bouvet, Paris : Éditions de Cluny, collection Bibliothèque classique de Cluny, n° 57, 1948 [BNF-Pré-R]

Vigny Alfred de, *Servitude et grandeur militaires*, préface de Jacques Perret ; Notices et notes de Renaud Matignon, Paris : le Livre de poche, collection Le Livre de poche, n° 1515, 1965 [BNF-Pré-R]

Vigny Alfred de, *Cinq-Mars, ou Une conjuration sous Louis XIII*, avec une introduction et des notes par Maxime Revon, Paris : Garnier frères, 1936 [BNF-Pré-R]

Vigny Alfred de, *Cinq-Mars,* préface de Jean Roudaut ; notices et notes d'Annie Picherot, Paris : le Livre de poche, collection Le Livre de poche classique, n° 2832, 1970 [BNF-Pré-R]

Villey Daniel, Nême Colette, *Petite histoire des grandes doctrines économiques*, [S.l.] : M.-Th. Génin ; Paris : Litec, 1996 [DPB-Isou]

Virgile, *L'Énéide,* traduction, chronologie, introduction et notes, par Maurice Rat, Paris : Garnier-Flammarion, 1965 [BNF-Pré-R]. Second [BNF-Pré-R]:Virgile, *L'Énéide,* cote correspond à 16- YC- 19 (1) et (2), non cataloguée [CN]

Visuel, Rivista di informazione cinematografica, « Dossier Aspetti del cinema sperimentale francese, Primi visioni a Cannes », Centre culturel franco-italien, Centre de documentation audiovisuelle ; directeur responsable Angelo Schwarz, Torino : Studioforma, 1983. [JE]

Voilquin Jean (traduction et préface de), *Les penseurs grecs avant Socrate, de Thalès de Millet à Prodicos*, Paris : Garnier-Flammarion 1964 [DPB-Isou]

Volta Ornella, *La Piste rouge: Italia 69-72*, textes adaptés de l'italien et présentés par Ornella Volta, Paris : Union Générale d'Éditions, collection 10/18, 1973 [DPB-Isou]

Vom Aussehen der wörter (De l'apparence des mots), visuelle poésie/ notationen, Kunstmuseum Hannover mit Sammlung Sprengel, 14 november bis 7 dezember 1980, 1980 [DPB-Isou]

V sélections, rédacteur en chef G.-H. Gallet, Paris : SOTEPE, été 1956 [DPB-Isou]

V sélections, rédacteur en chef G.-H. Gallet, Paris : SOTEPE, été 1957 [DPB-Isou]

V sélections, rédacteur en chef G.-H. Gallet, Paris : SOTEPE, hiver 1958 [DPB-Isou]

V sélections, rédacteur en chef G.-H. Gallet, Paris : SOTEPE, été 1958 [DPB-Isou]

V sélections, rédacteur en chef G.-H. Gallet, Paris : SOTEPE, hiver 1960 [DPB-Isou]

V sélections, rédacteur en chef G.-H. Gallet, Paris : SOTEPE, hiver 1961 [DPB-Isou]

wx
yz

Waldberg Michel, *Gurdjieff*, Paris : Seghers, collection La Table d'émeraude, 1973 [NB] postérieure à 1978

Walford Roy L. (Dr.), *La Vie la plus longue*, traduit de l'américain par Jean-Daniel Katz, Paris : Robert Laffont, collection La Fontaine des sciences, 1984 [DPB-Isou]

Walpole Horace, *Le Château d'Otrante*, traduction nouvelle de Francis Ledoux ; avec 12 gravures inédites de Salvador Dali, Paris : Club français du livre, 1964 [B-Emprunt] le 27 avril 1981 et rendu le 11 avril 1981

Walras Léon, *Éléments d'économie politique pure, ou Théorie de la richesse sociale*, Paris : R. Pichon et R. Durand-Auzias ; Lausanne : F. Rouge, 1926. Feuille bnf département des imprimés datée du 29 avril 1986 « reproduction d'urgence à redemander dans 1 semaine salle de consultation des microformes, à votre nom ». [BNF-D] daté du 26 avril 1986, Place 140. Réponse magasin : « hors d'usage ». [BNF-D] daté du 6 mai 1986, Place 140. Réponse magasin : « hors d'usage ». [BNF-D] du 1er juillet 1986, Place 140. Réponse magasin : voir microfiche n 22682. [BNF-D] daté du 11 décembre 1986, Place 140. Réponse magasin : « hors d'usage ». [BNF-Pré-R] pour une autre édition : Walras Léon, *Éléments d'économie politique pure ou Théorie de la richesse sociale*, Paris : Librairie générale de droit et de jurisprudence, 1976 [CN]

Walras Léon, *De la Nature de la richesse et de l'origine de la valeur.* Reproduction en fac-sim de l'édition d'Évreux, Ancelle, 1931, Genève ; Paris : Slatkine, 1984 [BNF-Pré-R] [CN]

Wanty Émile, *L'Art de la guerre, T. 3, De la Seconde guerre mondiale à la stratégie nucléaire*, Verviers ; Paris : Gérard et Cie : l'Inter, collection Marabout université, n° 151, 1968 [DPB-Isou]

Watzlawick Paul, Helmick Beavin Janet, Jackson Don D, *Une Logique de la communication*, traduit de l'américain par Janine Morche, Paris : Éditions du Seuil, 1972 [B-Emprunt] le 1er septembre 1979 et rendu le 29 septembre 1979

Weill Jean-Pierre, *Guide de l'hépatique*, Paris : C. Massin, collection Pour se bien porter, 1969 [B-Emprunt] le 1er décembre 1979 et rendu le 20 décembre 1979

Weisgerber Jean (dir.), *Les avant-gardes littéraires au XX ème siècle*, publié par le Centre d'étude des avant-gardes littéraires de l'université de Bruxelles, Volume I, Histoire, Budapest : Akadémiai Kiadó, 1984 [DPB-Isou]

Weisgerber Jean (dir.), *Les avant-gardes littéraires au XX ème siècle*, publié par le Centre d'étude des avant-gardes littéraires de l'université de Bruxelles, Volume II, Théorie, Budapest : Akadémiai Kiadó, 1984 [DPB-Isou]

Welter Gustave, *Histoire de Russie*, 4e édition mise à jour, Paris : Payot, collection Petite bibliothèque Payot, n°51, 1970 [DPB-Isou]

Werner E. (pseud. de Elisabeth Bürstenbinder), *Vineta*, roman allemand traduit par Camille Valdy, Paris : Hachette et Cie, 1885 [DPB-Isou]

Willy A. (pseud., Dr), Jamont J., *La Sexualité*, T. 1, un dossier rassemblé par le Dr Willy et C. Jamont. Textes anglais traduits par Anne Catherine Stier et Georges Vertut. Verviers : Gérard et Cie, collection Marabout université, n°59, 1964 [DPB-Isou]

Willy A. (pseud., Dr), Jamont J., *La Sexualité*, T. 2, un dossier rassemblé par le Dr Willy et C. Jamont. Textes anglais traduits par Anne Catherine Stier et Georges Vertut. Verviers : Gérard et Cie, collection Marabout université, n°60, 1964 [DPB-Isou]

Williams William Carlos, *Poèmes*, préfacés et traduits de l'anglais par William King, Paris : Pierre Seghers, 1963 [DPB-Isou]

Wittgenstein Ludwig, *Tractatus logico-philosophicus*, traduit de l'allemand par Pierre Klossowski ; introduction de [Lord] Bertrand Russell ; notes d'Aimé Patri, Paris : Gallimard, collection Idées, n° 264, 1972 [BNF-D] daté du 24 janvier 1986, Place 140. Réponse magasin : manque en place

Wolman Joseph, *Résumé des chapitres précédents*, Paris: Editions Spiess, 1981. [JE]

Wurtz Adolphe, *Dictionnaire de chimie pure et appliquée : comprenant : la* chimie *organique et inorganique, la* chimie appliquée *à l'industrie, à l'agriculture et aux arts, la* chimie *analytique, la* chimie *physique et la minéralogie*. 3 volumes, avec la collaboration de Jules Bouis, Eugène Caventou, Philippe de Clermont, [*al.*], Paris : Hachette, 1882 [NB]

Xénophon, *La Constitution de Sparte*; texte établi et traduit par François Ollier. [Suivi de] Aristote, *La Constitution d'Athènes*; texte établi et traduit par Georges Mathieu et Bernard Haussoulier ; présentation de Dominique Colas, Paris : Gallimard, collection Tel, n° 275, 1996 [DPB-Isou]

Ziemke Earl Frederick, *La Chute de Berlin, la fin du IIIe Reich*, introduction de Barrie Pitt. Traduit par le lieutenant-colonel Maurice Parlongue, Verviers : Gérard et Cie ; Paris : l'Inter, collection Marabout. Histoire illustrée de la Seconde Guerre mondiale, n° 5, 1970 [DPB-Isou]

Zissu Roland, Guillaume Michel, *Manuel de médecine homéopathique : principes et méthodes, matière médicale*, Paris : Doin, 1977 [B-Emprunt] le 14 août 1980 et rendu le 3 septembre 1980

Zola Émile, *Œuvres complètes*, tome 10, [Œuvres critiques I]; édition établie sous la direction de Henri Mitterand ; Préfaces de Claude Bonnefoy, Michel Butor, Auguste Dezalay et Henri Mitterand ; [Notices et notes d'Auguste Dezalay, Henri Mitterand et Henri Weinberg], Paris : Cercle du livre précieux, 1968 [BNF-Pré-R] 29 janvier 1986, Place 141 [CN]

Zollinger Hans Ulrich, *Abrégé d'anatomie pathologique, volume 1, Pathologie générale*, traduction de la 2e édition allemande par P. de Saint-Maur et Charles Tousch, Paris : Masson et Cie, 1970-1971 [B-Emprunt] (erreur date) le 24 août 1979 et rendu le 28 juillet 1979. [NB] postérieure à 1978

Zollinger Hans Ulrich, *Abrégé d'anatomie pathologique, volume 2, Pathologie spéciale*, traduction de la 2e édition allemande par P. de Saint-Maur et Charles Tousch, Paris : Masson et Cie, 1970-1971 [B-Emprunt] (erreur date) le 24 août 1979 et rendu le 28 juillet 1979 [NB]: postérieure à 1978

Zürn Unica, *L'homme-jasmin: impressions d'une malade mentale,* traduit de l'allemand par Ruth Henry et Robert Valançay ; préface d'André Pieyre de Mandiargues, Paris : Gallimard, 1971 [DPB-Isou]

Description of documents
Description des documents

1. Declaration form (green) printed by the department of books of the Bibliothèque nationale de France completed by Isidore Isou dated 5 August 1986. He occupied the seat 139. The application has been processed by the Conservative and the reply said that the book in question was not in place. Bulletin (vert) du département des imprimés de la Bibliothèque nationale de France rempli par Isidore Isou en date du 5 août 1986. Il occupait la place 139. La demande a été traitée par le conservateur et le magasin a répondu que le livre en question n'était pas en place.

2. Bulletin of the Department of books of the Bibliothèque nationale de France pre-filled by Isidore Isou to consult a book. Bulletin du département des imprimés de la Bibliothèque nationale de France pré-rempli par Isidore Isou en vue de consulter un ouvrage.

3. Bulletin of the Department of books of the Bibliothèque nationale de France for loan to the library staff. The bulletin states that Isidore Isou had borrowed the book on October 25, 1971 and that he returned it on 2 February 1972. Bulletin du département des imprimés de la Bibliothèque nationale de France pour le prêt au personnel de la bibliothèque. Le bulletin stipule qu'Isidore Isou a emprunté le livre le 25 octobre 1971 et l'a rendu le 2 février 1972.

4. Declaration form (bulletin) by department of books of the Bibliothèque nationale de France, which states that the consultation of the book is made in the "hémicycle" on 14 November 1988. Fiche du département des imprimés de la Bibliothèque nationale de France qui stipule que la consultation de l'ouvrage s'est faite dans l'hémicycle le 14 novembre 1988.

5. Bulletin of the Department of books of the Bibliothèque nationale de France for loan to the library staff. The bulletin states that Isidore Isou had borrowed the book by Matthews on September 13, 1978 and was returned on 29 September 1978. Bulletin du département des imprimés de la Bibliothèque nationale de France pour le prêt au personnel de la bibliothèque. Le bulletin stipule qu'Isidore Isou a emprunté le livre de Matthews le 13 septembre 1978 et l'a rendu le 29 septembre 1978.

6. Bibliographic reference written on a sheet of requests to reproduce with emergency for the department of books of the National Library. Notices bibliographiques sur une feuille de demande de reproduction d'urgence au département des imprimés de la bibliothèque nationale.

7. Bibliographic references on loose page from a school notebook as it was in the apartment of Isidore Isou. Notices bibliographiques sur fragment de papier de cahier d'écolier telles qu'elles se trouvaient dans l'appartement d'Isidore Isou.

8. Bibliographic references on loose page from a magazine as it was in the apartment of Isidore Isou. Notices bibliographiques sur fragment de magazine telles qu'elles se trouvaient dans l'appartement d'Isidore Isou.

Documents from the archives
Documents d'archives

-5.08.1986-12h30 01340

PLACE OCCUPÉE
139

DATE : 5 août 1986

DEMANDE

COTE [16° Z. 9516

TOMAISON/ANNÉE/SÉRIE
des périodiques et collections :

AUTEUR : Baudelaire

TITRE :
Oeuvres complètes

DATE DE PUBLICATION :

LECTEUR

NOM : GOLDSTEIN Isidore
(en capitales)

ADRESSE ACTUELLE : 42, rue St. André des Arts
Paris (6e)

RÉPONSE DES MAGASINS

☐ Communiqué à vous-même le :
☐ Communiqué le :
A consulter à :

Voir : microfiche : ☐ microfilm : ☐ usuel : ☐

☐ Cote à compléter
☐ Cote à revoir
☐ A la micrographie
☐ A la reliure
☒ Manque en place
☐ Absence constatée
☐ Hors d'usage

A 43941

DÉPARTEMENT DES IMPRIMÉS
BULLETIN A UTILISER POUR LES PLACES 1 A 180

PLACE OCCUPÉE

DATE :

DEMANDE

COTE [8°Ln10. 321 A

TOMAISON/ANNÉE/SÉRIE
des périodiques et collections :

AUTEUR : Robert Rey

TITRE : Quelques satellites de Watteau

DATE DE PUBLICATION :

LECTEUR

NOM :
(en capitales)

ADRESSE ACTUELLE :

RÉPONSE DES MAGASINS

☐ Communiqué à vous-même le :
☐ Communiqué le :
A consulter à :

Voir : microfiche : ☐ microfilm : ☐ usuel : ☐

☐ Cote à compléter
☐ Cote à revoir
☐ A la micrographie
☐ A la reliure
☐ Manque en place
☐ Absence constatée
☐ Hors d'usage

BTIPA 43941

25·10·71 13H30 001583

Rendu J. Brun 2·II·72

DÉPARTEMENT DES IMPRIMÉS

Prêt au personnel de la Bibliothèque

SOUCHE A LAISSER DANS LE VOLUME

OUVRAGE DEMANDÉ

COTE : 8° Z. 29358 (3)

TOMAISON :

AUTEUR : François Perroux

TITRE : La Valeur

EMPRUNTEUR

TÉLÉPHONE B.N.	DATE
DAN. 50 98	25 Oct. 71
SERVICE	NOM
	Goldstein Ison

ITANTES ET TABLEAU DES "RÉPONSES"

HÉMICYCLE 12

NOM DU LECTEUR
(en capitales)

AUTEUR : Allen Ginsberg

TITRE : Howl and other poem

DATE DE PUBLICATION :

FORMAT : ● Le format doit aussi figurer plus bas, dans la cote, lorsqu'il précède dans le catalogue la lettre de série

COTE (1) : 16° YK. 1494

DATE : TOMAISON :
(des periodiques et collections)

(1) Reproduire exactement toutes les indications données dans le crochet carré dans les catalogues.

DÉPARTEMENT DES IMPRIMÉS
PRÊT AU PERSONNEL DE LA BIBLIOTHÈQUE

DATE : 13 Sept 1978 SERVICE ☐ PERSONNEL ☐
(Cocher la case intéressée)

SOUCHE A LAISSER AU FICHIER DU PRÊT

DEMANDE

COTE : 8°R. 72784

TOMAISON OU ANNÉE
des périodiques et collections :

AUTEUR : P. T. Matthews

TITRE : Introduction à la mécanique quantique

DATE DE PUBLICATION :

FORMAT :
Le format doit aussi figurer dans la cote lorsqu'il précède la lettre de série, il est indispensable pour les lettres L. N. O. P. T.

EMPRUNTEUR

NOM :
(en capitales) Goldstein

SERVICE : TÉLÉPHONE B.N. :

RENDU

RÉPONSE DES MAGASINS

Communiqué à vous-même le :
Communiqué le :
Absence constatée en : 29. 9. 78
A consulter à :
Voir :
Autres réponses :

☐ Cote à compléter
☐ Cote à revoir
☐ Manque en place
☐ Reliure
☐ Hors d'usage

IMP. L. SENAULT & Cie - PARIS

BIBLIOTHEQUE NATIONALE

DEPARTEMENT DES IMPRIMES

NOM du lecteur (en capitales) : ISIDORE ISOU GOLDSTEIN

Références de l'ouvrage

COTE : 8°R. 33775

AUTEUR : Léon Walras

TITRE : Éléments d'économie politique pure

DATE : éditée en 1926

PARTIE A REMPLIR PAR LE LECTEUR

PARTIE A REMPLIR PAR LE SERVICE DE LA CONSERVATION

Date : 29. IV. 86

☐ Autorisation pour <u>une</u> consultation à l'hémicycle sans photocopie.

☐ L'état du volume interdit toute communication, même exceptionnelle.

☐ En cours de traitement.

☒ Reproduction d'urgence - à redemander dans 1 semaine
Salle de consultation des microformes, à votre nom.

☐ Voir :

Le Conservateur :

B

…matiques)

Historien des sciences

… Histoire des mathématiques 1758

x/ Laslo Legeza Magie du Tao Ed. du Chêne 1976

x Philippe Simonnet Les nucléocrates ~~Ed~~ Press Universitaires de Grenoble 1978

x John Kenneth Galbraith Le Nouvel Etat industriel NRF 19…

x/ René Miguel Vie des milliardaires Ed. Fournier ~~Valdès~~ Valdès 1…

x/ Sambrelson Economique 2 Tomes Albert Colin

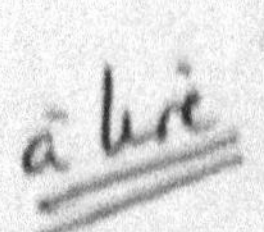

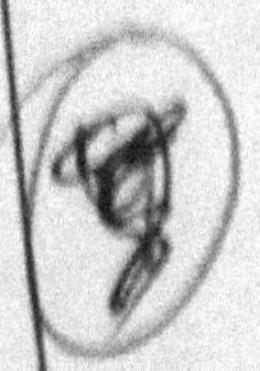

(1) L'hypothèse des quarks fut proposée en même temps et indépendamment par M. Gell-Mann et G. Zweig, en 1963. En 1956, S. Sakata avait proposé des particules analogues aux quarks, mais de charge entière.

(2) On pourra consulter par exemple, pour des mises au point récentes, les derniers numéros des *Physics Reports*, ainsi que les cours d'écoles d'été suivants : *Proceedings of the 1976 CERN school of physics, Wepion*, CERN 76-20, et *les Quarks, école d'été de physique des particules, Gif-sur-Yvette, 1976*, IN_2P_3, Paris, 1977.

(3) M. Gourdin, *la Recherche* n° 21, p. 243, mars 1972 ; M. Paty, n° 56, mai 1975, p. 466 ; n° 75, fév. 1977, p. 165.

(4) O.M. Bilaniuk, J.M. Boccio, *la Recherche* n° 40, p. 1037, déc. 1973.

(4 *bis*) Au moment de remettre cet article à la revue, nous apprenons

Qui
dans
ment
physi
bouc
(« Thr
Mais
par ce
pureme
doutait
la féc
devent
pondan
cette a
qu'est la
tale du
Car il
d'hui de
niers avai
les atomes
leur nom,
leurs const
particuliers
taires » qui
et qui semb
quarks, juste

Pourtant, si
tes les mieux
mettre d'affirm
quarks dans
ceux-ci paraiss
ler. Quel est
sous-particules
d'hui ? Peut-êt

Books and annotations
Les livres et les annotations

L'inventaire de la bibliothèque d'Isidore Isou, au relevé précis mais parfois austère, est illustré par de nombreuses reproductions (couvertures de livre, pages annotées, feuillets épars, etc.), rendant compte de la complicité de l'écrivain avec sa bibliothèque, reprise, annotée, manipulée et dépouillée, et d'une volonté tenace d'y associer sa propre écriture pour s'approprier les objets-livres. Au vu de l'ampleur du Fonds, il était impossible de reproduire l'ensemble du corpus, mais leur présence parcellaire souhaite donner envie au lecteur d'aller voir la bibliothèque (livres et manuscrits), si d'aventure elle devait être un jour consultable dans un Fonds patrimonial. Le choix des reproductions a été essentiellement arbitraire, sans hiérarchie de valeurs, pour respecter aussi la constitution éparse, au fil des jours, des archives d'Isidore Isou qui étaient entreposés en l'état dans l'appartement depuis sa disparition en 2007. Ces différentes reproductions, publiées avec l'autorisation de Catherine Goldstein que nous remercions chaleureusement, nous permettent de constater comment et combien Isidore Isou écrit à même le livre : sur une page laissée vierge, dans la marge, ou annotant abondamment des passages, ou encore en en barrant d'autres pour consigner des projets, des anecdotes, etc. Il faut souligner la nature très diverse des annotations manuscrites, de simples notes à des réflexions ou commentaires étoffés, également des essais de lettres, tel un entretien avec un absent ou un destinataire futur et inconnu. Les notes de l'écrivain constituent aussi la collecte qu'il effectue pour ses propres études. Le style, selon la nature des annotations, est plus prompt, libre, parfois familier, en cela différent de celui de ses propres livres. S'adjoignent à ces reproductions, celles des feuilles manuscrites et des bulletins de prêts annotés et classés selon les disciplines, qui permettent de préciser la temporalité de ses lectures et de ses recherches. Cette bibliothèque de fragments témoigne d'un usage actif de la lecture et de la pratique de l'écrivain, qui annote, souligne, rature, remplit les espaces vierges, etc., et constitue, en filigrane, un matériau initial de sa propre création. En d'autres termes, les théories lettristes d'Isidore Isou sont donc le fruit d'une infatigable recherche que l'inventaire de la présente bibliothèque met enfin en lumière.

LA REVOLTE DES JEUNES

ALFRED SAUVY

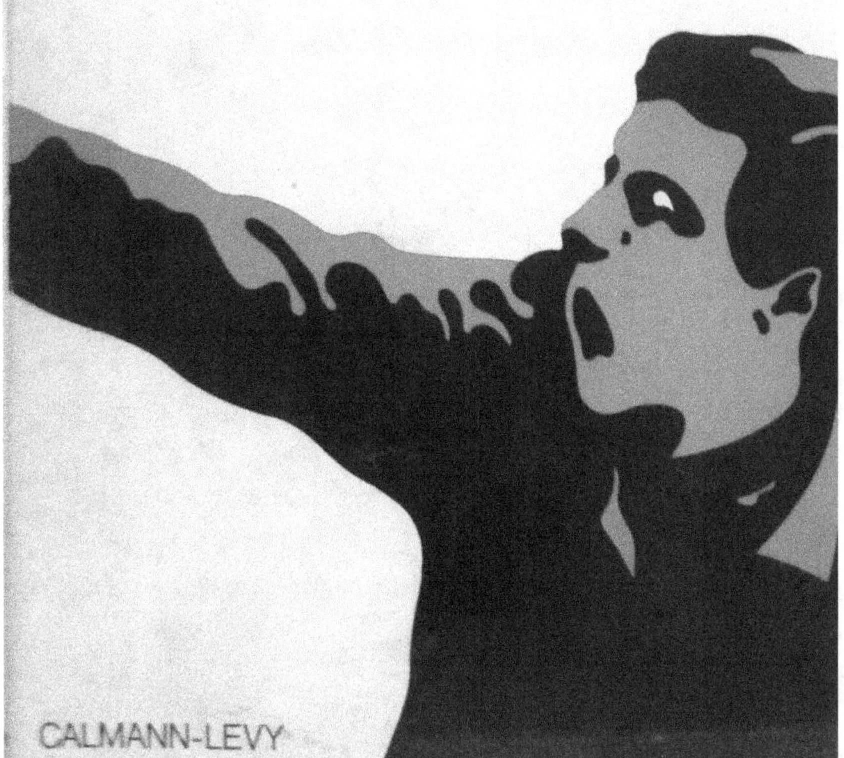

M. Sauvy, qui est une
nullité partout, et un escroc
même en statistique car
il ne connait pas la place des éléments
donnés et constitués ni les par
les formes ni la place des chiffres
qu'il obtient par rapport à ces
rapports. Il a l'impression
que les chiffres postérieurs doivent
dominer les facteurs et
les rapports découverts
intuitif et expérimental par un contact avec
une autre réalité que celle
de la statistique

sigmund freud

essais
de psychanalyse
appliquée

idées nrf

Écrire un texte sur
les flammes insuffisants:
c'est parceque les

Les traductrices se sont servies des textes contenus dans le Xe volume des *Gesammelte Schriften* (*Œuvres complètes*) de Sigmund Freud, paru en 1924 à l'« Internationaler Psychoanalytischer Verlag », Leipzig, Vienne, Zurich.

Les traductions du *Moïse* de Michel-Ange, d'*Une névrose démoniaque au XVIIe siècle* et du *Thème des trois coffrets* ont paru une première fois dans la *Revue française de Psychanalyse* (Paris, Doin, 1927, t. I, fasc. 1, 2 et 3).

Elles ont été ici reprises et revues.

gens ne savent pas se
tuer, ni mourir sans
souffrir, et ils veulent
faire bien et font mal
Il ne faut pas se moquer
d'eux, mais les aider à
vivre ou à mourir

102 *Essais de psychanalyse appliquée*

l'ingratitude, dont il avait sans doute ressenti lui-même les morsures, et que l'effet de la pièce repose sur la simple forme artistique dont il l'a revêtue, voilà qui ne remplace pas la compréhension à laquelle nous parvenons en estimant à sa valeur le thème du choix entre les trois sœurs.

Lear est un vieillard. Nous l'avons dit : c'est à cause de son âge que les trois sœurs sont présentées comme ses filles. La relation de père à enfants, d'où pourraient découler tant de fructueuses inspirations dramatiques, le poète ne s'en sert plus au cours du drame. Mais Lear n'est pas seulement un vieillard, c'est aussi un mourant. La proposition si extraordinaire du partage de l'héritage perd ainsi toute son étrangeté. Cependant cet homme voué à la mort ne veut pas renoncer à l'amour de la femme, il veut se faire dire à quel point il est aimé. Qu'on se reporte ensuite à l'émouvante scène dernière, l'un des sommets du tragique dans le drame moderne : Lear porte le cadavre de Cordélia sur la scène. Cordélia, c'est la Mort. En retournant la situation, celle-ci nous apparaît compréhensible et familière. C'est la déesse de la Mort qui emporte du terrain du combat le héros mort, comme la Valkyrie de la mythologie germanique. La sagesse éternelle drapée dans le vêtement du mythe antique conseille au vieil homme de renoncer à l'amour, de choisir la mort, de se familiariser avec la nécessité de mourir.

Le poète nous permet de toucher du doigt le thème antique en faisant opérer le choix entre les trois sœurs par un homme vieilli et mourant. L'élaboration régressive qu'il entreprend ainsi du mythe, altéré par les déformations du désir, en laisse transparaître le sens primitif au point que même une interprétation superficielle et allégorique des trois figures féminines du thème nous devient possible. On pourrait dire que ce sont les trois inévitables relations de l'homme

Le thème des trois coffrets 103

à la femme qui sont ici représentées : voici la génératrice, la compagne et la destructrice. Ou bien les trois formes sous lesquelles se présente, au cours de la vie, l'image même de la mère : la mère elle-même, l'amante que l'homme choisit à l'image de celle-ci et, finalement, la Terre-Mère, qui le reprend à nouveau. Mais le vieil homme cherche vainement à ressaisir l'amour de la femme tel qu'il le reçut d'abord de sa mère ; seule la troisième des filles du Destin, la silencieuse déesse de la Mort, le recueillera dans ses bras.

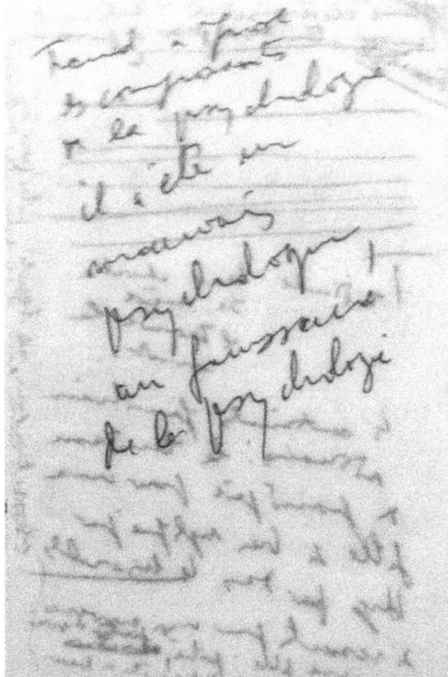

QUELQUES TYPES DE CARACTÈRE DÉGAGÉS PAR LA PSYCHANALYSE[1]

Quand un médecin entreprend le traitement psychanalytique d'un névrosé, son intérêt ne se porte nullement en première ligne sur le caractère de celui-ci. Il préférerait savoir ce que signifient les symptômes de ce névrosé, quelles pulsions instinctives se dissimulent derrière ceux-ci et se satisfont grâce à eux, et par quelles étapes a passé la voie mystérieuse allant de ces désirs instinctifs à ces symptômes. Mais la technique que le médecin est obligé de suivre le force bientôt à orienter avant tout son besoin de savoir vers d'autres objets. Il voit son investigation menacée par des résistances que le malade oppose et c'est au caractère du malade qu'il doit attribuer ces résistances. Ce caractère acquiert alors le premier droit à son intérêt.

Ce qui s'oppose aux efforts du médecin, ce ne sont pas toujours les traits de caractère que le malade se reconnaît à lui-même ou qui lui sont attribués par son entourage. Souvent certaines manières d'être du malade, dont il ne semblait que modérément pourvu, se manifestent, élevées à une puissance insoupçonnée, ou bien il adopte des attitudes qui

1. Paru d'abord dans *Imago*, (IV 1915-1916), ensuite dans la quatrième série de la *Sammlung kleiner Schriften zur Neurosenlehre*.

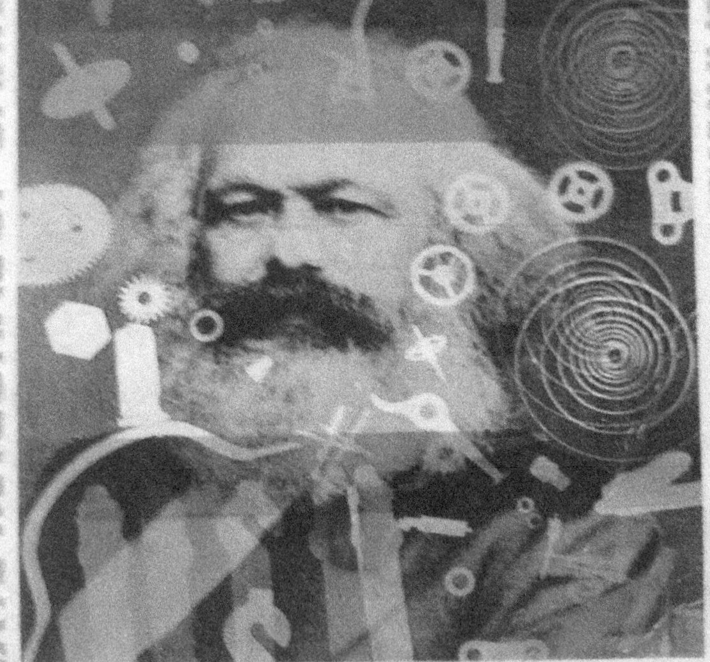
MARX
LE
(LIVRE 1)
CAPITAL
TEXTE INTEGRAL GF GARNIER FLAMMARION
TEXTE INTEGRAL GF GARNIER FLAMMARION
GARNIER FLAMMARION

Tous les classifications sont

ont des règles fragmentaires

Psycho les psychiatres, bornés incultes, [illegible]
corporelles, réduits, ignorants et nuisibles

Philo les divisions non-

créatrices seront balayées

et, démentées ou submergées

par les divisions créatrices

11/ Le rapport avec Dieu et

l'attention de sa grâce est

plus important que le

rapport avec les hommes,

sauf si ces hommes eux-

mêmes ont des rapports

Philo avec Dieu

X/ les [illegible] qui [illegible] comprennent

[illegible] les méthodes de pensée créatrices

sont des arriérés-mentaux, des imbéciles

LE CAPITAL I

II

la valeur comme fragment ~~du parad~~ de l'ensemble de joie totale continuelle ou de domaine paradisiaque possible ou de la dimension objective comme du standing donné

III

1/ Le prolétaire non comme classe révolutionnaire par rapport à l'acquis, mais comme masse ou classe déchue de l'ensemble de polytechnicien créateur.

2/ Je souffre autant que j'ignore si ~~m~~ j'ai une solution à un malheur et une fois la solution trouvée si elle marchera.

Linguistique l'accent même est donné
vers l'admiration sociale

III Marx commence par [illegible]
représ[illegible] les valeurs en

LE CAPITAL

dehors de la lutte des classes
il y a donc des valeurs
en dehors de la lutte des

LIVRE I

classes : et c'est ce qui
oublient les totalitaristes
et les faussaires de la lutte
des classes pour lesquelles
[illegible] existe avant
celle-ci et au [illegible] du monde
entier

Philo Il faut donner
à une science des méthodes
précises qui ne dérivent de
aucune science et les [illegible]
forment, les surveillent, les
aident à s'épanouir, toutes

T. II

Pour naître et vivre, il faut un crédit donné à un être solvable par le père. Il faut offrir le même crédit à un être libre [illegible] pour qu'il atteigne son standing désiré

III

L'esprit seul met les choses séparées en relation, les invente comme projets avant qu'elles n'existent en réalité, et les dépasse en projet avant de les dépasser dans réalité

Sur la couverture des volumes brochés :
Montage de Pierre Lepetit.

KARL MARX

LE CAPITAL

LIVRE I

Traduction de
J. Roy
Chronologie et avertissement
par
Louis Althusser

GARNIER-FLAMMARION

IV Il faut établir le prix de la
création en fonction de l'économie
Vladorique accomplie dans
le passé et dans l'avenir
la valeur supérieure créative
par rapport à la valeur additive

Manipule
X j'exagère les torts qu'on
me fait justement parceque
je souhaite être très attentif,
ne pas commettre aucune
faute régressive et seulement
évolutive : cette exagération de
fautes me fait augmenter de
prudence ; mais une fois
l'erreur accomplie, advenue,

je dois la remettre à sa place et
cesser de me tourmenter à cause d'elle

T. III
Il ne faut pas agir au delà de la nécessité évolutive sinon on fait des erreurs et même si on est avant les autres, on se retrouve en arrière par rapport à eux

REPÈRES BIOGRAPHIQUES

1818 : Naissance de K. Marx à Trèves. Père avocat. Etudes de droit et de philosophie à Bonn, puis Berlin, où le jeune Marx fréquente le cercle des « Jeunes hégéliens ».

1842 : Marx rédacteur en chef de la « Gazette rhénane », fondée à Cologne par les leaders de la bourgeoisie libérale rhénane. Marx donne au journal un ton radical de gauche. Articles retentissants sur « les vols de bois », « la censure », les « débats de la Diète rhénane » etc.

1843 : Interdiction de la Gazette rhénane. Mariage de Marx avec Jenny von Westphalen, amie d'enfance, fille d'aristocrates réactionnaires. Départ pour Paris.

1843 : Collaboration aux Annales Franco-allemandes, dirigées par Ruge : *Contribution à la critique de la philosophie du droit de Hegel; La Question juive.* (Période feuerbachienne de Marx.)

1844 : « Manuscrits de 44 » (restés inédits jusqu'en 1932). Injection de Hegel dans Feuerbach. Marx communiste utopiste.

1844 : *La Sainte Famille.*

1845 : Expulsion de Paris, refuge à Bruxelles, rencontre d'Engels. Quelques phrases jetées sur le papier : les *Thèses sur Feuerbach;* rédaction, avec Engels et Hess, de *l'Idéologie allemande* (ces deux textes « laissés à la critique rongeuse des souris »).

1847 : *Misère de la philosophie.*

1847 : *Le Manifeste du Parti communiste*, rédigé par Marx et Engels sur mandat de la Ligue des communistes.

1848 : Période révolutionnaire généralisée en Europe. Marx, à Cologne, fonde la Nouvelle Gazette rhénane, qui disparaît après l'écrasement du soulèvement des provinces rhénanes (mai 1849). Marx se réfugie à Londres, où il habitera plus de trente ans. Travaux acharnés à la salle de lecture du British Museum.

1852 : *Le 18 Brumaire de Louis-Napoléon Bonaparte.*

1859 : *Contribution à la Critique de l'Economie politique.*

6 LE CAPITAL/I

1864 : Fondation à Londres de la première Internationale.
1867 : Livre I du *Capital*.
1871 : *La Guerre civile en France* (sur la Commune de Paris).
1875 : *Critique du Programme de Gotha*.
1883 : Mort de K. Marx.

Points

Jean-Pierre Dupuy
Serge Karsenty

L'invasion pharmaceutique

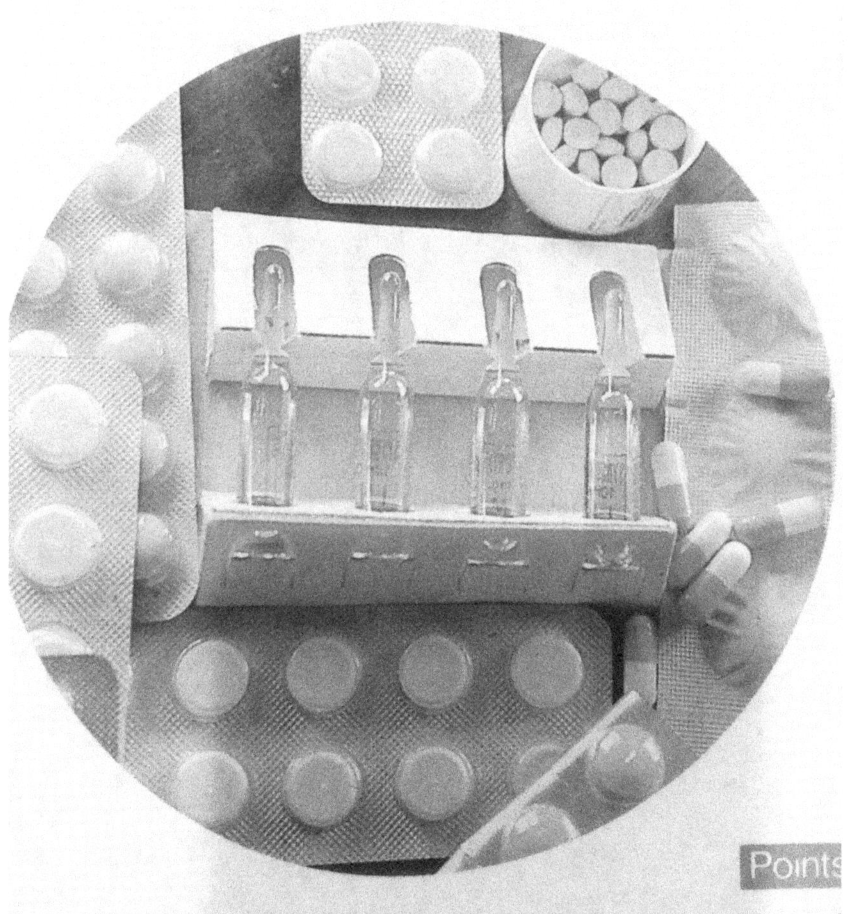

Points

Jean-Pierre Dupuy
Serge Karsenty

L'invasion pharmaceutique

Deuxième édition
complétée et mise à jour

Secret professionnel
pour Artaud et Ferdière

Éditions du Seuil

Le Surréalisme, aujourd'hui

par
José
Pierre

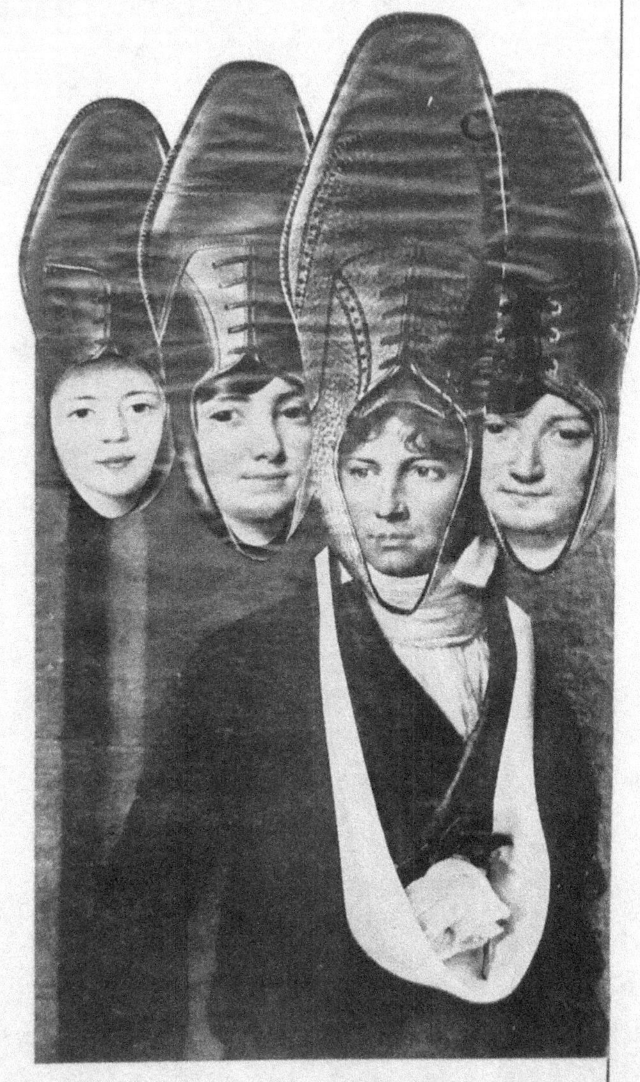

Un ersatz d'André
Breton [illegible]

A Jean-Noël Schifano.

des ersatz
de poètes
de peintres
et de philosophes

Il est comme Kahnweiler
ou [illegible] : il profite
de ~~[illegible]~~ l'apport réel
des grands peintres novateurs
[illegible]
[illegible] à l'abri de leurs
noms, des sous-produits [illegible]

GUY DEBORD

COMMENTAIRES

SUR LA SOCIÉTÉ DU SPECTACLE

1988

ÉDITIONS GÉRARD LEBOVICI

Delvaux ignore la création, le [illegible]
qui rappelle que ce qui se passe. Et l'on voit
un spectacle magnifique [illegible]

NIETZSCHE

HUMAIN TROP HUMAIN

I

Mieux connaître l'homme

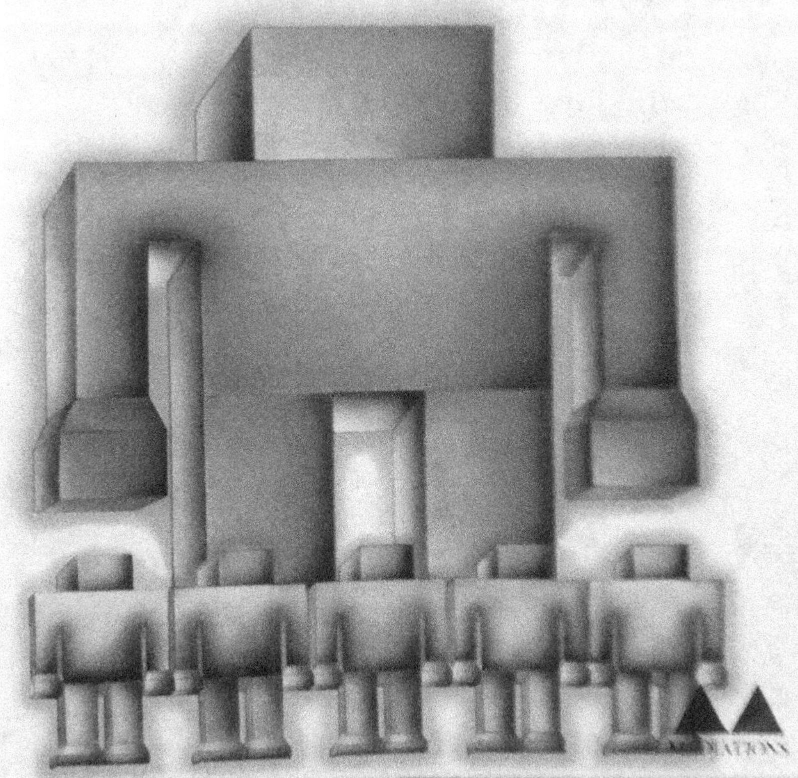

F. NIETZSCHE

HUMAIN, TROP HUMAIN

Un livre pour les esprits libres

Tome I

g

DENOËL/GONTHIER

29.

ENIVRÉ DU PARFUM DES FLEURS. — Le vaisseau de l'humanité, pense-t-on, a un tirage toujours plus fort, à mesure qu'il est plus chargé ; on croit que plus la pensée de l'homme est profonde, plus son sentiment est tendre, plus l'estime qu'il fait de soi est élevée, plus est grand son éloignement des autres animaux — plus il apparaît comme le génie parmi les bêtes — plus il se rapproche de l'essence réelle du monde et de sa connaissance ; c'est bien ce qu'il fait en réalité par la science, mais il croit le faire plus encore par ses religions et ses arts. Elles sont bien, il est vrai, une floraison du monde, mais qui n'est absolument *pas plus proche de la racine du monde* que ne l'est la tige : on ne peut du tout tirer d'elles une meilleure intelligence de l'essence des choses, quoique presque chacun le croie. L'*erreur* a fait l'homme assez profond, tendre, créateur, pour en faire venir une fleur telle que sont les religions et les arts. La pure connaissance eût été hors d'état de le faire. Qui nous dévoilerait l'essence du monde, nous donnerait à tous la plus fâcheuse désillusion. Ce n'est pas le monde comme chose en soi, mais le monde comme représentation (comme erreur), qui est si riche de sens, si profond, si merveilleux, portant dans son sein bonheur et malheur. Ce résultat conduit à une philosophie *de négation logique du monde* : laquelle du reste peut s'unir aussi bien à une affirmation pratique du monde qu'à son contraire.

30.

MAUVAISES HABITUDES DE RAISONNEMENT. — Les conclusions erronées les plus habituelles à l'homme sont comprendre sans aimer est partiel et insuffisant

POUR SERVIR A L'HISTOIRE... 109

tout est en cours vers un seul but. L'habitude héréditaire des erreurs d'appréciation, d'amour, de haine a beau continuer d'agir en nous, sous l'influence de la science en croissance elle se fera plus faible : une nouvelle habitude, celle de comprendre, de ne pas aimer, de ne pas haïr, de voir de haut, s'implante insensiblement en nous dans le même sol et sera, dans des milliers d'années, peut-être assez puissante pour donner à l'humanité la force de produire l'homme sage, innocent (ayant conscience de son innocence), aussi régulièrement qu'elle produit actuellement l'homme non sage, injuste, ayant conscience de sa faute — *c'est-à-dire l'antécédent nécessaire, non pas l'opposé de celui-là.*

(l'homme sage, innocent,

la compréhension
de l'amour doit
se mettre la sexualité
qui est un acte
humaine – à
son service pour
l'éclaircissement
[illegible] problèmes [illegible]
et le pouvoir de tous [illegible]

la religion a été une forme de science humaine parfaite elle voulait réussir à faire ce que la science a (médecine et la technique)

LA VIE RELIGIEUSE 119

quelque chose de corporel ; par son aide on est capable d'enchaîner l'esprit, de lui faire tort, de l'anéantir ; l'élément corporel donne la prise avec laquelle on peut saisir le spirituel. De même donc que l'homme influence l'homme, de même il influence aussi un esprit de la nature quelconque ; car celui-ci aussi a son élément corporel, par où il est à saisir. L'arbre et, comparé avec lui, le germe dont il est sorti — ce parallèle énigmatique semble prouver que dans l'une et l'autre forme un seul et même esprit s'est incorporé, tantôt petit, tantôt grand. Une pierre qui roule soudain est le corps dans lequel agit un esprit ; si sur une plaine isolée se trouve un bloc énorme, il paraît impossible de penser à une force humaine qui l'aurait transporté là, c'est donc la pierre qui s'est amenée de son mouvement propre, autrement dit : il faut qu'elle donne asile à un esprit. Tout ce qui a un corps est accessible à l'enchantement, partant aussi les esprits de la nature. Si un dieu est directement lié à son image, on peut donc aussi exercer contre lui une contrainte tout à fait directe (en refusant de le nourrir par les sacrifices, en le flagellant, en le mettant aux liens, etc.). Les petites gens en Chine, pour arracher la faveur de leur dieu qui leur fait défaut, attachent avec des chaînes l'image de celui qui les a abandonnés, la mettent en pièces, la traînent par les rues à travers les amas de fumier et d'ordures. « Chien d'esprit, disent-ils, nous t'avons fait habiter un temple magnifique, nous t'avons joliment doré, nous t'avons bien engraissé, nous t'avons offert les sacrifices, et cependant tu es si ingrat. » De pareilles mesures de rigueur contre des images de saints et de la Mère de Dieu, quand ils ne voulaient pas faire leur devoir, en temps par exemple de peste et de sécheresse, se sont produites encore pendant ce siècle dans des pays catholiques.

NIETZSCHE
HUMAIN
TROP HUMAIN
II

Mieux connaître l'homme

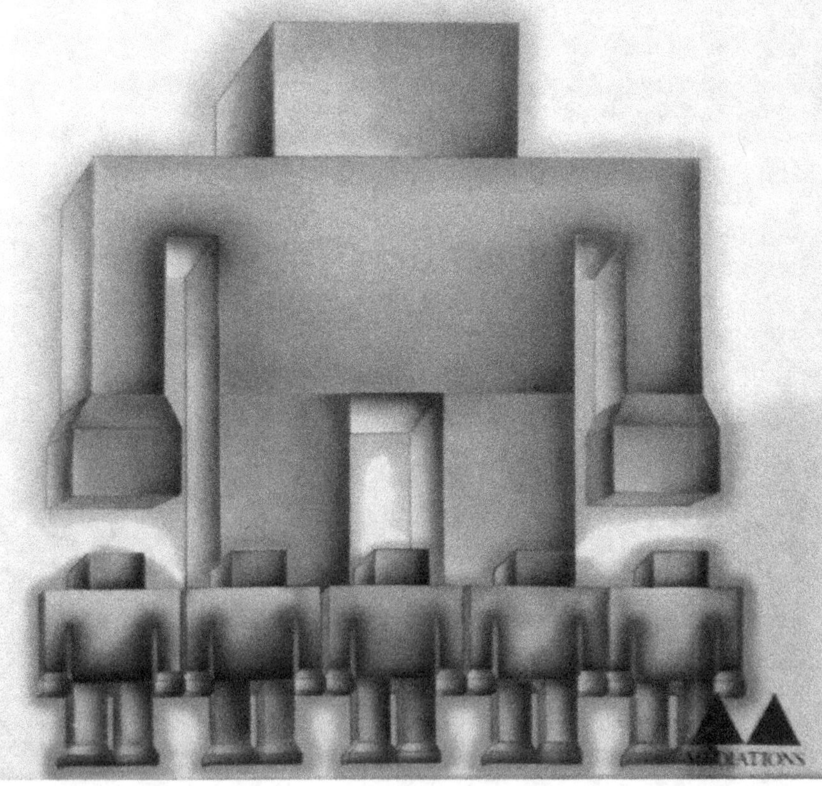

110 HUMAIN, TROP HUMAIN

428.

TROP PRÈS. — A vivre trop près d'un homme, il nous arrive la même chose que si nous reprenons toujours une bonne gravure avec les doigts nus : un beau jour nous avons dans les mains un méchant papier sale et rien de plus. L'âme aussi d'un homme est usée par un contact continuel ; du moins elle finit par nous le *paraître* — nous ne revoyons jamais sa figure et sa beauté originelles. — On perd toujours au commerce trop intime de femmes et d'amis ; et parfois on y perd la perle de sa vie.

429.

LE BERCEAU D'OR. — L'esprit libre respirera toujours, quand il se sera enfin résolu à secouer ces soins et cette vigilance maternels dont les femmes l'entourent. Quel mal peut donc lui faire un air un peu rude, qu'on écartait si anxieusement de lui, que signifie un désavantage réel, une perte, un accident, une maladie, une dette, une séduction de plus ou de moins dans sa vie, comparés au manque de liberté du berceau d'or, de cet étalage de paon faisant la roue et du sentiment pénible de devoir encore être reconnaissant parce qu'il est surveillé et gâté comme un nourrisson? C'est pourquoi le lait que lui verse la sollicitude maternelle des femmes de son entourage peut si facilement se changer en fiel.

430.

VICTIME VOLONTAIRE. — Il n'est pas pour les femmes de mérite un meilleur moyen de rendre la vie facile à leurs maris, lorsqu'ils sont célèbres et grands, que de devenir comme le réceptacle de la défaveur générale et de la mauvaise humeur occasionnelle des autres hommes. Les contemporains ont coutume de passer à leurs grands hommes bien des erreurs et des sottises, des actes même d'injustice grossière, pourvu qu'ils trouvent quelqu'un que, victime volontaire, ils peuvent maltraiter et immoler pour soulager leur conscience. Il n'est pas rare qu'une femme trouve en soi l'ambition de s'offrir à un tel sacrifice, et dans ce cas l'homme peut être fort satisfait — à condition d'être assez égoïste pour supporter dans son voisinage ce parafoudre, paratonnerre et parapluie volontaire.

431.

AIMABLES ADVERSAIRES. — L'inclination naturelle des femmes à une existence et à des relations paisibles, unies, heureusement concordantes, ce que leurs influences jettent d'huile et de calme sur la mer de la vie travaille involontairement à l'encontre de l'élan intérieur héroïque de l'esprit libre. Sans qu'elles s'en aperçoivent, les femmes agissent comme qui retirerait les pierres du chemin du minéralogiste en excursion, pour que son pied ne s'y heurte pas — tandis qu'il ne s'est mis en campagne que *pour* s'y heurter.

432.

DISCORD DE DEUX CONSONANCES. — Les femmes veulent servir et y mettent leur bonheur ; et l'esprit libre veut n'être pas servi et y met son bonheur.

Un droit créatif et explicite
Refaire le droit

être qu'un *impératif* — qu'une contrainte ; — nous n'avons plus, tant que nous sommes, de sentiment du droit traditionnel, et par conséquent nous devons nous contenter des *droits arbitraires*, expressions de cette nécessité, *qu'il faut qu'il y ait* un droit. Le plus logique est alors en tout cas le plus acceptable, parce qu'il est *le plus impartial :* même si l'on accorde que dans tous les cas l'unité la plus petite dans le rapport de délit à peine est posée arbitrairement.

460.

LE GRAND HOMME DU VULGAIRE. — La recette pour faire ce que le vulgaire appelle un grand homme est facile à donner. Quelles que soient les circonstances, procurez-lui quelque chose qui lui soit très agréable, ou seulement mettez-lui dans la tête que ceci ou cela lui serait très agréable, et puis le lui donnez. Mais à aucun prix tout de suite : conquérez-le par de grands efforts, ou feignez de le conquérir. Il faut que le vulgaire ait l'impression qu'il y a là une force de volonté puissante, voire inéluctable ; pour le moins il faut qu'elle paraisse exister. La volonté forte est admirée de tout le monde, parce que personne ne l'a et parce que chacun se dit que, s'il l'avait, il n'y aurait plus de limites pour lui ni pour son égoïsme. Qu'il soit démontré alors qu'une pareille volonté forte produise quelque effet très agréable pour le vulgaire, au lieu d'écouter les vœux de sa convoitise, on l'admire une fois plus et l'on se félicite soi-même. Au reste, qu'elle ait toutes les qualités du vulgaire : moins il rougit devant elle, plus elle est populaire. Ainsi : qu'elle soit violente, envieuse, exploitrice, intrigante, flatteuse, rampante, bouffie d'orgueil, le tout selon les circonstances.

461.

PRINCE ET DIEU. — Les hommes se comportent à beaucoup d'égards avec leur prince comme avec leur Dieu, comme d'ailleurs souvent le prince fut le représentant de Dieu, ou du moins son grand prêtre. Cette disposition de vénération, d'inquiétude et de respect presque pénible s'est faite et est maintenant beaucoup plus faible, mais parfois elle reparaît et s'attache en général aux personnages puissants. Le culte du génie est une réminiscence de cette vénération des princes-dieux. Partout où l'on s'efforce d'élever des hommes individuellement au surhumain, naît aussi le penchant à se représenter des couches entières du peuple comme plus grossières et plus basses qu'elles ne sont en réalité.

462.

MON UTOPIE. — Dans un meilleur ordre de société, le travail pénible et la peine de la vie seront attribués à celui qui en souffrira le moins, partant au plus stupide, et ainsi de suite par degrés jusqu'à celui qui est le plus accessible aux espèces les plus raffinées de la souffrance et qui, par conséquent, même dans l'allégement le plus grand de la vie, souffre encore.

463.

ILLUSION DANS LA THÉORIE DE LA RÉVOLUTION. — Il y a des rêveurs politiques et sociaux qui dépensent du feu et de l'éloquence à réclamer un bouleversement de tous

NIETZSCHE
OPINIONS
ET SENTENCES
MÊLÉES

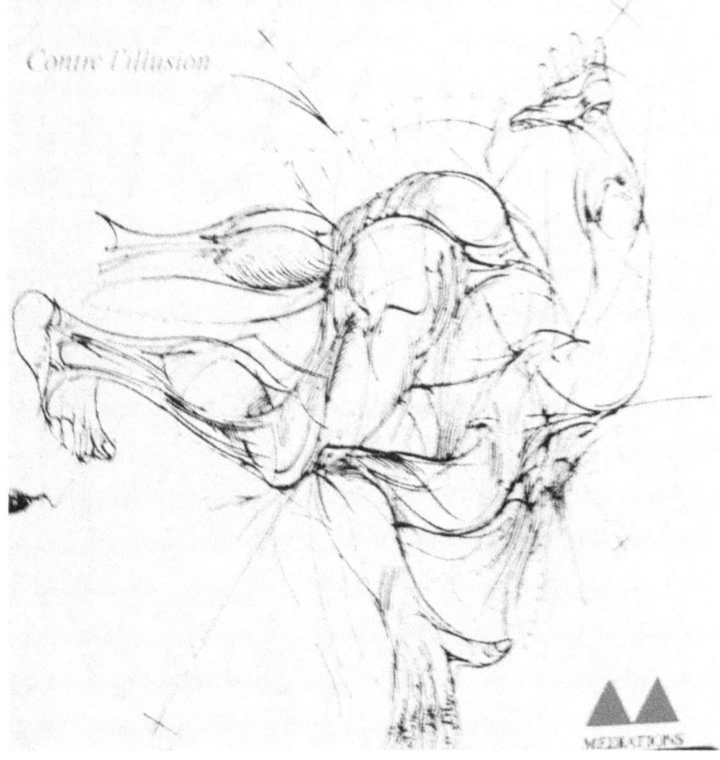

OPINIONS ET SENTENCES MÊLÉES

la netteté dans les choses de l'esprit. Une pareille musique énerve, amollit, effémine, son « éternel féminin » nous attire en bas!... Mes premiers soupçons se sont alors dirigés *contre* la musique romantique, je pris mes précautions ; et si j'espérais encore quelque chose de la musique, c'était dans l'attente d'un musicien assez audacieux, assez méchant, assez méditerranéen et débordant de santé, pour prendre sur cette musique une immortelle *vengeance*. —

4.

Solitaire désormais et me méfiant jalousement de moi-même, je pris alors, et non sans colère, parti *contre* moi-même, et *pour* tout ce qui justement me faisait mal et m'était pénible : — c'est ainsi que j'ai retrouvé le chemin de ce pessimisme intrépide qui est le contraire de toutes les hâbleries romantiques, et aussi, comme il me semble, le chemin vers moi-même, — le chemin de *ma* tâche. Ce quelque chose de caché et de dominateur qui longtemps pour nous demeure innommé, jusqu'à ce qu'enfin nous découvrions que c'est là notre tâche, — ce tyran prend sur nous et en nous une terrible revanche, à chaque tentative que nous faisons pour l'éviter et pour lui échapper, à chaque décision prématurée, à chaque essai pour nous assimiler à ceux dont nous ne faisons point partie, chaque fois que nous nous adonnons à une occupation, si estimable soit-elle, qui nous détourne de notre objet principal, — et il se venge même de chacune de nos vertus qui voudrait nous protéger contre la rigueur de notre responsabilité la plus intime. La maladie est chaque fois le contrecoup de nos doutes,

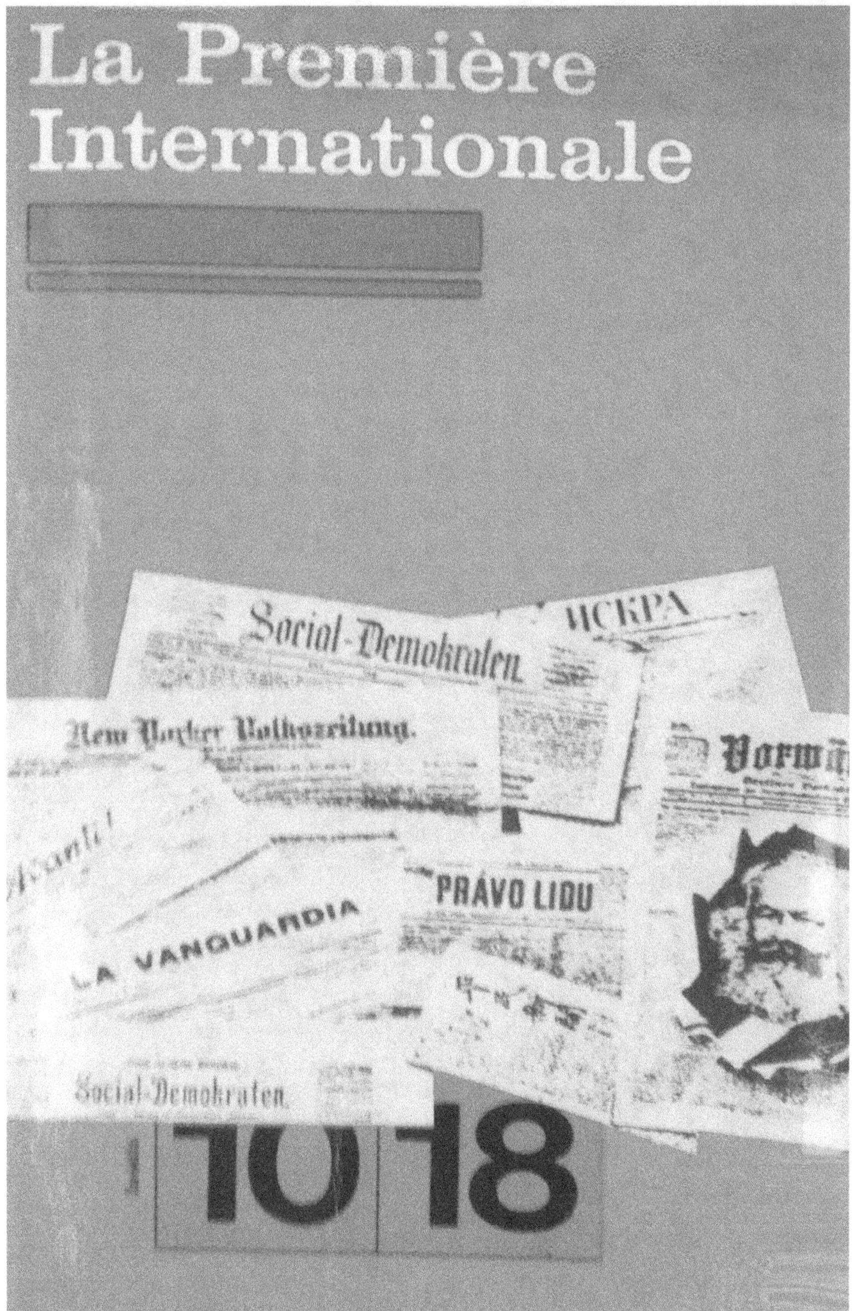
La Première Internationale
Social-Demokraten
ИСКРА
New Yorker Volkszeitung.
Vorwä
PRÁVO LIDU
LA VANGUARDIA
Social-Demokraten.
10 18

devront faire tous leurs efforts, chacun dans son pays, pour réunir en une association nationale les diverses sociétés d'ouvriers existantes, ainsi que pour créer un organe spécial.

Il est sous-entendu cependant que l'application de cet article dépendra des lois particulières de chaque pays, et que, abstraction faite des obstacles légaux, chaque société locale aura le droit de correspondre directement avec le Conseil central de Londres.

Art. 8. — Jusqu'à la première réunion du congrès ouvrier, le Conseil élu en septembre agira comme Conseil central provisoire. Il essaiera de mettre en communication les sociétés ouvrières de tous pays. Il groupera les membres du Royaume-Uni. Il prendra les mesures provisoires pour la convocation du congrès général, il discutera avec les sociétés locales ou nationales les questions qui devront être posées devant le congrès.

Art. 9. — Chaque membre de l'Association internationale, en changeant de pays, recevra l'appui fraternel des membres de l'Association.

Art. 10. — Quoique unies par un lien fraternel de solidarité et de coopération, les sociétés ouvrières n'en continueront pas moins d'exister sur les bases qui leur sont particulières.

NOTE

1. Traduction de Ch. Longuet 1866.

provisoire ce comité
devient définitif jusqu'à
la dissolution de l'Internationale

et aussi l'esclavage et la surexploitation de la jeunesse

TEXTE PARISIEN DE 1864 DU PRÉAMBULE ET DES STATUTS PROVISOIRES

Règlement provisoire

responsable, de leur union avec les créateurs honnêtes

Considérant :

Que l'émancipation des travailleurs doit être l'œuvre des travailleurs eux-mêmes ; que les efforts des travailleurs pour conquérir leur émancipation ne doivent pas tendre à constituer de nouveaux privilèges, mais à établir pour tous les mêmes droits et les mêmes devoirs ;

Que l'assujettissement du travailleur au capital est la source de toute servitude : politique, morale, matérielle ;

Que, pour cette raison, l'émancipation économique des travailleurs est le grand but auquel doit être subordonné tout mouvement politique ;

Que tous les efforts faits jusqu'ici ont échoué faute de solidarité entre les ouvriers des diverses professions dans chaque pays, et d'une union fraternelle entre les travailleurs des diverses contrées ;

Que l'émancipation des travailleurs n'est pas un problème simplement local ou national, qu'au contraire ce problème intéresse toutes les nations civilisées, sa solution étant nécessairement subordonnée à leur concours théorique et pratique ;

Que le mouvement qui s'accomplit parmi les ouvriers des pays les plus industrieux de l'Europe, en faisant naître de nouvelles espérances, donne un

par manque de rapport avec les créateurs réels

classe ouvrière de la petite-bourgeoisie [illegible]

GARNIER FLAMMARION

TEXTE INTEGRAL GF GARNIER FLAMMARION

ROUSSEAU
EMILE
ou
de l'éducation

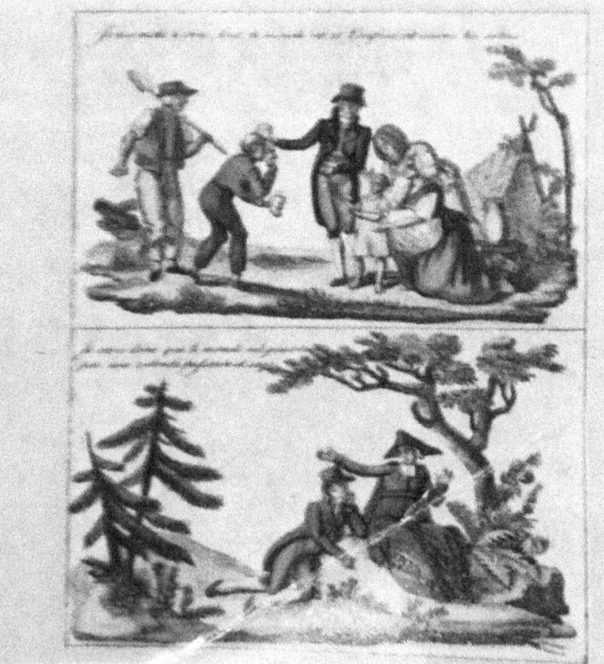

TEXTE INTEGRAL GF GARNIER FLAMMARION

GARNIER FLAMMARION

Suzanne Bernard

RENCONTRE AVEC UN PAYSAN FRANCAIS REVOLUTIONNAIRE

Pauvert

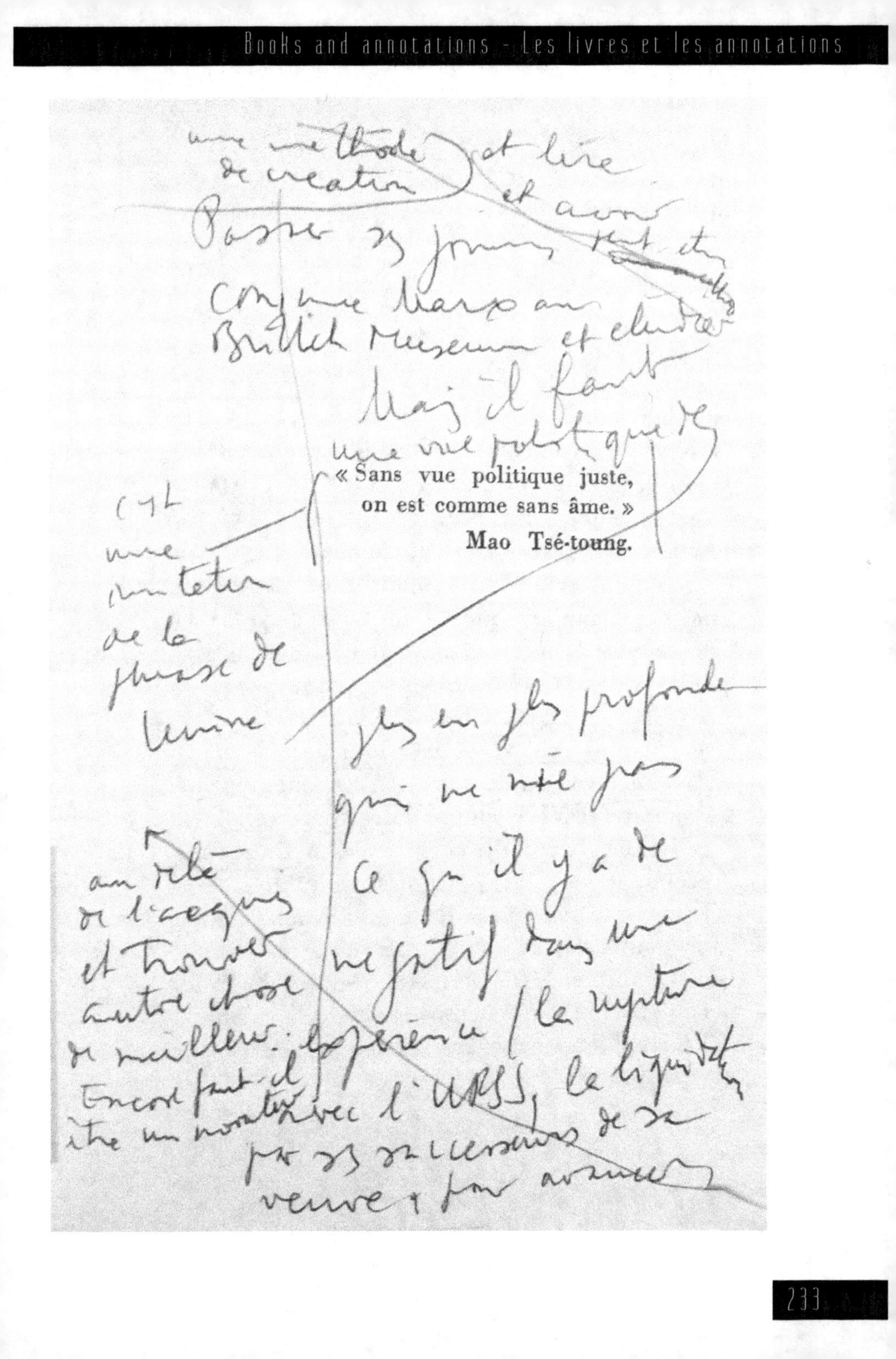

« Sans vue politique juste,
on est comme sans âme. »

Mao Tsé-toung.

ment, sans faire le point, mettre un peu d'ordre dans ma tête. J'ai reçu de plein fouet son personnage, avec une force, une intensité qui me secoue encore. Maintenant, toute seule dans la nuit, je le revois, je l'entends parler, ce paysan.

Pas de doute. Arthur, c'est le paysan que je cherchais, celui que j'espérais, que j'appelais vaguement sur le banc de l'avenue Daumesnil, le soir que j'ai dit, avant mon départ. Par sa seule présence, en quelques heures, Arthur a balayé toute cette imagerie poético-mystique, héritée du romantisme, ces visions naïves et fausses que se font des paysans et de la vie dans nos campagnes, les gens des villes quand ils en rêvent. Arthur, c'est *le* paysan, celui qui sait aussi bien voir les choses au plus près et de très loin, le présent et l'avenir, avec un niveau de conscience révolutionnaire si élevé qu'il éclaire toute sa vie. A la lumière de cette conscience, Arthur comprend, et « analyse ». C'est ainsi qu'il se développe, que sans cesse il va de l'avant... Je me dis tout cela, et bien d'autres choses encore, cette nuit-là, cette première nuit où le froid, l'émotion m'empêchent de trouver le sommeil. Et aussi que cette fascination qu'exerce sur

89

SARTRE

l'être et le néant

essai d'ontologie phénoménologique

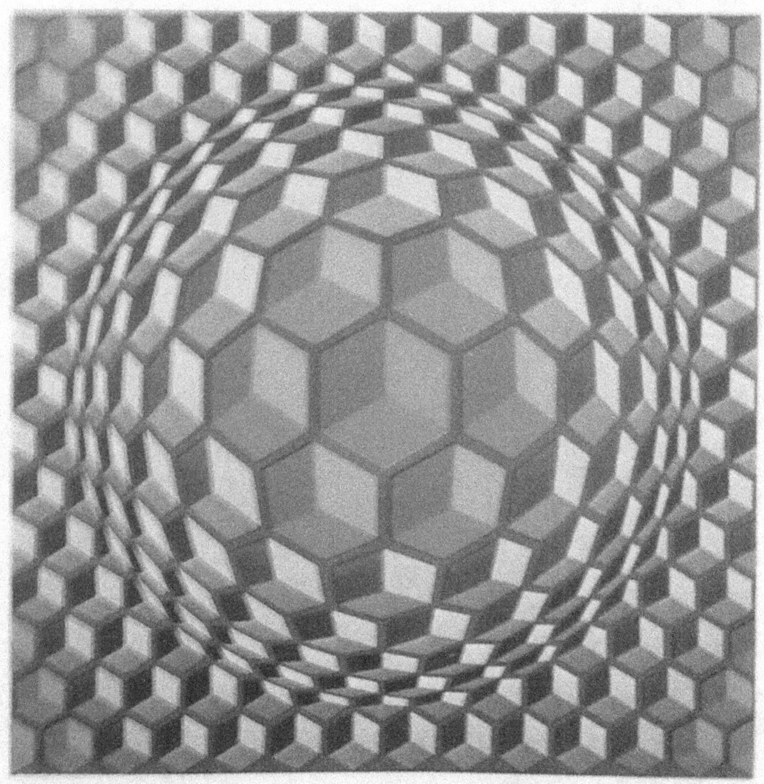

TEL gallimard

en est de même pour les rétentions. Husserl a été, tout au long de sa carrière philosophique, hanté par l'idée de la transcendance et du dépassement. Mais les instruments philosophiques dont il disposait, en particulier sa conception idéaliste de l'existence, lui ôtaient les moyens de rendre compte de cette transcendance : son intentionnalité n'en est que la caricature. La conscience husserlienne ne peut en réalité se transcender ni vers le monde, ni vers l'avenir, ni vers le passé.

Ainsi nous n'avons rien gagné à concéder l'être au passé car, aux termes de cette concession, il devrait être pour nous comme n'étant pas. Que le passé *soit*, comme le veulent Bergson et Husserl, ou *ne soit plus*, comme le veut Descartes, cela n'a guère d'importance si l'on a commencé par couper les ponts entre lui et notre présent.

Si en effet on confère un privilège au présent comme « présence au monde », on se place pour aborder le problème du passé dans la perspective de l'être intra-mondain. On envisage que nous existons d'abord comme contemporains de cette chaise ou de cette table, on se fait indiquer par le monde la signification du temporel. Or, si l'on se place au milieu du monde, on perd toute possibilité de distinguer ce qui *n'est plus* de ce qui *n'est pas*. Pourtant, dira-t-on, ce qui n'est plus a du moins été, au lieu que ce qui n'est pas n'a aucun lien d'aucune sorte avec l'être. Cela est vrai. Mais la loi d'être de l'instant intra-mondain, nous l'avons vu, peut s'exprimer par ces simples mots : « L'être est » – qui indiquent une plénitude massive de positivités où rien de ce qui *n'est pas* ne peut être représenté de quelque façon que ce soit, fût-ce par une trace, un vide, un rappel, une « hystérésis ». L'être qui est s'épuise tout entier à être ; de ce qui n'est pas, de ce qui n'est plus il n'a rien à faire. Aucune négation, qu'elle soit radicale ou adoucie en « ne... plus », ne peut trouver place en cette densité absolue. Après cela le passé peut bien exister à sa façon : les ponts sont coupés. L'être n'a même pas « oublié » son passé : ce serait encore une manière de liaison. Le passé a glissé de lui comme un songe.

Si la conception de Descartes et celle de Bergson peuvent être renvoyées dos à dos, c'est qu'elles tombent l'une et l'autre sous le même reproche. Qu'il s'agit d'anéantir le passé ou de lui conserver l'existence d'un dieu lare, ces auteurs ont envisagé son sort *à part*, en l'isolant du présent ; et quelle que fût leur conception de la conscience, ils ont conféré à celle-ci l'existence de l'en-soi, ils l'ont considérée comme étant ce qu'elle était. Il n'y a pas lieu d'admirer ensuite qu'ils échouent à relier le passé au présent, puisque le présent ainsi conçu va refuser le passé de toutes ses forces. S'ils avaient considéré le phénomène temporel dans sa totalité, ils auraient vu que « mon » passé est d'abord *mien*, c'est-à-dire qu'il existe en fonction d'un certain être que je suis. Le

148

passé n'est pas *rien*, il n'est pas *non plus* le présent, mais il appartient à sa source même comme lié à un certain présent et à un certain futur. Cette « mienneté » dont nous parlait Claparède, ce n'est pas une nuance subjective qui vient briser le souvenir : c'est un rapport ontologique qui unit le passé au présent. Mon passé n'apparaît jamais dans l'isolement de sa « passéité », il serait même absurde d'envisager qu'il puisse *exister* comme tel : il est originellement passé *de ce présent*. Et c'est là ce qu'il faut élucider d'abord.

J'écris que Paul, en 1920, était élève de l'École polytechnique. *Qui* est-ce qui « était » ? Paul, évidemment : mais quel Paul ? *Le jeune* homme de 1920 ? Mais le seul temps du verbe être qui convienne à Paul considéré en 1920, en tant qu'on lui attribue la qualité de polytechnicien, c'est le présent. Tant qu'il fut, il fallait dire de lui : « il est ». Si c'est un Paul devenu passé qui a été élève de Polytechnique, tout rapport avec le présent est rompu : l'homme qui supportait cette qualification, le sujet, est resté là-bas, avec son attribut, en 1920. Si nous voulons qu'une remémoration demeure possible, il faudrait, dans cette hypothèse, admettre une synthèse recognitive qui vînt du présent pour aller maintenir le contact avec le passé. Synthèse impossible à concevoir si elle n'est pas un mode d'être originel. A défaut d'une semblable hypothèse, il nous faudra abandonner le passé à son superbe isolement. Que signifierait d'ailleurs une pareille scission de la personnalité ? Proust admet sans doute la pluralité successive des Moi, mais cette conception, si on la prend à la lettre, nous fait retomber dans les difficultés insurmontables qu'ont rencontrées, en leur temps, les associationnistes. On suggérera peut-être l'hypothèse d'une permanence dans le changement : celui qui fut élève de Polytechnique, c'est ce même Paul qui existait en 1920 et qui existe à présent. C'est lui dont, après avoir dit : « il est élève de Polytechnique », on dit à présent : « il *est* ancien élève de Polytechnique ». Mais ce recours à la permanence ne peut nous tirer d'affaire : si rien ne vient prendre l'écoulement des « maintenant » à rebrousse-poil pour constituer la série temporelle et, dans cette série, des caractères permanents, la permanence n'est rien qu'un certain contenu instantané et sans épaisseur de chaque « maintenant » individuel. Il faut qu'il y ait un passé, et, par suite, quelque chose ou quelqu'un qui *était* ce passé, pour qu'il y ait une permanence ; loin que celle-ci puisse aider à constituer le temps, elle le suppose pour s'y dévoiler et dévoiler avec elle le changement. Nous revenons donc à ce que nous entrevoyions plus haut : si la rémanence existentielle de l'être sous forme de passé ne surgit pas originellement de mon présent actuel, si mon passé d'hier n'est pas comme une transcendance en arrière de mon présent d'aujourd'hui, nous avons perdu tout espoir de relier le

149

Malraux, c'est qu'elle transforme la vie en Destin. » Il faut entendre par là qu'elle réduit le pour-soi-pour-autrui à l'état de simple pour-autrui. De l'être de Pierre mort, aujourd'hui, je suis seul responsable, dans ma liberté. Et les morts qui n'ont pu être sauvés et transportés à bord du passé concret d'un survivant, ils ne sont pas *passés*, mais, eux et leurs passés, ils sont anéantis.

Il y a donc des êtres qui « ont » des passés. Tout à l'heure nous avons cité indifféremment un instrument, une société, un homme. Avions-nous raison ? Peut-on attribuer originellement un passé à tous les existants finis ou seulement à certaines catégories d'entre eux ? C'est ce que nous pourrons plus facilement déterminer, si nous examinons de plus près cette notion très particulière : « avoir » un passé. On ne peut pas « avoir » un passé comme on « a » une automobile ou une écurie de courses. C'est-à-dire que le passé ne saurait être possédé par un être présent qui lui demeurerait strictement extérieur, comme je demeure, par exemple, extérieur à mon stylographe. En un mot, au sens où la possession exprime ordinairement un rapport *externe* du possédant au possédé, l'expression de possession est insuffisante. Les rapports externes dissimuleraient un abîme infranchissable entre passé et présent qui seraient deux données de fait sans communication réelle. Même l'interpénétration absolue du présent par le passé, telle que la conçoit Bergson, ne résout pas la difficulté parce que cette interpénétration qui est organisation du passé avec le présent vient, au fond, du passé même et qu'elle n'est qu'un rapport *d'habitation*. Le passé peut bien alors être conçu comme étant *dans* le présent, mais on s'est ôté les moyens de présenter cette immanence autrement que comme celle d'une pierre au fond de la rivière. Le passé peut bien hanter le présent, il ne peut pas *l'être* ; c'est le présent qui *est* son passé. Si donc on étudie les rapports du passé au présent à partir du passé, on ne pourra jamais établir de l'un à l'autre des relations *internes*. Un en-soi, par conséquent, dont le présent est ce qu'il est, ne saurait « avoir » de passé. Les exemples cités par Chevallier à l'appui de sa thèse, en particulier les faits d'hystérésis, ne permettent pas d'établir une action du passé de la matière sur son état présent. Aucun d'eux, en effet, qui ne puisse s'interpréter par les moyens ordinaires du déterminisme mécaniste. De ces deux clous, nous dit Chevallier, l'un vient d'être fait et n'a jamais servi, l'autre a été tordu, puis détordu à coups de marteau : ils offrent un aspect rigoureusement semblable. Pourtant au premier coup l'un s'enfoncera tout droit dans la cloison et l'autre se tordra de nouveau : action du passé. A notre sens, il faut être un peu de mauvaise foi pour voir là l'action du passé ; à cette explication inintelligible de l'être qui est densité il est facile de substituer la seule explication possible : les apparences

151

Malraux, c'est qu'elle transforme la vie en Destin. » Il faut entendre par là qu'elle réduit le pour-soi-pour-autrui à l'état de simple pour-autrui. De l'être de Pierre mort, aujourd'hui, je suis seul responsable, dans ma liberté. Et les morts qui n'ont pu être sauvés et transportés à bord du passé concret d'un survivant, ils ne sont pas *passés*, mais, eux et leurs passés, ils sont anéantis.

Il y a donc des êtres qui « ont » des passés. Tout à l'heure nous avons cité indifféremment un instrument, une société, un homme. Avions-nous raison ? Peut-on attribuer originellement un passé à tous les existants finis ou seulement à certaines catégories d'entre eux ? C'est ce que nous pourrons plus facilement déterminer, si nous examinons de plus près cette notion très particulière : « avoir » un passé. On ne peut pas « avoir » un passé comme on « a » une automobile ou une écurie de courses. C'est-à-dire que le passé ne saurait être possédé par un être présent qui lui demeurerait strictement extérieur, comme je demeure, par exemple, extérieur à mon stylographe. En un mot, au sens où la possession exprime ordinairement un rapport *externe* du possédant au possédé, l'expression de possession est insuffisante. Les rapports externes dissimuleraient un abîme infranchissable entre passé et présent qui seraient deux données de fait sans communication réelle. Même l'interpénétration absolue du présent par le passé, telle que la conçoit Bergson, ne résout pas la difficulté parce que cette interpénétration qui est organisation du passé avec le présent vient, au fond, du passé même et qu'elle n'est qu'un rapport *d'habitation*. Le passé peut bien alors être conçu comme étant *dans* le présent, mais on s'est ôté les moyens de présenter cette immanence autrement que comme celle d'une pierre au fond de la rivière. Le passé peut bien hanter le présent, il ne peut pas *l'être* ; c'est le présent qui *est* son passé. Si donc on étudie les rapports du passé au présent à partir du passé, on ne pourra jamais établir de l'un à l'autre des relations *internes*. Un en-soi, par conséquent, dont le présent est ce qu'il est, ne saurait « avoir » de passé. Les exemples cités par Chevallier à l'appui de sa thèse, en particulier les faits d'hystérésis, ne permettent pas d'établir une action du passé de la matière sur son état présent. Aucun d'eux, en effet, qui ne puisse s'interpréter par les moyens ordinaires du déterminisme mécaniste. De ces deux clous, nous dit Chevallier, l'un vient d'être fait et n'a jamais servi, l'autre a été tordu, puis détordu à coups de marteau ; ils offrent un aspect rigoureusement semblable. Pourtant au premier coup l'un s'enfoncera tout droit dans la cloison et l'autre se tordra de nouveau : action du passé. A notre sens, il faut être un peu de mauvaise foi pour voir là l'action du passé ; à cette explication inintelligible de l'être qui est densité il est facile de substituer la seule explication possible : les apparences

151

extérieures de ces clous sont semblables, mais leurs structures moléculaires présentes diffèrent sensiblement. Et l'état moléculaire présent est à chaque instant l'effet rigoureux de l'état moléculaire antérieur, ce qui ne signifie point pour le savant qu'il y ait « passage » d'un instant à l'autre en permanence du passé, mais seulement liaison irréversible entre les contenus de deux instants du temps physique. Donner pour preuve de cette permanence du passé la rémanence de l'aimantation dans un morceau de fer doux, ce n'est pas faire preuve de beaucoup plus de sérieux : il s'agit là en effet d'un phénomène qui survit à sa cause, non d'une subsistance de la cause en tant que cause *à l'état passé*. Depuis longtemps la pierre qui a troué l'eau a rencontré le fond de la mare, que des ondes concentriques parcourent encore sa surface : on ne fait point appel à je ne sais quelle action du passé pour expliquer ce phénomène ; le mécanisme en est presque visible. Il ne semble pas que les faits d'hystérésis ou de rémanence nécessitent une explication d'un type différent. En fait il est bien clair que le mot « *d'avoir* un passé », qui laisse supposer un mode de possession où le possédant pourrait être passif et qui comme tel ne choque pas, appliqué à la matière, doit être remplacé par celui d'*être* son propre passé. Il n'y a de passé que pour un présent qui ne peut exister sans être là-bas, derrière lui, son passé, c'est-à-dire : seuls ont un passé les êtres qui sont tels qu'il est question dans leur être de leur être passé, qui *ont à être* leur passé. Ces remarques nous permettent de refuser *a priori* le passé à l'en-soi (ce qui ne signifie pas non plus que nous devions le cantonner dans le présent). Nous ne trancherons pas la question du passé des *vivants*. Nous ferons seulement observer que s'il fallait — ce qui n'est nullement certain — accorder un passé à la vie, ce ne pourrait être qu'après avoir prouvé que l'être de la vie est tel qu'il comporte un passé. En un mot, il faudrait préalablement prouver que la matière vivante est *autre chose* qu'un système physico-chimique. L'effort inverse — qui est celui de Chevallier — et qui consiste à donner l'urgence plus forte du passé comme constitutive de l'originalité de la vie, est un ὕστερον πρότερον totalement dépourvu de signification. Pour la Réalité Humaine seule l'existence d'un passé est manifeste, parce qu'il a été établi qu'elle *a à être ce qu'elle est*. C'est par le pour-soi que le passé arrive dans le monde parce que son « Je suis » est sous la forme d'un « Je *me* suis ».

Qu'est-ce donc que signifie « était » ? Nous voyons d'abord que c'est un transitif. Si je dis : « Paul est fatigué », on peut contester peut-être que la copule ait une valeur ontologique, on voudra peut-être n'y voir qu'une indication d'inhérence. Mais lorsque nous disons « Paul *était* fatigué », la signification essentielle du « était » saute aux yeux : Paul présent est actuellement responsable d'avoir eu cette fatigue au passé.

152

S'il ne soutenait cette fatigue avec son être, il n'y aurait même pas oubli de cet état, mais il y aurait un « n'être plus », rigoureusement identique à un « n'être pas ». La fatigue serait *perdue*. L'être présent est donc le fondement de son propre passé ; et c'est ce caractère de fondement que manifeste le « était ». Mais il ne faut pas entendre qu'il le fonde sur le mode de l'indifférence et sans en être profondément modifié ; « était » signifie que l'être présent a à être dans son être le fondement de son passé en *étant* lui-même ce passé. Qu'est-ce que cela signifie ; comment le présent peut-il *être* le passé ?

Le nœud de la question réside évidemment dans le terme de « était » qui, servant d'intermédiaire entre le présent et le passé, n'est lui-même ni tout à fait présent ni tout à fait passé. Il ne peut être en effet ni l'un ni l'autre, puisque, dans ce cas, il serait contenu à l'intérieur du temps qui dénoterait son être. Le terme « était » désigne donc le saut ontologique du présent dans le passé et représente une synthèse originelle de ces deux modes de temporalité. Que faut-il entendre par cette synthèse ?

Je vois d'abord que le terme « était » est un mode d'être. En ce sens je *suis* mon passé. Je ne l'ai pas, je le suis : ce qu'on me dit en touchant un acte que j'ai fait hier, une humeur que j'ai eue, ne me laisse pas indifférent : je suis blessé ou flatté, je me cabre ou je laisse dire, je suis atteint jusqu'aux moelles. Je ne me désolidarise pas de mon passé. Sans doute, à la longue, je puis tenter cette désolidarisation, je puis déclarer que « je ne suis plus ce que j'étais », arguer d'un changement, d'un progrès. Mais il s'agit d'une réaction seconde et qui se donne pour telle. Nier ma solidarité d'être avec mon passé sur tel ou tel point particulier, c'est l'affirmer pour l'ensemble de ma vie. A la limite, à l'instant infinitésimal de ma mort, je ne serai plus que mon passé. Lui seul me définira. C'est ce que Sophocle entend exprimer lorsque, dans les *Trachiniennes*, il fait dire à Déjanire : « C'est une maxime reçue depuis longtemps parmi les hommes, qu'on ne saurait se prononcer sur la vie des mortels et dire si elle a été heureuse ou malheureuse avant leur mort. » C'est aussi le sens de cette phrase de Malraux que nous citions plus haut : « La mort change la vie en destin. » C'est enfin ce qui frappe le croyant lorsqu'il réalise avec effroi que, au moment de la mort, les jeux sont faits, il ne reste plus une carte à jouer. La mort nous rejoint à nous-même, tels qu'en nous-même l'éternité nous a changés. Au moment de la mort nous *sommes*, c'est-à-dire nous sommes sans défense devant les jugements d'autrui ; on peut décider *en vérité* de ce que nous sommes, nous n'avons plus aucune chance d'échapper au total qu'une intelligence toute connaissante pourrait faire. Et le repentir de la dernière heure est un effort total pour faire craquer tout cet être qui s'est lentement pris et solidifié *sur nous*, un dernier sursaut pour nous désolidariser de ce que

153

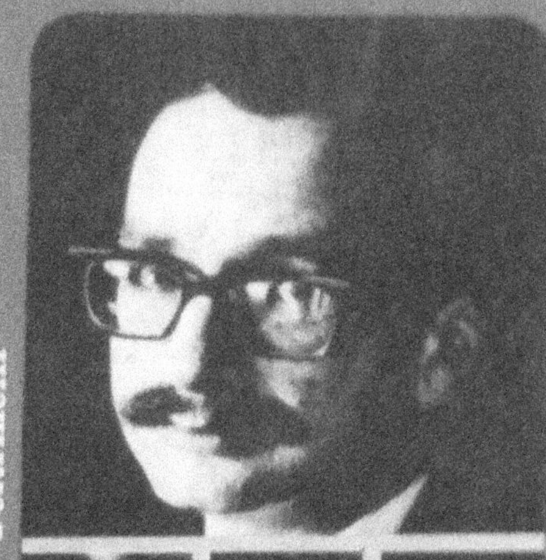
La piste rouge
Italia 1972
Feltrinelli

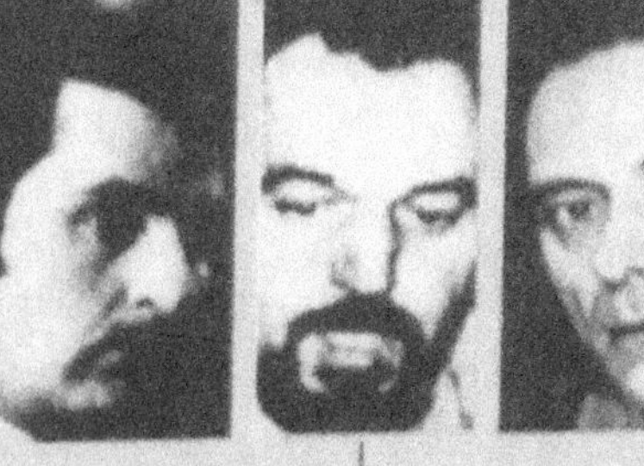
Commissaire Calabresi
Pinelli
Valpreda
10 18

LA PISTE ROUGE

rutilant de couleurs et de lumières pour les bonnes et heureuses fêtes de nos fonctionnaires.

On s'habitue à tout, mais je m'étonne pourtant de m'être presque habituée à l'ambiance sinistre du tribunal, à ces dialogues de sourds, à ces séries ininterrompues de mensonges, à ces décisions démentielles, à l'abondance et à la diversité des méthodes qui sont employées pour étouffer les scandales et enterrer la vérité.

Je me suis aussi accoutumée au langage en usage dans les tribunaux où l'on n'appelle jamais les choses par leur nom, à ce jargon juridique qui semble conçu exprès pour rendre obscure la déclaration la plus simple. Je me suis aussi habituée au langage du Président du Tribunal qui ne dicte jamais au greffier les dépositions des témoins sans les avoir traduites auparavant dans le style conventionnel des procès-verbaux.

« *J'avais l'habitude* », dit par exemple le témoin, et le juge traduit « *j'avais coutume* ». « *Il me répéta de le suivre* » devient « *pour la deuxième fois il m'invita à l'accompagner* ». « *Ils me demandaient toujours la même chose* » est interprété comme « *ils réitérèrent plusieurs fois la question ci-dessus* ». « *Tel qu'on le connaît, il nous l'aurait certainement dit* » se traduit par « *étant donné sa personnalité, il ne se serait pas abstenu de nous faire*

130

PINELLI

part de cet événement ». « *Pendant cette période* » se transforme en « *durant ce laps de temps* ». « *Je me montrai à la fenêtre* » devient « *je mis le nez à la fenêtre* ». « *J'étais en train de ranger mes papiers* » se dit « *tandis que je vaquais aux soins du rangement* ». « *Pour le trouver* » se traduit par « *afin de m'en saisir* ».

Et que fait un policier lorsqu'il rentre à la préfecture de police ? « *Il regagne son siège naturel* ». Lorsqu'il prend quelqu'un en filature ? « *Il se consacre à sa poursuite* ». Lorsqu'il entreprend un interrogatoire ? « *Il donne libre cours aux questions* ». Lorsqu'il ne parle pas ? « *Il ne communique rien à ce sujet* ». Lorsqu'il veut savoir l'heure ? « *Il consulte sa montre* ». Lorsqu'il va aux waters ? « *Il se rend dans les lieux d'aisances* ». S'il mange un sandwich ? « *Il consomme des aliments* ». S'il ne se souvient pas de quelque chose ? « *Il n'est pas en mesure de donner des explications détaillées* ». S'il a des doutes sur l'authenticité d'une signature ? « *Il ne reconnaît pas la paternité de l'écriture* ». S'il pense avoir entendu le choc de deux voitures qui se heurtent (et en réalité c'est le bruit sourd que fait un homme tombant d'une fenêtre) ? « *Il crut qu'il s'agissait de deux moyens de locomotion entrés en collision* ».

Voici donc, dans le même style, un autre beau morceau de prose juridique : « *... A cause d'une estimation erronée des fonctionnaires de la section politique de la préfecture de police quant au délai consenti pour la garde à vue, la*

131

PAPAIOANNOU

MARX

ET LES

MARXISTES

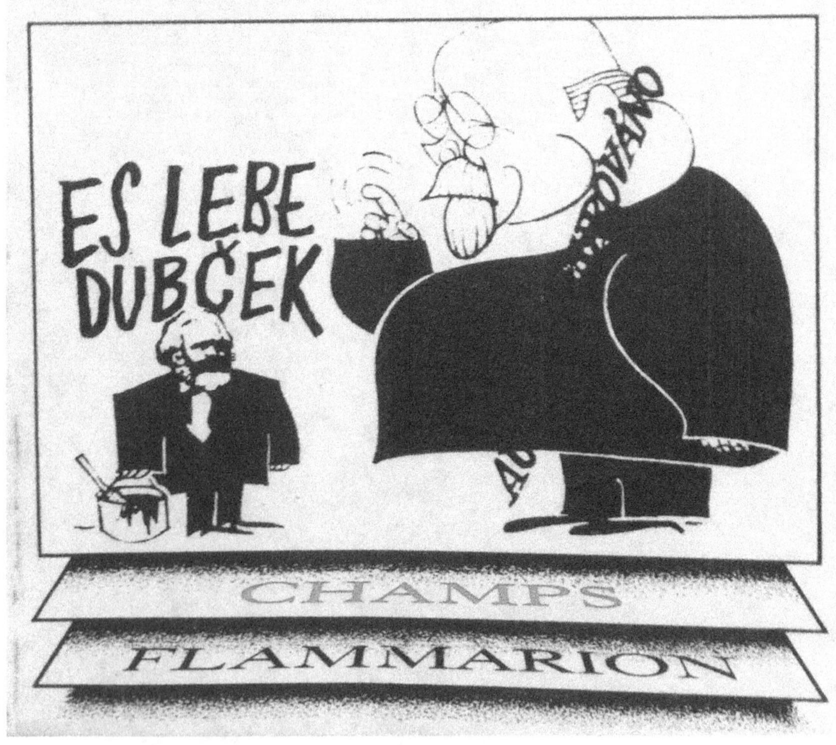

travail, la production et la consommation échoient à des individus différents.

— Avec la *division du travail*, où toutes ces contradictions sont données et qui repose à son tour sur la division naturelle du travail dans la famille et la séparation de la société en familles distinctes et opposées les unes aux autres, est donnée en même temps la *répartition*, quantitativement et qualitativement inégale, du travail et de ses produits, donc la *propriété*, qui a déjà son premier noyau, sa première forme, dans la famille où les enfants sont les esclaves de l'homme. L'esclavage, encore très grossier et latent, il est vrai, dans la famille, est la première propriété qui, d'ailleurs, répond ici déjà parfaitement à la définition des économistes modernes, d'après laquelle elle est la disposition de la force de travail d'autrui. Division du travail et propriété privée sont du reste des expressions identiques — dans l'une on exprime par rapport à l'activité ce qui est exprimé dans l'autre par rapport au produit de l'activité.

MARX-ENGELS, *L'Idéologie allemande*, 1846, p. [illegible]

Le travail s'organise, se divise autrement selon les instruments dont il dispose. Le moulin à bras suppose une autre division du travail que le moulin à vapeur. C'est donc heurter de front l'histoire que de vouloir commencer par la division du travail en général, pour en venir ensuite à un instrument spécifique de production, les machines.

... Sous le régime patriarcal, sous le régime des castes, sous le régime féodal et corporatif, il y avait division du travail dans la société tout entière selon les règles fixes. Ces règles ont-elles été établies par un législateur? Non. Nées primitivement des conditions de la production matérielle, elles n'ont été érigées en lois que bien plus tard. C'est ainsi que ces diverses formes de la division du travail devinrent autant de bases d'organisation sociale. Quant à la division du travail dans l'atelier, elle était très peu développée dans toutes ces formes de la société.

On peut même établir en règle générale, que moins l'autorité préside à la division du travail dans l'intérieur de la société, plus la division du travail se développe dans l'intérieur de l'atelier, et plus elle y est soumise à l'autorité d'un seul. Ainsi, l'autorité dans l'atelier et celle dans la société, par rapport à la division du travail, sont en *raison inverse* l'une de l'autre.

MARX, *Misère de la philosophie*, 1847. (Pléiade I, 99-101).

Le surtravail

Supposons que le travail nécessaire à l'entretien du producteur et de sa famille absorbât tout son temps disponible, où trouverait-il le moyen de travailler gratuitement pour autrui? Sans

un certain degré de productivité du travail, point de temps disponible; sans ce surplus de temps, point de surtravail et, par conséquent, point de plus-value, point de produit net, point de capitalistes, mais aussi point d'esclavagistes, point de seigneurs féodaux, en un mot, point de classe propriétaire!

La nature n'empêche pas que la chair des uns serve d'aliment aux autres; de même elle n'a pas mis d'obstacle insurmontable à ce qu'un homme puisse arriver à travailler pour plus d'un homme, ni à ce qu'un autre réussisse à se décharger sur lui du fardeau du travail. Mais à ce fait naturel on a donné quelque chose de mystérieux en essayant de l'expliquer à la manière scolastique, par une qualité « occulte » du travail : sa productivité innée, productivité toute prête dont la nature aurait doué l'homme en le mettant au monde.

Les facultés de l'homme primitif, encore en germe, et comme ensevelies sous sa croûte animale, ne se forment au contraire que lentement sous la pression de ses besoins physiques. Quand, grâce à de rudes labeurs, les hommes sont parvenus à s'élever au-dessus de leur premier état animal, lorsque donc leur travail s'est déjà dans une certaine mesure socialisé, alors, et seulement alors, se produisent des conditions où le surtravail de l'un peut devenir une source de vie pour l'autre, et cela n'a jamais lieu sans l'aide de la violence qui soumet l'un à l'autre.

A l'origine de la vie sociale, les forces de travail acquises sont assurément minimes, mais les besoins le sont aussi, qui ne se développent qu'avec les moyens de les satisfaire. En même temps, la partie de la société qui subsiste du travail d'autrui ne compte presque pas encore, comparativement à la masse des producteurs immédiats. Elle grandit absolument et relativement à mesure que le travail social devient plus productif.

Du reste la production capitaliste prend racine sur un terrain préparé par une longue série d'évolutions et de révolutions économiques. La productivité du travail, qui lui sert de point de départ, est l'œuvre d'un développement historique dont les périodes se comptent non par siècles, mais par milliers de siècles.

MARX, *Le Capital*, I, p. 536-7 (II, 185-6).

... Tant que le travail humain était encore si peu productif qu'il ne fournissait que peu d'excédent au-delà des moyens de subsistance nécessaires, l'accroissement des forces productives, l'extension du trafic, le développement de l'État et du droit, la fondation de l'art et de la science n'étaient possibles que grâce à une division renforcée du travail, qui devait forcément avoir pour fondement la grande division du travail entre les masses pourvoyant au travail manuel simple et les quelques privilégiés adonnés à la direction du travail, au commerce, aux affaires de l'État et plus tard aux occupations artistiques et scientifiques.

La forme la plus simple, la plus naturelle, de cette division du travail était précisément l'esclavage.

ENGELS, *Anti-Dühring*, W XX, p. 169. (213-214).

La loi régulatrice et ses formes historiques

N'importe quel enfant sait que toute nation périrait, qui cesserait le travail, non pas une année, mais seulement quelques semaines. Chaque enfant sait également que les masses de produits correspondant aux différentes quantités de besoins exigent des masses différentes et quantitativement déterminées de la totalité du travail social. Il va de soi que la *forme déterminée* de la production sociale ne supprime nullement cette nécessité de la répartition du travail social en proportions déterminées, mais ne peut que modifier son *mode de manifestation*. Les lois naturelles ne peuvent jamais être abolies. Ce qui peut se modifier, dans des situations historiquement différentes, c'est seulement la forme sous laquelle ces lois se manifestent.

MARX, *Lettre à Kugelmann*, 11 juillet 1868.

La loi de la répartition équilibrée des forces de travail s'impose à toutes les sociétés. Les différents modes de production qui se succèdent dans l'histoire se définissent par la manière consciente ou inconsciente, centralisée ou décentralisée dont ils réalisent la coordination sociale du travail. Marx distingue trois types de régulation : 1° la réglementation « autoritaire- planifiée » (« communisme primitif », économie patriarcale, « despotisme oriental » de style péruvien) ; 2° la régulation par la « loi de la valeur » (économie marchande, économie capitaliste) et 3° la régulation par les « producteurs associés » (socialisme).

Les travailleurs et les moyens de production

Quelles que soient les formes sociales de la production, les travailleurs et les moyens de production en restent toujours les facteurs. Mais les uns et les autres ne le sont qu'à l'état virtuel tant qu'ils se trouvent séparés. Pour une production quelconque, il faut leur combinaison. C'est la manière spéciale d'opérer cette combinaison qui distingue les différentes époques économiques par lesquelles la structure sociale est passée.

MARX, *Le Capital*, II, p. 35. (II, 38).

Marx distingue trois types de combinaison fondée sur l'union du producteur et des moyens de production : 1° la « commune primitive », 2° la petite production indépendante paysanne et artisanale, 3° le communisme futur ; et deux types de combinaison

fondée sur la séparation du producteur d'avec les moyens de production : 1° l'esclavage (où le producteur fait partie des moyens de production) et 2° le salariat. Comme types intermédiaires Marx cite les formes sociales où les producteurs ont cessé d'être propriétaires et sont devenus simples possesseurs de leurs moyens de production : 1° la « commune primitive » transformée en rouage de l'État despotique ou du domaine féodal et 2° les paysans attachés à la glèbe (servage).

Le mode d'extorsion du surtravail

La forme économique spécifique dans laquelle du surtravail non payé est extorqué aux producteurs immédiats, détermine le rapport de domination et de servitude, tel qu'il découle directement de la production elle-même et, à son tour, réagit sur elle. C'est là, d'ailleurs, la base de toute la configuration que présente une collectivité économique, qui prend ses racines dans les conditions mêmes de la production, et c'est aussi sur ce fondement que repose la forme politique de cette société. C'est toujours dans les rapports immédiats entre les maîtres des conditions de production et les producteurs directs — rapports qui, sous toutes leurs formes, correspondent toujours et nécessairement à un niveau déterminé du développement du genre et du mode de travail et par suite de sa productivité sociale — c'est toujours dans ces rapports que nous découvrons le secret intime, le fondement caché de toute la structure sociale, et par conséquent de la forme politique revêtue par les rapports de souveraineté et de dépendance, bref, de toutes les formes spécifiques de l'État.

Cela n'empêche pas que la même base économique, — la même, du moins, quant aux conditions principales, — peut, en raison des innombrables conditions empiriques distinctes — facteurs naturels et raciaux, influences historiques agissant de l'extérieur, etc. — présenter dans sa manifestation une infinité de variations et de gradations qui ne peuvent être saisies que par l'analyse de ces circonstances empiriques données.

MARX, *Le Capital*, III, p. 841-42. (8, 172).

L'exploitation du travail : esclavage, servage, salariat

... Quoiqu'une partie seulement du travail journalier de l'ouvrier soit *payée*, tandis que l'autre partie reste *impayée*, et bien que ce soit précisément cette partie non payée ou surtravail qui constitue le fonds d'où se forme la plus-value ou profit, il semble que le travail tout entier soit du travail payé.

C'est cette fausse apparence qui distingue le *travail salarié* des autres formes *historiques* du travail. A la base du système du salariat même le travail non payé semble être du travail payé.

Dans le travail de l'*esclave*, c'est tout le contraire : même la partie de son travail qui est payée apparaît comme du travail non payé. Naturellement, pour pouvoir travailler, il faut bien que l'esclave vive et une partie de sa journée de travail sert à compenser la valeur de son propre entretien. Mais comme il n'y a pas de marché conclu entre lui et son maître, comme il n'y a ni vente ni achat entre les deux parties, tout son travail a l'air d'être cédé pour rien.

Prenons, d'autre part, le *serf*... Ce paysan travaillait, par exemple, 3 jours pour lui-même sur son propre champ et les 3 jours suivants il faisait du travail forcé et gratuit sur le domaine de son seigneur. Ici donc le travail payé et le travail non payé étaient visiblement séparés dans le temps et dans l'espace. Et nos libéraux étaient transportés d'indignation à l'idée absurde de faire travailler un homme pour rien.

(C'est pourtant ce qui se passe dans le travail salarié, mais) la nature de toute cette opération est complètement masquée par l'intervention du *contrat* et par la *paye* effectuée à la fin de la semaine. Dans un cas (le salariat), le travail non payé paraît être donné volontairement et dans l'autre (le servage) arraché par la contrainte. C'est là toute la différence.

MARX, *Salaire, prix et profit*, 1865, W XVI, p. 134-35. E.S.

Sous-développement, division du travail et exploitation de classe

La scission de la société en une classe exploiteuse et une classe exploitée, en une classe dominante et une classe opprimée était une conséquence nécessaire du faible développement de la production dans le passé. Tant que le travail total de la société ne fournit qu'un rendement excédant à peine ce qui est nécessaire pour assurer strictement l'existence de tous, tant que le travail réclame donc tout ou presque tout le temps de la grande majorité des membres de la société, celle-ci se divise nécessairement en classes. A côté de cette grande majorité, exclusivement vouée à la corvée du travail, il se forme une classe libérée du travail directement productif, qui se charge des affaires communes de la société : direction du travail, affaires politiques, justice, science, beaux-arts, etc. C'est donc la loi de la division du travail qui est à la base de la division en classes. Cela n'empêche pas d'ailleurs que cette division en classes n'ait été accomplie par la violence et le vol, la ruse et la fraude, et que la classe dominante, une fois mise en selle, n'ait jamais manqué de consolider sa domination aux dépens de la classe travailleuse et de transformer la direction sociale en exploitation des masses.

Mais si, d'après cela, la division en classes a une certaine légitimité historique, elle ne l'a pourtant que pour un temps donné, pour des conditions sociales données. Elle se fondait sur l'insuffisance de la production; elle sera balayée par le

plein déploiement des forces productives modernes. Et en effet, l'abolition des classes sociales suppose un degré de développement historique où l'existence non seulement de telle ou telle classe dominante déterminée, mais d'une classe dominante en général, donc de la distinction des classes elle-même, est devenue un anachronisme, une vieillerie. Elle suppose donc un degré d'élévation du développement de la production où l'appropriation des moyens de production et des produits, et par suite, de la domination politique du monopole de la culture et de la direction intellectuelle par une classe sociale particulière est devenue non seulement une superfétation, mais aussi, au point de vue économique, politique et intellectuel, un obstacle au développement. Ce point est maintenant atteint.

ENGELS, *Anti-Dühring*, 1878, W XX, p. 262-63. E.S. (320-1).

La classe des commerçants

(Dans les économies non-marchandes) tous les éléments qui avaient fourni des points de départ à la formation des classes se rattachaient exclusivement à la production; ils séparaient les participants à la production en dirigeants et en exécutants, ou encore en producteurs grands, petits et moyens. Ici (dans les économies fondées sur la valeur d'échange) apparaît pour la première fois une classe qui, sans prendre part à la production, en conquiert la direction générale et s'assujettit économiquement les producteurs; une classe qui se fait l'intermédiaire indispensable entre deux producteurs et les exploite. Sous prétexte de débarrasser les producteurs de la peine et du risque de l'échange, d'étendre le placement de leurs produits sur des marchés éloignés et de devenir ainsi la classe la plus utile de la population, il se forme ainsi une classe de véritables parasites qui, comme salaire de services fort minces, soutire la crème de la production, s'acquiert richesse et influence, recrute de nouveaux membres et domine de plus en plus la production — jusqu'à ce qu'elle mette au jour (sa propre négation) : les crises.

ENGELS, *L'Origine de la famille...*, 1884, W XXI, p. 161. (p. 216-7).

La domination idéologique

Les idées de la classe dominante sont, à toute époque, les idées dominantes; en d'autres termes, la classe qui représente la puissance *matérielle* dominante de la société est en même temps la puissance *spirituelle* qui prédomine dans cette société. La classe qui dispose des moyens de la production matérielle dispose en même temps et par là même des moyens de la production spirituelle, si bien que, en général, les idées de ceux

MARX ET LES MARXISTES

société s'embarrasse dans une insoluble contradiction avec soi-même, s'étant scindée en antagonismes irréconciliables qu'elle est impuissante à conjurer. Mais afin que les classes antagonistes, aux intérêts économiques opposés, ne se consument pas, elles et la société, en luttes stériles, il est devenu nécessaire qu'un pouvoir, placé en apparence au-dessus de la société, soit chargé d'amortir le conflit en le maintenant dans les limites de « l'ordre » ; ce pouvoir, issu de la société, mais qui veut se placer au-dessus d'elle et s'en dégage de plus en plus, c'est l'État.

... L'État étant né du besoin de tenir en bride les antagonistes de classes, mais étant né en même temps au milieu du conflit de ces classes, *il est en règle générale* l'État de la classe la plus puissante, de celle qui a la domination économique, laquelle, par son moyen, devient aussi classe politiquement dominante et ainsi acquiert de nouveaux moyens d'assujettir et d'exploiter la classe opprimée. C'est ainsi que l'État antique était avant tout l'État des propriétaires d'esclaves pour tenir ceux-ci sous le joug, de même que l'État féodal fut l'organe de la noblesse pour assujettir les paysans serfs et vassaux, et que l'État représentatif moderne sert d'instrument à l'exploitation du travail salarié par le capital. Par exception cependant, il se produit des périodes où les classes en lutte sont si près de s'équilibrer que le pouvoir de l'État acquiert, comme *médiateur en apparence*, une certaine indépendance momentanée vis-à-vis de l'une et de l'autre. C'est le cas de la monarchie absolue des XVIIe et XVIIIe siècles, qui mettait en balance la noblesse et la bourgeoisie; c'est le cas du bonapartisme du premier et surtout du second empire français, faisant jouer le prolétariat contre la bourgeoisie et la bourgeoisie contre le prolétariat. La plus récente production en ce genre, où dominants et dominés font une figure également comique, c'est le nouvel empire allemand de nation bismarckienne : ici capitalistes et travailleurs sont mis en bascule les uns contre les autres, et également escroqués au profit des hobereaux prussiens dégénérés.

... L'État n'existe donc pas de toute éternité. Il y a eu des sociétés qui se sont passées de lui, qui n'avaient aucune notion d'État ni de pouvoirs de l'État. A un certain degré de l'évolution économique qui était nécessairement liée à la scission de la société en classes, cette scission fit de l'État une nécessité. Nous nous rapprochons maintenant à grands pas d'un degré de développement de la production où l'existence de ces classes a non seulement cessé d'être nécessité, mais devient un obstacle positif à la production. Les classes tomberont aussi fatalement qu'elles ont surgi. Avec elles inévitablement tombe l'État. La société qui réorganisera la production sur les bases d'une association libre et égalitaire des producteurs transportera toute la machine de l'État là où sera dorénavant sa place : au musée des antiquités, à côté du rouet et de la hache de bronze.

ENGELS, *L'Origine de la famille...*, 1884, W XXI, p. 166-168. (p. 223-7).

MARX ET ENGELS

Villes et campagnes

La plus grande division du travail matériel et du travail spirituel, c'est la séparation de la ville et de la campagne. L'opposition entre la ville et la campagne commence avec le passage de la barbarie à la civilisation, du régime des tribus à l'État, de la localité à la nation et se retrouve dans toute l'histoire de la civilisation jusqu'à nos jours. La ville entraîne en même temps la nécessité de l'administration, de la police, des impôts, etc. en un mot du système communal et, par suite, de la politique en général. C'est ici qu'apparaît pour la première fois la division de la population en deux grandes classes, reposant directement sur la division du travail et les instruments de production. La ville est déjà le fait de la concentration de la population, des instruments de production, du capital, des jouissances, des besoins, tandis que la campagne montre justement le fait contraire, l'isolement et la séparation. L'opposition entre la ville et la campagne ne peut exister que dans le cadre de la propriété privée. C'est l'expression la plus grossière de la subordination de l'individu à la division du travail et à une activité déterminée qui lui est imposée, une subordination qui fait de l'un un animal borné de la ville, de l'autre un animal borné de la campagne, et reproduit chaque jour l'opposition entre leurs intérêts. Ici encore le travail est la chose principale, la puissance supérieure aux individus, et tant que cette puissance existe, la propriété privée doit exister. La suppression de l'opposition entre la ville et la campagne est une des premières conditions du communisme, condition qui dépend à son tour d'une masse de présuppositions matérielles que la simple volonté ne suffit pas à réaliser, comme chacun le voit du premier coup d'œil (il y aura lieu de développer encore ces conditions).

MARX-ENGELS, *L'Idéologie allemande*, 1846, p. 48.

La force motrice de l'histoire

Les hommes se sont libérés chaque fois dans la mesure où non pas leur idéal de l'homme mais les forces productives existantes leur prescrivaient et leur permettaient de se libérer. Toutes les libérations, dans le passé, étaient fondées sur des forces productives limitées dont la production, insuffisante pour l'ensemble de la société, ne pouvait entraîner une évolution que si une partie de la société vivait aux dépens de l'autre. En conséquence, les uns — la minorité — avaient le monopole de l'évolution, tandis que les autres — la majorité — étaient provisoirement (c'est-à-dire jusqu'à la production de forces productives nouvelles et révolutionnaires) exclus de toute évolution, contraints de lutter sans cesse pour la satisfaction de besoins les plus urgents. Aussi la société s'est-elle jusqu'ici toujours développée à l'intérieur d'un antagonisme. Chez les anciens

Tristan
Tzara

oeuvres
complètes

tome 1

1912 - 1924

flammarion

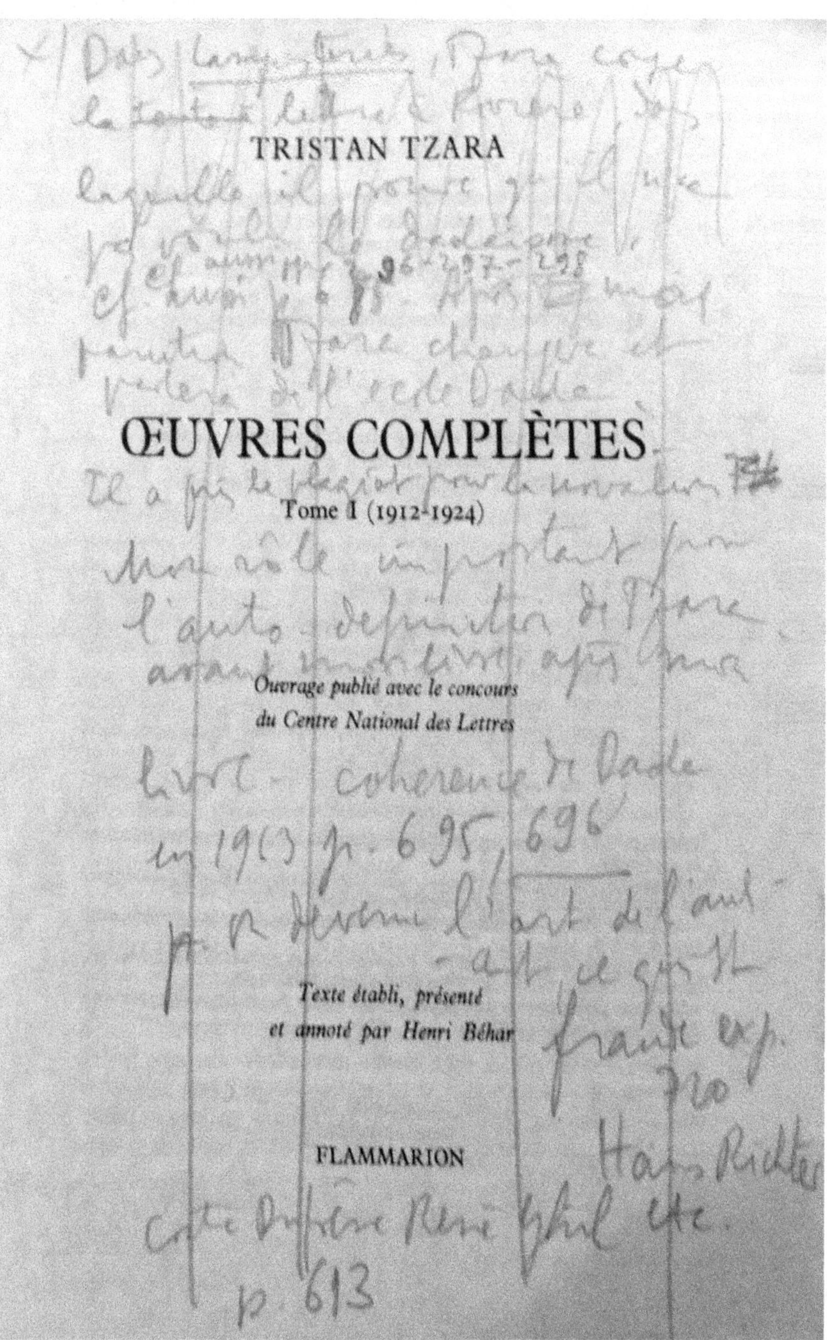

TRISTAN TZARA

ŒUVRES COMPLÈTES

Tome I (1912-1924)

Ouvrage publié avec le concours du Centre National des Lettres

Texte établi, présenté et annoté par Henri Béhar

FLAMMARION

P. 45 INCERTITUDES : « Indoieli », *Primele Poeme*, 1934, daté 1914-1915, trad. Sernet.

P. 46 INSCRIPTION SUR UN TOMBEAU : « Inscriptie pe un mormint », *Versuri si prosa*, 15e année, n° 5, 28 mai 1916, trad. Colomba Voronca.

P. 47 APPEL : « Chemare », *Steava*, 15e année, n° 1, janv. 1965, daté Girceni 1913, trad. C. Sernet.

P. 49 ÉLÉGIE : Archives Ion Vinea, trad. par C. Sernet.

P. 50 ÉLÉGIE POUR LA VENUE DE L'HIVER : « Elegie pentru vinirea iernii », archives Vinea, trad. Sernet.

P. 51 VOYAGE : « Calatorie », archives Vinea, trad. Sernet.

P. 53 VIEUX CHANT : « Cintec vechi », *Steava*, 15e année, n° 1, janv. 1965, trad. Sernet.

P. 54 LA CHANSON DE LA FIANCÉE : « Cintecul logodnicei », mes fonds Tzara; paru dans *Le Pont de l'épée*, n° 42-43, 1er semestre 1970, trad. C. Voronca.
a) je sens comme les griffes de la brûlure se figeant
b) je déploie le cœur de ta souffrance, poupée
c) et sur mon cœur j'ai tant de belles marques.

P. 55 INTRODUCTION DE DON QUICHOTTE : « Introducerea lui Don Quichotte », TZR 562, trad. C. Voronca. Titre initial, biffé : Sagesse.
a) J'ai su parcourir toutes les étendues
b) la nuit je n'ai pas eu peur de la mort.

P. 56 PAR LÀ LES ÂMES : « Suffetele pe aici », TZR 562, trad. Voronca.

P. 58 UN HOMME SE PEND : « Se spinzura un om », TZR 562, trad. C. Voronca.

P. 59 TOURNE AUTOUR : « S-a rotit », TZR 562, trad. C. Voronca.
Une version due à Serge Fauchereau a paru dans *La Quinzaine littéraire*, n° 141, 16 mai 1972.

P. 60 SŒUR DE CHARITÉ : « Sora de caritate », archives Tzara, trad. C. Voronca.
a) Je t'enverrai des fleurs et je t'aimerai jusqu'à ta mort.

P. 61 INSOMNIE : Archives Tzara, trad. C. Voronca in : *Le Pont de l'épée*, *op. cit.*

P. 63 NOCTURNE : Archives Tzara, trad. C. Voronca.
a) — et il y a une tempête dans la forêt du port de commerce.

P. 64 NOCTURNE : Variante en français par Tzara, TZR 562. Ce texte inédit a été publié sous le titre « Nocturne de Hamlet », *Le Pont de l'épée*, *op. cit.*, p. 236-237, suivant une leçon qui, pour être lisible et cohérente, nous paraît éloignée du manuscrit et de ses imperfections. On comparera « Le Cierge et la vierge » (*De Nos Oiseaux*, p. 193).

ELOGE
DU CINEMA
EXPERIMENTAL

DOMINIQUE NOGUEZ

Musée national d'art moderne
Centre Georges Pompidou

DOMINIQUE NOGUEZ

Globalisme, où les imitateurs et
les créateurs sont mélangés
dans un terme mis en circulation
par l'auteur même, un prospectus
de propagande où on parle des
lettristes et d'autres créateurs
mais dans son ensemble
crétinisants.

ÉLOGE DU CINÉMA EXPÉRIMENTAL

La merde dont le
seul intérêt est qu'elle
nous cite aux détriment
des morts que cite un
crétin comme Charles
Ford.

Définitions, jalons, perspectives

Musée national d'art moderne
Centre Georges Pompidou

plus aiguë, développera la sensibilité, accélérera l'imagination créatrice, donnera à l'intelligence un prodigieux sens de la simultanéité et de l'omniprésence. Le cinématographe futuriste collaborera ainsi au renouvellement général, en remplaçant la revue (toujours pédantesque), le drame (toujours prévu) et en tuant le livre (toujours ennuyeux et opprimant). Les nécessités de la propagande nous contraindront à publier un livre de temps en temps. Mais nous préférons nous exprimer au moyen du cinématographe, des grands tableaux de paroles en liberté et des mobiles enseignes lumineuses.

Avec notre Manifeste Le théâtre synthétique futuriste (14), *avec les victorieuses tournées des compagnies dramatiques Gualtiero Tumiati, Ettore Berti, Annibale Ninchi, Luigi Zoncada* (15), *avec les deux volumes du* Théâtre synthétique futuriste *contenant quatre-vingts synthèses théâtrales* (16), *nous avons commencé en Italie la révolution du théâtre de prose. Auparavant un autre Manifeste futuriste avait réhabilité, glorifié et perfectionné* le Music Hall (17). *Il est donc logique qu'aujourd'hui nous transportions notre effort vivifiant dans une autre zone du théâtre :* le cinématographe.

A première vue le cinématographe, né il y a peu d'années, peut sembler déjà futuriste, c'est-à-dire privé de passé et libre de traditions ; en réalité, en naissant comme théâtre sans paroles, *il a hérité de toutes les balayures les plus traditionnelles du théâtre littéraire. Nous pouvons donc nous borner à appliquer au cinématographe tout ce que nous avons dit et fait pour le théâtre de prose. Notre action est légitime et nécessaire, dans la mesure où le cinématographe jusqu'à aujourd'hui* a été et tend à demeurer profondément passéiste, *bien que nous voyions en lui la possibilité d'un art éminemment futuriste et* le moyen d'expression le plus adapté à la plurisensibilité d'un artiste futuriste.

Sauf les films intéressants de voyages, chasses, guerres, etc., ils n'ont su nous infliger que drames, dramuscules et hyperdrames ultra-passéistes. La mise en scène elle-même qui, par sa brièveté et sa variété, peut sembler avancée n'est au contraire la plupart du temps qu'une pitoyable et banale analyse. *Toutes les immenses possibilités* artistiques *du cinématographe sont donc absolument intactes.*

Le cinématographe est un art par lui-même. Le cinématographe ne doit donc jamais copier la scène. Le cinématographe, étant essentiellement visuel, doit parachever avant tout l'évolution de la peinture : se détacher de la réalité, de la photographie, du gracieux et du solennel. Devenir antigracieux, déformant, impressionniste, synthétique, dynamique, verbolibre (18).

Il faut libérer le cinématographe comme moyen d'expression *pour en faire l'instrument idéal d'un* nouvel art *immensément plus vaste et plus agile que tous ceux qui existent. Nous sommes convaincus que ce n'est que par lui que pourra être atteinte cette polyexpressivité vers laquelle tendent sans exception les plus modernes recherches artistiques. Le cinématographe futuriste crée précisément aujourd'hui la symphonie polyexpressive que nous annoncions voici déjà un an, dans notre* Manifeste : Poids, mesures et prix du génie artistique. *Dans le film futuriste entreront comme moyens d'expression les éléments les plus divers de la tranche de vie réelle à la tache de couleur, de la ligne aux mots en liberté, de la musique chromatique et plastique à la musique des objets. Il sera en somme peinture, architecture, sculpture, mots en liberté, musique de couleurs, lignes et formes, assemblage d'objets et réalité rendue au chaos. Nous offrirons de nouvelles inspirations aux recherches des peintres, lesquelles tendent à forcer les limites du tableau. Nous mettrons en mouvement les mots en liberté qui rompent les limites de la littérature en marchant vers la peinture, la musique, l'art des bruits et en jetant un merveilleux pont entre le mot et l'objet réel.*

Nos films seront :

1. — Des analogies cinématographiées *utilisant directement la réalité comme un des deux éléments de l'analogie. Exemple : si nous voulons exprimer l'état angoissé d'un de nos protagonistes, au lieu de le décrire dans ses phases variées de douleur, nous donnerons une impression équivalente avec le spectacle d'une montagne escarpée et caverneuse.*

Les monts, les mers, les bois, les villes, les foules, les armées, les escadres, les aéroplanes nous seront souvent des mots formidablement expressifs : L'univers sera notre vocabulaire.

Exemple : nous voulons donner une sensation de joie bizarre : nous représentons un détachement de chaises volant facétieusement autour d'un énorme porte-manteau jusqu'à ce qu'elles se décident à s'y accrocher. Nous voulons donner une sensation de colère : nous faisons éclater le coléreux dans un tourbillon de balles jaunes. Nous voulons donner l'angoisse d'un Héros dont la foi se perdait dans le défunt scepticisme neutraliste : nous représentons le Héros dans l'acte de parler en état d'inspiration à une multitude ; nous faisons surgir soudain Giovanni Giolitti (19) *qui lui enfourne dans la bouche en traître une gourmande fourchettée de macaronis étouffant sa parole ailée dans la sauce tomate.*

Nous colorerons le dialogue en donnant rapidement et simultanément chaque image qui traverse

On ne peut trouver en effet, ni chez Griffith, ni chez le Gance du premier *J'accuse* (1919), ni même chez Epstein, une problématique qui, en *défigurant* la surimpression (en lui ôtant sa fonction rhétorique *d'oxymoron* ou de métaphore), lui confère la fonction purement *plastique* qu'elle a par exemple chez un Brakhage.

Quand les anges forment une Gloire au-dessus du champ de bataille de la fin d'*Intolérance* (1916), comme signe d'une transcendance pacifiante, quand Vercingétorix apparaît aux poilus des tranchées de *J'accuse* comme signe de la francité résistante, ils ont tout compte fait une justification diégétique : ils sont bien censés être là, à demi perceptibles, à demi perçus, par les personnages ; ni Griffith, ni Gance ne sont censés intervenir en les produisant. Quand Epstein nous montre le visage de Gina Manès en surimpression sur l'eau trouble d'un grand port, il intervient un peu plus, donnant à chacune de ces deux couches photographiques une fonction grammaticale différente (l'une étant, si l'on veut, prédicat et l'autre attribut) ou encore une fonction rhétorique de métaphore (l'une étant *comparante* et l'autre *comparée*). Dans tous les cas, la surimpression est un surcroît, un supplément de sens — jamais un pur matériau plastique.

Que disent, au contraire, les futuristes ? Il faut relire le *Manifeste des peintres futuristes* (41) (11 avril 1910) signé de Umberto Boccioni, Carlo D. Carrà, Luigi Russolo, Gino Severini, Giacomo Balla. Premièrement, tout est lié naturellement dans le cosmos ; deuxièmement, l'opacité n'existe plus, puisque les rayons X pénètrent tout ; troisièmement, la vitesse et le mouvement font tout se rapprocher et, pour ainsi dire (pour ainsi *voir* en tout cas), tout se *compénétrer*. Ainsi les métaphores peuvent enfin être vécues : Achille est un lion. Soit. Prenons un avion et amenons le lion près d'Achille !

Bref, « l'espace n'existe plus » (c'est-à-dire qu'il existe à notre guise). Contre les physiques d'Aristote et de Descartes, voici que tout peut être non seulement *ensemble* (« Nous donnerons, dans le même instant-tableau, deux ou trois visions différentes l'une à côté de l'autre »), non seulement *recomposé* capricieusement (« reconstructions irréelles du corps humain », « drames de disproportions ») mais interférer, se mêler — par exemple la jeune danseuse à robe blanche et la chaise à qui Balla fait la cour dans l'espace distordu de la quatrième séquence de *Vita futurista*.

Les deux premières propositions et la quatrième du Manifeste de *La cinématographie futuriste* témoignent certes (mais, dans un cas au moins, de façon fortement ironique) de reliquats de perspectives métaphoriques. Mais, outre qu'elles s'accompagnent de l'idée très clairement formulée d'un cinéma *subjectif* (« des états d'âme mis en scène ») qui aura dans le cinéma *underground* le succès qu'on sait — ou plutôt qu'on ne sait pas encore assez —, elles côtoient des suggestions qui vont dans le sens d'une conception purement plastique et musicale du cinéma (dans la figurativité même et non, comme chez les animationnistes, simplement dans l'abstraction). C'est assez pour qu'on puisse marquer définitivement l'importance des vues futuristes dans l'histoire du cinéma « expérimental » et à l'origine d'un certain nombre de formes. Quand bien même les *inventions* futuristes n'en seraient qu'à la façon de ces Chimères de l'imagination, dont Descartes rappelle qu'elles ne sont jamais faites que d'« un certain mélange et composition des membres de divers animaux », quand bien même on arriverait à prouver qu'aucune ne représente une innovation radicale — il est impossible de nier que les futuristes ont les premiers, d'une façon cohérente, proclamé que *tout est possible* au cinéma : non seulement au niveau du profilmique, mais — qu'on se souvienne des taches colorées sur les photogrammes déjà impressionnés (42) et qui annoncent Breer ou Brakhage — au niveau du filmique même.

(1) Ginna (Arnaldo), « Note sul film d'avanguardia *Vita Futurista* », in *Bianco e nero* (Rome, mai-juin 1965), pp. 156-171 ; repris dans *Bianco e nero* (oct.-déc. 1967), pp. 104-116, sous le titre « Note di Ginna sul *Vita Futurista* ».

(2) Comme l'a établi Maurizio Fagiolo dell'Arco dans son livre *Balla : Ricostruzione futurista dell'universo* (Rome, Mario Bulzoni ed., 1968).

(3) Notamment dans sa présentation de « Cinéma abstrait, musique chromatique », texte de Bruno Corra, dans *Cinéma : théorie, lectures*, op. cit., pp. 267-269.

(4) *Futurisme*, Manifestes, documents, proclamations (Lausanne, L'âge d'homme, 1973), pp. 300-301.

(5) *Futurist Performance* (New York, E.P. Dutton & Co, 1971), pp. 125-136. Kirby s'appuie notamment sur le témoignage après coup d'Arnaldo Ginna (« Note sul film d'avanguardia *Vita Futurista* », article cité).

(6) Voir note 1.

(7) Numéro spécial cité sur Ginna, Corra et le cinéma futuriste (Rome, oct.-nov.-déc. 1967).

(8) Article de Corrado Pavolini paru dans le *Tevere*.

(9) Dans *L'impero* de Rome, le 1er décembre 1926.

34

Il faut combattre ce livre comme en 1959, nous combattions l'œuvre de Sica, plus tard Truffaut, Ford par Chabrol.

d'un pathétique qui, si discret, si admirablement dans la ligne d'une certaine froideur narrative qu'il soit, le distingue du lot des œuvres minimales et le rapproche des tenants subtils de la dys-narration française : ce n'est pas un hasard si Robbe-Grillet aime ce film.

Deuxième surprise — et qu'on ne trouve pas dans les films de Robbe-Grillet — d'autres événements encore plus nombreux surviennent, qui n'affectent pas cette fois ce qui est filmé, mais le film lui-même. Le spectateur même le plus distrait remarque que les couleurs changent plusieurs fois et que, si cela s'explique dans un ou deux cas par la diégèse (21) (les fenêtres deviennent sombres parce qu'on est passé du jour à la nuit), cela n'est dû la plupart du temps qu'à la volonté, à l'arbitraire du cinéaste tout-puissant (changements d'éclairage ou de type de pellicule, utilisation de filtres, sur — ou sous — exposition, passage du positif au négatif, surimpressions à deux reprises et même clignotements). Le spectateur est ainsi contraint d'admettre que la réalité apparemment homogène et continue du zoom avant est composée en fait d'une multitude d'étapes hétérogènes — ne serait-ce que parce qu'elles ont été filmées à des moments différents (22), unifiées seulement par l'ordre du zoom et, sur la bande-son, par le crescendo de l'onde sinusoïdale (qui ne s'interrompt au profit du son synchrone qu'au moment des quatre « événements »). La lecture savante, ici, s'arrêtera à ces jeux du signifiant (23) et y verra sans doute une tension dialectique entre l'illusion réaliste de la profondeur et la surface colorée à deux dimensions qui la rend possible ; elle y verra peut-être aussi, en avance sur une certaine rhétorique européenne des années soixante-dix ou en écho aux films d'un Sharits ou d'un Landow, une volonté de donner à voir la matérialité même du film (en particulier lorsque le cinéaste laisse apparaître les collures ou les chiffres de fin de bobine) ; elle pourra enfin établir que Snow, comme le Warhol de *Sleep*, dans le moment même où il fait mine de donner la durée réelle, sans ellipse, fabrique en fait un temps synthétique obtenu par montage. L'essentiel n'en réside pas moins ici dans le pur plaisir que donnent les couleurs, par exemple les magnifiques roses saumon, marrons et verts pâles du passage en négatif (« anch'io sono pittore », nous rappelle Snow à sa façon), et, d'autre part, dans l'envoûtement que suscite l'incompressible durée de cette expérience filmique. « Les états de conscience, écrit Bergson dans *Les données immédiates*, sont des progrès, et non pas des choses ; (...) par conséquent, on ne saurait en retrancher quelque moment sans (...) en modifier ainsi la qualité. » Snow est ici un peu bergsonien.

Le peintre minimal Frank Stella disait des spectateurs de sa peinture : « Si vous les asticotez un peu, ils finissent toujours par soutenir que quelque chose est présent au-delà *(besides)* des traces de peinture sur la toile » (24). Presque tous les commentateurs de *Wavelength* (25) et Snow lui-même (26) ont, de même, tendance à trouver dans ce film autre chose que ce qu'on y voit (c'est peut-être pourquoi Gene Youngblood pense que c'est un film « postminimal ») (27), à le métaphoriser, généralement de façon psychologique, à en faire comme l'image de la conscience (en attendant que quelqu'un, la vogue *psychanalytiste* aidant, y perçoive telle ou telle manifestation de l'inconscient). On peut accepter cette métaphorisation, à condition de voir que si ce film est la métaphore de quelque chose, c'est du processus même de la conscience qu'il met en œuvre : ce long resserrement progressif du champ perceptif, cette concentration de la caméra sur un objet précis (une photo de vagues [waves] qui a peut-être ici le statut de ces bouts de rochers sur lesquels méditent les bouddhistes zen), et aussi cette onde [wave] sonore de plus en plus aiguë, qu'est-ce, peut-être, sinon l'image double, visuelle et auditive, de l'attention fascinée, de plus en plus concentrée et acérée — mais en même temps apaisée, suspendue comme les vagues immobiles et muettes de la fin — que requiert *Wavelength* ? Ce que ce film met en scène, c'est son propre statut de machine à fasciner, c'est ce pouvoir qu'il a — qu'il est — de fabriquer du plaisir esthétique avec des formes colorées et surtout avec ce qui semble le plus rebelle à la jouissance : l'écoulement du temps.

Les vagues de la fin nous réservent une troisième surprise — cette fois en termes de récit et de suspense — : ce que le zoom commencé trente ou quarante minutes plus tôt visait, c'était donc, accrochée au mur entre deux fenêtres, cette anodine photo de flots marins (comparable à celles que Snow avait assemblées dans une sculpture de 1966 intitulée *Atlantic*) ! On peut gloser sur les fins qu'aurait pu avoir ce film. Snow lui-même avait d'abord pensé à une photo de l'atelier tel qu'il est cadré par la caméra au début du film (et alors la boucle eût été bouclée). On pourrait aussi imaginer que les vagues photographiées soudain s'animent et ouvrent cosmiquement le film et son lieu sur un *ailleurs* (gageons que Vertov se fût amusé à ce défigement). Mais le choix final de Snow n'est pas insignifiant. Il nous ramène à la réalité minimale du cinéma. C'est son morceau de cire. Vous pouvez bien, nous dit-il, supprimer les couleurs et même supprimer le mouvement, ce que vous voyez reste du cinéma, est le *sine qua non* du cinéma.

LA TRAGÉDIE DE L'UNIVERS

DE L'ATOME...
A
L'ÉTERNITÉ

GUY DINGEMANS
Docteur de l'Université de Lausanne
Lauréat de l'Académie Nationale de Médecine de Paris

ARMAND COLIN

96 La tragédie de l'Univers

bâtards qui ont donné naissance aux lignées conduisant à toutes les races préhistoriques et modernes que nous connaissons.

Certains se rapprochaient encore beaucoup des Néanderthaliens, tels que les négroïdes australiens qui se répandirent dans la moitié du monde il y a deux cent mille ans, en particulier à l'occasion de la troisième glaciation.

Des races très évoluées existaient déjà au centre de l'Asie et en Europe, mais les brutes néanderthaliennes allaient pulluler à travers une partie de l'Asie, la Sibérie, toute l'Europe et l'Afrique.

Les difficultés d'existence, occasionnées par la première poussée de la quatrième glaciation, il y a 100 ou 80.000 ans, allaient faire périr la plupart des Néanderthaliens, à part quelques tribus réfugiées au fin fond de l'Afrique et qui ne disparaîtront qu'il y a 40 ou 30.000 ans. Ils seront remplacés par de nouveaux venus, véritablement Homo Sapiens, cachés depuis des dizaines de milliers d'années (sans doute du côté des régions de l'Himalaya qui leur offraient un refuge sûr) et qui, munis d'armes et d'outils, excellents chasseurs, étaient préparés pour lutter contre le froid.

L'Afrique du Nord, toute l'Europe, la Sibérie, seront pendant 60.000 ans le royaume des chasseurs de la race de Cro-Magnon, à la tête cubique, yeux profonds, taille élevée : hommes splendides et remarquables artistes ; ils iront en Amérique du Nord. Mais les types que l'on trouve encore de nos jours (en Europe notamment, chez les Berbères et les Guanches des Iles Canaries, Peaux Rouges, etc.) étaient formés, à l'origine, d'une race typiquement europoïde, c'est-à-dire des ancêtres des races blanches dont les éléments encore très purs sont

La formation des premières races humaines 97

parvenus dans les Iles du Pacifique et possèdent un prototype très caractéristique chez les Maoris de la Nouvelle-Zélande.

Un peu plus tard, une race pygmoïde jaune, ancêtre des Boschimans, se développa tout autour de la Méditerranée et au Sahara avant d'occuper plus particulièrement le sud de l'Afrique. En Europe, des hommes d'un type apparenté aux Esquimaux, de petite taille, mais de visage arrondi et de crâne globuleux, habitaient particulièrement les rivages européens et les régions montagneuses où ils devinrent pêcheurs et bergers. Ils se métissèrent très tôt avec les Cro-Magnons pour former les ancêtres de nos races alpines et nordiques blanches.

En Extrême-Orient, des Mongoliens, très purs, occupaient déjà une grande partie de l'Asie, chassant et poursuivant les négroïdes australiens et se métissant avec eux pour former les différents Négro-Indonésiens, Pygmoïdes, Nigritos, Mélanésiens, etc..., qui tous se croisèrent par ailleurs avec les races blanches primitives pour former Polynésiens et Néo-Zélandais. Les Australiens furent indemnes de toute intrusion mongole, mais ils furent plus ou moins blanchis par cet Homo-Sapiens, ancêtre des Cro-Magnons. Tous les Cro-Magnons n'étaient, en effet, qu'une race blanche primitive, plus ou moins métissée de Mongoliens.

Les Mongols primitifs pénétrèrent en Amérique il n'y a que quelque dix mille ans. Ils y trouvèrent de nombreuses tribus négro-australiennes, avec lesquelles ils se métissèrent avant d'être à leur tour dominés, surtout en Amérique du Nord, par les Cro-Magnons. Plus tard, les Blancoïdes-Polynésiens parvinrent en Amérique par les côtes du

G. Dinnmans. — Tragédie de l'Univers.

KURT SCHWITTERS

MERZ

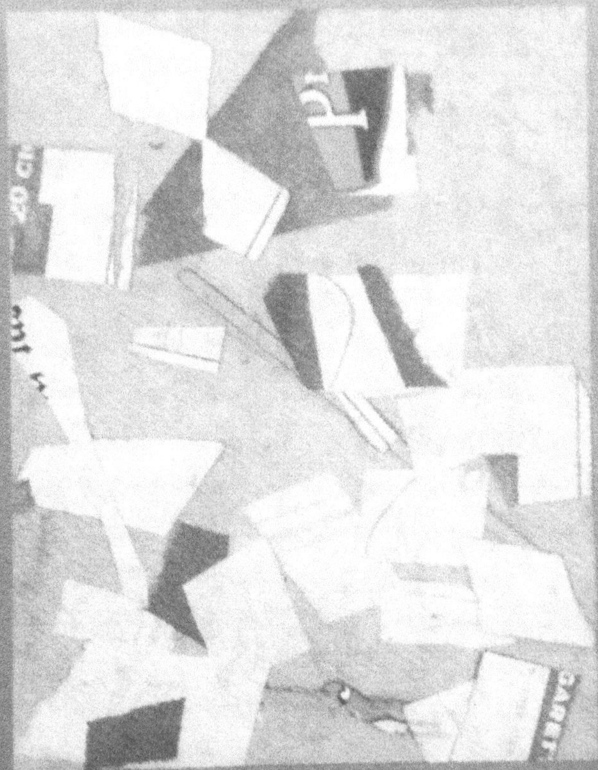

ECRITS CHOISIS ET PRESENTES PAR MARC DACHY

FAC-SIMILE ET ENREGISTREMENT DE L'URSONATE (1932)

ÉDITIONS GÉRARD LEBOVICI

Schwitters, son chef-d'œuvre en matière de poésie sonore. Quand il la publie en 1932 – sous la forme d'un fascicule à couverture bleue d'une trentaine de feuillets, mise en pages par son ami le célèbre typographe Jan Tschichold –, il y a travaillé plus de dix ans, depuis septembre 1921, à l'issue de la soirée Merz Antidada de Prague déjà évoquée. Schwitters en a patiemment élaboré une partition rigoureusement écrite.

*De la poésie concrète à l'*Ursonate

Dans le même temps, la poésie concrète (dite aussi élémentaire) montre chez lui un nouveau relief à partir de poèmes tels que « Cigarren » (1921) et s'affirme dans son œuvre comme une discipline à part entière, évoluant jusqu'aux exceptionnels « Ribble Bobble Pimlico » (1946), « Rackedika » (1946) ou « In grr grwrie » (1945-1947). Et l'on notera qu'entre 1945 et 1947, il élabore en Angleterre les premiers éléments d'une nouvelle sonate.

Lors de la soirée de Prague avec Raoul Hausmann et Hannah Höch en septembre 1921, Schwitters avait notamment récité son « Alphabet lu à l'envers », le poème « Cigares » (composé uniquement à partir du mot « Cigarren »), la « Révolution à Revon » (Revon pour Hanovre) et « Pour Anna Fleur », poème majeur du recueil du même nom, qui l'avait rendu célèbre en quelques semaines en 1919 et fait l'objet de nombreuses rééditions. Il fut encore l'occasion pour Huelsenbeck de fustiger une nouvelle fois Schwitters et cela dans les dernières lignes de son introduction à l'*Almanach Dada* : « Dada refuse par principe et catégoriquement des travaux comme le célèbre *Anna Fleur* de Monsieur Kurt Schwitters [8]. »

Si des vestiges de l'ancienne sensibilité poétique subsistent dans *Anna Fleur* et peuvent expliquer pour une part la résistance affichée par Huelsenbeck, acquis à la poésie abstraite pure depuis Zurich (nous pensons au titre de son recueil *Schalaben Schalabai Schalamezomai*), Kurt Schwitters allait toutefois s'affirmer comme le principal poète de la sensibilité concrète, son précurseur jamais égalé. L'*Ursonate*, pour être la plus connue et, certes, la

8. L'acharnement de Huelsenbeck est certainement excessif. Il peut cependant s'expliquer par le fait que Schwitters n'avait pas hésité à mentionner dada sur la couverture d'*Anna Fleur*.

plus importante, ne saurait en effet éclipser les autres versants de son œuvre poétique.

Proclamation de l'art élémentaire

Le déclin du Club Dada de Berlin devait rapprocher Hausmann et Schwitters du peintre et théoricien hollandais Theo van Doesburg, par le biais de leur collaboration à ses deux revues : la grande et prestigieuse revue constructiviste *De Stijl*, et l'autre, *Mécano*, prototype même de la minuscule revue dada, imprimée sur une seule grande feuille pliée, que Van Doesburg publiait sous le pseudonyme de I.K. Bonset auquel il recourait pour le versant dadaïste de ses activités.

D'autre part, après la dissolution des noyaux Dada qui avaient jusque là constitué les centres névralgiques d'activité à Zurich, Berlin ou Paris, ce sont de nouvelles positions collectives et supranationales qui retiennent l'attention. Les initiatives strictement dadaïstes marquent le pas, mais des contacts entre les artistes constructivistes tels que Van Doesburg, Lissitzky ou Moholy-Nagy et les dadaïstes Arp, Hausmann, Schwitters et Tzara révèlent progressivement aux uns et aux autres des préoccupations théoriques communes. Nombre d'artistes sortent de leur isolement et se rencontrent sur de nouvelles bases de travail et sur des concepts neufs, dont témoignent congrès et manifestes, en particulier les rencontres de Dusseldorf et de Weimar en 1922.

Cette nouvelle sensibilité se manifestera publiquement après le Congrès de Weimar (automne 1922), avec l'amitié et la collaboration qui lieront Van Doesburg et Schwitters, et par le jeu des influences réciproques. Tandis que Van Doesburg se lance dans une tournée de manifestations Merz de type dadaïste avec Schwitters, l'œuvre de ce dernier intègre les apports de la plastique pure.

Cette phase nouvelle, où se célèbre la rencontre de Dada, de Merz et du Stijl, entame un processus de création à la fois déconstructif et positif, destructeur et constructeur. Doesburg y joue avec virtuosité un double rôle essentiel. Bien qu'entièrement dédiée à la plastique pure née aux Pays-Bas sous son impulsion et celle de Mondrian, la revue *De Stijl* (fondée en mai structures de la représentation et sur le matériau en tant que tel. A la faveur de ce double affranchissement, en abordant d'une part l'organisation de la signification, et d'autre part en intervenant sur le matériau pur (mots, images, sons) qu'il a toute liberté de transformer, permuter, rectifier, transposer, l'art élémentaire acquiert la faculté de produire des structurations inédites, des propositions plastiques ou verbales qui révolutionnent la structuration même des « formes acquises » (Tzara) héritées d'un ordre désormais caduc de la culture.

Le Congrès dada-constructiviste de Weimar

Au cours de l'année 1922, deux rencontres collectives importantes ont donc lieu. La première, le « Congrès des artistes de progrès » de Dusseldorf en avril, réunit notamment Hans Richter, Werner Graeff, Raoul Hausmann, Hannah Höch, Otto Freundlich, Franz Seiwert, Theo et Nelly van Doesburg, Cornelius van Eesteren, El Lissitzky, Ruggero Vasari, Stanislas Kubicki. La seconde, intitulée « Congrès constructiviste », a lieu à Weimar, siège du Bauhaus, en septembre 1922, sur l'initiative de Van Doesburg, et donne lieu à plusieurs événements dont deux conférences de Schwitters et Tzara.

Le congrès de Weimar auquel Tzara, aidé de la complicité visible de Arp et de celle de Van Doesburg dans les coulisses, donne d'emblée une tournure dada – sa seule présence suscitant des mouvements contradictoires –, scelle la formation virtuelle d'une Internationale Artistique.

Outre Van Doesburg, y participent entre autres Kurt Schwitters, El Lissitzky (proche collaborateur du *Stijl* et de *Merz*), le peintre et photographe Max Burchartz, l'architecte hollandais Cornelius van Eesteren, le cinéaste Werner Graeff, le peintre et graphiste Karl-Peter Röhl, Moholy-Nagy (peintre, co-rédacteur de la revue *Ma*, professeur au Bauhaus quelques mois plus tard) et trois dadaïstes du premier noyau zurichois, Hans Arp, Tristan Tzara et Hans Richter. La plupart des participants croient prendre part à un congrès constructiviste mais ils se trouvent aussi nez à nez, à leur grand amusement (concède Moholy-Nagy) avec les dadaïstes. Leur hôte, Doesburg, doit tempérer les réticences des plus jeunes et virulents des constructivistes qui ne se doutaient pas que Doesburg lui-même était à la fois constructiviste et dadaïste.

Au même moment se déroule à Berlin la « Première exposition russe » qui divulgue la création non objective russe sur la scène artistique européenne. Des plates-formes communes aux dadas et constructivistes se cristalliseront à plusieurs reprises, en particulier à l'occasion du « Manifeste Art Prolétarien » signé par Van Doesburg, Schwitters, Spengemann (ami et exégète de Schwitters à Hanovre) et Tzara à La Haye, en mars 1923.

La tournée Merz Dada aux Pays-Bas

Quelques mois plus tard, en 1923, vraisemblablement scellée à Weimar, la complicité Schwitters-Doesburg débouche sur l'organisation d'une tournée de soirées Merz Dada aux Pays-Bas, dont l'idée revient à Vilmos Huszámar. A l'enseigne du Stijl, Van Doesburg publie une plaquette *Wat is Dada?* (Qu'est-ce que Dada?) qui, sous couvert d'expliquer Dada, constitue un manifeste en soi. C'est de cette tournée que se souviendra Schwitters dans le texte qu'il rédige pour le numéro du *Stijl* dédié à Van Doesburg, décédé en 1931. Un journaliste du *Algemeen Handelsblad* (29 janvier 1923) décrit la représentation de La Haye :

> Kurt Schwitters vint d'abord annoncer que chaque fois qu'il y aurait des remous dans la salle, il s'interromprait pendant cinq à dix minutes pour donner aux éléments perturbateurs l'occasion de s'en aller. N'est-ce pas là une attitude vraiment dadaïste puisque parfaitement insensée. (...) Schwitters déclame alors un petit peu de poésie dadaïste mais la salle se déchaîne. Son poème sur « Le Fourneau » traîne en longueur, repart tout le temps à zéro, répète continuellement la même chose. (...) « Au suivant », crie-t-on à tue-tête. « Garçon », glapit un spectateur assoiffé. La salle hurle de rire. Schwitters a du mal à continuer mais il tient bon : « Le brun demanda », « Le rouge dit », toujours à propos du fourneau, de ses qualités et de son mode d'emploi. On ne comprend pas ce qu'il dit. Le public vocifère, hue, glapit, fait entendre toutes sortes de bruits, on perçoit un sifflet dans le brouhaha général...

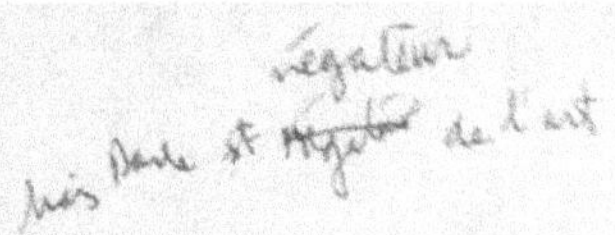

aussi précise en ce siècle sur la pertinence en tant que telle de l'acte artistique face aux politiques. Même Joyce, en butte aux critiques de Radek, répondra en privé sur le plan où se situent les récriminations soviétiques, plan que refuse délibérément Merz [11].

Si le « Manifeste Art Prolétarien » intervient en 1923, dans un contexte certes moins marqué que celui du Berlin de 1918, et constitue après leur rencontre au Congrès de Weimar (1922) un signe précieux de l'alliance intervenue entre les artistes dadas et constructivistes, il coupe court à toute spéculation sur d'éventuels dévoiements prolétariens ou « réalistes-socialistes » négateurs de l'art. De surcroît, il réunit symboliquement les signatures de deux fondateurs de Dada à Zurich (Arp et Tzara) et celles de Van Doesburg (représentant tout le courant de la plastique pure incarné par le *Stijl*), avec celle de Schwitters et de son ami et exégète de Hanovre, Christophe Spengemann.

Le manifeste (reproduit dans ce volume) marque un tournant symbolique crucial pour Schwitters, une victoire personnelle au sein de la communauté artistique internationale. Conjurant la malédiction huelsenbeckienne de 1918, Schwitters voit primer ses propres conceptions sur celles d'un Club Dada désintégré et affirme la tendance Merz comme la prolongation dada-constructive la plus fondée après Dada. Au travers de ses collaborations futures avec Arp, Lissitzky, et tant d'autres, avec en cette année 1923 la création de la revue *Merz*, du *Merzbau* et de l'*Ursonate*, Merz-Schwitters est l'avenir de l'avant-garde.

11. Eugène Jolas rapporte la scène suivante avec Joyce : « Je me souviens lui avoir lu une traduction allemande d'un discours de Radek dans lequel le Russe attaquait *Ulysse* au congrès de Kharkov comme l'œuvre d'un écrivain bourgeois sans conscience sociale. Ils peuvent dire ce qu'ils veulent, disait Joyce, mais le fait est que tous les personnages de mes livres proviennent des petites classes moyennes, et même du milieu ouvrier ; et ils sont tous assez pauvres. » (In Eugène Jolas, *Sur Joyce*, Paris, 1990.) La figure de Joyce n'apparaît pas ici par hasard. Joyce est évoqué par nombre d'amis de Schwitters dans leurs témoignages (Vordemberge-Gildewart, Moholy-Nagy entre autres) et par des amis communs à Joyce et Schwitters tels que Carola Giedion-Welcker qui se laissent tenter par quelques parallèles biographiques (la dimension d'exil) et esthétiques. Dans le *Merzbau* aussi, Schwitters a su « carrer » la roue. Ou faire tourner sa carrée ?

CHARLES FOURIER

THÉORIE DES QUATRE MOUVEMENTS

LE NOUVEAU MONDE AMOUREUX

les presses du réel

lieu de 100 jeux incohérents qui n'étaient malgré leur justesse qu'une absence de mécanique d'Harmonie.

La théorie d'attraction tend à opérer en industrie comme en passions l'accord positif universel ou association générale.

La théorie des philosophes ne tend qu'à l'accord négatif, qu'à empêcher la discorde des ménages, bourgs, villes, provinces, royaumes et empires. Si du moins ils arrivaient à ce but on pourrait louer leurs théories comme produisant *l'absence de discorde, le bien négatif*, mais ils n'aboutissent, au contraire, qu'à établir la discorde universelle entre les familles, bourgs, villes, provinces, royaumes et empires ; ils sont donc à la discorde en régime négatif au lieu d'être à la concorde en régime positif. Quel immense éloignement du but, quel [...].

Le but positif étant d'associer les 12 passions, il faut un ordre où chacune des 7 [...] nous conduise aux 5 luxes et où la recherche de chacun des 5 luxes nous conduise à satisfaire les 7 affectives et distributives.

Il n'y a point de bonheur pour une société qui n'atteint pas aux 5 luxes, aux 4 groupes et aux 3 équilibres distributifs. L'Harmonie est perdue s'il faut entraver en simple ou en composé une des 4 passions pour assurer la marche d'une autre ou de plusieurs. Notre tâche est donc d'associer chacune des 12 avec les 11 autres et développer simultanément tout l'attirail des 12 passions premières, de leurs nombreux rameaux et des 810 caractères que donnent leurs combinaisons.

On peut réduire beaucoup le problème et le borner aux 4 passions affectueuses, car dès qu'on saura tenir en plein accord l'honneur, l'amour, l'esprit de famille et les coteries amicales, on ne sera guère en peine d'opérer le concert des autres passions, car, en Harmonie, les 5 plaisirs des sens pour s'accorder avec le vœu des 3 distributives doivent être en dissidences graduées par contraste. Ainsi voilà 8 passions dont les discordes actuelles si désolantes pour nous sont le germe de l'Harmonie et seront un gage de plein accord dès qu'on aura formé les séries passionnelles. Il ne reste donc à opérer que sur les 4 affectueuses ou cardinales, il faut aviser à les accorder entre elles, rendre chacune des 4 coopératrices des 3 autres, les associer dans leurs développements, rendre leurs jouissances compatibles, ce qui n'a jamais lieu en civilisation où l'on n'a d'autre but que d'empêcher qu'elles ne s'entrechoquent. On tend à l'Harmonie négative. Pour y atteindre, on ne tend jamais à la positive...

Ajoutons un exemple qui définira plus exactement encore la différence entre l'accord négatif ou ligue simple et l'amalgame, l'accord positif ou

406

Situationnisme

ligue d'ordre composé. Je tire cet exemple de l'inceste, lien réprouvé par toutes les lois civiles et religieuses et pourtant qu'est-ce que l'inceste ? C'est un amalgame des 2 cardinales mineures, des 2 affections d'amour et de famillisme. On a vu certains peuples d'Orient ériger l'inceste en vertu, adjuger au père les prémices de la fille et s'appuyer du principe que le fruit d'un arbre appartient à celui qui l'a planté, d'où l'on voit que les principes de morale civilisée sont des lames [...] à deux tranchants. Comme je l'ai observé en IIe section (citer et ulter) les religions et philosophies modernes diront-elles qu'elles n'admettent pas ce principe. En ce cas, je leur demanderai [...] cur *(sic)* elles admettent l'inceste en ligne collatérale et pourquoi l'on permet à prix d'argent qu'une tante épouse son neveu. Le seul fait du tribut exigé et de la dispense religieuse prouve que l'inceste en ligne collatérale n'est qu'un crime conditionnel et arbitrairement [...] puisqu'il n'est pas crime pour ceux qui ont de l'argent à donner. Ils sont assurés que sur ce point comme sur tout autre : il est avec le ciel des accommodements. « Peccant hominesque deosque numera. » L'inceste collatéral est donc crime de convention et non de nature puisqu'il est effacé aux yeux de tout le monde par une prestation pécuniaire et d'ailleurs quelle est sur cet inceste l'opinon secrète ? Ignore-t-on que toutes les tantes prennent les prémices des neveux et qu'il est de règle dans la bonne compagnie que les prémices d'un jeune homme appartiennent de droit à sa tante ou à la soubrette. C'est à qui des deux sera la plus leste à les ravir, et j'estime que les tantes, sur ce point, surpassent en activité les soubrettes. Il ne reste que le crime de n'avoir pas payé la dispense, mais il faut avouer que la Cour de Rome serait trop riche si elle percevait un tribut de dispense de toutes les tantes qui s'emparent des neveux. Ce serait pour elle un revenu bien autrement copieux que celui des annales qu'elle a perdu.

Voilà, quant à l'inceste collatéral un argument embarrassant pour les rigoristes ! l'opinion l'ordonne et le préconise, tandis que les lois civilisées et religieuses l'autorisent moyennant une somme quelconque. Il n'est donc ni crime naturel, puisqu'il est très généralement conseillé par la nature, ni crime social, puisqu'il est un objet d'accommodement avec les lois humaines qui établissent, pour tous les incestes collatéraux, des prix fixes comme pour les petits pâtés ; quiconque a de l'argent de reste peut dire des incestes comme autrefois des meurtres dont on négociait comme font les marchands sur les *denrées à livrer*. Un duc de Guise portait en poche

491

Si la science et l'opinion accommodent ainsi sur le parricide et l'infanticide pour l'intérêt de quelque principe, ne pourraient-elles pas à plus juste titre accommoder sur les illégalités comme l'inceste qui, au lieu de produire un meurtre, produisent un lien réel ; assurément la violation du principe serait bien plus excusable dans le second cas que dans le premier ; et j'excuserais bien plutôt Phèdre et Jocaste que les deux Brutus. Combien voit-on dans nos [...] de Phèdre et de Jocaste dont les allures secrètes sont très bien connues et qui n'en sont pas moins des femmes de bonne compagnie. L'opinion est donc, à cet égard, en pleine tolérance. Quand le délit ne fait pas d'éclat et quand l'opinion tolère secrètement un [...] la législation est bien près de l'admettre.

Après ces détails sur la différence de l'accord positif et négatif de l'alliage lien composé et de l'alliance lien mixte en passion, l'on peut reconnaître que nos sociétés sont pleinement incompatibles avec le positif, l'alliage passionnel et très peu avec le négatif, alliance qui est un lien d'ordre inférieur à l'alliage comme le simple est au-dessous du composé.

Les rigoristes vont objecter que je veux donc absoudre l'inceste et qu'il serait donc louable dans l'Harmonie comme alliage d'amour et de familisme et, par conséquent, lien d'harmonie composée ; c'est éluder l'argument ; j'ai voulu leur prouver que l'opinion chez nous sur ce point, comme sur tant d'autres, est absolument contradictoire avec la législation et tolère en secret les liens qu'elle proscrit le plus en public ; dès lors elle ne devra pas s'étonner que l'Harmonie admette des liens beaucoup moins [...] que l'inceste, entre autres, la polygamie déjà pratiquée licitement chez la majorité du genre humain et illicitement chez la minorité. Si cette polygamie tend à former en Harmonie des liens très précieux à l'unité sociale, je dois pour acheminer à la théorie qui va traiter de ces nouveaux liens, m'étayer des penchants secrets de l'opinion entre autres de son indulgence des [...] [...] pour des alliages passionnels comme l'inceste beaucoup plus opposés au vœu de la nature que la polygamie.

Quelques ergoteurs vont m'objecter que je reste en arrière sur un dogme équivoque et que je ne déclare pas nettement si l'inceste en tous degrés sera autorisé ou défendu dans l'Harmonie. Voici la règle qu'on suivra à cet égard :

L'Harmonie innovera brusquement sur les coutumes d'ambition, d'économie domestique, industrielle où toute innovation lucrative et commode ne saurait choquer personne. Mais elle ne procédera que par degrés sur les innovations religieuses et morales qui heurteraient les consciences, par exemple

493

Trotsky

Cours nouveau

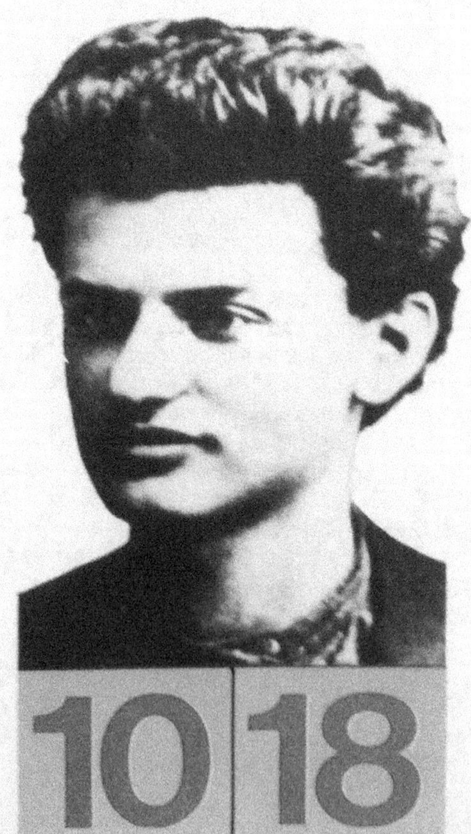

COURS NOUVEAU

(1923)

PAR

TROTSKY

10 18

CHRISTIAN BOURGOIS

DOMINIQUE DE ROUX

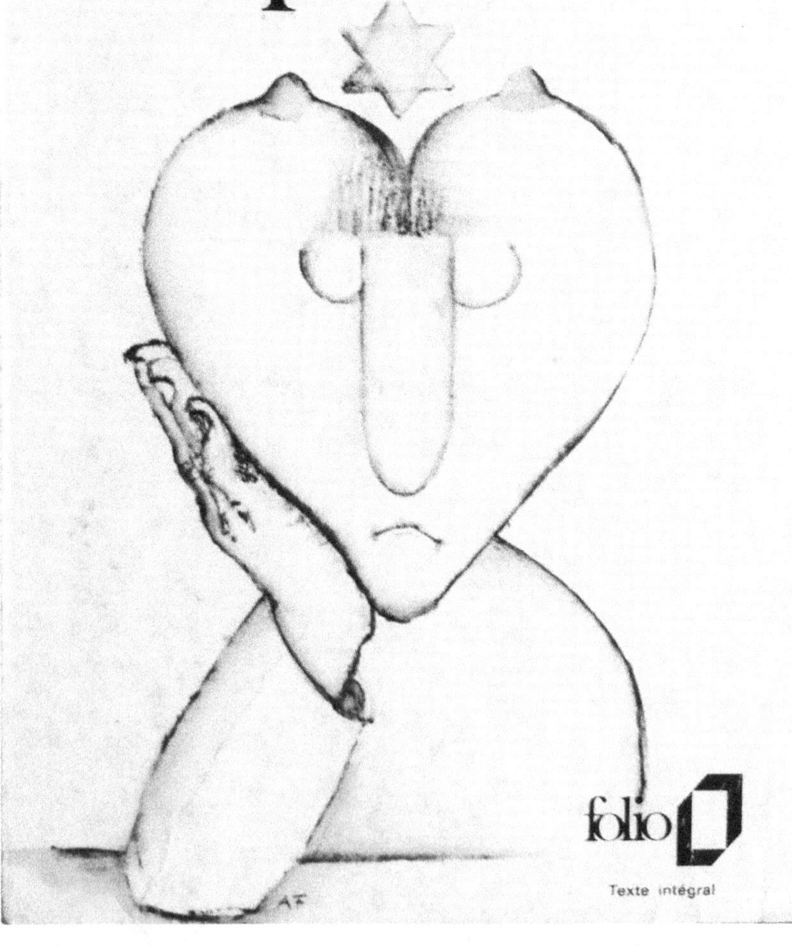
Philip Roth
Portnoy et son complexe
folio
Texte intégral

A rendre à Jean
si possible

G. I. Gurdjieff

Récits de Belzébuth à son petit-fils

*

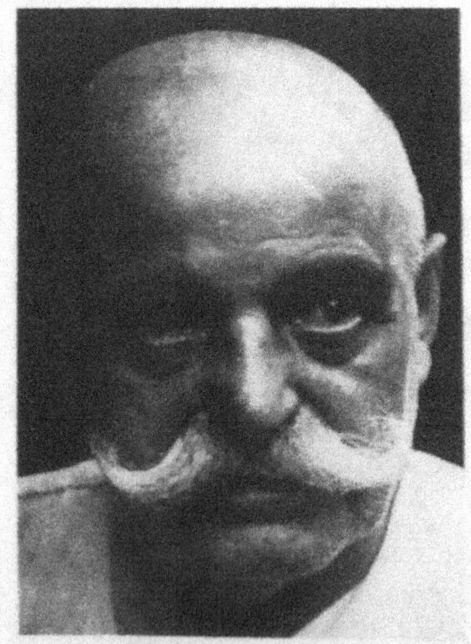

STOCK + PLUS

femme s'allonge de trois fois sa longueur, ou encore que ton gâteau préféré se transforme en gutta-percha au moment où tu le portes à ta bouche, et ainsi de suite, dans ce goût-là.

Comprends-tu maintenant à quel danger tu t'es exposé en nommant ces lointains farceurs tri-cérébraux des « limaces » ?

Sur ces mots, Belzébuth, en souriant, regarda son favori.

André Pichot

La naissance de la science

1. Mésopotamie, Égypte

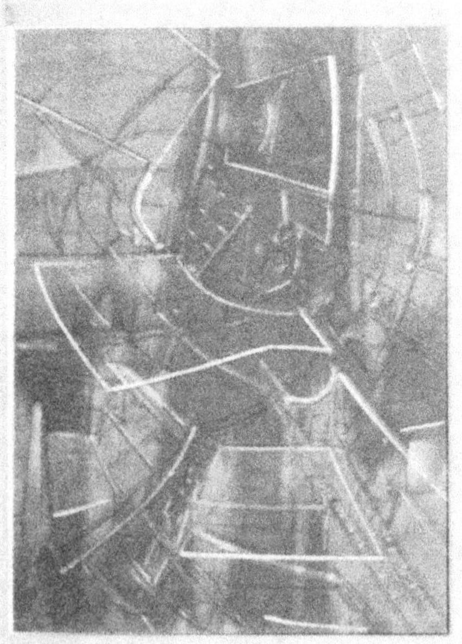

ques. Si la *mathématique* a développé elle-même sa rationalité propre, elle l'a fait d'une manière très particulière (difficilement exportable vers d'autres disciplines) et, très largement, dans le cadre d'une mystique. On trouve bien des ébauches plus ou moins dégrossies de rationalisation dans telle ou telle branche de l'étude de la nature, mais c'est toujours de manière très partielle et sans que la rationalité soit élevée au rang de principe de vérité. Ce fut finalement ce qu'aujourd'hui on appellerait la critique épistémologique (c'est-à-dire une philosophie de la connaissance) qui dégagea le mieux cette exigence de rationalité ; et elle le fit contre les disciplines « pré-scientifiques » alors en vigueur, notamment contre les mathématiques (à l'occasion de la découverte des nombres irrationnels).

Assurément, ces deux voies, celle des objets et celle de l'esprit scientifique, furent parfois proches, mais leur fusion en un seul corps ne se fit pas facilement. À l'exception des mathématiques (qui sont un cas particulier en raison de la nature de leurs objets), la période que nous étudierons dans cet ouvrage ne connut aucun exemple réussi d'une telle fusion. Elle vit se former les disciplines pré-scientifiques ; elle vit se différencier la pensée rationnelle en tant qu'elle se veut telle ; elle vit des rapprochements s'amorcer ; mais, hormis les mathématiques (avec les premiers *Éléments* d'Hippocrate de Chio), elle ne vit pas de disciplines scientifiques bien constituées, comme en verront les siècles suivants.

Cet ouvrage s'intitule *La naissance de la Science*, mais en réalité c'est bien plutôt de son embryogenèse qu'il traite. À son terme, nous serons parvenus à la fin du Ve siècle av. J.-C., les éléments fondamentaux nécessaires à une pensée de type scientifique seront apparus et auront commencé leur conjonction ; mais la science — ou plutôt les sciences — n'a pas cessé de naître depuis.

Science, technique, mythe, magie

Sans vouloir revenir sur le problème de la définition de la science, on peut qualifier celle-ci de mode de connaissance et, en cela, lui attribuer une double fonction d'explication et d'action. La science veut expliquer le monde (y compris l'homme à qui il faudra trouver une place dans ce monde) et elle veut agir sur lui ; et l'explication ne vaudra, très largement, qu'en ce qu'elle permet d'élaborer une action efficace. Ici encore la mathématique est un peu à part en ce qu'elle trouve sa justification en elle-même, par ses propres principes, plutôt que dans l'efficacité d'une action — sauf, bien sûr, lorsqu'on ne considère que ses formes appliquées.

Cette double fonction d'explication et d'action se retrouve à divers degrés dans des savoirs antérieurs à la science, notamment la technique, le mythe et la magie. La science entretient des rapports complexes avec ces savoirs, rapports d'analogie, de compétition, mais aussi de filiation plus ou moins directe. Rapports avec la technique (que l'on considère parfois comme la face « action » de la science), rapports avec le mythe (dans sa fonction explicative), rapports avec la magie (à la fois en tant qu'action sur le monde et théorisation de cette action).

Le rapport de la science à la technique peut paraître le plus simple des trois ; aussi bien lorsqu'on l'envisage comme rapport actuel où la technique est souvent présentée comme l'application des théories scientifiques en une action sur le monde, que lorsqu'on se penche sur l'histoire où l'on imagine (trop) facilement que la science s'est constituée par la théorisation d'un savoir pratique qui se serait lui-même mis en place par pur empirisme. Nous ne discuterons pas ici du rapport actuel de la science et de la technique, mais seulement (et en quelques mots) de leur rapport historique. Il semble très abusif de voir une filiation simple entre la technique et la science, celle-ci étant présentée comme abstraite

12 *La naissance de la science*

de celle-là, comme sa forme réfléchie et théorisée. Un exemple le montrera plus clairement que tous les discours : la poterie et la métallurgie sont de très vieilles techniques de l'humanité ; elles sont connues de toutes les civilisations dont nous parlerons dans cet ouvrage ; il ne s'ensuit pas qu'elles ont abouti à une science de la matière, ni même qu'elles ont engagé la réflexion dans cette voie. Leur effet le plus immédiat a été d'enrichir la mythologie de dieux potiers (ceux qui, par exemple, ont modelé l'homme à partir d'argile et d'eau dans la mythologie sumérienne) et de dieux forgerons (comme le dieu grec Héphaistos), et d'ajouter à la magie quelques pratiques alchimiques. S'il y a une filiation entre l'alchimie et la chimie, elle s'est opérée 5 000 ans plus tard ; et, à cette époque, la métallurgie et la poterie s'étaient dégagées de leurs formes magiques primitives depuis bien longtemps et avaient donné un savoir pratique, purement empirique, ni magique ni fondé sur une conception scientifique de la matière.

On pourrait dire la même chose pour la plupart des techniques antiques, en remarquant toutefois que celles qui nécessitent des transformations chimiques (par le feu notamment) se prêtent beaucoup mieux à l'interprétation magique que celles où le travail est plus directement manuel (tissage, travail de la pierre, du bois, etc.). Ce qui ne veut pas dire que ces dernières produiront plus facilement une science (il existe des déesses qui filent la laine, et, aujourd'hui encore, le travail du bois et de la pierre dans la fabrication des armes s'entoure, chez certaines sociétés primitives, d'un ensemble de règles magiques, rites et tabous, destinés à assurer leur efficacité), mais qu'elles se dégageront plus facilement des interprétations magico-mystiques (tout comme la chirurgie s'en est libérée beaucoup plus rapidement que la médecine, parce que l'efficacité du travail du chirurgien est d'une appréhension plus immédiate que l'action mystérieuse des drogues).

Les techniques de l'Antiquité (tout comme celles des sociétés primitives actuelles) ne sont pas de simples savoirs

Introduction 13

pratiques « neutres » ; la plupart d'entre elles ressortissent à la magie, ou sont accomplies avec certains rites qui les relient à l'ordre de l'univers. Ces techniques magiques sont théorisées et explicitées par des principes divers, souvent analogiques ; et ces explications peuvent s'intégrer dans une vision plus vaste du monde, avec la mise en jeu de divers dieux, esprits et démons, vision qui est essentiellement mythique. La magie présente donc une certaine ressemblance avec la science : elle a des principes explicatifs qu'elle met en œuvre dans des actions, et elle relie ces principes à une conception globale du monde, intégrant et expliquant ainsi ces actions au sein de ce monde. Il n'y manque que la rationalité.

Sans doute, la pratique de la magie s'accompagne, à la longue, d'une certaine décantation empirique, de sorte que, parfois, elle a pu s'épurer en une technique qui est un savoir pratique « neutre ». La répétition permet de faire un tri de ce qui est efficace et de ce qui ne l'est pas, mais cette mise au point reste purement empirique ; elle ne se répercute pas nécessairement sur les principes explicatifs avancés par la magie, principes qui sont assez souples pour s'adapter aux modifications de la pratique ainsi mises au point. Au mieux, ces principes sont abandonnés, mais ils ne sont pas forcément remplacés par une explication scientifique ; naît ainsi un savoir pratique, une technique pure, sans justifications autres que l'efficacité. On ne peut guère espérer qu'une conception scientifique naisse de cet empirisme.

D'une manière générale, on remarquera que la Mésopotamie et l'Égypte étaient bien supérieures à la Grèce sur le plan technique, et qu'elles n'ont cependant pas eu de sciences à proprement parler. Si, en Grèce notamment, les besoins techniques ont parfois influé sur le développement de la science, ce fut à une époque où l'élan premier d'exigence de rationalité était déjà donné à celle-ci. Les techniques, à défaut d'engendrer un esprit scientifique lors de leur perfectionnement empirique, ont sans doute contribué à ouvrir ce qu'on a appelé ci-dessus « la voie des objets » ; bon nombre

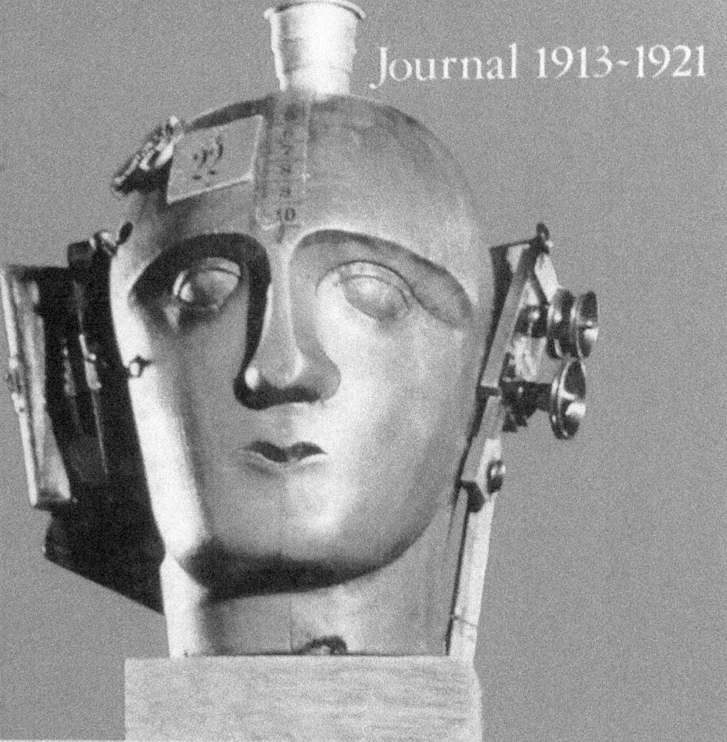
HUGO BALL
LA FUITE
HORS DU TEMPS
Préface de HERMAN HESSE
Journal 1913-1921
LE FONDATEUR
DU DADAÏSME
EDITIONS DU ROCHER

plus élevée. Le mot nihiliste signifie d'ailleurs moins qu'il ne dit. Il signifie : on ne peut être sûr de rien, il faut rompre avec tout. Il *semble* signifier : tout doit disparaître. Ils réclament des écoles, des machines, une économie rationnelle, tout ce qui manque encore à la Russie mais dont nous sommes dangereusement saturés en Occident.

Il faudrait laisser l'inconscient libre de juger jusqu'où quelqu'un a *pu suivre* la raison. Écouter plus l'instinct que l'intention.

Les relations entre la politique et le rationalisme se révèlent pénibles. Le principal soutien de la raison, c'est peut-être l'État, et *vice versa*. Tout raisonnement politique visant la norme et la réforme est utilitariste. L'État n'est qu'un instrument.

Aujourd'hui le citoyen est également un instrument (pour l'État).

Le poète, le philosophe, le saint sont, eux aussi, destinés à devenir des instruments (pour le bourgeois). Que disait donc Baudelaire : « Si le poète demandait à l'État le droit d'avoir quelques bourgeois dans son écurie, on serait fort étonné, tandis que si un bourgeois demandait du poète rôti, on le trouverait tout naturel [1]. »

1. *Mon cœur mis à nu*. (*N.d.T.*)

40

Nous nous sommes servis de la métaphysique pour tout et pour rien. Pour donner le goût des casernes (Kant). Pour élever le moi au-dessus du monde entier (Fichte). Pour calculer le profit (Marx). Mais depuis qu'on a découvert que ces métaphysiques-là n'étaient, la plupart du temps, que des artifices arithmétiques inventés de toutes pièces et qu'on peut les ramener à des phrases très simples, voire même extrêmement pauvres, la valeur de la métaphysique a beaucoup diminué. J'ai vu aujourd'hui du cirage portant l'inscription « la chose en soi ». Pourquoi avons-nous perdu à ce point le respect de la métaphysique ? Parce que ses affirmations surnaturelles ont pu être expliquées de façon trop naturelle.

La démonie aussi, jusqu'alors si intéressante, n'émet plus qu'une faible et pâle lueur. Entre-temps tout le monde est devenu démoniaque. Le démoniaque n'est plus le signe distinctif qui différencie le dandy du quotidien. Désormais, voudrait-on se démarquer, il faudrait pour le moins devenir un saint.

4 décembre 1914. Bakounine (biographie de Nettlau, postface de Landauer).

Ses débuts sont marqués par Kant, Fichte, Hegel, Feuerbach (la philosophie protestante de l'*Aufklärung* [1]).

Plus il apprenait à connaître la mentalité française, plus il s'éloignait des Allemands.

1. Préparé au XVIIe siècle par le rationalisme de Descartes, par la doctrine du droit naturel de Grotius, par la théologie supraconfessionnelle du baroque, puis par la philosophie et la psychologie empirico-sensualiste de Locke et de Hume, et, surtout, par la vision du monde de Leibniz, vulgarisée à travers le système philosophique de Christian Wolff – le mouvement de l'*Aufklärung* se caractérise dans ses fondements par la raison rationaliste, dans son expression par le piétisme (et sa foi anti-orthodoxe, anti-ecclésiastique, individualiste) et dans ses aspirations par l'optimisme du progrès et le positivisme scientiste.

41

Même le calcul n'a pu devenir populaire avant d'avoir été une idée philosophique.

L'esprit ne se préoccupe pas de la masse, mais de la forme. La forme, elle, veut pénétrer la masse.

Une rébellion à l'intérieur de la philosophie matérialiste est plus nécessaire qu'une rébellion des masses.

12 décembre 1914. Merejkovski, *Le Tsar et la Révolution*, renseigne sur le problème religieux en Russie. L'essentiel est ceci : tous les grands poètes et philosophes du XIXe siècle, de Tchaadaïev à Soloviev, sont des théologiens. Bakounine seul semble faire exception.

Ils comparent les exigences de la révolution sociale aux institutions de l'orthodoxie byzantine. Quand ils se révoltent ils se réfèrent au Nouveau Testament. Ils le considèrent comme un livre révolutionnaire. Le fils s'élève contre le père.

Ils prennent le Christ pour un nihiliste. En tant que fils et révolté, il lui faut proclamer des thèses contraires.

Leur conflit avec l'Église orthodoxe rappelle certains phénomènes du XVIe siècle, Münzer par exemple, avec cette différence toutefois que la Réforme déclarait formellement que le Christ était un homme, tandis que les Russes voient la divinité du Christ dans le peuple, crucifié par les institutions autocratiques.

44

Par moments (chez Tchaadaïev, chez Dostoïevski, Soloviev, Rozanov), on tente une nouvelle interprétation des dogmes. La plupart de ces rebelles sont au fond des théologiens hérétiques.

La position de Merejkovski et de ses amis est assez sophistiquée et certainement pas populaire. Il est douteux que leur idée puisse être comprise par des cercles plus larges. D'ailleurs, la question est de savoir si une « révolution théologique » n'est pas une contradiction en soi. La dernière parole prononcée sur la croix fut : « Père, je remets mon esprit entre tes mains. »

Toujours est-il que la relation père-fils a été très sérieusement approfondie par eux et qu'elle a été productive. En Occident il n'est plus possible d'être productif à moins que des guerres de religion et des doutes fondamentaux ne réapparaissent.

La grande différence : chez eux la Bête de l'Apocalypse c'est, depuis cent ans, le tsar. Chez nous, on estime que c'est le peuple, et on le traite en conséquence.

Dans la pratique, les Merejkovites ont échoué. « Tu ne tueras point » – dit clairement le cinquième commandement. Ils discutent interminablement autour de cet écueil et se répètent. Ils savent au fond très bien sur quoi ils butent, mais ils n'arrivent pas à avancer. Ce sont des Hamlet théologiques.

Tchaadaïev ressemble quelque peu à notre Schopenhauer. Seulement, il est plus religieux et plus près du réel. Il a écrit un livre, *Nécropolis*, où il représente la Russie tout entière comme une ville des morts. Le tsar l'a fait déclarer fou.

45

drait encore faire du théâtre maintenant ou même aller en voir ? Mais le théâtre chinois est différent du théâtre européen ; en pleine période sanguinaire il arrive encore à s'imposer.

Le drame de Tao-tse conduit à un monde magique qui ressemble souvent à un jeu de marionnettes et interrompt sans cesse l'unité de conscience, comme dans les rêves.

Quand un général reçoit l'ordre d'entreprendre une campagne dans une province lointaine, il fait – accompagné d'un effroyable vacarme de gongs, de tambours et de trompettes – trois ou quatre fois le tour de la scène, après quoi il s'arrête pour annoncer au public qu'il est arrivé à destination.

Lorsque le dramaturge veut émouvoir ou ébranler son public, il passe au chant.

Dans la *Pagode céleste*, le saint homme prend le chef des Tartars à la gorge en chantant et il l'étouffe en accentuant les effets dramatiques de la voix.

Les paroles du chant ont peu d'importance ; ce qui compte surtout, ce sont les lois rythmiques.

L'héroïsme les laisse froids. L'emportement leur est étranger et l'enthousiasme leur semble chimérique.

Le drame philosophique des Chinois, c'est la bouffonnerie magique (tout comme chez nous maintenant).

Ce qui m'arrive avec le théâtre c'est que je me sens comme un homme subitement décapité. Cet homme va bien se relever pour faire encore quelques pas, mais ensuite il tombe et il meurt.

22 avril 1919. L'Appel au socialisme (1911) de Landauer fait abstraction de l'époque et cherche à susciter de l'inté-

48

rêt pour l'Idée. À travers ses suggestions apparaît le système (grève générale, expropriation, troc, béatitude). C'est faire les comptes sans l'aubergiste. Mais les idées veulent, très certainement, être plus : un étalon de mesure pour l'ordre terrestre.

« Il y a des esclaves du travail, des chrétiens, et leurs conditions de vie sont révoltantes » – c'est ce que proclamait le socialisme il y a environ quatre-vingts ans. Depuis, l'État, l'entrepreneur le plus important, a fait pas mal de choses pour remédier à la misère, et la philosophie a contribué assidûment à la destruction de la chrétienté. Plus on en a fait de part et d'autre, moins le prolétaire était prêt à se promener sur les barricades pour l'amour des idéologues. « Un esclave gras vaut mieux qu'un prolétaire maigre » – cela pourrait être aujourd'hui la devise de maintes feuilles du parti.

Tous les systèmes socialistes sont hantés par l'idée discutable de Rousseau selon laquelle c'est la société corrompue qui empêche la réalisation du paradis terrestre.

Mais le prolétariat n'est pas Rousseau, il est une partie barbare à l'intérieur de la civilisation moderne. Et il n'est plus, du moins en Allemagne, une partie barbare avec un culte et des rites, mais c'est un état de barbarie privé de dieux et sans résistance à la corruption, justement parce qu'il est prolétarien.

Dans ces circonstances, que peut-on attendre d'une révolution prolétarienne ? Pour le moins une aggravation de nos tendances primaires ? Au paradis, L. [Landauer] vote pour le sédentarisme (paysannerie, lotissement, commune des champs).

Aiguiser sa vue pour saisir les dimensions réelles et virtuelles d'une personnalité.

49

Kafka

L'Amérique

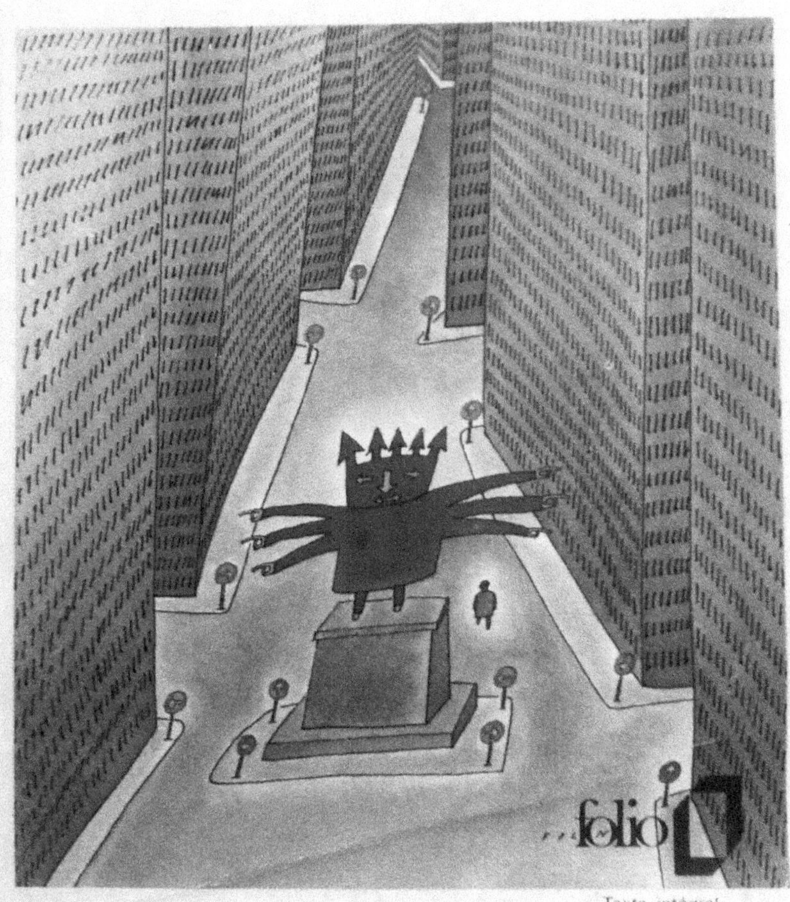

l'Amérique
c'est le Paradis
tel qu'il est vu
par Kafka
Refaire les romans
de Paradis vu par
description de
[illegible] bouddhiste
tous les paradis
musulman,
~~[illegible]~~ chrétien
chinois juif,
un quartier / et saisir
quel est le meilleur
paradis à travers
une anecdote

Titre original :

AMERIKA

Le héros, Karl Rossmann, est un jeune émigrant de seize ans que ses parents ont expédié en Amérique à la suite d'une mésaventure avec une bonne. Le hasard lui permet de retrouver son oncle Jacob, sénateur à New York, homme d'affaires puissant et riche. Oncle Jacob l'adopte et entreprend de le préparer à devenir aussi un homme d'affaires. Mais Karl accepte étourdiment l'invitation d'un ami de son oncle et se soustrait ainsi sans motif valable à sa leçon d'anglais et à sa leçon d'équitation. Cela suffit pour que l'Oncle Jacob le chasse à tout jamais. Voici Karl redevenu un pauvre émigrant sans appui encombré d'une malle et d'un parapluie.

Son personnage honnête et candide, épris de justice, connaît encore bien des déboires et des aventures tragiques. La méchanceté du sort le poursuit sous les traits de deux vauriens qui le volent, l'exploitent, le trahissent.

Il trouve enfin un engagement dans le grand théâtre d'Oklahoma « qui emploie tout le monde et met chacun à sa place ».

Franz Kafka, né à Prague le 3 juillet 1883 d'une famille juive, a fait ses études au Lycée allemand de Prague de 1893 à 1901, puis à l'Université allemande où, en 1906, il a connu Max Brod qui allait devenir son plus fidèle ami et l'éditeur de ses œuvres posthumes. En 1907 il entre dans une compagnie d'assurances, les « Assicurazioni pas encore étudié cette baisse passagère. C'est trois heures après la fin de la première séance que l'on peut observer un début d'amélioration de la performance. Au temps t = 6 heures, l'amélioration est égale à celle obtenue au temps t = 24 heures, et ne varie plus.

Une autre remarque s'impose : durant la séance initiale de 15 minutes qui a été utilisée dans toutes les expériences précédentes, les souris sont confrontées pour la première fois à l'appareil. Leurs appuis sur la pédale résultent donc, pour l'essentiel, de l'activité d'exploration de l'animal. Aussi il n'est pas étonnant que, pendant ces 15 minutes, on ne décèle aucune trace d'apprentissage : le nombre de pastilles de nourriture obtenues reste à peu près le même dans les trois intervalles de 5 minutes. On pouvait donc formuler l'hypothèse selon laquelle la réminiscence observée découlait de la faible quantité d'informations reçues par l'animal. Nous avons donc réalisé une expérience où l'on faisait varier la durée de la séance initiale de 5 à 40 minutes [110]. La réminiscence, mesurée par l'amélioration des performances, 24 heures après, varie d'une manière assez complexe avec la quantité d'informations obtenues par l'animal lors de la première séance : en particulier, aucune réminiscence n'apparaît chez les souris ayant eu une séance initiale de 5 minutes, probablement parce que l'information reçue est trop faible. Les souris ayant eu des séances de durées intermédiaires présentent les gains les plus importants. Par contre, les souris ayant bénéficié d'une première séance de longue durée, 35 ou 40 minutes, ne présentent plus de réminiscence : cela était prévisible puisque ces souris ont acquis la maîtrise à peu près parfaite de l'apprentissage dès cette première séance.

Ce résultat confirme la distinction déjà formulée entre mode immédiat et mode différé, et montre que ce mode différé n'intervient que lors d'apprentissages partiels, c'est-à-dire dans des situations où la quantité d'informations communiquées à l'animal reste faible.

pas encore étudié cette baisse passagère. C'est trois heures après la fin de la première séance que l'on peut observer un début d'amélioration de la performance. Au temps t = 6 heures, l'amélioration est égale à celle obtenue au temps t = 24 heures, et ne varie plus.

Une autre remarque s'impose : durant la séance initiale de 15 minutes qui a été utilisée dans toutes les expériences précédentes, les souris sont confrontées pour la première fois à l'appareil. Leurs appuis sur la pédale résultent donc, pour l'essentiel, de l'activité d'exploration de l'animal. Aussi il n'est pas étonnant que, pendant ces 15 minutes, on ne décèle aucune trace d'apprentissage : le nombre de pastilles de nourriture obtenues reste à peu près le même dans les trois intervalles de 5 minutes. On pouvait donc formuler l'hypothèse selon laquelle la réminiscence observée découlait de la faible quantité d'informations reçues par l'animal. Nous avons donc réalisé une expérience où l'on faisait varier la durée de la séance initiale de 5 à 40 minutes [110]. La réminiscence, mesurée par l'amélioration des performances, 24 heures après, varie d'une manière assez complexe avec la quantité d'informations obtenues par l'animal lors de la première séance : en particulier, aucune réminiscence n'apparaît chez les souris ayant eu une séance initiale de 5 minutes, probablement parce que l'information reçue est trop faible. Les souris ayant eu des séances de durées intermédiaires présentent les gains les plus importants. Par contre, les souris ayant bénéficié d'une première séance de longue durée, 35 ou 40 minutes, ne présentent plus de réminiscence : cela était prévisible puisque ces souris ont acquis la maîtrise à peu près parfaite de l'apprentissage dès cette première séance.

Ce résultat confirme la distinction déjà formulée entre mode immédiat et mode différé, et montre que ce mode différé n'intervient que lors d'apprentissages partiels, c'est-à-dire dans des situations où la quantité d'informations communiquées à l'animal reste faible.

Demain lire jusqu'à 300-303

Qu'est-ce que la réminiscence ?

Il est actuellement impossible de répondre d'une façon claire à cette question. Les précautions prises au niveau des protocoles expérimentaux, en ce qui concerne la réduction des réactions émotionnelles et l'équilibre des besoins alimentaires entre les deux séances, éliminent toute explication faisant intervenir ces facteurs.

Les performances lors des 15 minutes de la première séance montrent que l'animal ne maîtrise pas le problème posé, c'est-à-dire pour l'essentiel qu'il n'associe pas l'appui sur la pédale à la distribution d'une récompense. L'observation directe confirme ce fait : la conduite de l'animal est désordonnée et confuse; on observe qu'il formule des « hypothèses » sous forme de certaines conduites répétées et inadaptées. Par exemple, l'animal semble comprendre assez vite qu'il doit s'éloigner de la mangeoire (la pédale est dans un coin opposé de la cage), aussi effectue-t-il des détours multiples vers le fond de la cage, sans se rapprocher toutefois de la pédale.

On peut donc concevoir que, durant la séance initiale, certaines conduites aléatoires sont récompensées après coup par l'arrivée de nourriture, d'autres, par contre, ne le sont pas. Si l'on considère l'apprentissage lui-même comme une amélioration des performances, le mécanisme le plus simple que l'on puisse envisager pour en rendre compte est une opération de sélection entre ces deux types de conduites; celles ayant abouti à la récompense seraient conservées, celles n'ayant pas conduit à la récompense seraient au contraire éliminées. Si la séance initiale se prolonge jusqu'à 40 minutes, le mode immédiat de fonctionnement du système nerveux central consiste, au fond,

Le déficit humain est-il une fausse amnésie ?

Les observations précédentes permettent peut-être de surmonter les contradictions entre les données de la pathologie humaine et celles de l'expérimentation animale.

En effet, il est probablement inexact d'avancer que les sujets amnésiques ne peuvent plus constituer de souvenirs de longue durée. C'est ainsi que H.M. a pu acquérir certaines tâches, en particulier motrices, et les restituer correctement plusieurs jours après. Plus troublante encore est l'observation de Starr et Phillips [114] sur un autre sujet amnésique, M.K. : le sujet jouant du piano, on lui propose d'apprendre une nouvelle mélodie inconnue de lui. Le lendemain, M.K. ne se rappelle pas avoir appris une mélodie et le titre du morceau lui paraît inconnu. L'expérimentateur fredonne alors les premières notes. Aussitôt M.K. joue la pièce correctement et en totalité.

Weiskrantz, d'Oxford [115], a étudié plusieurs sujets amnésiques ; il a pu montrer que ces sujets, bien que toujours inférieurs aux sujets normaux, peuvent conserver pendant plusieurs jours le souvenir d'informations acquises, qu'il s'agisse d'un matériel verbal ou d'un matériel non verbal.

Ces différents résultats montrent qu'un sujet amnésique est capable dans certaines conditions de constituer des souvenirs de longue durée. L'observation de Starr et Phillips semble indiquer que le déficit n'est pas dans l'opération de stockage, mais réside plutôt dans l'impossibilité de retrouver une information. Il s'agirait donc de ce que les psychologues appellent un déficit de rappel.

Mais pourquoi ce déficit? Différents auteurs, et Weisque sais-je ?

LES THÉRAPEUTIQUES PSYCHIATRIQUES

PAR HENRI BARUK

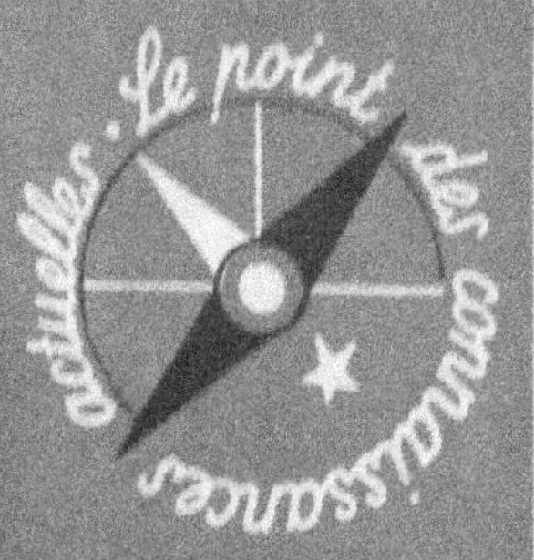

PRESSES UNIVERSITAIRES DE FRANCE

malades mentaux : saignées répétées, purgations, etc. On pensait à ce moment, par ces méthodes, diminuer le « phlogistique » et en fait on n'arrivait, comme Pinel l'a montré, qu'à épuiser le malade et à l'aggraver.

Vinrent ensuite les hypothèses liées aux localisations cérébrales, en particulier l'hypothèse de Charcot, suivant laquelle les troubles psychiques étaient liés à des troubles fonctionnels des mêmes Centres dont l'atteinte anatomique donne lieu à des signes organiques. C'est la conception organo-dynamique reprise récemment par Claude et par H. Ey. Cette conception a été infirmée par les données de la neurologie et de la physiologie modernes et elle tend à être abandonnée car les troubles mentaux des névroses ou des psychoses font intervenir la personnalité entière et sont surtout la conséquence de perturbations diffuses, toxiques ou humorales. C'est la *Conception chimique des psychoses* (Congrès de Zurich 1957, Baruk, Denber, Georgi, Mall, etc.). Cependant l'importance donnée aux centres de la base du cerveau dans les fonctions instinctives (Dide, Salmon, J. Camus, Guiraud, Claude, Delay, Hess), et les beaux travaux anatomiques de Nicolesco (de Bucarest), de Morel (de Genève), etc.) ont attiré l'attention sur les centres mesocéphaliques ou hypothalamiques. C'est dans la stimulation de ces centres que réside la théorie des méthodes de choc.

Il nous reste maintenant, à rappeler ces principales méthodes, et leurs principes sans entrer bien entendu ici dans des détails de technique.

I. — Électrochoc et méthodes convulsivantes

L'emploi de la provocation d'épilepsie dans le but de guérir certains symptômes mentaux est issu d'une théorie relative à l'antagonisme ou à un soi-

disant antagonisme entre l'épilepsie et les psychoses. Cette théorie avait été inspirée par l'observation de cas de psychose qui, après leur évolution vers l'épilepsie, auraient présenté une atténuation des symptômes mentaux. Mais il est bien établi que la théorie en question était construite sur des observations superficielles et sur des interprétations fausses. Marchand a bien décrit les cas de schizophrénie et de démence précoce compliqués ultérieurement d'épilepsie, mais en pareil cas l'épilepsie traduit une aggravation de la maladie. Les données expérimentales le montrent : lorsque chez l'animal, le chat ou le singe, nous avons pu avec H. de Jong (d'Amsterdam), réaliser par la bulbocapnine une catatonie expérimentale, nous avons montré que cette catatonie n'est obtenue que par les doses moyennes ; lorsqu'on aggrave l'intoxication par de fortes doses, on provoque l'épilepsie. D'ailleurs les crises d'épilepsie par elles-mêmes sont défavorables au bon état du cerveau ; elles déterminent chez l'homme des troubles de la mémoire et du caractère, et aussi des troubles neurovégétatifs. L'épilepsie constitue une manifestation néfaste. On ne peut donc qu'être étonné de voir rechercher et provoquer de telles manifestations dans la thérapeutique psychiatrique.

La survenue de l'épilepsie (c'est-à-dire d'une aggravation de la maladie) peut momentanément faire disparaître certains symptômes névropathiques ou psychopathiques. C'est donc un exemple d'une thérapeutique de symptômes obtenue par aggravation de la maladie. On pense aussi que l'épilepsie agit à la manière d'une « crise », consistant dans une sorte de décharge éliminatoire.

Enfin chacun sait que dans certains cas de troubles mentaux dépressifs ou anxieux, une très grosse secousse, un très gros danger peut, momentanément que sais-je ?

L'ÉDUCATION DES ENFANTS DIFFICILES

PAR GILBERT ROBIN

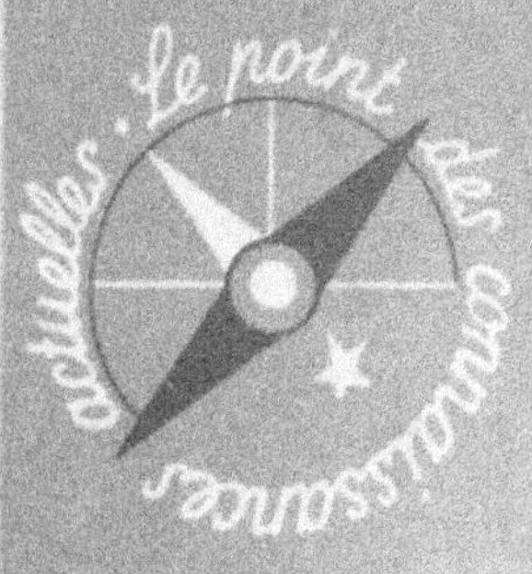

PRESSES UNIVERSITAIRES DE FRANCE

8 L'ÉDUCATION DES ENFANTS DIFFICILES

T. S. F., cinéma, kermesses, tentations sexuelles. Après ce déblaiement et les soins médicaux assurés, orienter l'enfant vers l'Institut médico-éducatif qui corresponde à sa catégorie mentale. Le soumettre pendant de longues années à de nouvelles influences. L'éducateur le prendra en mains, le pédagogue l'instruira, le moniteur des travaux agricoles ou industriels le dotera d'un métier — notre bonhomme sera sauvé.

Mais, tout d'abord, il nous convient de voir clair parmi les enfants difficiles et en danger moral que nous avons devant nous. Dans la cohue des enfants terribles, nous allons, malgré la difficulté de la tâche, distinguer des types, établir des catégories en nous basant sur le *tempérament*, le *caractère* et le *comportement* de chaque enfant, selon le *milieu* où il évolue. L'acte anormal ou anti-social est la résultante de ces facteurs : tempérament, caractère et milieu. Ainsi nous arrivons à établir une échelle de *classes morales* parmi les enfants et les adolescents difficiles — et nos mesures seront très larges parce que nous répugnons à tout étalon, à tout critérium, nos appréciations résultant d'une sorte de moyenne entre le fonds psychique du sujet et sa conduite.

Quels principes éducatifs allons-nous inculquer à des enfants si divers, quelles méthodes adopter, quelles sanctions appliquer — par quels éducateurs ? et de quelles maximes ces éducateurs seront-ils nourris ? Comment le spécialiste rééduquera-t-il les enfants difficiles ? Quelles maisons d'éducation aurons-nous à notre disposition ? C'est ce que nous examinerons ensemble, après nous être orientés parmi les types si divers des mauvais élèves et des enfants terribles.

CHAPITRE II

LE DÉPISTAGE DES ENFANTS DIFFICILES

Avant de sérier, de cataloguer, d'éduquer, de guérir, il importe de dépister les écarts de conduite, les anomalies de l'humeur, car les pires excès ne sont pas toujours reconnus comme tels. Il y a tant d'aveugles parmi les parents. Il faut dépister et dès l'âge le plus tendre.

Qui sera donc chargé du dépistage ?

Les parents d'abord, évidemment, les seuls qui, avant l'âge scolaire, soient en contact avec l'enfant — ils seront attentifs aux troubles du caractère de leur enfant si leur affectivité n'est pas aveuglée et s'ils ne sont pas enclins à voir dans les défauts de leur enfant des « traits de famille » contre lesquels, à leur sens, il n'y a rien à faire parce que, disent-ils, c'est le « portrait craché de son père, de sa mère, de son grand-père, de son grand-oncle, etc. ». Bien heureux quant ces troubles ne leur sont pas chers, agréables à constater, comme faisant partie du patrimoine familial.

Le maître à l'école, l'assistante scolaire et l'assistante sociale à domicile. Le médecin de famille.

Comme il est à craindre que l'affectivité des parents ne leur permette pas de voir chez leur enfant des anomalies d'autant plus naturelles à leurs yeux qu'elles sont souvent le reflet des leurs, comme, d'autre part, le médecin de famille peut craindre, en s'immisçant dans les perturbations morales d'un foyer, d'être taxé d'indiscrétion, c'est

Que sais-je?

HISTOIRE DE L'ARCHITECTURE

PAR JEAN-CHARLES MOREUX

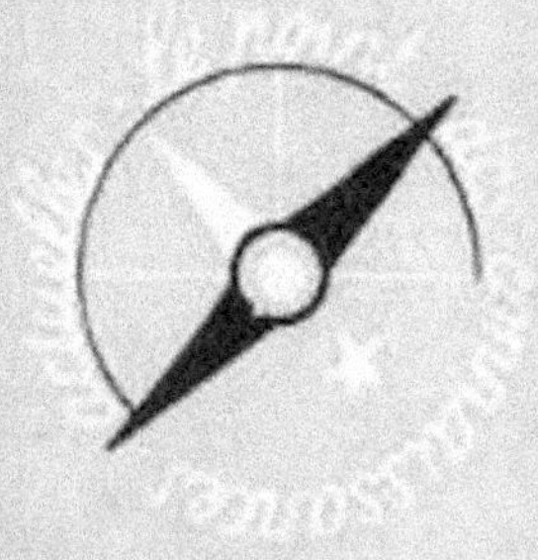

PRESSES UNIVERSITAIRES DE FRANCE

de pierre de grandes dimensions. (Le linteau de la porte des Lions est un bloc de 4,50 m de longueur, pesant au moins 100 tonnes.) Elle se distingue par ses dômes, montés par assises de pierres horizontalement posées, système qui supprime la poussée et le cintre. (Coupole du « Trésor d'Atrée », de 14 mètres d'ouverture.) Les Mycéniens savaient, à la scie à sable, trancher le porphyre qu'ils attachaient aux murs par des agrafes de bronze.

Les Crétois étaient plus charpentiers que maçons, toutes leurs constructions en témoignent. A Cnossos ils couvrent des salles au moyen de poutres maîtresses (de 0,80 × 0,60 d'équarrissage) recevant un couchis de rondins sur lesquels ils dament de la terre.

Les supports mycéniens et crétois sont des colonnes à fût tronconique, qui s'appuient au sol par leur petite base ; logique utilisation d'une pièce portante qui semble s'épanouir à l'endroit de sa charge. Les placages étaient décorés de gravures géométriques au champlevé. Les murs étaient parés d'appliques en métal, d'éléments en pâte de verre.

La maison comportait deux chambres, auxquelles était adossée une grande salle à pilier central. Le palais mycénien de Tirynthe se composait de deux bâtiments destinés à deux familles royales, reliés par des portiques, et d'une entrée ou « propylée ». L'autel des dieux se dressait dans une des premières cours. Le palais crétois semble plus perfectionné dans ses aménagements intérieurs, l'art du fontainier y était connu (Phæstos et Cnossos). L'effet architectural est obtenu par la combinaison de volumes simples d'agréables proportions et animés par des dénivellations que rachètent des escaliers déjà monumentaux.

ment au moyen de « parpaings » ou blocs de pierre de toute la largeur du mur, ou par parpaings et demi-parpaings tous les deux lits, ou enfin par parpaings et remplissages. Les angles étaient formés par des pierres en équerre dites « à crossettes » ou par boutisses et besaces, blocs réguliers alternés. Les pierres étaient dressées presque aussi exactement que celles d'un assemblage de mécanique et ne comportaient aucun mortier. Elles étaient montées et mises en place au moyen d'appareils de levage ; elles étaient ensuite ravalées après l'édification complète du mur, de haut en bas. Les plates-bandes utilisées comme architraves ou comme poutres étaient des parallélipipèdes longs posés selon leur lit de carrière et parfois « en délit » ; dans ce dernier cas on les doublait, on les triplait de peur que l'une d'elles ne se rompe (double au « Théséion », triple au Parthénon).

Les architectes grecs solidarisaient les membres de l'armature de pierre par des agrafes et des goujons de fer ou de cyprès. Ils réduisaient la portée de la plate-bande, monolithe généralement, en inclinant ses supports ou piédroits, ou en lui adjoignant des supports isolés, piliers ou colonnes. Les moulures étaient généralement profilées dans des calcaires tendres ; parfois elles étaient de pierre dure encastrée dans la pierre tendre, pour mieux résister aux intempéries. Les Grecs disposaient d'excellents calcaires et de marbres qui blondissaient au soleil.

Les combles comprenaient des fermes dont l'entrait à potelets portait, à la façon d'une poutre, le poids de la toiture. Les versants recevaient des tuiles d'argile cuite, ou de marbre, creuses ou plates à bords relevés, réunies par des couvre-joints terminés vers l'égout par un ornement.

que sais-je?

LA PSYCHO-PHARMACOLOGIE

PAR PIERRE DENIKER

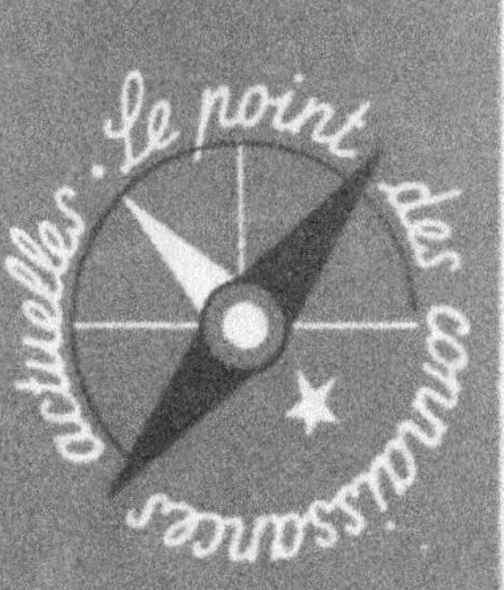

PRESSES UNIVERSITAIRES DE FRANCE

V. — Applications thérapeutiques

Si l'action des agents pharmacodynamiques peut faciliter le diagnostic de certaines psychoses ou de certains troubles neuropsychiatriques que nous avons mentionnés plus haut, ils n'ont généralement pas, dans ces cas, d'action véritablement curatrice. Par contre, nous avons vu que les manifestations somatiques des névroses, comme les troubles de l'hystérie de conversion, peuvent être améliorés de façon déterminante, et que l'exploration des situations conflictuelles et complexuelles pouvait être d'un grand intérêt dans le traitement des névroses. C'est à ce propos qu'il nous faut envisager les applications de la narco-analyse et de la subnarcose amphétaminée dans le traitement des névroses.

Cette question a suscité et suscite encore des controverses et des oppositions de la part des psychanalystes orthodoxes qui refusent systématiquement l'introduction de tout artifice ou de toute force étrangère dans la relation médecin-malade dont l'analyse (analyse du transfert) constitue actuellement la base de la doctrine des sectateurs de Freud. Cependant Freud lui-même avait prévu le temps où l'on disposerait de moyens chimiques pour faire varier les « quantités d'énergie » cérébrales qu'il ne pouvait mobiliser que par la parole.

Quoi qu'il en soit, et sans vouloir entrer dans une discussion qui risque d'être sans fin, on peut dire qu'il est possible de diviser les névroses en deux groupes : les unes étant puissamment structurées (névroses obsessionnelles), inscrites dans le tempérament (psychasthénie) ou dans le caractère (névroses de caractère), les autres apparaissent sur des personnalités plastiques (névroses hystériques), elles sont sensibles à l'action du psychothérapeute (névroses de transfert), ou sont apparues chez des sujets antérieurement normaux en apparence à l'occasion de chocs émotifs graves, comme dans les névroses de guerre (névroses traumatiques). Les premières sont remarquablement rebelles à toute thérapeutique, tandis que les secondes sont sensibles à diverses influences.

Dans la première éventualité, la psychothérapie sous narcose peut valablement relayer la psychanalyse classique dans la mesure où celle-ci se trouverait en échec. Les explorations pharmacodynamiques permettent en outre de redresser des diagnostics erronés et de distinguer par exemple entre une névrose obsessionnelle véritable et un « état » obsessionnel plus accessible à la thérapeutique.

Dans la seconde éventualité, celle des névroses à symptomatologie labile, les psychothérapies brèves sont certainement à préférer, et les psychanalyses chimiques doivent être prises en considération comme le type même d'une psychothérapie brève d'inspiration analytique.

Néanmoins, il est certain que lorsque la psychothérapie doit se prolonger au-delà de quelques dizaines de séances, les méthodes pharmacodynamiques doivent normalement céder le pas à d'autres méthodes. Il reste à savoir si, comme l'assurent les psychanalystes, débuter une psychothérapie par des explorations pharmacodynamiques constitue un inconvénient majeur dans le cas où celles-ci seraient ressenties comme une sorte de « viol » ou même de relation orgastique. Nous pensons qu'en cette matière, comme dans toute psychothérapie, fût-ce dans la psychanalyse elle-même, la réponse dépend essentiellement de la personnalité et de l'attitude du thérapeute. Il est certain que

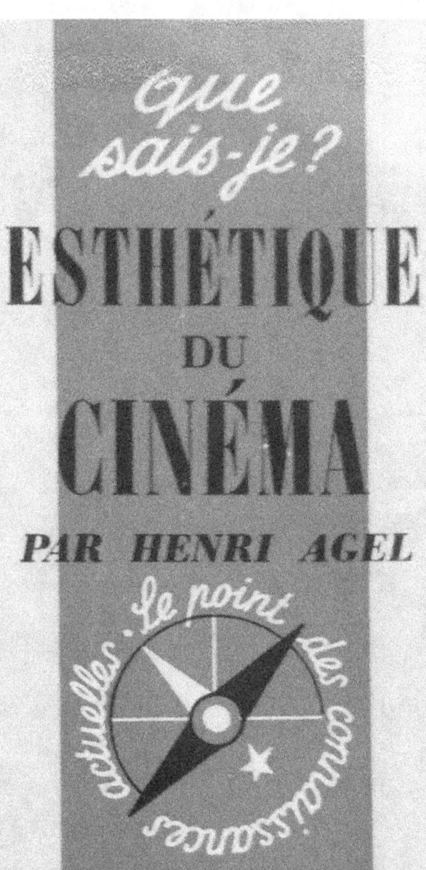
que sais-je ?
ESTHÉTIQUE
DU
CINÉMA
PAR HENRI AGEL
le point des connaissances actuelles
PRESSES UNIVERSITAIRES
DE FRANCE

ESTHÉTIQUE DU CINÉMA

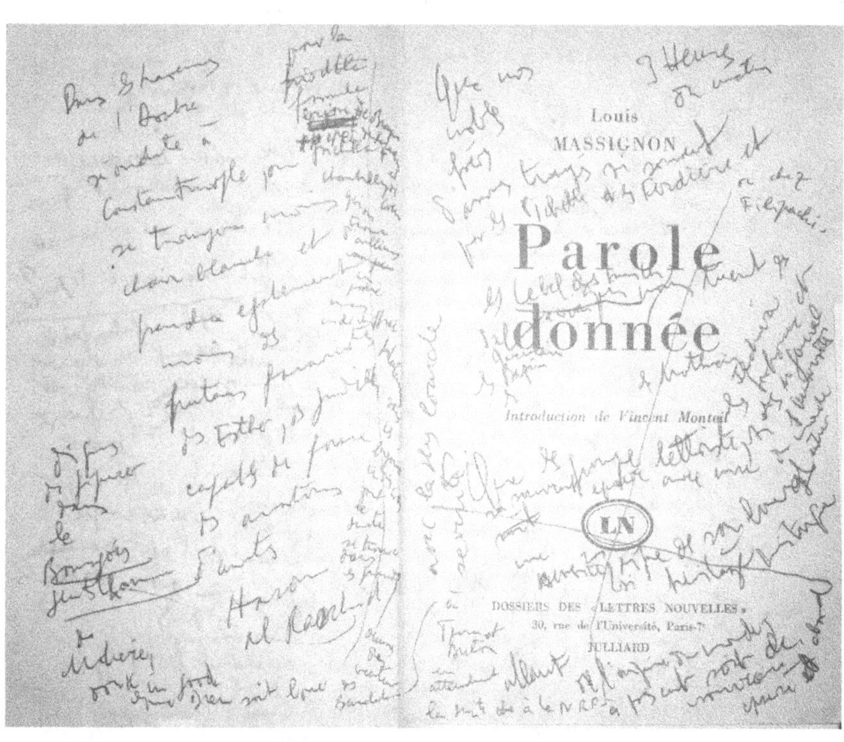

Louis
MASSIGNON

Parole
donnée

Introduction de Vincent Monteil

LN

DOSSIERS DES LETTRES NOUVELLES,
30, rue de l'Université, Paris-7e
JULLIARD

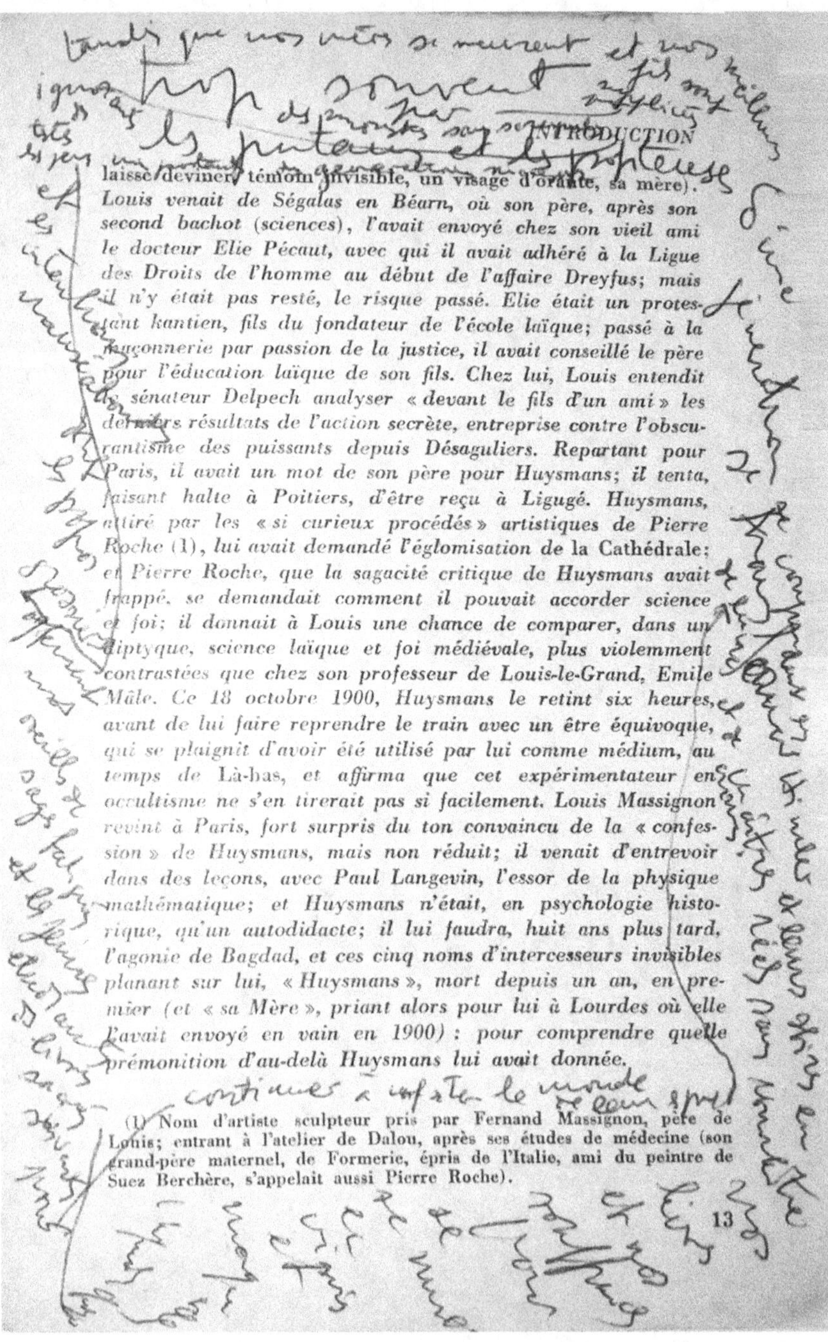

INTRODUCTION

laissé deviner, témoin invisible, un visage d'orante, sa mère). *Louis venait de Ségalas en Béarn, où son père, après son second bachot (sciences), l'avait envoyé chez son vieil ami le docteur Elie Pécaut, avec qui il avait adhéré à la Ligue des Droits de l'homme au début de l'affaire Dreyfus; mais il n'y était pas resté, le risque passé. Elie était un protestant kantien, fils du fondateur de l'école laïque; passé à la maçonnerie par passion de la justice, il avait conseillé le père pour l'éducation laïque de son fils. Chez lui, Louis entendit le sénateur Delpech analyser « devant le fils d'un ami » les derniers résultats de l'action secrète, entreprise contre l'obscurantisme des puissants depuis Désaguliers. Repartant pour Paris, il avait un mot de son père pour Huysmans; il tenta, faisant halte à Poitiers, d'être reçu à Ligugé. Huysmans, attiré par les « si curieux procédés » artistiques de Pierre Roche* (1), *lui avait demandé l'églomisation* de la Cathédrale; *et Pierre Roche, que la sagacité critique de Huysmans avait frappé, se demandait comment il pouvait accorder science et foi; il donnait à Louis une chance de comparer, dans un diptyque, science laïque et foi médiévale, plus violemment contrastées que chez son professeur de Louis-le-Grand, Emile Mâle. Ce 18 octobre 1900, Huysmans le retint six heures, avant de lui faire reprendre le train avec un être équivoque, qui se plaignit d'avoir été utilisé par lui comme médium, au temps de* Là-bas, *et affirma que cet expérimentateur en occultisme ne s'en tirerait pas si facilement. Louis Massignon revint à Paris, fort surpris du ton convaincu de la « confession » de Huysmans, mais non réduit; il venait d'entrevoir dans des leçons, avec Paul Langevin, l'essor de la physique mathématique; et Huysmans n'était, en psychologie historique, qu'un autodidacte; il lui faudra, huit ans plus tard, l'agonie de Bagdad, et ces cinq noms d'intercesseurs invisibles planant sur lui, « Huysmans », mort depuis un an, en premier (et « sa Mère », priant alors pour lui à Lourdes où elle l'avait envoyé en vain en 1900) : pour comprendre quelle prémonition d'au-delà Huysmans lui avait donnée.*

(1) Nom d'artiste sculpteur pris par Fernand Massignon, père de Louis; entrant à l'atelier de Dalou, après ses études de médecine (son grand-père maternel, de Formerie, épris de l'Italie, ami du peintre de Suez Berchère, s'appelait aussi Pierre Roche).

13

CHARLES SERRUS

Professeur de Première Supérieure au lycée Louis-le-Grand
Chargé de cours à la Sorbonne.

TRAITÉ DE LOGIQUE

La classification.

Le mot classification doit être strictement réservé en logique à l'ordonnance des classes. La classification n'est point l'arbre généalogique, avec lequel on serait tenté de la confondre. Nous n'avons pas à savoir comment elle a été inventée, ni quelles opérations psychologiques, analogie ou ressemblance, l'ont préparée. Les procédés de l'analyse expérimentale, tels qu'ils ont été codifiés par Bacon et par St-Mill n'ont point de rapport avec la tâche de la logique. Indiquons encore que l'induction, qui peut fort bien suggérer la distinction des genres et des espèces, n'est pas un raisonnement. Raisonner c'est toujours déduire : on peut seulement dire qu'il y a des résultats de déduction qui appellent la recherche expérimentale et qui la préparent, et d'autres qui en permettent l'exploitation. En dehors de cela il n'y a point de rapport entre l'induction qui est une intuition indécomposable, et le raisonnement.

La science descriptive nous offre certes des hypothèses brillantes concernant l'ordre de l'univers. On doit à Cuvier et à Jussieu de solides théories sur la classification des espèces vivantes. Mais la logique doit être beaucoup plus modeste que la science, et tout ce qui touche à l'invention lui échappe. Elle n'a que le devoir d'éprouver ces constructions en les soumettant aux principes formels du calcul des classes. Pour elle la classification n'est pas fondée sur tels ou tels caractères de l'objet, mais sur les groupements additifs et sur les équivalences, seuls capables d'exprimer strictement les rapports d'extension. Elle cherche à déterminer les rangs par le tableau exhaustif de ces rapports ; telle est l'application qu'elle tente du dénombrement complet à la logique des ensembles.

La difficulté résidait dans la transformation d'une série linéaire, comme toutes les relations asymétriques sont susceptibles d'en engendrer (ici $A < B < C < D$), en série hiérarchique, c'est-à-dire en emboîtement progressif. Ce qui fait proprement la hiérarchie c'est l'ordre de l'extension croissante ou décroissante entre classes qui interfèrent c'est-à-dire qui sont contenues les unes dans les autres. Les termes A, B, C, D, ne sont pas indépendants, puisque A *est une partie de* B. Nous dépassons donc le point de vue de la disjonction. Mais comme dans le cas de la disjonction, qui s'étale dans la pensée arithmétique du nombre, nous devons poser des équivalences afin d'établir les comparaisons de grandeur.

Le tableau schématique que nous allons construire contiendra toutes les relations que la classification rend possibles et qui sont place devant des structures conceptuelles bien éloignées de celle du genre aristotélicien.

La multiplication a créé un nouveau procédé de généralisation différent de l'induction, résultant des comparaisons actives opérées par l'esprit et de l'établissement des correspondances. *Nous appellerons ce procédé la mise en relation, car toute mise en relation est une correspondance :* invention de la géométrie analytique, loi d'attraction universelle, qui synthétise les lois de Galilée et celles de Képler, etc. *Il ne peut pas se codifier car il faut avoir eu l'idee du rapprochement à effectuer. Pour le logicien, c'est une multiplication.* Ce que l'on peut faire *a priori*, quand on a deux ou plusieurs suites finies et homogènes c'est d'opérer le dénombrement complet des combinaisons (ou produits). Le chimiste procède ainsi, quitte à déterminer des structures moléculaires que la nature semble n'avoir jamais réalisées, mais qui sont possibles, et que, parfois, il parviendra à réaliser. Ce moyen de former des idées n'a pas été décrit dans les *Analytiques* d'Aristote, ni dans le *Novum Organum* de Bacon. Mais il a constamment préoccupé Descartes, comme il ressort de textes très connus des *Regulae*.

Quand un des termes de la comparaison est une série représentant un développement, on peut déjà parler de genèse ou de loi de formation. On aboutit à des structures déjà comparables à celles qu'on rencontre couramment en mathématiques, aux lois fonctionnelles de l'algèbre ou aux transformations géométriques qui déterminent des genres. Les sections coniques sont bien en un sens des espèces du genre section conique, mais elles sont reliées entre elles comme les étapes d'un développement. De même la sériation par correspondance nous a permis de donner aux espèces animales des définitions qui n'étaient plus tirées exclusivement de la classification et qui les présentaient comme les étapes d'un développement ordonné. Quand nous parlons ici de développement, il ne peut être question que d'un enchaînement des concepts, sans que nous ayons à nous demander s'il lui correspond, dans la nature, un développement historique ; nous n'avons pas à poser ici le problème du transformisme.

Le procédé de formation était ici la sériation par correspondance. Le gros intérêt logique qu'il présente tient dans le fait que les transformations qui ont servi à constituer le rassemblement forment groupe, ce qui veut dire, comme nous le savons déjà, que les produits des opérations effectuées à l'intérieur du groupement retombent dans le groupement lui-même. Nous avions déjà constaté ce caractère pour l'addition des classes.

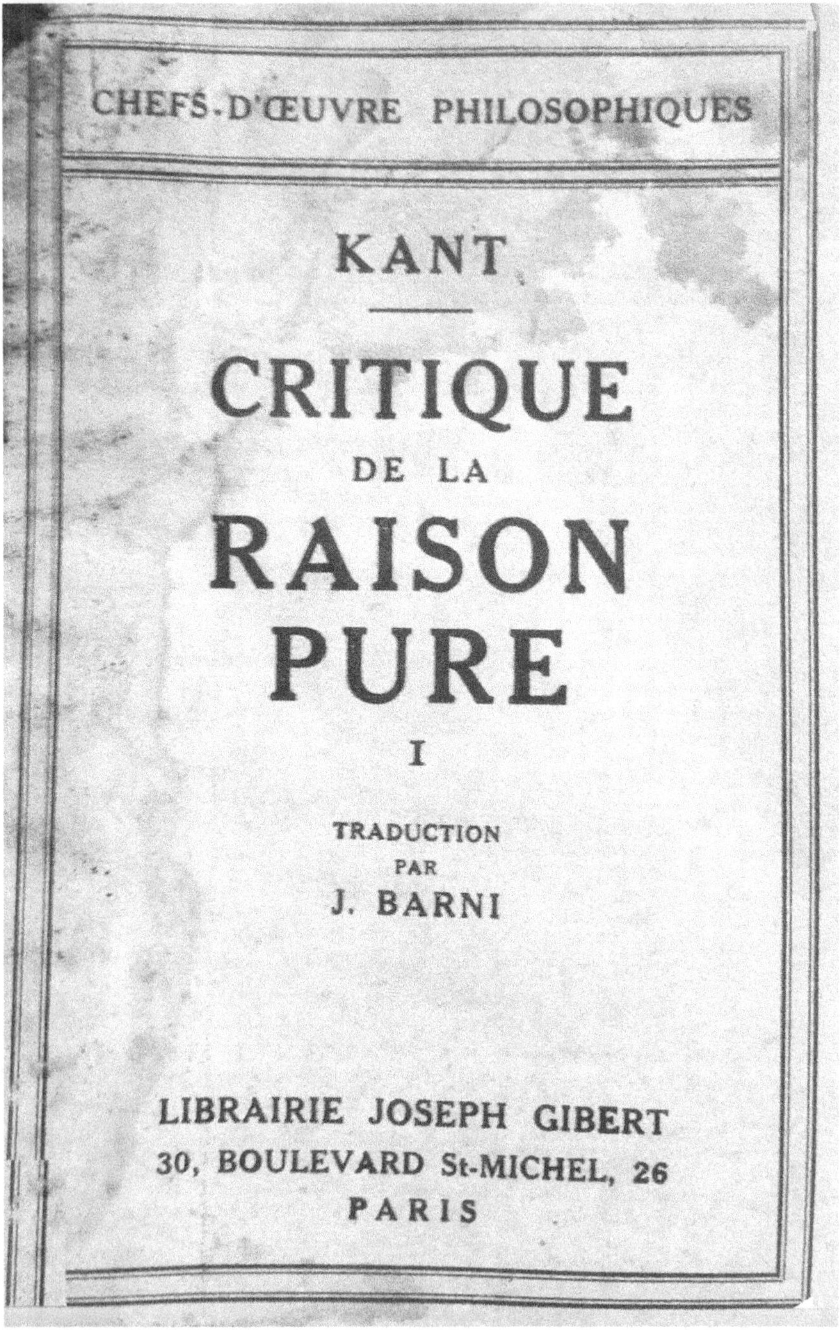

CHEFS-D'ŒUVRE PHILOSOPHIQUES

KANT

CRITIQUE
DE LA
RAISON
PURE

I

TRADUCTION
PAR
J. BARNI

LIBRAIRIE JOSEPH GIBERT
30, BOULEVARD St-MICHEL, 26
PARIS

de l'espace, a son siège dans l'entendement, et elle est la catégorie de la *synthèse de l'homogène* [1] dans une intuition en général, c'est-à-dire dans la catégorie de la *quantité*. La synthèse de l'appréhension, c'est-à-dire la perception, lui doit donc être entièrement conforme *.

Lorsque (pour prendre un autre exemple) je perçois la congélation de l'eau, j'appréhende deux états (celui de la fluidité et celui de la solidité) comme étant unis entre eux par un rapport de temps. Mais dans le temps que je donne pour fondement au phénomène considéré comme *intuition interne*, je me représente nécessairement une *unité* synthétique des états divers; autrement la relation dont il s'agit ici ne pourrait être donnée dans une intuition d'une manière *déterminée* (au point de vue de la succession). Or cette unité synthétique, considérée comme la condition *a priori* qui me permet de lier les éléments divers d'une *intuition en général*, et, abstraction faite de la forme constante de mon intuition interne, ou du temps, est la catégorie de la *cause*, par laquelle *je détermine*, en l'appliquant à la sensibilité, *toutes les choses qui arrivent quant à leur relation dans le temps en général*. L'appréhension dans un événement de ce genre, et par conséquent cet événement lui-même, relativement à la possibilité de la perception, est donc soumis au concept du *rapport des effets et des causes*. Il en est de même dans tous les autres cas.

Les catégories sont des concepts qui prescrivent *a priori* des lois aux phénomènes, par conséquent à la nature, considérée comme l'ensemble de tous les phénomènes (*natura materialiter spectata*). Or, puisque ces catégories ne sont pas dérivées de la nature et qu'elles ne se règlent pas sur elle comme sur leur modèle (car autre-

1. *Categorie der Synthesis des Gleichartigen.*

* On prouve de cette manière que la synthèse de l'appréhension, qui est empirique, doit être nécessairement conforme à la synthèse de l'aperception, qui est intellectuelle et contenue tout à fait *a priori* dans la catégorie. C'est une seule et même spontanéité, qui là sous le nom d'imagination, ici sous celui d'entendement, introduit la liaison dans les divers éléments de l'intuition.

ment elles seraient purement empiriques), il s'agit de savoir comment l'on peut comprendre que la nature au contraire se règle nécessairement sur ces catégories, ou comment elles peuvent déterminer *a priori* la liaison des éléments divers de la nature, sans la tirer de la nature même. Voici la solution de cette énigme.

L'accord nécessaire des lois des phénomènes de la nature avec l'entendement et avec sa forme *a priori*, c'est-à-dire avec sa faculté de *lier* les éléments divers en général, n'est pas plus étrange que celui des phénomènes eux-mêmes avec la forme *a priori* de l'intuition sensible. En effet, les lois n'existent pas plus dans les phénomènes que les phénomènes eux-mêmes n'existent en soi, et les premières ne sont pas moins relatives au sujet auquel les phénomènes sont inhérents, en tant qu'il est doué d'entendement, que les seconds ne le sont au même sujet, en tant qu'il est doué de sens. Les choses en soi seraient encore nécessairement soumises à des lois quand même il n'y aurait pas d'entendement qui les connût; mais les phénomènes ne sont que des représentations de choses qui nous demeurent inconnues en elles-mêmes. Comme simples représentations, ils ne sont soumis à aucune autre loi d'union qu'à celle que prescrit la faculté qui unit. La faculté qui relie les éléments divers de l'intuition sensible est l'imagination, laquelle dépend de l'entendement pour l'unité de sa synthèse intellectuelle, et de la sensibilité pour la diversité des éléments de l'appréhension. Or, puisque toute perception possible dépend de la synthèse de l'appréhension, et que cette synthèse empirique elle-même dépend de la synthèse transcendantale, par conséquent des catégories, toutes les perceptions possibles, par conséquent aussi tout ce qui peut arriver à la conscience empirique, c'est-à-dire tous les phénomènes de la nature doivent être, quant à leur liaison, soumis aux catégories, et la nature (considérée simplement comme nature en général, ou en tant que *natura formaliter spectata*) dépend de ces catégories comme du fondement originaire de sa conformité nécessaire à des lois [1].

1. *Als dem ursprünglichen Grunde ihrer nothwendigen Gesetzmässigkeit.*

160 CRITIQUE DE LA RAISON PURE

comme des formules que comme des principes. Les exemples sont donc pour le jugement comme une roulette pour l'enfant, et celui-là ne saurait jamais s'en passer auquel manque ce don naturel.

Mais, si la *logique générale* ne peut donner de préceptes au jugement, il en est tout autrement de la *logique transcendantale*, à tel point que celle-ci semble avoir pour fonction propre de corriger et d'assurer le jugement par des règles déterminées dans l'usage qu'il fait de l'entendement pur. En effet, veut-on donner de l'extension à l'entendement dans le champ de la connaissance pure *a priori*, il semble qu'il soit bien inutile de revenir à la philosophie, ou plutôt que ce soit en faire un mauvais usage, puisque, malgré toutes les tentatives faites jusqu'ici, on n'a gagné que peu de terrain, ou même point du tout; mais, si l'on invoque la philosophie, non comme doctrine, mais comme critique, pour prévenir les faux pas du jugement *(lapsus judicii)* dans l'usage du petit nombre de concepts purs que nous fournit l'entendement, alors (bien que son utilité soit toute négative) elle se présente à nous avec toute sa pénétration et toute son habileté d'examen.

La philosophie transcendantale a ceci de particulier qu'outre la règle (ou plutôt la condition générale des règles) qui est donnée dans le concept pur de l'entendement, elle peut indiquer en même temps *a priori* le cas où la règle doit être appliquée. D'où vient l'avantage qu'elle a sous ce rapport sur toutes les autres sciences instructives (les mathématiques exceptées)? En voici la raison. Elle traite de concepts qui doivent se rapporter *a priori* à leurs objets, et dont par conséquent la valeur objective ne peut pas être démontrée *a posteriori*, puisqu'on méconnaîtrait ainsi leur dignité; mais en même temps il faut qu'elle expose, à l'aide de signes généraux et suffisants, les conditions sous lesquelles peuvent être donnés des objets en harmonie avec ces concepts; autrement ils n'auraient point de contenu, et par conséquent ils seraient de pures formes logiques et non des concepts purs de l'entendement.

Cette *doctrine transcendantale du jugement* contiendra donc deux chapitres, traitant : le premier, de la condition sensible qui seule permet d'employer des concepts purs de l'entendement, c'est-à-dire du *schématisme* de l'entendement pur; et le second, de ces jugements synthétiques qui découlent *a priori* sous ces conditions des concepts purs de l'entendement et servent de fondement à toutes les autres connaissances *a priori*, c'est-à-dire des *principes* de l'entendement pur.

CHAPITRE PREMIER

Du schématisme des concepts purs de l'entendement.

Dans toute subsomption d'un objet sous un concept la représentation du premier doit être *homogène* [1] à celle du second, c'est-à-dire que le concept doit renfermer ce qui est représenté dans l'objet à y subsumer. C'est en effet ce que l'on exprime en disant qu'un objet est renfermé dans un concept. Ainsi le concept empirique d'une assiette a quelque chose d'homogène avec le concept purement géométrique d'un cercle, puisque la forme ronde qui est pensée dans le premier est perceptible dans le second.

Or les concepts purs de l'entendement comparés aux intuitions empiriques (ou même en général sensibles), sont tout à fait hétérogènes [2], et ne sauraient jamais se trouver dans quelque intuition. Comment donc la *subsomption* de ces intuitions sous ces concepts et par conséquent l'*application* des catégories aux phénomènes est-elle possible, puisque personne ne saurait dire que telle catégorie, par exemple la causalité, peut être perçue par les sens et qu'elle est renfermée dans le phénomène? C'est cette question si naturelle et si importante qui fait qu'une doctrine transcendantale du jugement est nécessaire pour expliquer comment des *concepts purs de l'entendement* peuvent s'appliquer en général à des phéno-

1. *Gleichartig.*
2. *Ganz ungleichartig.*

176 CRITIQUE DE LA RAISON PURE

TROISIÈME SECTION

Représentation systématique de tous les principes synthétiques de l'entendement pur.

S'il y a en général des principes quelque part, il faut l'attribuer uniquement à l'entendement pur, qui n'est pas seulement la faculté de concevoir des règles par rapport à ce qui arrive, mais même la source des principes auxquels tout (ce qui peut se présenter à nous comme objet) est nécessairement soumis, puisque nous ne pourrions jamais sans eux appliquer aux phénomènes la connaissance d'un objet correspondant. Les lois mêmes de la nature, considérées comme des principes de l'usage empirique de l'entendement, impliquent un caractère de nécessité et par conséquent au moins cette présomption qu'elles sont déterminées par des principes ayant une valeur *a priori* et antérieure à toute expérience. Mais toutes les lois de la nature sans distinction sont soumises à des principes supérieurs de l'entendement, puisqu'elles ne font que les appliquer à des cas particuliers du phénomène. Seuls par conséquent, ces principes fournissent la règle et en quelque sorte l'exposant d'une règle en général[1]; mais l'expérience donne le cas qui est soumis à la règle.

On ne doit pas craindre ici de prendre des principes simplement empiriques pour des principes de l'entendement pur, ou réciproquement; car la nécessité, fondée sur des concepts, qui caractérise les principes de l'entendement et dont il est facile de remarquer l'absence dans tous les principes empiriques, si générale qu'en soit la valeur, peut aisément prévenir cette confusion. Mais il y a des principes purs *a priori*, que je ne saurais attribuer proprement à l'entendement pur, parce qu'ils ne sont pas tirés de concepts purs, mais d'intuitions pures (quoique par l'intermédiaire de l'entendement), tandis que l'entendement est la faculté des concepts. Tels sont les principes des mathématiques; mais leur application à l'expé-

1. *Den Exponenten zu einer Regel überhaupt.*

rience, par conséquent leur valeur objective et même la possibilité de la connaissance synthétique *a priori* de ces principes (leur déduction) reposent toujours sur l'entendement pur.

Je ne rangerai donc pas parmi mes principes ceux des mathématiques, mais bien ceux sur lesquels se fondent leur possibilité et leur valeur objective *a priori*, et qui par conséquent doivent être regardés comme les principes de ces principes, car ils vont des *concepts* à l'intuition et non de l'*intuition* aux concepts.

La synthèse des concepts purs de l'entendement dans leur application à l'expérience possible a un usage ou *mathématique* ou *dynamique;* car elle se rapporte en partie simplement à *l'intuition*, et en partie à l'*existence* d'un phénomène en général. Or les conditions *a priori* de l'intuition sont relativement à une expérience possible tout à fait nécessaires, tandis que celles de l'existence des objets d'une intuition empirique possible ne sont par elles-mêmes que contingentes. Les principes de l'usage mathématique seront donc absolument nécessaires, c'est-à-dire apodictiques, tandis que ceux de l'usage dynamique ne revêtiront le caractère d'une nécessité *a priori* que sous la condition de la pensée empirique dans une expérience, et par conséquent d'une manière médiate et indirecte. Les derniers n'auront donc pas cette évidence immédiate qui est propre aux premiers (mais leur certitude par rapport à l'expérience en général n'en subsiste pas moins). C'est là d'ailleurs une vérité que l'on comprendra mieux à la fin de ce système des principes.

La table des catégories nous fournit tout naturellement le plan de celle des principes, puisque les principes ne sont autre chose que les règles de l'usage objectif des catégories. Voici donc tous les principes de l'entendement :

1
AXIOMES
de l'intuition.

2
ANTICIPATIONS
de la perception.

3
ANALOGIES
de l'expérience.

4
POSTULATS
de la pensée empirique en général.

246 CRITIQUE DE LA RAISON PURE

est possible *a priori* antérieurement à l'objet, cette intuition elle-même ne peut recevoir son objet, et par conséquent une valeur objective, que par l'intuition empirique dont elle est la forme pure. Tous les concepts et avec eux tous les principes, tout *a priori* qu'ils puissent être, se rapportent donc à des intuitions empiriques, c'est-à-dire aux *données* d'une expérience possible. Sans cela ils n'ont point de valeur objective et ne sont qu'un jeu de l'imagination ou de l'entendement avec leurs propres représentations. Que l'on prenne seulement pour exemple les concepts des mathématiques, en envisageant d'abord celles-ci dans leurs intuitions pures : l'espace a trois dimensions, entre deux points on ne peut tirer qu'une ligne droite, etc. Quoique tous ces principes et la représentation de l'objet dont s'occupe cette science soient produits dans l'esprit tout à fait *a priori*, ils ne signifieraient pourtant rien, si nous ne pouvions montrer leur signification dans des phénomènes (des objets empiriques). Aussi est-il nécessaire de *rendre sensible* un concept abstrait, c'est-à-dire de montrer un objet qui lui corresponde dans l'intuition, parce que sans cela le concept n'aurait, comme on dit, aucun *sens*, c'est-à-dire resterait sans signification. Les mathématiques remplissent cette condition par la construction de la figure, qui est un phénomène présent aux sens (bien que produit *a priori*). Le concept de la quantité, dans cette même science, cherche son soutien et son sens dans le nombre, celui-ci à son tour dans les doigts ou dans les grains des tablettes à calculer, ou dans les traits ou les points placés sous les yeux. Le concept reste toujours produit *a priori*, avec les principes ou les formules synthétiques qui en résultent; mais leur usage et leur application à des objets ne peuvent être cherchés en définitive que dans l'expérience, dont ils contiennent *a priori* la possibilité (quant à la forme).

Ce qui montre clairement que toutes les catégories et tous les principes qui en sont formés sont dans le même cas, c'est que nous ne pouvons définir une seule de ces catégories, sans en revenir aux conditions de la sensibilité, par conséquent à la forme des phénomènes auxquels elles doivent être restreintes comme à leurs seuls objets. Otez en effet ces conditions, elles n'ont plus de sens, plus de rapport à aucun objet, et il n'y a plus d'exemple qui puisse nous rendre saisissable ce qui est proprement pensé dans ces concepts *(a)*.

Personne ne peut définir le concept de la quantité en général que, par exemple, de cette manière : la quantité est cette détermination d'une chose qui permet de concevoir combien de fois *un* est contenu dans cette chose. Mais ce combien de fois se fonde sur la répétition successive, par conséquent sur le temps et sur la synthèse (des éléments homogènes) dans le temps. On ne peut définir la réalité par opposition à la négation qu'en songeant à un temps (conçu comme l'ensemble de toute existence) qui en est rempli ou est vide. Si je fais abstraction de la permanence (laquelle est une existence en tout temps), il ne me reste du concept de la substance que la représentation logique du sujet, représentation que je crois réaliser en me représentant quelque chose qui peut exister simplement

(a) Les lignes suivantes, avec la note qui s'y rattache, s'intercalaient ici dans la première édition : « En traçant plus haut la table des catégories, nous nous sommes dispensés de les définir les unes après les autres, parce que notre but, borné à leur usage synthétique, ne rendait pas ces définitions nécessaires, et que, quand une entreprise est inutile, on ne doit pas assumer une responsabilité dont on peut se dispenser. Ce n'était pas pour nous un faux-fuyant, mais une règle de prudence très importante, que de ne pas nous hasarder à définir tout d'abord, et de ne pas chercher ou simuler la perfection ou la précision dans la détermination du concept, quand nous pouvions nous contenter de tel ou tel caractère, sans avoir besoin d'une énumération complète de tous ceux qui constituent le concept entier. Mais on voit à présent que la raison de cette prévoyance était encore plus profonde, puisque nous n'aurions pas pu définir les catégories quand bien même nous l'aurions voulu *. Si l'on écarte toutes les conditions de la sensibilité qui les signalent comme des concepts d'un usage empirique possible, et qu'on les prenne pour des concepts de choses en général (par conséquent d'un usage transcendantal), il n'y a plus rien à faire à leur égard que de considérer la fonction logique dans les jugements comme la condition de la possibilité des choses mêmes, mais sans pouvoir montrer en aucune façon où elle peut avoir son application et son objet, et par conséquent comment elle peut avoir quelque signification et quelque valeur objective dans l'entendement pur sans le concours de la sensibilité. »

* J'entends ici la définition réelle, qui ne se borne pas à ajouter au nom d'une chose d'autres mots moins obscurs, mais qui contient une marque claire propre à faire toujours sûrement reconnaître *l'objet (definitum)* et rend possible l'application du concept défini.

Les [illegible] qui permettent à Kant de ne rien faire pour la logique proprement dite

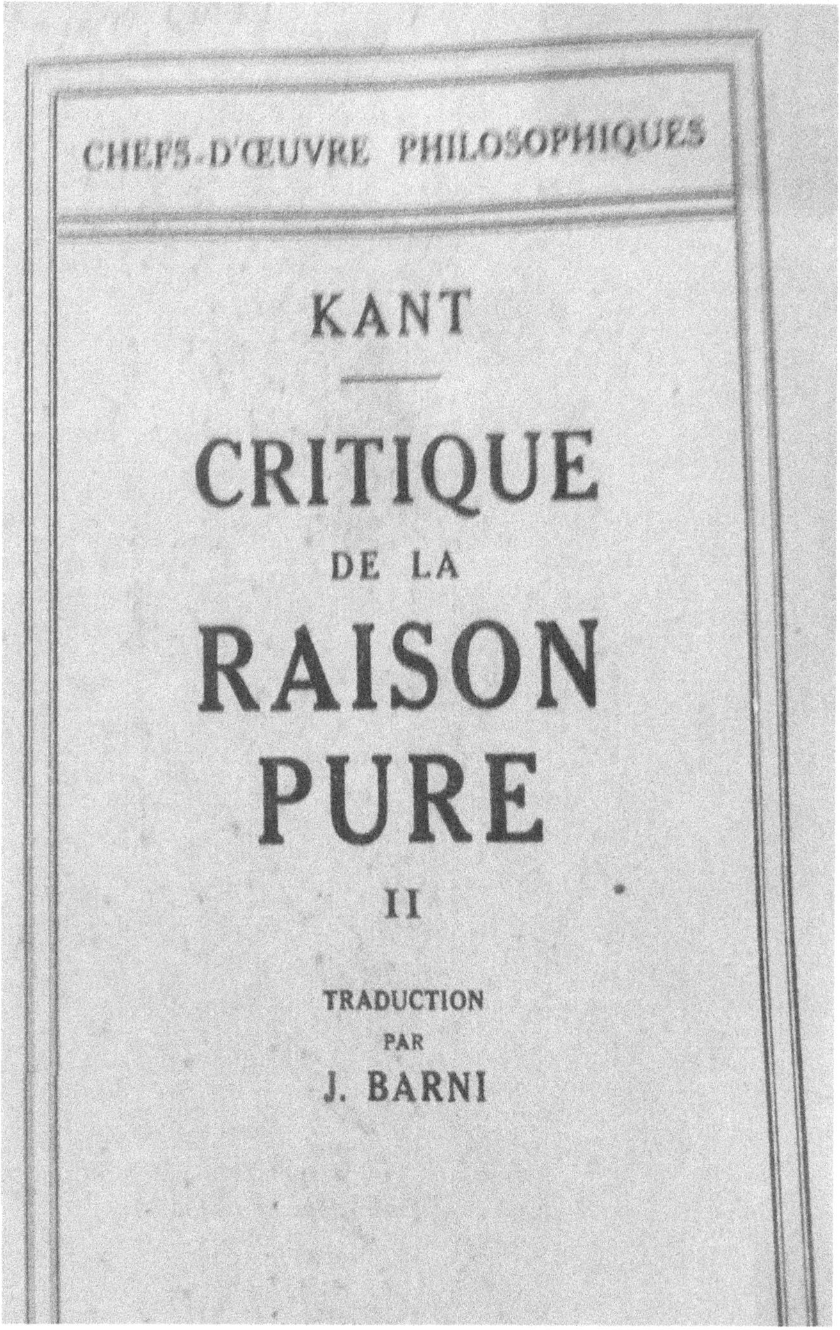

CHEFS-D'ŒUVRE PHILOSOPHIQUES

KANT

CRITIQUE
DE LA
RAISON
PURE

II

TRADUCTION
PAR
J. BARNI

[illegible] suivant des lois générales dans l'explication de cette liaison; il n'est point l'affirmation d'une existence nécessaire en soi. Mais en même temps on ne peut éviter de se représenter, en vertu d'une subreption transcendantale, ce principe formel comme un principe constitutif, et de concevoir cette unité hypostatiquement. En effet tout comme l'espace, bien qu'il ne soit qu'un principe de la sensibilité, n'en est pas moins regardé comme quelque chose d'existant en soi et comme un objet donné en soi *a priori*, parce qu'il rend originairement possibles toutes les figures, lesquelles n'en sont que des limitations diverses; de même, l'unité systématique de la nature ne pouvant être en aucune façon présentée comme le principe de l'usage empirique de notre raison qu'autant que nous prenons pour fondement l'idée d'un être souverainement réel comme cause suprême, il arrive tout naturellement que cette idée est représentée comme un objet réel, et celui-ci à son tour comme nécessaire, parce qu'il est la condition suprême, et qu'ainsi un principe *régulateur* est transformé en un principe *constitutif*. Cette substitution se révèle manifestement en ce que, quand je regarde comme une chose en soi cet être suprême, qui était absolument (inconditionnellement) nécessaire par rapport au monde, cette nécessité n'est susceptible d'aucun concept, et qu'ainsi elle ne doit s'être trouvée dans ma raison que comme condition formelle de la pensée, et non comme condition matérielle et hypostatique de l'existence.

SIXIÈME SECTION

De l'impossibilité de la preuve physico-théologique.

Si donc ni le concept des choses en général, ni l'expérience de quelque existence en général ne peuvent fournir ce qui est requis, il ne reste plus qu'un moyen : c'est de chercher si une expérience déterminée, si par conséquent celle des choses du monde présent, si sa nature et son ordonnance ne fournissent pas un argument qui pût nous

conduire sûrement à la conviction de l'existence d'un être suprême. Nous nommerions une preuve de ce genre la *preuve physico-théologique*. Si cette preuve était elle-même impossible, il n'y aurait plus aucune preuve suffisante tirée de la raison purement spéculative en faveur de l'existence d'un être correspondant à notre idée transcendantale.

Après toutes les remarques précédentes, on verra tout de suite que la solution de cette question doit être aisée et concluante. En effet comment une expérience peut-elle être jamais donnée qui soit adéquate à une idée? C'est précisément le propre de l'idée que jamais aucune expérience ne puisse lui être adéquate. L'idée transcendantale d'un être premier, nécessaire et absolument suffisant, est si immensément grande, si élevée au-dessus de tout ce qui est empirique, chose toujours conditionnelle, que, d'une part, on ne saurait jamais trouver assez de matière dans l'expérience pour remplir un tel concept, et que, d'autre part, on tâtonne toujours dans le conditionnel et que l'on cherche toujours en vain l'inconditionnel, dont aucune loi d'une synthèse empirique ne donne un exemple ni le moindre indice.

Si l'être suprême était dans cette chaîne des conditions, il serait lui-même un anneau de la série; et, de même que les anneaux inférieurs en tête desquels il est placé, il exigerait la recherche ultérieure d'un principe encore plus élevé. Veut-on au contraire le détacher de cette chaîne, et, en tant qu'être purement intelligible, ne pas le comprendre dans la série des causes naturelles, quel pont la raison peut-elle bien jeter pour arriver jusqu'à lui? Toutes les lois du passage des effets aux causes, toute synthèse même et toute extension de notre connaissance en général n'ont-elles pas uniquement pour but l'expérience possible, c'est-à-dire les objets du monde sensible, et peuvent-elles avoir un autre sens?

Le monde actuel, soit qu'on l'envisage dans l'immensité de l'espace ou dans son infinie division, nous offre un si vaste théâtre de variété, d'ordre, de finalité et de beauté que, malgré la médiocrité des connaissances que notre faible intelligence a pu en acquérir, devant tant et

DIALECTIQUE TRANSCENDANTALE 147

Si l'on aimait mieux révoquer en doute toutes les démonstrations précédentes de l'analytique, que de se laisser enlever toute confiance dans la valeur de preuves depuis si longtemps employées, on ne saurait cependant refuser de satisfaire à ma réclamation, quand je demande qu'on justifie du moins les moyens et les lumières auxquels on se fie pour dépasser toute expérience possible par la puissance des seules idées. Je prierai que l'on me fasse grâce de nouvelles preuves, ou d'un remaniement des anciennes. En effet, bien qu'on n'ait pas ici beaucoup de choix, puisque enfin toutes les preuves purement spéculatives aboutissent à une seule, à la preuve ontologique, et qu'ainsi je n'aie point à craindre d'être extrêmement accablé par la fécondité des défenseurs dogmatiques de cette raison affranchie des sens; bien qu'en outre, sans me croire pour cela très batailleur, je ne veuille reculer devant le défi de découvrir dans chaque essai de ce genre le paralogisme caché et d'en rabattre ainsi les prétentions; comme l'espérance d'un meilleur succès n'abandonnera jamais entièrement ceux qui sont une fois accoutumés à la persuasion dogmatique, je m'en tiens à cette unique et juste réclamation : c'est que l'on justifie par des raisons générales et tirées de la nature de l'entendement humain, ainsi que de toutes les autres sources de connaissance, la manière dont on prétend s'y prendre pour étendre tout à fait *a priori* sa connaissance, et la pousser jusqu'à un point où aucune expérience possible et par conséquent aucun moyen ne sauraient plus garantir à un concept formé par nous-mêmes sa réalité objective. De quelque manière que l'entendement soit arrivé à ce concept, l'existence de l'objet n'y peut être trouvée analytiquement, puisque la connaissance de l'*existence* de l'objet consiste précisément en ce qu'il est posé par lui-même *hors de la pensée*. Mais il est absolument impossible de sortir par soi-même d'un concept, et, en abandonnant le fil de l'expérience (qui ne nous donne jamais que des phénomènes), de parvenir à la découverte de nouveaux objets et d'êtres transcendants.

Mais, bien que la raison dans son usage purement spéculatif ne soit pas à beaucoup près capable d'atteindre de choses sous ces concepts, tandis que dans le second il pense davantage sous chacun d'eux. Cette opposition se manifeste même dans les méthodes très diverses des physiciens : les uns (particulièrement les spéculatifs), ennemis pour ainsi dire de la diversité, cherchent toujours l'unité du genre, tandis que les autres (surtout les esprits empiriques) travaillent incessamment à diviser la nature en tant de variétés, qu'il faudrait presque désespérer d'en juger les phénomènes d'après des principes généraux.

Cette dernière méthode se fonde évidemment aussi sur un principe logique qui a pour but la perfection systématique de toutes les connaissances; c'est à quoi je tends lorsque, commençant par le genre, je descends aux variétés qui peuvent y être contenues, et que je cherche ainsi à donner de l'étendue au système, de même que dans le premier cas, en remontant au genre, je cherchais à lui donner de la simplicité. En effet la sphère du concept qui désigne un genre, tout comme l'espace qu'occupe une matière, ne saurait nous faire voir jusqu'où peut aller la division. Tout *genre* exige donc diverses *espèces*, qui à leur tour exigent diverses *sous-espèces;* et, comme aucune de ces dernières n'a lieu sans avoir aussi une sphère (une extension comme *conceptus communis*), la raison veut, dans toute son étendue, qu'aucune espèce ne soit considérée en elle-même comme la dernière. Chacune en effet étant toujours un concept qui ne contient que ce qui est commun à diverses choses, celui-ci ne peut être complètement déterminé et par conséquent rapporté immédiatement à un individu, ou, en d'autres termes, il doit toujours renfermer d'autres concepts, c'est-à-dire des sous-espèces. Cette loi de la spécification pourrait être exprimée ainsi : *entium varietates non temere esse minuendas.*

Mais on voit aisément que cette loi logique n'aurait pas non plus de sens et d'application, si elle n'avait pour fondement une *loi transcendantale de la spécification.* Cette loi n'exige sans doute pas des choses qui peuvent devenir les objets de notre connaissance une *infinité* réelle de diversités : car le principe logique, se bornant à affirmer *l'indéterminabilité* des sphères logiques par rapport à la division possible, n'y donne pas sujet; mais elle prescrit à l'entende-

DIALECTIQUE TRANSCENDANTALE 159

ment de chercher, sous chaque espèce qui se présente à nous, des sous-espèces, et pour chaque différence des différences plus petites encore : car s'il n'y avait pas de concepts inférieurs, il n'y en aurait pas non plus de supérieurs. Or l'entendement ne connaît rien que par des concepts; et par conséquent, aussi loin qu'il aille dans la division, il ne connaît jamais rien par simple intuition, mais il a toujours besoin de concepts inférieurs. La connaissance des phénomènes dans leur complète détermination (laquelle n'est possible que par l'entendement) exige une spécification de nos concepts incessamment continuée, et une progression constante vers des différences qui restent encore, mais dont on a fait abstraction dans le concept de l'espèce et à plus forte raison dans celui du genre.

Cette loi de la spécification ne peut pas non plus être tirée de l'expérience; car celle-ci ne saurait ouvrir des perspectives aussi étendues. La spécification empirique s'arrête dans la distinction de la diversité, quand elle n'est pas guidée par la loi transcendantale de la spécification, qui, la précédant à titre de principe de la raison, la pousse à chercher toujours cette diversité et à ne pas cesser de la soupçonner alors même qu'elle ne se montre pas à nos sens. Pour découvrir qu'il y a des terres absorbantes de diverses espèces (les terres calcaires et les terres muriatiques), il a fallu une règle antérieure de la raison qui proposât à l'entendement ce problème de chercher la différence, en supposant la nature assez riche pour qu'on pût l'y soupçonner. En effet il n'y a d'entendement possible pour nous que sous la supposition des différences dans la nature, de même qu'il n'est possible que sous la condition que les objets de la nature aient entre eux de l'homogénéité, puisque la variété de ce qui peut être compris sous un concept constitue l'usage de ce concept et l'occupation de l'entendement.

La raison prépare donc à l'entendement son champ : 1° par le principe de l'*homogénéité* de divers sous des genres supérieurs; 2° par celui de la *variété* de l'homogène sous des espèces inférieures; et, pour compléter l'unité systématique, elle y joint encore 3° la loi de l'*affinité* de tous les concepts, c'est-à-dire une loi qui ordonne de passer *de m'exprimer. Je me rendis compte que jamais la vie n'avait éveillé en moi le moindre intérêt ; que tout ce qui m'intéressait, c'est ce que je fais maintenant : quelque chose de parallèle à la vie, qui participe d'elle, en même temps, et la dépasse. Le vrai, le réel même, m'intéressent à peine ; ne m'intéresse que ce que j'imagine être, ce que j'avais étouffé, de jour en jour, pour vivre. Que je vienne à mourir aujourd'hui ou demain, n'a pour moi aucune importance, n'en a jamais eu ; mais qu'aujourd'hui encore, après des années d'efforts, je ne puisse dire ce que je pense et ressens — m'ennuie, m'irrite. Depuis les premiers jours de mon enfance, je me vois, suivant ce spectre à la trace, sans joie, n'ayant d'autre désir que d'acquérir ce pouvoir, cette faculté. Tout le reste n'est que mensonge — tout ce que j'ai jamais fait ou dit qui n'avait pas trait à cela. Et c'est, en somme et de beaucoup, la majeure partie de ma vie.*

Un autre livre, *Plexus,* nous raconte son difficultueux et long apprentissage littéraire. Jusqu'à son arrivée à Paris, trois courts textes seulement furent publiés aux États-Unis sous la signature de Miller : le premier par un journal spécialisé dans le problème des hommes de couleur; le second dans la revue d'un ami qui n'eut qu'un seul numéro; le troisième dans un périodique à peine plus sérieux.

Au début, Henry Miller était possédé d'un désir si violent d'écrire que c'est à peine s'il pouvait matériellement tenter de s'exprimer : « La quantité d'énergie physique que je possédais était incroyable. Je m'épuisais en préparatifs. Il m'était impossible de m'asseoir tranquillement et de libérer tout simplement le flot; je dansais intérieurement. » *(Plexus.)* Des lettres, c'était facile : il en rédigeait d'inépuisables; des discours, la source apparaissait encore plus abondante. Ce fut son double point de départ. Il remarqua qu'aucun problème de forme ne se posait plus lorsqu'il faisait sa correspondance. Des amis qui, ayant confiance en son talent encore virtuel s'entêtaient à voir en lui un écrivain alors qu'il n'avait encore rien écrit, lui conseil-

Il faut que je sois beaucoup plus chrétien dans mes comportements humains.

Mais je fustige souvent, parce qu'en punissant j'améliore. Mais comme mon but est d'améliorer et non de fustiger, quelquefois je dois changer de méthode et m'humilier. Mais en réalité, je n'ai perdu aucun des amis que je ne voulais pas perdre.

HENRY MILLER

Il est rare qu'Henry Miller ne parle pas de lui-même. Même dans un court ouvrage au sujet précis et limité, tel que *Un Diable au Paradis,* il ne peut s'empêcher de se laisser aller à des digressions qui nous rappellent que le seul thème cher à cet auteur est son propre personnage, ses hantises, ses secrets. Personnage qui finit toujours par se glisser au premier plan et par nous imposer les phantasmes de son délire personnel. Délire ordonné, mis en forme et devenu sagesse. Images prises au piège de l'écriture sans rien perdre de leur foisonnement, mais privées grâce à ce transfert concerté de leur nocivité. Nombreux sont les écrivains contemporains pour lesquels la littérature est une thérapeutique personnelle. Henry Miller est de ceux qui doivent à leur œuvre le salut.

Ainsi la littérature apparaît-elle dignifiée. Objectif de toute une vie, elle en est à la fin la récompense et tend à se nier elle-même en son accomplissement, devenant alittérature, c'est-à-dire littérature purifiée de tout ce qui est faux-semblant, mensonge, prétention, inflation verbale. Nous lisons dans *Tropique du Capricorne,* au sujet de cette vocation littéraire décelée très vite, identifiée, nommée par le jeune Miller :

Je m'aperçus que le désir de toute ma vie n'était pas de vivre — si l'on peut appeler vivre ce que font les gens — mais

4

Proudhon

Les gens sont très éloignés
de leur propre bonheur.

Œuvres choisies

TEXTES PRÉSENTÉS
PAR JEAN BANCAL

nrf

Gallimard

— *Trouver un état d'égalité sociale qui ne soit ni communauté, ni despotisme, ni morcellement, ni anarchie, mais liberté dans l'ordre et indépendance dans l'unité.* Et ce premier point résolu... *indiquer le meilleur mode de transition.*

Là est tout le problème humanitaire. (*Célébr. du Dimanche*, chap. II, 1839.)

Trouver un système d'égalité dans lequel toutes les institutions actuelles, moins la propriété ou la somme des abus de la propriété, non seulement puissent trouver place, mais soient elles-mêmes des moyens d'égalité... Un système qui assure la formation des capitaux,... qui, d'une vue supérieure explique, corrige et complète les théories d'association proposées jusqu'à ce jour... — un système enfin, qui, se servant à lui-même de moyen de transition, soit immédiatement applicable :

Une œuvre aussi vaste exigerait, je le sais, les efforts réunis de vingt Montesquieu : toutefois, s'il n'est donné à un seul homme de la mener à fin, un seul peut commencer l'entreprise. La route qu'il aura parcourue suffira pour découvrir le but et assurer le résultat. (*Qu'est-ce que le Prop. ? Prem. Mémoire*, préface.)

T. III

Planification

LE REFUS DU SOCIALISME AUTORITAIRE

... Les communistes, vers lesquels incline tout le socialisme, ne croient point à l'égalité de par la nature et l'éducation ; ils y suppléent par des décrets souverains. (*Contr. Écon.*, chap. VI.)

Le socialisme, en protestant avec raison contre la concurrence anarchique n'a rien proposé de satisfaisant pour sa réglementation et la preuve c'est qu'on rencontre partout dans les utopies qui ont vu le jour, la détermination de la valeur abandonnée à l'arbitraire, et toutes les réformes aboutir tantôt à la corporation hiérarchique, tantôt au monopole d'État ou au despotisme de la communauté. (*Contr. Écon.*, chap. V.)

Pour empêcher l'arbitraire commercial, vous vous jetterez dans l'arbitraire administratif, pour créer l'égalité, vous détruisez la liberté, ce qui est la négation de l'égalité même.

Il ne s'agit pas de tuer la liberté individuelle mais de la socialiser. (*Contr. Écon.*, chap. II.)

... ET DE LA DICTATURE

Certains gens s'imaginent qu'au sein de l'humanité doit apparaître bientôt un grand personnage, un de ces êtres providentiels, comme on les nomme, qui résumera toutes les idées, dégagera la vérité de l'erreur, abattra les têtes des vieux préjugés, mettra de niveau toutes les opinions,... et de sa forte main lancera l'actuelle génération dans une nouvelle ornière...

Le Turc dit : Dieu est Dieu, et Mahomet est son prophète ; c'est une semblable profession de foi que font ces modernes *croyants*. (*Cél. Dim.*, chap. V.)

VERS UNE DÉMOCRATIE INDUSTRIELLE

Une révolution vraiment organique, produit de la vie universelle, bien qu'elle ait ses messagers et ses

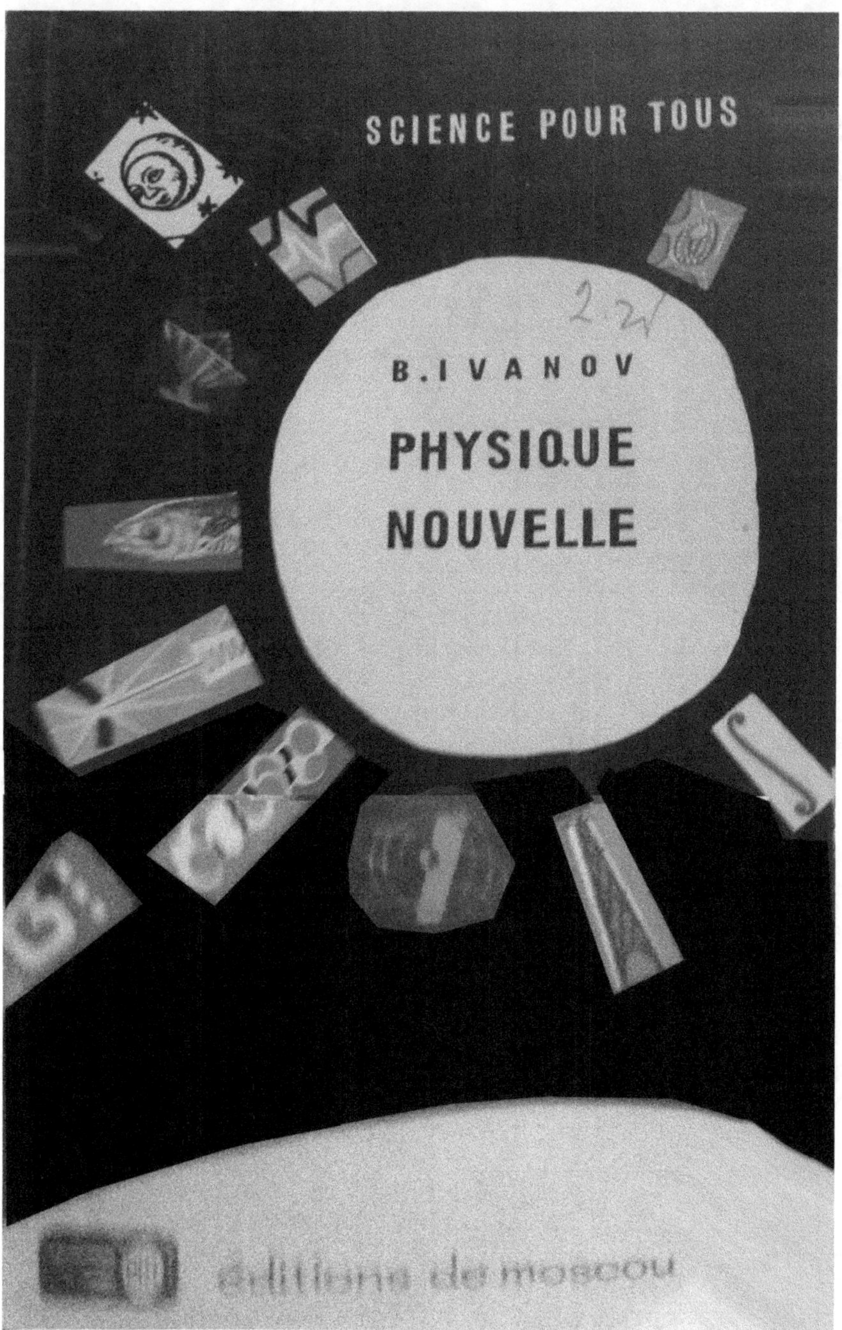
SCIENCE POUR TOUS
2.2
B. IVANOV
PHYSIQUE
NOUVELLE
éditions de moscou

Nous avons relevé plus haut le rôle immense des méthodes mathématiques dans la recherche physique. Cependant, les mathématiques ne sont qu'un instrument de la physique, comme le fait observer P. Dirac, alors que le rôle déterminant appartient aux nouvelles idées physiques, qui ont parfois une nature essentiellement mathématique. En règle générale, toute idée physique valable naît de l'analyse des données expérimentales, mais il y a aussi des exceptions. Le fondement de la physique se compose d'un système d'idées physiques et leur compréhension est à la base même de toute compréhension en général.

Le volume des données dont dispose actuellement la science physique est à ce point élevé qu'il déborde pratiquement les possibilités d'un seul homme. Cependant, et ceci constitue un événement remarquable dans la physique moderne, sa structure logique interne a subi une refonte qui a permis de simplifier, de regrouper et de traiter uniformément l'immense multitude de phénomènes physiques, à commencer par les propriétés des particules élémentaires et à finir par la structure de l'Univers.

Le *cours de Physique Théorique* en neuf volumes de Landau et Lifchitz qui jouit d'ores et déjà d'une grande popularité aussi bien à l'étranger qu'auprès du public soviétique nous a éte d'un précieux secours durant l'élaboration de ce livre.

Parmi les 15 chapitres du livre, six (1-5 et 9) ont été écrits sur la base des tomes du *Cours* déjà parus ; de nombreux passages empruntés à cette œuvre sont repérés par un chiffre entre parenthèses qui indique le numéro de l'ouvrage sur la liste bibliographique; les neuf autres sont consacrés à l'exposé de questions qui n'ont

7

Une possibilité de particule est plus importante que la particule : la particule infinitésimale.

INTRODUCTION

x/ La physique inventée : elle invente les éléments et les réseaux de système

Tout processus physique se déroule dans *l'espace* et dans *le temps*. Ceci ressort notamment du fait que toute loi physique, quelle que soit la catégorie respective de phénomènes physiques qu'elle décrit, contient implicitement ou explicitement les relations temps-espace : *distances* et *intervalles de temps*. L'expérience prouve que l'espace et le temps possèdent certaines *propriétés de symétrie* imposant des limites aux processus physiques qui s'accomplissent dans ce cadre spatio-temporel. Cette propriété de symétrie du temps et de l'espace constitue ce qu'on appelle leur uniformité et homogénéité.

Examinons d'abord la propriété d'*uniformité du temps*. Du fait de cette uniformité, les phénomènes physiques se déroulent de la même façon, quand les conditions sont les mêmes, quel que soit le moment choisi pour l'observation. Que de siècles ont passé depuis qu'Archimède a découvert le principe qui porte son nom. Or, de nos jours n'importe qui peut aisément refaire la même expérience, à condition de reconstituer les conditions d'observation.

L'équivalence physique des différents instants, l'uniformité du temps, impose à l'évolution des

x/ le cadre temps-espace doit être remplacé par un cadre mathématique idéal : temps dialectique un cadre temps et un cadre espace

9

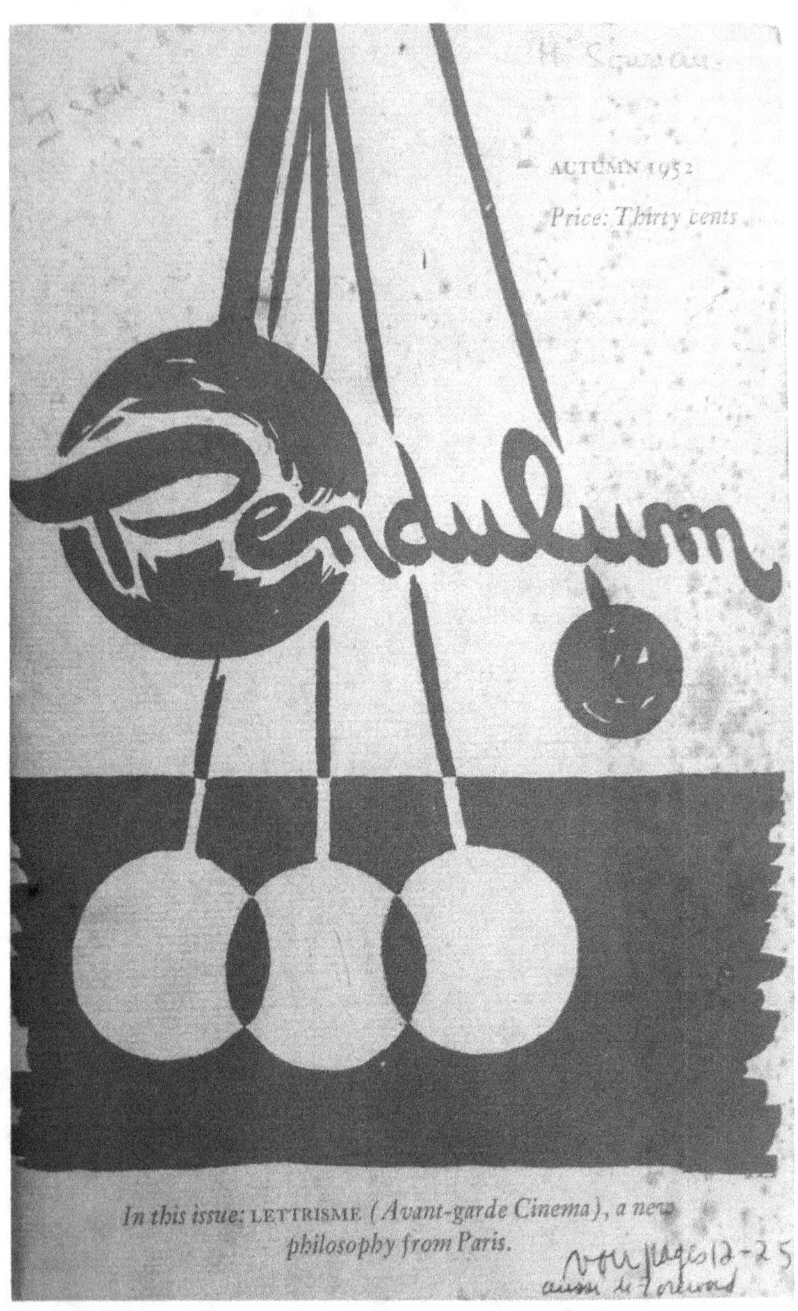
AUTUMN 1952
Price: Thirty cents
Pendulum
In this issue: LETTRISME (Avant-garde Cinema), a new philosophy from Paris.
voir pages 12-25

PENDULUM

Autumn 1952

UNDERGRADUATE AND GRADUATE
LITERARY MAGAZINE
CALIFORNIA INSTITUTE OF
TECHNOLOGY
PASADENA, CALIFORNIA

PUBLISHED BY THE DIVISION
OF THE HUMANITIES

PENDULUM : AUTUMN 1952

Contents

LETTRISME

A New Philosophy from Paris: (Avant-Garde Cinema)

Prepared and translated by LEON VICKMAN, *with the assistance of* PROFESSOR ALFRED STERN *(Humanities Division)*, *and* REINALDO V. GUTIERREZ

SINCE it is hoped that the reader will find the basic elements of the new philosophy of Lettrisme in the following article, this introduction will serve only to provide something in the way of background.

During my stay in Paris in the summer of 1952 I had the good fortune on several occasions to meet three of the most avid exponents of Lettrisme, and from them I learned of the essentials of their philosophy. However, only upon more careful examination in the past weeks have some of the details become evident. Professor Stern called to my attention the similarity in some respects between Lettrisme and Dadaism. The latter flourished for a few years after the first world war, while the former however, has grown only in the past two or three years.

Lettrisme's leaders are all relatively young, in their twenties or thirties, and so it is evidently a philosophy of youth. To attract attention and recognition they say some things, as did the Dadaists, that seem incongruous with what one usually accepts. This approach partially is due no doubt to the unwillingness of the French people to be bothered by new "isms," since they have grown weary of such things, as a result of their frequent occurrence.

Yet, I am convinced that there is much of value to be had from the works of the Lettrist circle. These significant things seem to lie primarily in their philosophy of art, particularly in their ideas on the Avant-Garde Cinema. Consequently this article is com-

12

PENDULUM 13

posed mostly of translated excerpts from the Lettrist publication in book form, -ION, which won in 1951 the Grand Prize for the best work on the theory of the cinema at the International Film Festival in Cannes, France. These quotations will offer the reader a reasonable knowledge of the cinema theories of Lettrisme.

It should be noted that Lettrisme has no similarity to the better-known, contemporary French philosophy, Existentialism. Nevertheless, it is interesting that Lettrisme centers about the same district of Paris, *Saint Germain-des-Prés*, as did Sartre's philosophy. Sidewalk cafes such as the *Café de Flore* and *Café aux deux Magots* and others in this district have been witnesses to the growth of these philosophies.

The editors feel that *what is significant to* PENDULUM'S *readers is* that Lettrisme has received no publicity in the United States up to the printing of this article except for a few lines of reportorial nature by Irving Hoffman in the *Hollywood Reporter*. Perhaps then, our readers are receiving a preview which will be of importance in the future.

At the time of this writing I am in the process of preparing contracts with a Film Foundation in Hollywood which will allow the first showing in this country of a full length film, *Traité de Bave et d'Eternite*, which was made by the Paris group and features many of their ideas on the cinema. Such well-known French personalities as Jean Cocteau, André Maurois, and Jean-Louis Barrault appear in this film. L. V.

(Translator's note: To offer the reader an initial introduction to the Lettrist philosophy of art the following quotes are presented here. They are taken from the first two issues of the newspaper *Soulèvement de la Jeunesse*, published in Paris by the Lettrists in June and the summer months of 1952.)

"...Lettrisme is the art of letters reduced to themselves and considered as constituent elements of new poems.

"...We want to create complete beauty with letters. We want to create works of ART which enchant, impress, and move by the beauty of the sonority of letters.

"...After the classical zenith there began the liquidation of the old novel, which led to Joyce."

(Translator's note: James Joyce is considered to be extremely important by the followers of Lettrisme. This results from their belief that, in art, what is important is ***not content, but form.*** Content, they say, remains essentially the same in art, but form must continually progress to effect a better means of expression. Since Joyce initiated a revolutionary and very important literary *form,* that is, the stream of consciousness style, he is consequently important to the Lettrists. Joyce's style is quite evident in some of the film scenarios of the Lettrist group.

Professor Stern mentioned that Lettrisme is in some ways similar to the European literary philosophy of Dadaism. It is interesting to quote some comments which a now foremost French writer and Nobel Prize winner, André Gide made in the 1920's in defense of the literary significance of Dadaism.

"Each word must be an island or separate unit, and must present abrupt intervals. It would be placed here as pure tone, and not far distant other pure tones will vibrate, but with an absence of relation such that it does not authorize any association of thoughts. It is thus that each word will be delivered of all its past significance, at last! and of the evocation of the past."

It is to be noted that the Lettrists have taken this breakdown of word media one step further, in that they advocate at times, the breaking up of *words* into their constituent *letters,* and the use of the letter itself as the medium of expression on the written page.)

The following translated excerpts appear in ION, *Centre de Création, No. Spécial sur le Cinéma* (April, 1952, PARIS). First, from the section, *Esthétique du Cinéma,* by Jean Isidore Isou, the originator and foremost leader of Lettrisme:

"SKETCH OF A DEFINITION OF ART

"Art attempts to fix a medium as a means of expression, in discovering its combinations or its progressive difficulties.

"Art does not depend upon our senses. It would be vain to attempt the invention of unrevealed disciplines starting from a classification of the ordinary physical faculties: hearing, sight, smell, touch, and taste.

"Thus certain trials carried out upon the arts of preparing perfumes or fine foods have failed lamentably because they were founded upon means of perception and not upon means of expression.

"...The durable medium which is the element of signification and of composition, becomes the only basis for a definition of art.

"...The independence of the medium from the stimulated senses is the fundamental principle of art.

"...Without the medium, it is not possible to have art work. The work of art exists without the sense to which the medium pretends to address itself.

"...A color-blind person, even with inaccurate means of perception, can perceive a painting and comprehend its creative importance. A blind person understands the description of a piece of sculpture and imagines its beauty. Beethoven composed symphonies without being able to hear them and his masterpieces subsisted beyond his deafness.

"One has even invented an original medium for use *on paper.* Thus literature excites the imagination of all the senses we have, without really addressing itself to any one of the senses in particular.

"... Neither the drug, nor the murder, nor the dream (this is an attack on Surrealism, ed.) can be, for an instant, part of the fine arts because they lack durable and evolutionary substance.

"THE DEFINITION OF THE CINEMA

"The cinema is the art of the development of the 'reproduction.'

"... The definition is, in the works of Isou, the result of an invention and not of that which is received from the outside.

"... One has habitually associated the style of the cinema to the photo; but the research carried out by the prehistorians of this art have offered us the documents of a cinematographic domain antecedent to the inventions of Niepce and Daguerre. The certainty, that the coming realizations will eliminate *the photo* from the cinema (and replacing the photo or not), confirms our idea that it is necessary to exclude this term (photo) from the fundamental conditions of our art.

"The element 'reproduction' is for us the essential particular of the esthetic combinations of the cinema. The word 'reproduction' implies the transcribing of 'the element of performing' or of 'the performance.'

"... The cinema behaves as if reality were given and as if it transcribed a reality that the painting should express.

"THE LAW OF THE AMPLIQUE AND OF THE CISELANT IN THE FILM

"All esthetic expression takes two trends which succeed each other irreversibly. In the first place one discovers the enrichment of the element and of its stylistic combinations, and afterwards its spoilation until its destruction. The first phase of this objective law of techniques carrys the name of *amplique*; the second phase is called *ciselante*.

"... The enriching of an art is not as important in terms of its perfecting, as it is in terms of its transforming.

"THE ISOUIENNE TRANSFORMATION OF THE CINEMA

"The montage is the central focus of the cinema because it combines the parts of the film. It is the keystone of its columns, past and to come.

"... In the name of the coherence of the factors, the old montage offers two incoherent factors:

"*A series of images taken in itself, is distinctly an assembly of diverse plans, without the necessary liaison.

"1) in sound films, this assembly does not have justification;

"2) in silent films, the possible coherence of the photos is motivated by the developing of a story, superior to the particulars themselves; the story plays the same adjacent role as the sound of the supplementary band (sound track) in the first case.

"**A sound track, when heard by itself separately unrolled, unfolds a succession of words and cries mixed with bits of 'canned' music.

"The hybrid called 'film,' is identified by the greatest producers of the cinema with something so monstrous that its very existence disgusts educated individuals.

"... The apparent perfection of the contemporary cinematographic works is 'the perfection of the subject' or 'the perfection' with which is suggested a theme, to the detriment of the constituent columns.

"... (footnote) The film *Traite de Bave et L'Eternite* contains more than ten ordinary films by the appearance of the images and the profundity of the text because the two tracks (sound and image) are released from their subjection.

"... Isou is interested in each particular of an image in movement. In some cases he has worked on the twenty-four film frames which passed per second.

"It is necessary to compare the cinematographical 'ciselant' to the musical 'ciselant.' Schönberg and Stravinsky also worked on the counterpoint of each measure, taken as an entity."

(The following translated excerpts are taken from the previously mentioned issue of -ION, and are from the section *Tambours Du Jugement Premier, Drums of the First Judgment*, by François Dufrêne.)

"PREFACE

"Preface ... because this is the Introduction to my next film, *Tambours Du Jugement Premier*, which is based on a series of chanted aphorisms and Lettristic poems.

"I will proceed by four ways, carried by the postulate of not taking into account the technical and real passibilities of the camera, which must only satisfy the ideal and ideological conditions.

"O cameramen! Like the writer mocks the pen, the camera means little to the producer of a film.

"'Those of the business' overwhelm me ... their rites like all rites, anger me, as do their vulgar and variable practices. We are justified, we creators, to distrust their tricks which all aspire stealthily to minimize the efforts of the authentic artist.

"1) 'To organize'—I quote Antonin Artaud, the certain forerunner of the 'Discrépant'—'Organize the voice and the sounds taken in themselves and not as a physical consequence of a movement or an act, that is to say without agreement with the actual events.'

"No interference between the visual and auditive expressions.

"Systematic interruption of the photographic images.

"... Between the images and sounds, a unique rhythmic interference. Example: to a word of two syllables corresponds two movements on the screen.

"... However, the prejudice of not utilizing here the interesting and recent Isouienne discrepancy would not perhaps exclude the employing of procedures like the overlapping of parts, a compromise between simultaneity and succession.

"... 2) *Checker* the screen like a chess board where the images would displace themselves rhythmically in the fashion of the pieces in the squares. *By small portions,* move it rapidly in the shape of an archipelago.

"3) Return to the SPEAKER (1) a proper voice in intensity between the natural tone and the most provoking contrivance. By these new tones, disclose supplementary and strange sentiments.

"4) Give a new savour, even pungent, to the aphorism in grafting it on the sound track and in transplanting it into the film theater.

"Launch the start signal of the film, not with works without subjects, but with a series of very short subjects.

"Such as they are these measures are quite insufficient.

"It is necessary now and finally:

To interrupt the image before the image: offered until then as a *block,* give it an *itinerary;* the picture should no longer be unrolled before your eyes without shame, but should sketch itself point by point, in your ears; it should be a *necessary analytical* proceeding which results in a totality, not the synthesis to your possible analysis.

"In doing so double the image because it no longer pertains to the passive perception, but to the imagination, the recreation.

"Put in doubt the very essence of the cinema by the existence of the 'Imaginary Cinema.'" François Dufrêne

(Translator's note: Following this short article in -ION of François Dufrêne is the scenario of his film, *Drums of the First Judgment*. The beginning section, and a part of the remainder of this scenario are translated here. In some cases the French original is printed here since the sound and sensation of the words is unfortunately lost in translation. Where possible, the English equivalent follows the French version. In the case of the Lettrist poetry there is no need for translation since in general, these groups of letters have no significance, in the usual sense that words do, either to a French or an English speaking person.

One should keep in mind that, in Lettrist films such as this, the musical background of the conventional cinema is eliminated in favor of the sound of the readings of the Lettrist poetry.)

TAMBOURS DU JUDGEMENT PREMIER

SOUND.
ZEDEFEL UDEHENNE EHOVE JIEFU
ERRUES EHEFU KAEA ZEDEMENE
ELLOPE TEHIHESS BEAEM AJESSE
TEOER IDESSE ELLEL IHEL JEESS
VE OBEO ESSIX EFFENAJI PEACH
EMENOVE ESSACH JIVEI KAELIX!
IMAGE (on the screen)

Checkered: four squares upon four in which are displaced, three by three, the letters corresponding to the poem: Z-F-L-U-D-N etc. ...–black and white as on a chessboard.

SOUND.
Generic.

IMAGE.
Generic.
SOUND.

A cor et a cri–a force; a corps et a croc–malgre; a coeur et a cran–quand meme; en depit des pactes; pas de repit, pas de voie lactee, tant pis pour le crepit de l'acte. On s'ira derailler aux nuls confins, aux zones de juste zero et de la stricte exactitude sans cesser toutefois, toute foi, toutefois de rouler! ...

With hue and cry–with force; with body and crackling noise –notwithstanding; with heart and cog–nevertheless; in spite of the pacts; no delay, no Milky Way; so much worse for the crackling of the act. One will go derailing to the confines of voids, to the zones of mere nothing and of strict exactitude without nevertheless ceasing, all faith, however to roll! ...

IMAGE.

Checkered: Height, two squares. Width, three. To the left, high up, an apple; then below, to the right, a razor which passes in the squares of the center, the handle in the low square, the blade in the upper cutting the apple in two, also in that square (corresponding with the words 'a force' in the sound). The half of the apple on the left departs into the square on the left (corresponding in the sound to the words 'a croc'). The razor closes in the center and high squares (corresponding to 'malgre'). The blade of the razor cuts the half of apple to the left in two, then the half of apple to the right. A quarter of the apple falls to the right, then another to the left. The razor recloses. The seeds of the apple spread over all the squares which instantaneously change themselves into wide, white circles, on a black background; they shrink and leave between those above and below a wide band where accordions lengthen and contract irregularly, while alarm clocks form in the circles.

SOUND.

Chorus.

TAIA (O) TAOMA (O) DOOTE (U) (repeat three times)

HAMVOCK CHARPOKEDIDOK (two times)

YAYBBEUKE YABEUK (three times)

Solo:

TRSIKLE KSSOMPSSE TSRIKLE PILKRE TSRIKLEKS-SOMPSSE TCHINGLE (two times)

TSOUK!

(guttural and contracted voice:) TROLI KROL TROL KROLI (three times)

(from the head:) TRILO KRIL TRIL KRIYLO (three times)

BDDH BDDH (two times)

BLUK BLEUK. BLEUK BLEUKBLUK (two times)

PZOYNJ BLLK BLLK, PZOYNJE BLEK, PZOYNJ BLLK, BLLK, PZOYNE BLIK

PZOYNJ BLLK BLLK

(cooing:) FRRROUH!

(nasal:) TEYLL!

(normal:) TYOCH! TEN TYOCH

(nasal:) TIYLEULELEUN (three times)

(nasal and clamorous:) TLUK!

(quickly:) TCHLEKEUBEUKEU (three times)

Chorus:

YAYBBEUKE YABEUK (six times)

Solo:

TSROKLE KSSIMPSSE TSREKLE PALKRE TSRAKLE-SOMPSSE TCHINGLE!

TSROKLE KSSIMPSSE TSREKLE PALKE TSRAKLE-KSSAMPSSE TCHOUGLE!

III, III, III (3 swallowings with mouth open widely).

(guttural and contracted:) TROLI KROL TROL KROLI (three times)

(from the head:) TRILO KRIL TRIL KRIYLO! (three times)

PZOYNJ BLLK, BLLK, PZOYNJE BLEK, PZOYNJ BLLK BLLK, PZOYNJE BLIK

(nasal:) TEYLL!

Chorus:

(softly:) TAIA (O) TAOMA (O) DOOTE (U) (three times)

(very fast and very strong:) YAYBBEUKE YABEUK (nine times)

IMAGE.

Hammer on an anvil changes its place nine times in nine squares.

SOUND.

There are tacit rendezvous that one cannot miss. I passed by chance as I am accustomed, through the Sacred Way and I advanced into the battle. Conscious of being very weak, he called to the revolt (it is a complex of complexity among the dish-cloths).

IMAGE.

The white of the screen forms a clover shape: In the upper leaf, legs of a woman which cross and uncross. In the left leaf, hair of a woman seen from the back, long and blond, waving. An eye winks slowly in the right leaf. In the base of the clover a large hand separates its fingers and puts them together!

(Translator's note: At this point it is necessary to discontinue the translation due to limitation of space. If sufficient interest is shown by our readers, we will continue this scenario in a later issue. However, several pages farther along in this same scenario a very interesting Lettrist poem appears. An excerpt from this section follows. It is to be noted that the poem is composed of familiar names and places. If the poem is read aloud, its unusual rhythm becomes more evident.)

24 PENDULUM

"IMAGE.

A balloon pushed by fits and starts and a foot, denies the hand which attempts to seize it.

SOUND.

There comes the time when one will no longer compare the airplane to the bird, but the bird to the airplane; when technicolor will not borrow the colors of life, but our life will borrow from technicolor.

Largo:

ANAKARENINANA
O KARINARMONIKA
MIKA MIKADO CHOGOUN
ELEBOR BOR, BROM KLOR
KROM, MOLIBDEN
YOD TONGSTEN, TONGSTEN
MENANETANN METILEN
ETILEN PROTANN BUTANN
PINTANN EXANEPTANN
JETANN BALLTO, BALTTO
(from the head)
YEOUDI MENOUINE YEOUDI
YEOUDI, YEOUDIMENOUINE
PIERINO GAMBBA DYOUK DYOUK
MERMOZ MOZARTSARA
KAFKALORKA LORKASSENDRARS
RAYNEMARYARILK VASKO
DEUGAMMABLASKO, IBANEZ BLASCO
FYANARANTSOA, TSARATANANA
ANTSIRANOSIBE LAKALAOTRA
FARAFANGANA (two times) MANANBAHO
TSIRIBIHINA (two times) ANTSIRANANTSIRABE
ANDEVORANTT TAMATAV V V V

PENDULUM 25

HOSLO HOSLOBRESLO
BRATISLAVABRESLO
BRATISLAVALASKA
MARX! YESSENINN MARXERNST!
RUDIHIRI GOYEN
KAMEROUN KAMERA GOGOLLL...
Allegro
(Swing)
KODAK DAKOTA DAKOTA DAKOTA KODAK (two times)
BETYOK IBETYOKI BETIOKIBIKINI (two times)
TRISTANZARA DAADA
PI! KASSO, PI! KABYA. PI! KASSOCHAGAL
BI! BESKO. BI! BESKO. BI! BESKO
(roucoulant:) P R R OUST
KOKAKOLA KOKAKOLA KOKAKOLA KOKAKOLA
JIPS, JIPS, JIPS, JIPS,
KILOKALO, KILOKALORI I I I I
KOKTO, KOKTO,
POLDEKOK KOKTO
KYOTOTOKYO (two times)
KALIGULA, KOKAKOLA KALIGULA
KLEPTOMEN, KRIPTOGREM, KRIPTOGEM
LANGUEDOK, LANGUEDOK, KLOPSTOK!
KAMBODJE, KAMBODJE, KAMBODJE DODJE (four times)
DJIBOUTI HOBOK (three times)
De capo de KODAK à PROUST."

COLLECTION PHOS

BIBLIOTHÈQUE SCIENTIFIQUE DE PERFECTIONNEMENT HUMAIN

MAURICE PHUSIS

CLASSIFICATION
UNIVERSELLE
SYSTÉMATIQUE ET COORDONNÉE DES CONNAISSANCES HUMAINES

précédée d'un

« Essai de Discours sur la logique »

UNIVERS
ESPACE — TEMPS
ÉNERGIE — MOUVEMENT — MÉCANIQUE
VIDE — MATIÈRE — FORME — STRUCTURE
COSMOS — SOLEIL — PLANÈTES
TERRE — MÉTÉORES — OCÉANS — SOL
VIE — VITALITÉ — LONGÉVITÉ
VÉGÉTALITÉ — ANIMALITÉ — HUMANITÉ
GENÈSE — ÉVOLUTION — REPRODUCTION — MORT
INSTINCT — HÉRÉDITÉ — CÉRÉBRALITÉ — RAISON
ORGANISATION — DROIT — LÉGISLATION
CIVILISATION — INDUSTRIE — COMMERCE
GÉOGRAPHIE — ART — HISTOIRE — RELIGION
NATIONALITÉS — INTERNATIONALITÉ
NÉOPHILOSOPHIE — NÉOGÉOMÉTRIE UNIVERSELLE
SCIENCES — SYNTHÈSES — MÉTASYNTHÈSE
CAUSES GÉNÉRATRICES UNIVERSELLES

LIBRAIRIE AMÉDÉE LEGRAND

DÉPOSITAIRE

93, Bd SAINT-GERMAIN — PARIS

LA COLLECTION PHOS

POUR

LE VRAI, LE BIEN, LE BEAU, LE PERFECTIONNEMENT

PAR

LA VÉRITÉ, LA LOGIQUE, LA MÉTHODE, LA CLARTÉ

SES DIRECTIVES FONDAMENTALES SONT LES SUIVANTES : FAIRE CONNAITRE, SOUS UNE FORME CLAIRE ET CONDENSÉE LES ÉLÉMENTS LES PLUS SUSCEPTIBLES DE RAPPROCHER L'HOMME DU BONHEUR ET DE LA JOIE, DANS LA PAIX, LA JUSTICE, LA FRATERNITÉ, DE REVITALISER SON ESPÈCE DÉCHUE, DE LUI PROCURER UNE VITALITÉ PUISSANTE, UNE LONGÉVITÉ CONSIDÉRABLE, DE PERFECTIONNER SON INCOHÉRENTE ORGANISATION SOCIALE ET D'AMÉLIORER SON CONFORT MATÉRIEL ET MORAL.

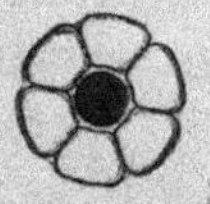

TABLES DES MATIÈRES

S'il ne soutenait cette fatigue avec son être, il n'y aurait même pas oubli de cet état, mais il y aurait un « n'être plus », rigoureusement identique à un « n'être pas ». La fatigue serait *perdue*. L'être présent est donc le fondement de son propre passé ; et c'est ce caractère de fondement que manifeste le « était ». Mais il ne faut pas entendre qu'il le fonde sur le mode de l'indifférence et sans en être profondément modifié : « était » signifie que l'être présent a à être dans son être le fondement de son passé en *étant* lui-même ce passé. Qu'est-ce que cela signifie ; comment le présent peut-il *être* le passé ?

Le nœud de la question réside évidemment dans le terme de « était » qui, servant d'intermédiaire entre le présent et le passé, n'est lui-même ni tout à fait présent ni tout à fait passé. Il ne peut être en effet ni l'un ni l'autre, puisque, dans ce cas, il serait contenu à l'intérieur du temps qui dénoterait son être. Le terme « était » désigne donc le saut ontologique du présent dans le passé et représente une synthèse originelle de ces deux modes de temporalité. Que faut-il entendre par cette synthèse ?

Je vois d'abord que le terme « était » est un mode d'être. En ce sens je *suis* mon passé. Je ne l'ai pas, je le suis : ce qu'on me dit en touchant un acte que j'ai fait hier, une humeur que j'ai eue, ne me laisse pas indifférent : je suis blessé ou flatté, je me cabre ou je laisse dire, je suis atteint jusqu'aux moelles. Je ne me désolidarise pas de mon passé. Sans doute, à la longue, je puis tenter cette désolidarisation, je puis déclarer que « je ne suis plus ce que j'étais », arguer d'un changement, d'un progrès. Mais il s'agit d'une réaction seconde et qui se donne pour telle. Nier ma solidarité d'être avec mon passé sur tel ou tel point particulier, c'est l'affirmer pour l'ensemble de ma vie. A la limite, à l'instant infinitésimal de ma mort, je ne serai plus que mon passé. Lui seul me définira. C'est ce que Sophocle entend exprimer lorsque, dans les *Trachiniennes*, il fait dire à Déjanire : « C'est une maxime reçue depuis longtemps parmi les hommes, qu'on ne saurait se prononcer sur la vie des mortels et dire si elle a été heureuse ou malheureuse avant leur mort. » C'est aussi le sens de cette phrase de Malraux que nous citions plus haut : « La mort change la vie en destin. » C'est enfin ce qui frappe le croyant lorsqu'il réalise avec effroi que, au moment de la mort, les jeux sont faits, il ne reste plus une carte à jouer. La mort nous rejoint à nous-même, tels qu'en nous-même l'éternité nous a changés. Au moment de la mort nous *sommes*, c'est-à-dire nous sommes sans défense devant les jugements d'autrui ; on peut décider *en vérité* de ce que nous sommes, nous n'avons plus aucune chance d'échapper au total qu'une intelligence toute connaissante pourrait faire. Et le repentir de la dernière heure est un effort total pour faire craquer tout cet être qui s'est lentement pris et solidifié *sur nous*, un dernier sursaut pour nous désolidariser de ce que

153

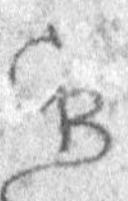

LISSAGARAY

HISTOIRE DE LA COMMUNE DE 1871

" Pour qu'on sache "

NOUVELLE ÉDITION
précédée d'une Notice sur Lissagaray
par
Amédée DUNOIS

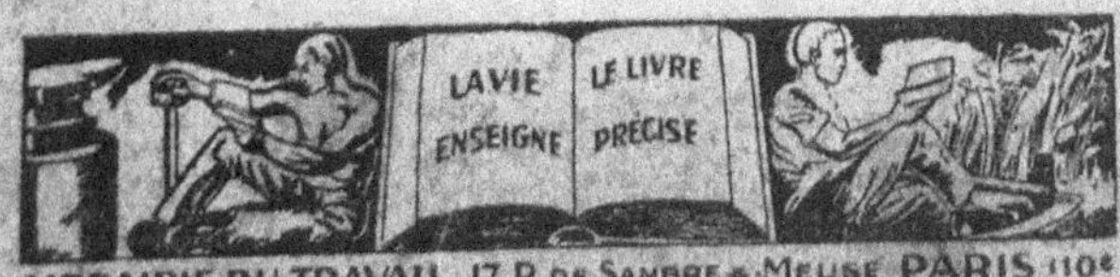

LIBRAIRIE DU TRAVAIL, 17, R. DE SAMBRE & MEUSE PARIS (10e)

CHAPITRE VI

Les maires, les députés, les journalistes, l'Assemblée se ruent contre Paris. — La réaction marche sur la place Vendôme et se fait châtier.

« L'idée de voir un massacre me remplissait de frissons. »
Jules Favre (Enquête sur le 4 Septembre).

Le 21, la situation se dessina très nette.

A Paris, — le Comité Central. Avec lui tous les ouvriers, tous les hommes généreux et clairvoyants de la petite bourgeoisie. Il dit : « Je n'ai qu'un but : les élections. J'accepte tous les concours, mais je ne quitterai pas l'Hôtel de Ville avant qu'elles ne soient faites. »

A Versailles, — l'Assemblée. Tous les monarchistes, toute la haute bourgeoisie, tous les esclavagistes. Ils crient : « Paris n'est qu'un rebelle, le Comité Central un ramassis de brigands. »

Entre Paris et Versailles, — quelques députés, maires, adjoints. Ils groupent les bourgeois, les libéraux, la bande d'effarés qui fait toutes les Révolutions et laisse faire tous les Empires. Dédaignés de l'Assemblée, suspects au peuple, ils font au Comité Central : « Usurpateurs! », à l'Assemblée : « Vous allez tout briser! »

La journée du 21 est mémorable. Elle entendit toutes ces voix.

Le Comité Central : « *Paris n'a nullement l'intention de se séparer de la France; loin de là. Il a souffert pour elle l'Empire, le gouvernement de la Défense nationale, toutes ses trahisons et toutes ses lâchetés. Ce n'est pas à coup sûr pour l'abandonner aujourd'hui, mais seulement pour lui dire en qualité de sœur aînée : soutiens-toi toi-même comme je me suis*

soutenue, oppose-toi à l'oppression comme je m'y suis opposée. »

Et l'*Officiel*, dans le premier de ces beaux articles où Moreau, Rogeard, Longuet commentèrent la révolution nouvelle : « *Les prolétaires de la capitale, au milieu des défaillances et des trahisons des classes gouvernantes, ont compris que l'heure était arrivée pour eux de sauver la situation en prenant en mains la direction des affaires publiques... A peine arrivés au pouvoir, ils ont eu hâte de convoquer dans ses comices le peuple de Paris... Il n'est pas d'exemple dans l'histoire d'un gouvernement provisoire qui se soit plus empressé de déposer son mandat... En présence de cette conduite si désintéressée, on se demande comment il peut se trouver une presse assez injuste pour déverser la calomnie, l'injure et l'outrage sur ces citoyens. Les travailleurs, ceux qui produisent tout et ne jouissent de rien, devront-ils donc sans cesse être en butte à l'outrage? Ne leur sera-t-il jamais permis de travailler à leur émancipation sans soulever contre eux un concert de malédictions?... La bourgeoisie, leur aînée, qui a accompli son émancipation il y a plus de trois quarts de siècle, ne comprend-elle pas aujourd'hui que le tour de l'émancipation du prolétariat est arrivé... Pourquoi donc persiste-t-elle à refuser au prolétariat sa part légitime?* »

C'était la première note socialiste de cette révolution, profondément juste, touchante et politique. Le mouvement, entièrement de défense républicaine au début, prenait de suite couleur sociale, par cela seul que des travailleurs le conduisaient.

Le même jour, le Comité suspendait la vente des objets engagés au Mont-de-Piété, prorogeait d'un mois les échéances, interdisait aux propriétaires de congédier leurs locataires jusqu'à nouvel ordre. En trois lignes, il faisait justice, battait Versailles, gagnait Paris.

Rassemblement contre Paris

En face de ce peuple qui marche et se définit, les représentants et les maires : Pas d'élection, tout va au mieux. « *Nous voulions*, disent-ils, en affiche, *le maintien de la garde nationale, nous l'aurons. Nous voulions que Paris retrouvât sa liberté municipale, nous l'aurons. Vos vœux ont été portés à l'Assemblée, l'Assemblée y a satisfait par un vote unanime qui garan-*

thiques à la Commune, où l'*Eclaireur* voyait un mouvement bonapartiste. Les travailleurs, eux, sentirent bien qu'ils étaient les vaincus et, à l'enterrement solennel de M. de l'Espée, on entendit de sourdes protestations.

Le Creusot

Au Creusot, même défaite des prolétaires. Cependant, les socialistes administraient la ville depuis le 4 septembre. Le maire était Dumay, ancien ouvrier de l'usine. Le 25 mars, aux nouvelles de Lyon, on parla de proclamer la Commune. Le 26, les gardes nationaux, passés en revue, crièrent : « Vive la Commune! » et la foule les accompagna sur la place de la Mairie, occupée par le colonel de cuirassiers Gerhardt. Il commande le feu; les fantassins refusent. Il veut faire charger ses cavaliers; les gardes croisent la baïonnette et envahissent la mairie. Dumay prononce la déchéance des Versaillais, proclame la Commune. Puis, là comme partout, on resta immobile. Le commandant du Creusot revint le lendemain avec du renfort, dispersa la foule qui stationnait curieuse et passive sur la place et s'empara de la mairie.

En quatre jours, tous les foyers révolutionnaires de l'Est, Lyon, Saint-Etienne, le Creusot échappent à la Commune. Descendons le Rhône et courons au Midi.

CHAPITRE X

La Commune à Marseille, Toulouse et Narbonne

Depuis les élections du 8 février, Marseille avait repris son grondement de la guerre. L'avènement des réactionnaires, la nomination de M. Thiers, la paix bâclée et honteuse, la monarchie entrevue, les défis et les défaites, la cité vaillante avait tout senti aussi vivement que Paris. La nouvelle du 18 mars tomba sur une poudrière. Toutefois, on attendait des renseignements, quand le 22 apporta la dépêche Rouher-Canrobert.

Aussitôt, les clubs se remplirent, véritables foyers de l'ardente vie marseillaise. Les radicaux prudents et méthodiques avaient le club de la garde nationale. Les courants populaires s'épanchaient à l'Eldorado, où l'on applaudissait Gaston Crémieux, parole élégante et féminine, avec des trouvailles, comme il l'avait montré à Bordeaux. Gambetta lui devait son élection à Marseille en 69. Il accourut au club de la garde nationale, dénonça Versailles, dit qu'on ne pouvait laisser périr la République, qu'il fallait agir. Le club, quoique très indigné de la dépêche, ne voulut rien précipiter. Les proclamations du Comité Central n'annonçaient, disait-il, aucune politique nettement définie. Signées d'inconnus, elles étaient peut-être une entreprise bonapartiste.

L'argument devenait ridicule à Marseille, où c'était la dépêche de M. Thiers qui soulevait l'agitation. Qui sentait le bonapartisme, de ces inconnus soulevés contre Versailles ou de M. Thiers protégeant Rouher et ses ministres et se vantant de l'offre de Canrobert?

Après un discours du substitut du procureur de la République, Bouchet, Gaston Crémieux revint sur son premier mouvement et, accompagné de délégués du club, se rendit à l'Eldo-

On parle beaucoup de Bonapartisme à propos du Comité Central et de son coup d'état de 18 mars. Malheureusement ce sont des éléments [illegible] qui ne huvrent que de Clemenceau, de Rossel, de Delescluze mais non de Bonaparte.

LÉON BOPP

CATALOGISME

OU ESQUISSE D'UNE PHILOSOPHIE DE L'OMNIPOTENCE

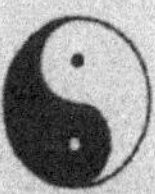

COLLECTION ACTION ET PENSÉE
AUX ÉDITIONS DU MONT-BLANC

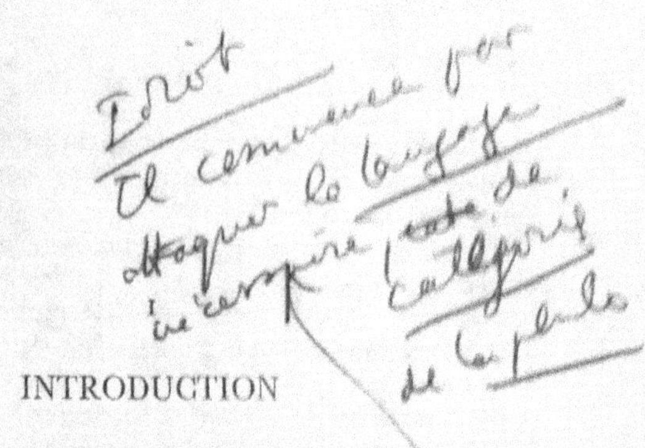

INTRODUCTION

Ne doit-on pas regretter que, depuis quelque temps, depuis longtemps à vrai dire, la philosophie tende à devenir de moins en moins accessible au public, à devenir de plus en plus spéciale, partielle, et qu'elle se montre trop orientée vers le passé ?

Elle revêt souvent un aspect morne, doctoral, car elle est surtout l'œuvre et parfois, pourrait-on dire, comme la chasse gardée, d'un certain nombre de professeurs, d'une science et d'une conscience admirables, certes, mais auxquels on serait, semble-t-il, en droit de reprocher, tout d'abord, d'écrire d'une façon obscure, ou morne. Or si l'opinion de nombre de ces penseurs est justifiée, si la philosophie est surtout ou exclusivement un discours, un langage écrit ou parlé, si donc elle relève par là de la chose littéraire, de la littérature, ne devrait-elle point se préoccuper d'avoir un style ? Mais, depuis les philosophes-poètes de l'ancienne Grèce, et depuis Platon, sauf de rares exceptions, les philosophes, qui inclinent de plus en plus vers le nominalisme, dédaignent de bien assembler ces noms, ces mots auxquels ils attribuent cependant une si grande valeur et si grande vertu. Qui nous donnera une histoire du style philosophique, qui nous enseignera et fera voir, par de célèbres et fâcheux exemples, combien le mépris d'une saine ou belle rhétorique est, fut souvent responsable de telle ou telle disgrâce de certaines doctrines, et par là même peut-être des « univers » de certains philosophes ?

Etant devenue l'œuvre de professeurs, c'est-à-dire de fonctionnaires qui dépendent plus ou moins d'un gouvernement, la philosophie moderne, en outre, manque parfois de liberté

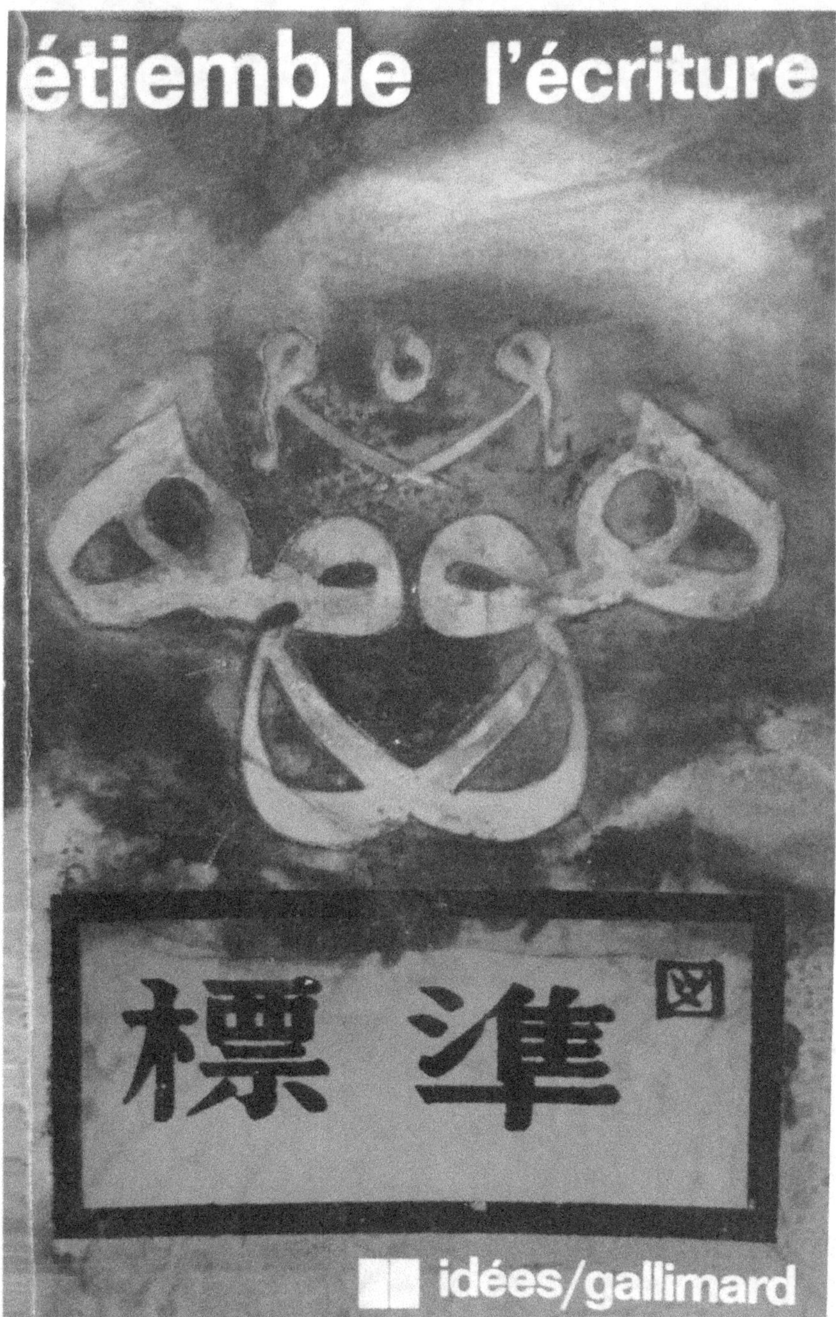
étiemble l'écriture
標 準
idées/gallimard

Histoire de l'écriture [illegible]

Le plagiaire superficiel et sacré Etiemble : a) venu après nous dans le domaine de l'écriture lors il reste aux écritures figées et sclérosées où il parle de plagiaires des lettristes comme auteurs des super-calligraphies [illegible] orientales et occidentales

[illegible]

Hist. calligraphie et hypergraphie [illegible]

Ne nous laissez pas couler [illegible]

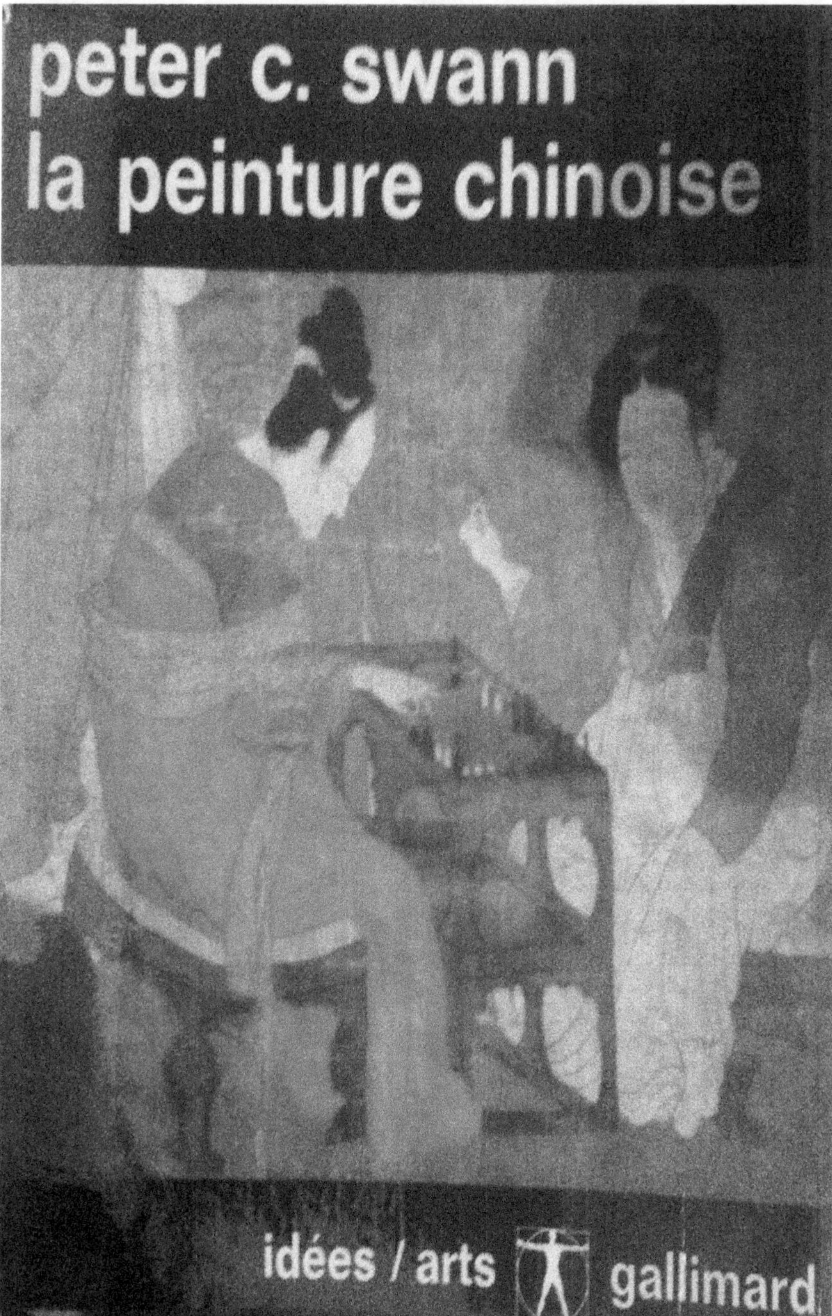
peter c. swann
la peinture chinoise
idées / arts
gallimard

Introduction

Naturellement la peinture s'extrait de la calligraphie chinoise
comme la peinture occidentale des hiéroglyphes, mais
la peinture ne représente pas moins un domaine indépendant
n'a pas moins un développement

Le but de cet ouvrage est sans prétention. C'est un travail d'initiation. Il ne peut donc pas traiter à fond d'un art riche d'une tradition ininterrompue de vingt siècles. De cet art, nous n'esquisserons que l'histoire. Nous donnerons quelques points essentiels de sa technique. Nous examinerons quelques-unes des idées fondamentales sur lesquelles il est établi. Nous reproduirons un petit nombre des plus belles œuvres conservées dans les collections chinoises et occidentales. Notre effort aura pleinement réussi s'il peut inciter certains lecteurs à en apprendre plus long sur un sujet immense et séduisant dont nous ne commençons ici qu'à explorer les profondeurs.

Les Chinois considèrent la peinture comme le seul art véritable. Le reste, malgré sa perfection, n'est pour eux qu'œuvre d'artisan. Comment se fait-il alors que ce que les Chinois considèrent comme le plus riche fleuron de leur culture soit si peu connu en Occident? Depuis quatre siècles au moins on y admire leur porcelaine et mille bibelots ramenés au cours de nombreuses transactions commerciales. Un vase de Chine trouve ainsi sa place dans nos salons tout aussi naturellement qu'un canapé Louis XV ou qu'un fauteuil Directoire. L'Occident ne se fait encore qu'une idée très rudimentaire de la peinture chinoise.

7

La dynastie des Han
206 av. J.-C. - 220 apr. J.-C.

Le premier empire créé par une grande civilisation laisse, quelles qu'en soient les suites, une marque ineffaçable dans son histoire ultérieure. Plus un empire est triomphant, plus son influence est durable. Pour les Chinois, la dynastie des Han (206 av. J.-C. — 220 apr. J.-C.) a été cette grande période de formation. Pendant les quatre cents années qu'ont régné les Han, beaucoup des traits qui distinguent la civilisation chinoise moderne ont été solidement établis.

La Chine a été réunie pour la première fois en 221 av. J.-C. par un dictateur implacable, Ts'in Che Houang Ti. Sa dynastie ne lui a pas survécu, mais l'unité qu'il a imposée au pays a duré pendant les quatre siècles suivants, dominés par ses successeurs Han. Elle a donné à la Chine la conviction que son unité était indispensable et inévitable. Et cette conviction, elle ne l'a jamais perdue.

Sous les Han, les armes chinoises s'imposèrent en Asie centrale, en Mandchourie et en Corée. D'incessants combats contre les incursions des nomades Hiong-nou, qui venaient du nord, entretinrent l'ardeur militaire de l'époque. Des voyageurs chinois atteignirent la mer

21

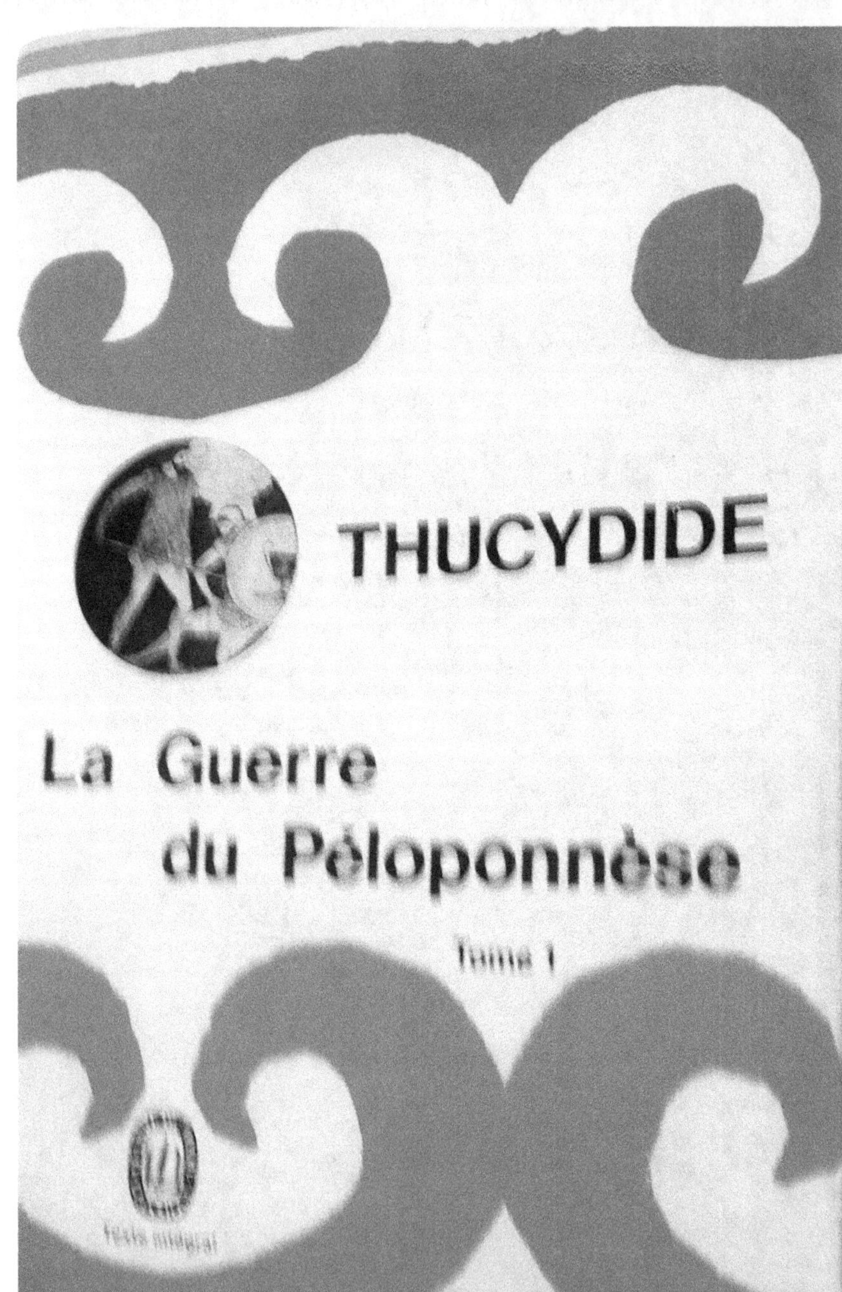
THUCYDIDE
La Guerre
du Péloponnèse
Tome 1

liales, il n'hésita pas à s'engager dans le sillage de Périclès et qu'il fut donc démocrate. Mais il faut s'entendre sur le sens de ce terme. Il n'y avait pas, à proprement parler, de partis politiques dans l'Athènes du ve siècle. Il n'y avait que des antagonismes de classes et des conflits d'ambitions que ne masquaient pas encore les idéologies éthico-politiques qui fleuriront au siècle suivant. La gestion démocratique de la cité favorisait d'une façon générale la masse des petites gens et les éléments qui participaient le plus activement à l'essor économique et commercial d'Athènes. Elle suscitait donc souvent le mécontentement des familles autrefois privilégiées, qui se plaignaient maintenant d'être lésées dans la répartition des bénéfices de l'entreprise. L'action politique n'impliquait aucune option idéologique préalable. Ceux qui s'y adonnaient songeaient d'abord aux possibilités offertes à leur ambition. Ce ne fut à coup sûr pas un idéalisme désintéressé qui poussa Thucydide à se ranger aux côtés de Périclès, avec les petites gens et les parvenus. Il admirait l'efficacité et le dynamisme d'un régime qui avait fait d'Athènes la plus puissante et la plus riche des cités grecques et qui, au lieu de brider, comme ailleurs, les ambitions et les aspirations des citoyens, ouvraient aux entreprises individuelles un champ toujours plus vaste. Il admirait en Périclès l'homme d'État capable, grâce à sa haute intelligence et à son éloquence, de coordonner toutes ces activités et de guider la cité dans son expansion, prouvant ainsi que la vitalité et le mouvement ne sont pas incompatibles avec le bon ordre et que la liberté des citoyens peut faire la force de la cité. Athènes lui apparaissait comme la plus belle réussite politique de l'histoire grecque. L'ambition et le patriotisme se confondaient en lui et il rêva peut-être qu'il pourrait à son tour conduire la cité plus avant dans la même voie.

En attendant, l'expansion athénienne se heurtait au dehors à des obstacles qui allaient rendre inévitable l'épreuve d'un conflit armé. Périclès, dans sa clairvoyance, avait par avance tout fait pour mettre Athènes en état de tenir tête victorieusement à la coalition des cités péloponnésiennes. Il est probable que Thucydide l'approuva lorsqu'il conseilla à ses concitoyens de repousser l'ultimatum de l'adversaire. Pour vivre et persévérer dans son être, Athènes devait combattre et la guerre serait pour elle la continuation de sa politique par d'autres moyens. Platon devra, pour éprouver la valeur de la cité idéale qu'il avait conçue, imaginer pour elle des conflits mythiques avec des peuples fabuleux. Thucydide, lui, va observer le comportement d'une cité réelle aux prises avec des ennemis réels. Et c'est ainsi que s'éveilla sa vocation d'historien. Il avait,

PETITE BIBLIOTHÈQUE PAYOT

MAX PIETSCH

LA RÉVOLUTION INDUSTRIELLE

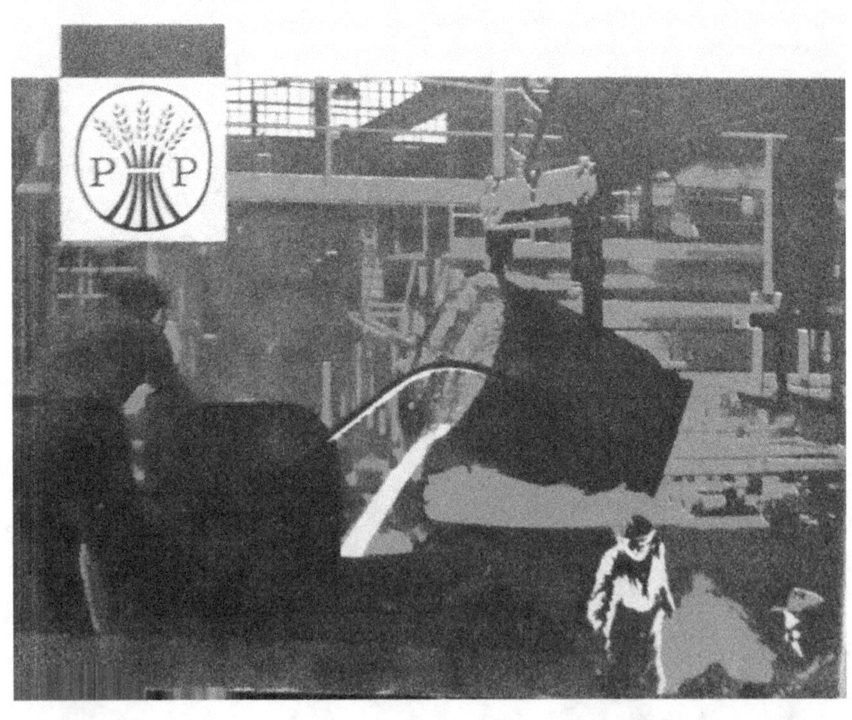

COMMENT L'HUMANITÉ VIVAIT AUTREFOIS

1

On ne constate dans l'histoire de la culture humaine — et sur ce point les chercheurs appartenant aux disciplines les plus diverses se trouvent remarquablement d'accord — que deux césures véritablement décisives : le passage, pendant la préhistoire, de la chasse et de la cueillette à l'état sédentaire, et, dans les temps modernes, le passage à l'industrialisme. « Dans les deux cas, la révolution spirituelle et morale fut manifestement totale. Le passage du mode de vie de la chasse au gros gibier à celui de la culture du sol doit avoir duré nombre de siècles et présenté d'extraordinaires difficultés d'adaptation. Il ne s'agissait pas seulement en effet d'une transformation de la forme de l'économie, mais bien d'une transformation culturelle profonde de toutes les prises de position, qui affectait toute chose : les dieux doivent avoir été avant tout des métamorphoses de l'homme et des bêtes, conditionnées par des circonstances de temps et de lieu.

» La civilisation de l'âge de pierre, civilisation de chasseurs, doit avoir à peine connu une mythologie, qui semble dater de l'époque néolithique ; en devenant sédentaires, les groupements familiaux et tribaux acquirent des possiblités jusqu'alors inimaginables, populations nombreuses, différenciations dans la richesse ; des pouvoirs politiques qu'on ne pouvait se représenter auparavant se constituèrent, créant des risques nouveaux, des obligations, des libertés, des droits et des contraintes d'une espèce nouvelle. Nulle trace n'a subsisté

12

de l'interminable crise de transition dont la réalité ne fait aucun doute, et les fondements de la culture humaine tout récemment conquise apparaissaient à nos ancêtres primitifs posséder une valeur d'éternité. Car en fait, la base économique de l'humanité, depuis les premiers temps de l'âge de pierre jusqu'au début des temps modernes, fut essentiellement rurale. De ce fait résultait une conséquence morale qui est pour nous de grand intérêt : la conservation et l'accroissement des animaux et des plantes reposent sur une dépendance mutuelle. De même qu'ils servent l'homme, l'homme doit les servir. Concilier les exigences objectives, permanentes, de la nourriture des hommes et de la reproduction des animaux et des plantes, faire siennes les fins de la nature dans son essence et les conditions du développement des êtres vivants, c'étaient là des tâches grandioses, dont il nous semble qu'on n'a pu venir à bout que par le calcul, l'expérience, les erreurs, et les reculs qu'ils comportent. Son aboutissement est la conséquence secondaire, le résultat accessoire d'une attitude religieuse, d'un comportement archaïque, hérité de l'époque où la civilisation de la chasse pratiquait le culte des animaux.

» Avec l'apparition de la civilisation agraire, les sociétés, en plein accroissement, deviennent, sans recours et de façon permanente, dépendantes des conditions atmosphériques, climatiques et végétatives dont elles ne connaissent pas les lois. L'homme devient conscient de cette dépendance jusqu'au plus profond de sa conscience vitale. La grande majorité des populations sédentaires vécurent en tout cas dans des conditions qui rendaient nécessaire l'extension au travail commun des notions de devoir et de service. Dans ces conditions, les anciens cultes animaliers n'offraient plus une notion adéquate du divin, lorsque les grandes inondations et sécheresses menaçaient les peuples dans leur ensemble. Avant tout les notions sociales, éthiques et économiques en devenaient inséparables. A cette dépendance où il se trouve

13

GARNIER FLAMMARION

TEXTE INTEGRAL GF GARNIER FLAMMARION

CLAUDE BERNARD

Introduction à l'étude de la médecine expérimentale

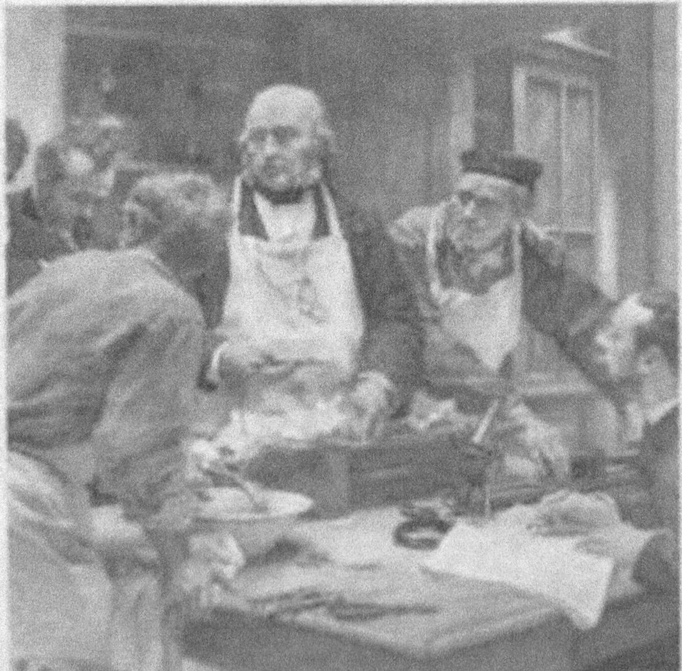

GARNIER FLAMMARION

TEXTE INTEGRAL GF GARNIER FLAMMARION

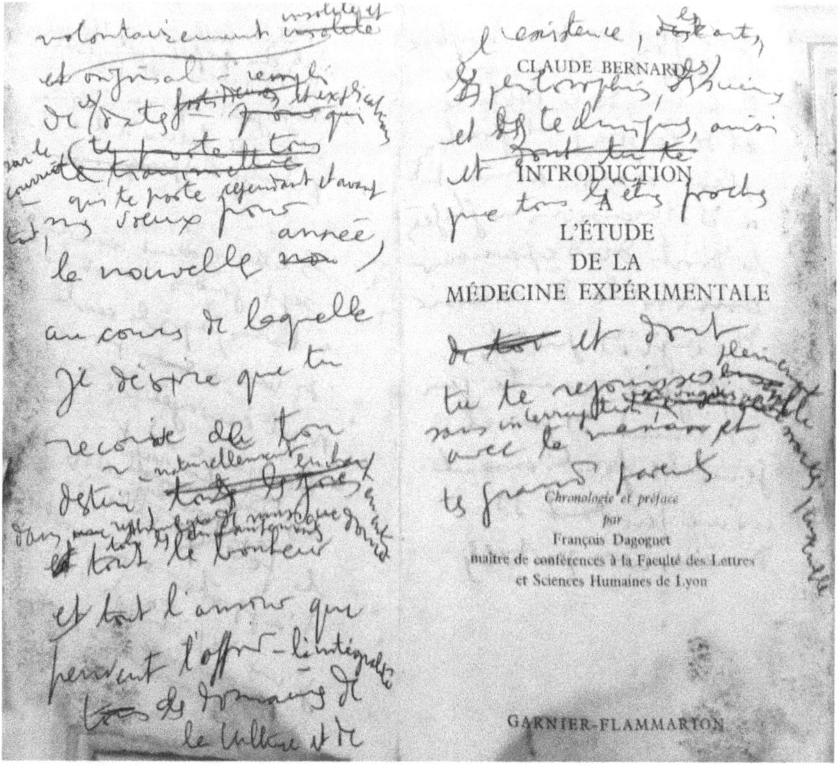

CLAUDE BERNARD

INTRODUCTION
À
L'ÉTUDE
DE LA
MÉDECINE EXPÉRIMENTALE

Chronologie et préface
par
François Dagognet
maître de conférences à la Faculté des Lettres
et Sciences Humaines de Lyon

GARNIER-FLAMMARION

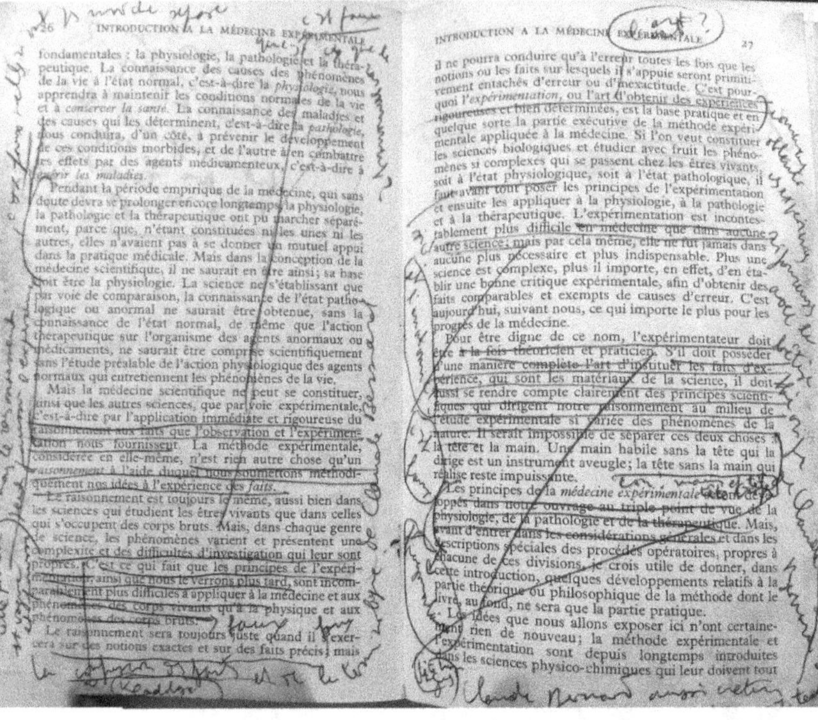

26 INTRODUCTION A LA MÉDECINE EXPÉRIMENTALE

fondamentales : la physiologie, la pathologie et la thérapeutique. La connaissance des causes des phénomènes de la vie à l'état normal, c'est-à-dire la *physiologie*, nous apprendra à maintenir les conditions normales de la vie et à *conserver la santé*. La connaissance des maladies et des causes qui les déterminent, c'est-à-dire la *pathologie*, nous conduira, d'un côté, à prévenir le développement de ces conditions morbides, et de l'autre à en combattre les effets par des agents médicamenteux, c'est-à-dire à *guérir les maladies*.

Pendant la période empirique de la médecine, qui sans doute devra se prolonger encore longtemps, la physiologie, la pathologie et la thérapeutique ont pu marcher séparément, parce que, n'étant constituées ni les unes ni les autres, elles n'avaient pas à se donner un mutuel appui dans la pratique médicale. Mais dans la conception de la médecine scientifique, il ne saurait en être ainsi ; sa base doit être la physiologie. La science ne s'établissant que par voie de comparaison, la connaissance de l'état pathologique ou anormal ne saurait être obtenue, sans la connaissance de l'état normal, de même que l'action thérapeutique sur l'organisme des agents anormaux ou médicaments, ne saurait être comprise scientifiquement sans l'étude préalable de l'action physiologique des agents normaux qui entretiennent les phénomènes de la vie.

Mais la médecine scientifique ne peut se constituer, ainsi que les autres sciences, que par voie expérimentale, c'est-à-dire par l'application immédiate et rigoureuse du raisonnement aux faits que l'observation et l'expérimentation nous fournissent. La méthode expérimentale, considérée en elle-même, n'est rien autre chose qu'un *raisonnement* à l'aide duquel nous soumettons méthodiquement nos idées à l'expérience des *faits*.

Le raisonnement est toujours le même, aussi bien dans les sciences qui étudient les êtres vivants que dans celles qui s'occupent des corps bruts. Mais, dans chaque genre de science, les phénomènes varient et présentent une complexité et des difficultés d'investigation qui leur sont propres. C'est ce qui fait que les principes de l'expérimentation, ainsi que nous le verrons plus tard, sont incomparablement plus difficiles à appliquer à la médecine et aux phénomènes des corps vivants qu'à la physique et aux phénomènes des corps bruts.

Le raisonnement sera toujours juste quand il s'exercera sur des notions exactes et sur des faits précis ; mais

INTRODUCTION A LA MÉDECINE EXPÉRIMENTALE 27

il ne pourra conduire qu'à l'erreur toutes les fois que les notions ou les faits sur lesquels il s'appuie seront primitivement entachés d'erreur ou d'inexactitude. C'est pourquoi l'*expérimentation*, ou l'art d'obtenir des expériences rigoureuses et bien déterminées, est la base pratique et en quelque sorte la partie exécutive de la méthode expérimentale appliquée à la médecine. Si l'on veut constituer les sciences biologiques et étudier avec fruit les phénomènes si complexes qui se passent chez les êtres vivants, soit à l'état physiologique, soit à l'état pathologique, il faut avant tout poser les principes de l'expérimentation et ensuite les appliquer à la physiologie, à la pathologie et à la thérapeutique. L'expérimentation est incontestablement plus difficile en médecine que dans aucune autre science ; mais par cela même, elle ne fut jamais dans aucune plus nécessaire et plus indispensable. Plus une science est complexe, plus il importe, en effet, d'en établir une bonne critique expérimentale, afin d'obtenir des faits comparables et exempts de causes d'erreur. C'est aujourd'hui, suivant nous, ce qui importe le plus pour les progrès de la médecine.

Pour être digne de ce nom, l'expérimentateur doit être à la fois théoricien et praticien. S'il doit posséder d'une manière complète l'art d'instituer les faits d'expérience, qui sont les matériaux de la science, il doit aussi se rendre compte clairement des principes scientifiques qui dirigent notre raisonnement au milieu de l'étude expérimentale si variée des phénomènes de la nature. Il serait impossible de séparer ces deux choses : la tête et la main. Une main habile sans la tête qui la dirige est un instrument aveugle ; la tête sans la main qui réalise reste impuissante.

Les principes de la *médecine expérimentale* seront développés dans notre ouvrage au triple point de vue de la physiologie, de la pathologie et de la thérapeutique. Mais, avant d'entrer dans les considérations générales et dans les descriptions spéciales des procédés opératoires, propres à chacune de ces divisions, je crois utile de donner, dans cette introduction, quelques développements relatifs à la partie théorique ou philosophique de la méthode dont le livre, au fond, ne sera que la partie pratique.

Les idées que nous allons exposer ici n'ont certainement rien de nouveau ; la méthode expérimentale et l'expérimentation sont depuis longtemps introduites dans les sciences physico-chimiques qui leur doivent tout

LEV LÉONTIEV

PRÉCIS D'ÉCONOMIE POLITIQUE

- Objet de l'économie politique.
- Les modes de production précapitalistes.
- Le capitalisme: production marchande, plus-value, exploitation des salariés, reproduction élargie, crises économiques.
- L'impérialisme : place dans l'histoire, capitalisme monopoliste d'Etat.
- Le socialisme et le communisme : économie transitoire, base matérielle du socialisme, développement planifié, principe de la répartition, création des fondements du communisme.
- Le système économique socialiste mondial.

Editions de Moscou

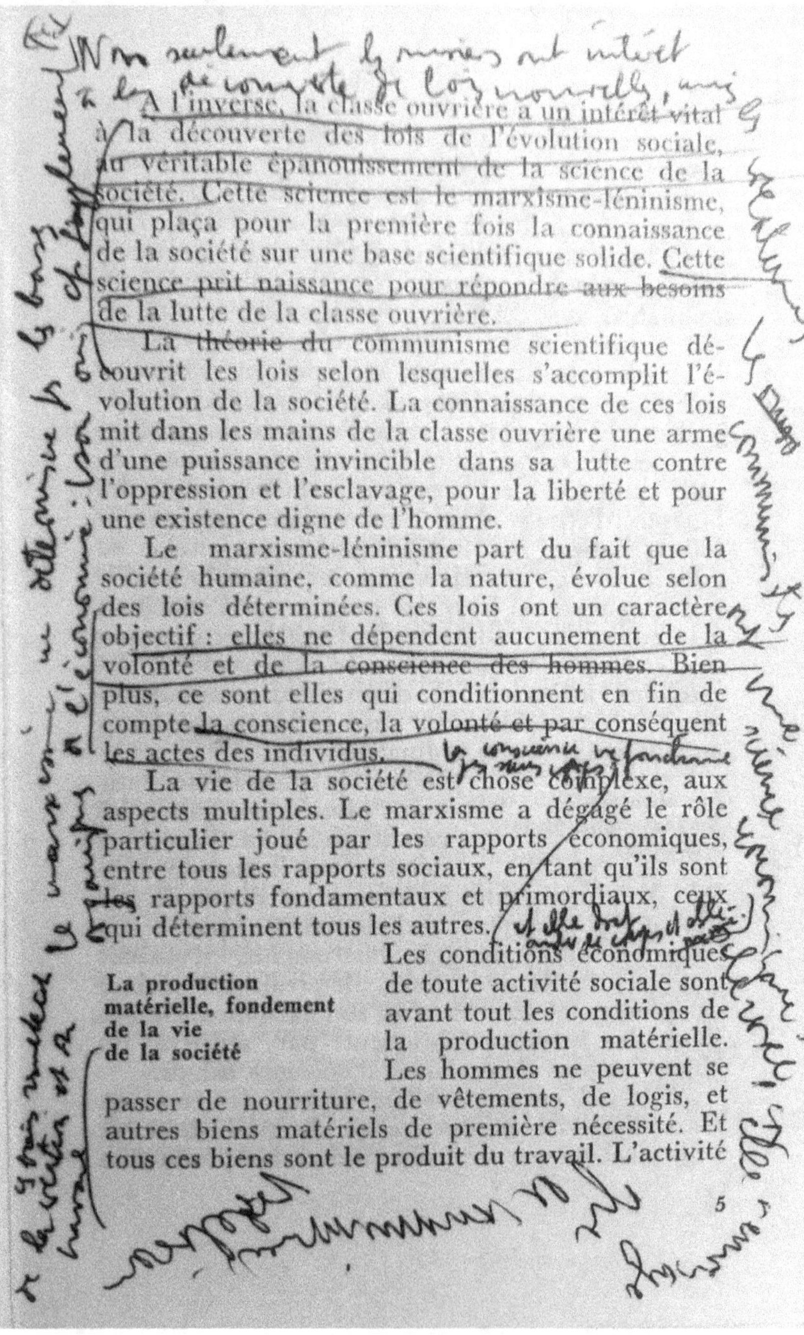

A l'inverse, la classe ouvrière a un intérêt vital à la découverte des lois de l'évolution sociale, au véritable épanouissement de la science de la société. Cette science est le marxisme-léninisme, qui plaça pour la première fois la connaissance de la société sur une base scientifique solide. Cette science prit naissance pour répondre aux besoins de la lutte de la classe ouvrière.

La théorie du communisme scientifique découvrit les lois selon lesquelles s'accomplit l'évolution de la société. La connaissance de ces lois mit dans les mains de la classe ouvrière une arme d'une puissance invincible dans sa lutte contre l'oppression et l'esclavage, pour la liberté et pour une existence digne de l'homme.

Le marxisme-léninisme part du fait que la société humaine, comme la nature, évolue selon des lois déterminées. Ces lois ont un caractère objectif : elles ne dépendent aucunement de la volonté et de la conscience des hommes. Bien plus, ce sont elles qui conditionnent en fin de compte la conscience, la volonté et par conséquent les actes des individus.

La vie de la société est chose complexe, aux aspects multiples. Le marxisme a dégagé le rôle particulier joué par les rapports économiques, entre tous les rapports sociaux, en tant qu'ils sont les rapports fondamentaux et primordiaux, ceux qui déterminent tous les autres.

La production matérielle, fondement de la vie de la société

Les conditions économiques de toute activité sociale sont avant tout les conditions de la production matérielle. Les hommes ne peuvent se passer de nourriture, de vêtements, de logis, et autres biens matériels de première nécessité. Et tous ces biens sont le produit du travail. L'activité

5

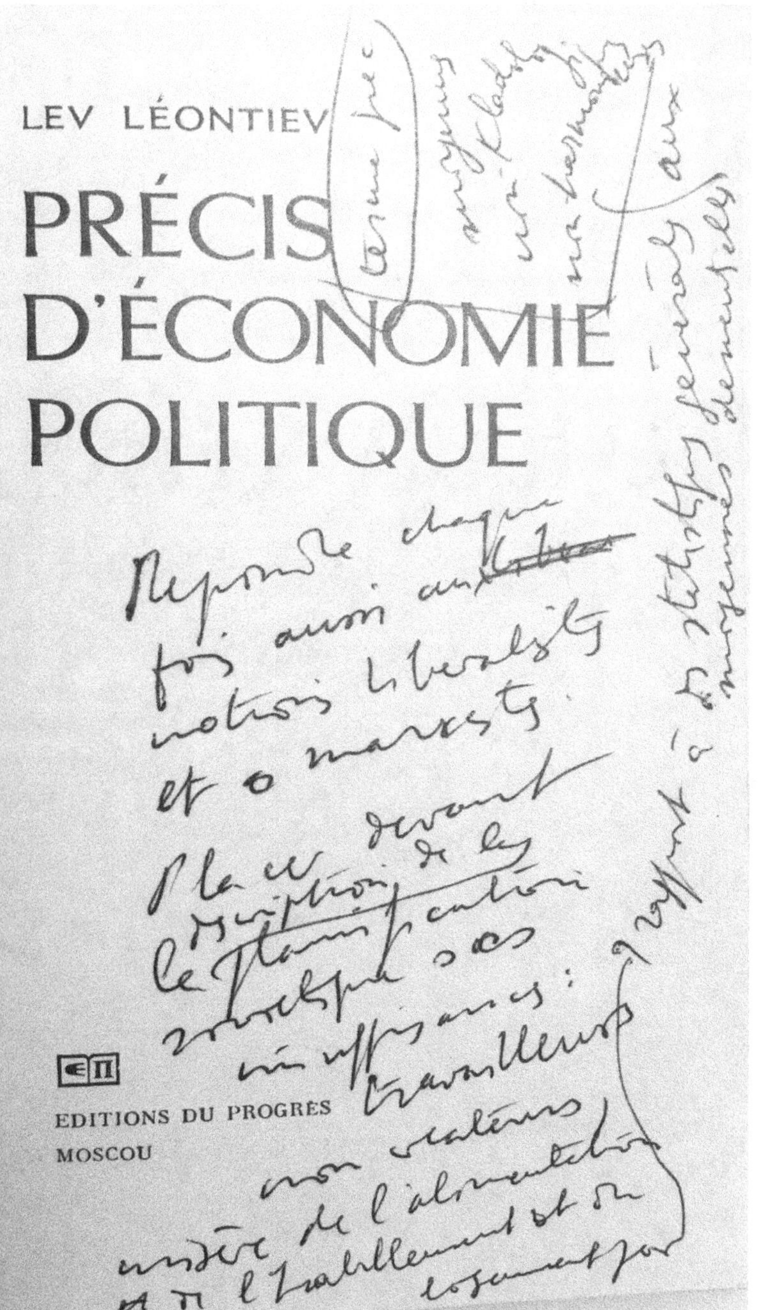
LEV LÉONTIEV
PRÉCIS D'ÉCONOMIE POLITIQUE
EDITIONS DU PROGRÈS
MOSCOU

BIBLIOTHÈQUE DES TEXTES PHILOSOPHIQUES
DIRECTEUR : HENRI GOUHIER

ARISTOTE

ORGANON

VI

LES
RÉFUTATIONS SOPHISTIQUES

Nouvelle traduction et notes
par
J. TRICOT

PARIS
LIBRAIRIE PHILOSOPHIQUE J. VRIN
6, place de la Sorbonne (Ve)
1939

par les mêmes noms ou expressions [1]. — A l'*homonymie* [2] se rattachent les arguments tels que les suivants : *Ce sont ceux qui savent qui apprennent, puisque les grammairiens apprennent les choses que leurs disciples leur récitent* [3]. Car *apprendre* est un terme ambigu qui signifie à la fois *comprendre* par l'usage de la science, et aussi *acquérir la science*. Autre exemple : *Les maux sont des biens ; car les choses qui doivent être sont des biens, et les maux doivent être* [4]. C'est que *ce qui doit être* a un double sens : il signifie ce qui est inévitable, comme souvent c'est le cas pour les maux (car un mal de quelque sorte est inévitable), et nous disons d'autre part aussi des choses bonnes qu'elles *doivent* être. Autre exemple encore : *Le même homme est à la fois assis et debout, et il est à la fois malade et en bonne santé* [5] ;

[1] Cf. Alex., 22, 7 et ss. Waitz, II, 533, résume comme suit le syllogisme esquissé par Ar. : *Quot iisdem verbis exprimitur sex modis duplicem interpretationem admittit ; vitia refutationis in dictione posita tot sunt, quot modis eadem sententia duplicem interpretationem admittit ; ergo refutationis vitia in dictione posita sex sunt.*

[2] Ambiguïté des mots.

[3] Le Sophiste demande : est-ce ceux qui savent ou ceux qui ne savent pas, qui apprennent ? L'adversaire répond avec raison : ce sont ceux qui ne savent pas. Le Sophiste réplique alors : non, ce sont ceux qui savent (ce qui est une pure absurdité), puisque les maîtres, qui savent, apprennent de leurs disciples ce que ceux-ci leur récitent. C'est que le verbe μανθάνειν signifie comprendre (*intelligere*), aussi bien qu'apprendre, acquérir la science (*discere*). L'équivoque est d'ailleurs la même en français. (Cf. l'*Euthydème*, 275 d-276 c).

[4] Autre équivoque portant sur le verbe *devoir*. Le Sophiste dira que le mal est un bien, car les choses qui *doivent* être faites sont des biens, et que les maux *doivent* arriver. Il faut évidemment distinguer les deux sens du verbe δεῖν, qui indique soit la nécessité, soit l'obligation morale.

[5] Propositions absurdes que le Sophiste va prouver par une confusion entre le passé et le présent : celui qui se lève est debout ; or celui qui se lève est assis, puisqu'il se lève ; donc l'homme assis est debout. D'autre part, celui qui a recouvré la santé est en bonne santé ; or celui qui a recouvré la santé est malade, puisqu'il recouvre la santé ; donc l'homme en bonne santé est malade. — En réalité, le participe *assis* et l'adjectif *malade* peuvent être également pris au présent et au passé. L'argument est sophistique en ce qu'il prend au présent (*est assis*, *est malade*) ce

8 35

qui semble valide sans l'être en réalité, mais encore celui qui, tout en l'étant véritablement, n'est qu'en apparence approprié à la chose dont il s'agit [1]. Tels sont les syllogismes qui ne réfutent pas et ne montrent pas que les adversaires sont des ignorants, relativement à la chose en question, ce qui est essentiellement l'objet propre de la Critique. Or, la Critique est une partie de la Dialectique : et cette dernière est capable de prouver une fausse conclusion, par l'ignorance de celui qui fournit la réponse [2]. D'autre part, les réfutations sophistiques, bien qu'elles concluent la contradiction, ne rendent pas évident si l'adversaire est un ignorant, car les Sophistes embarrassent même celui qui sait, au moyen de ces arguments [3].

Que nous les connaissions par la même méthode [4], c'est là une chose évidente : en effet, les considérations qui font croire aux auditeurs, séduits par les apparences, que le syllogisme a été effectué à partir de propositions concédées à bon droit par

---

[1] Le syllogisme est encore sophistique quand il conclut *recte*, mais non pas relativement à la chose même en question : il est vicieux *in materia* et non *in forma*. D'autre part, il diffère du syllogisme critique en ce que ce dernier n'a pas pour objet de prouver la vérité de la chose, mais seulement de rendre manifeste l'ignorance de l'adversaire κατὰ τὸ πρᾶγμα (Cf. *Top.*, I, 1, 100 *b* 23) comme Socrate le fait dans le *Protagoras*, le *Gorgias*, et autres dialogues de Platon.

[2] Le syllogisme critique est capable de réfuter celui qui prétend savoir et ne sait pas, parce qu'il est une partie, une espèce du syllogisme dialectique (Cf. *infra*, 11, 171 *b* 4), lequel peut prouver une fausse conclusion par l'ignorance de l'adversaire qui prétend savoir.

[3] Les syllogismes sophistiques peuvent embarrasser par de fausses raisons, non seulement l'ignorant qui prétend savoir, mais encore celui qui sait véritablement : c'est en quoi ils diffèrent du syllogisme critique, lequel ne réfute que ceux qui prétendent savoir et ne savent pas.

[4] Que les syllogismes apparents.

Le fait que Hitler s'est comparé à Napoléon a jeté une lumière sinistre sur Napoléon

Emile Wanty

l'art de la guerre

de la seconde guerre mondiale à la stratégie nucléaire

3

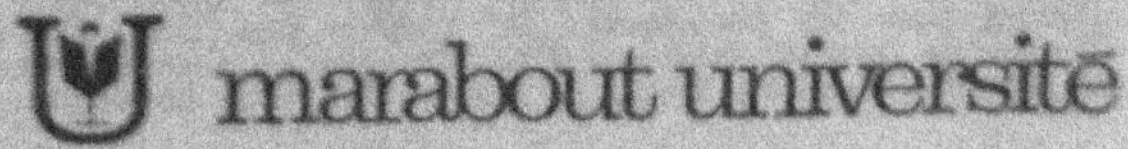

Staline

Les bases du léninisme

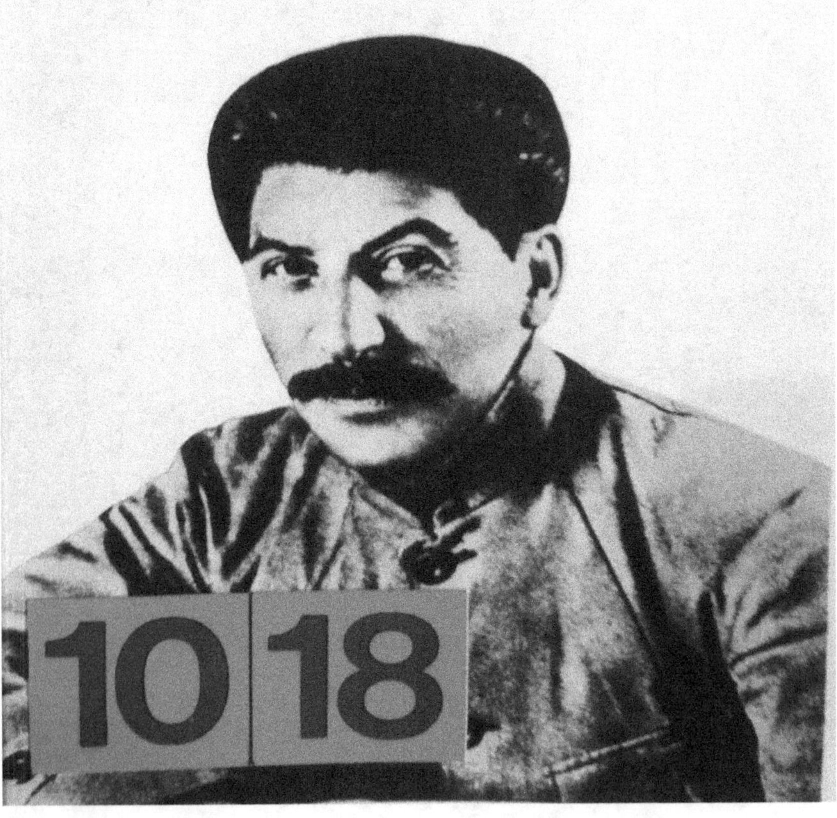

tâche infiniment plus difficile et, forcément, une tâche de longue haleine[1].

Par l'intermédiaire de ces syndicats d'industrie, on supprimera plus tard la division du travail entre les hommes; on passera à l'éducation, à l'instruction et à la formation d'hommes *universellement développés, universellement préparés*, et *sachant tout faire*. C'est là que va, doit aller et *arrivera* le communisme, mais seulement au bout de longues années[2].

Il est clair que pour supprimer entièrement les classes, il faut non seulement renverser les exploiteurs, les grands propriétaires fonciers et les capitalistes, non seulement abolir *leur* propriété: il faut encore abolir *toute* propriété privée des moyens de production; il faut effacer aussi bien la différence entre la ville et la campagne, que celle entre les travailleurs manuels et intellectuels. C'est une œuvre de longue haleine[3].

En effet, si le règne des ouvriers et des paysans devait être infini, cela voudrait dire qu'il n'y aurait jamais de socialisme, puisque le socialisme c'est la suppression des classes; tant qu'il existera des ouvriers et des paysans, il y aura des classes différentes et, par conséquent, il ne pourra y avoir de socialisme intégral[4].

Et, bien sûr, tant que tout ceci, entre autres choses[5], n'est pas réalisé, il y a continuation de la lutte de classes:

[1] Lénine, *L'économie et la politique à l'époque de la dictature du prolétariat* (30 octobre 1919), *Œuvres*, t. XXX, pp. 108-109.

[2] Lénine, *La Maladie infantile du Communisme...*, 1920, *Œuvres*, t. XXXI, p. 45.

[3] Lénine, *La Grande Initiative* (les samedis communistes), juillet 1919, *Œuvres*, t. XXIX, p. 425.

[4] Lénine, *Discours au Congrès des ouvriers des transports de Russie*, 27 mars 1921, *Œuvres*, t. XXXII, p. 287.

[5] Il s'agit bien entendu de l'abolition du salariat. Le

21

GŒTHE

LES AFFINITÉS ÉLECTIVES

I

Traduction originale, introduction et notes par
J.-F. ANGELLOZ
recteur honoraire de l'Académie de Strasbourg

AUBIER-FLAMMARION

6,50

Symphonie lettriste

Pour une symphonie lettriste

une grande foisonnement et variée

intérieur du choeur sur

lequel vient se placer

un solo clair et simple

qui parle par des strophes

courtes comme des indications

ou des conseils

LES AFFINITÉS ÉLECTIVES: I

plans, imagine des « nouvelles » destinées à « farcir » les Années de voyage de Wilhelm Meister. *Les* Affinités électives *devaient, comme* Pandore, *« exprimer le sentiment douloureux du renoncement », écrit Gœthe plus tard. Elles trouvaient ainsi tout naturellement leur place dans une œuvre qui aurait pour sous-titre :* Les renonçants; *nous avons donc tout lieu d'admettre que le poète les avait imaginées dès 1807, en même temps que* Pandore *et que les autres « petits récits »* des Années de voyage.

Mais une œuvre poétique est un organisme doté d'une vie personnelle; elle développe selon sa loi propre le germe qui lui donna naissance. Gœthe constatait plus tard que les Affinités, *qu'il avait l'intention de traiter brièvement, « prirent bientôt de l'extension », et il l'expliquait ainsi : « Le sujet était trop important et trop profondément enraciné en moi pour que je puisse m'en défaire si aisément ». Aucun document ne nous permet de voir à quelle époque se produisit cette extension imprévue ; toutefois, le conseiller Meyer rapporte que, le 1er mai 1808, au cours d'un voyage de Iéna à Weimar, Gœthe lui raconta des passages entiers des* Affinités électives, *alors qu'il n'avait encore rien écrit, et, ajoute-t-il, on eût dit qu'il lisait dans un livre. Il semble donc qu'en trois semaines, dans la pensée du poète, l'œuvre nouvelle avait déjà franchi ses limites premières.*

Dès lors, Gœthe va rapidement créer et véritablement enfanter le roman. Le 29 mai, il commence à « schématiser », le 1er juin, à dicter. Alternant schémas et dictées, il achève son œuvre, le 30 juillet. Ses lettres du mois d'août expriment la satisfaction la plus vive : il est heureux de son séjour à Carlsbad, de sa santé et de ses travaux. Après ces deux mois si actifs et si féconds, Gœthe fait pour ainsi dire une pause. Le 30 août, il quitte Carlsbad pour rentrer à Weimar, où il arrive le 17 septembre, après deux arrêts à Franzensbad et à Iéna. Il « étudie » les Affinités électives, *il en parle, mais il ne pourra pas se remettre au travail avant de longs mois : la mort de sa mère, l'entrevue d'Erfurt, la visite de Napoléon et d'Alexandre à Weimar, font passer à l'arrière-plan les travaux littéraires. Gœthe s'est-il désintéressé de son œuvre nouvelle, comme on le suppose parfois ? Rien ne le prouve et même on peut supposer que ses entrevues avec Napoléon, au cours desquelles il fut question de* Werther *et*

MAURICE HEINE

RECUEIL

DE

CONFESSIONS
ET OBSERVATIONS
PSYCHO-SEXUELLES

tirées de la littérature médicale
et présentées avec un avant-propos

VI La psychobiologie est fausse

existe, d'une part, entre les éléments de chaque groupe ternaire (c'est-à-dire entre sadisme, sado-masochisme et masochisme comme entre pédophilie, nécrophilie et gérontophilie) et, d'autre part, entre ces deux mêmes trinités paresthésiques. Tous ces rapports se traduisent sur le schème. Le rameau commun du groupe de droite est placé sous le vocable d'*algolagnie*, créé par Schrenck-Notzing pour désigner, en les rapprochant, et non plus en les opposant, tous les états où la douleur — infligée ou reçue — est la condition de la volupté et le but paradoxal de sa recherche. Il devenait, par suite, nécessaire de dénommer également la tendance schématisée par le rameau commun du groupe de gauche, où les infractions au temps d'aimer semblent la condition même de la volupté : on a donc forgé le terme de *parachronie* pour traduire l'intempestivité foncière d'un tel objet.

le temps pour l'amour

A peine est-il besoin d'ajouter que l'autonomie de la *nécrophilie*, déjà reconnue par Michéal, méritait plus que jamais, après les travaux de Marie Bonaparte, d'être dégagée d'un « nécro-sadisme » où elle se confondait traditionnellement avec le sadisme, qui parfois lui demeure étranger.

Enfin, parmi les nombreux apparentements que dénonce ce schème, il suffira sans doute de signaler, dans le demi-plan droit, les rapports de voisinage entre masochisme, fétichisme et exhibitionnisme, ainsi que, d'une moitié à l'autre du plan, les rapports d'origine entre le fétichisme et la zoophilie, comme entre l'exhibitionnisme et le narcissisme.

V Toutes ces notions sont des données incomplètes. Mais le fait que les lettres sont incomplètes ne permet pas de forger une discipline d'ensemble complète

Je jure que si demain on parlait de liquider en France, par des moyens doux, cinquante à quatre vingt mille malades mentaux et arriérés, des millions de gens trouveraient ça très bien et l'on parlerait à coup sûr d'une œuvre humanitaire et il y en a qui seraient décorés pour ça, la légion d'honneur et le reste...

ROGER GENTIS

les murs de l'asile

cahiers libres 163
éditions françois maspero

... J'affirme qu'on trouverait des psychiatres pour dresser la liste des maladies donnant droit à euthanasie...

Ce qu'on appelle les fous essaient
d'expliquer d'une manière neuve
mais fragmentaire ce que nous
nous sommes arrivés à expliquer
par la psychopathologie : le
problème hypergraphique, le

les murs de l'asile

problème du dessin, le problème
de l'amitié.

ou la création des fous
l'art des fous comme essai
de création a été vu
Breton d'une
manière drastique
et fragmentaire, mais cela
existe

L'asile d'aliénés, le psychiatre, la psychiatrie, tout cela s'est épanoui et a prospéré avec la société capitaliste bourgeoise, dans la seconde moitié du XIXe siècle et un peu au début de celui-ci. Tout cela est en train de se décomposer avec cette société. On croit de moins en moins à la psychiatrie officielle, celle qu'on apprend encore pour passer les concours, de même qu'on croit de moins en moins aux valeurs et aux usages de la bourgeoisie capitaliste (je dis bien que ce sont les psychiatres eux-mêmes qui croient de moins en moins à la psychiatrie, comme les bourgeois croient de moins en moins à l'idéologie de leur classe). L'absurdité des institutions asilaires devient de plus en plus évidente en même temps que celle des institutions bourgeoises. La morale bourgeoise et la mission du psychiatre, ça n'est plus ce que c'était. Et pourtant tout ça tarde bêtement à crever, on se demande un peu pourquoi, et ce qu'après tout il y aurait à perdre, on est quand même obligé de se poser des questions. La psychiatrie comme le reste, on aime tant le répéter, est entrée dans une période de mutation.

Ceci est d'autant plus troublant que, si vraiment aujourd'hui on en a marre de l'asile et de la psychiatrie, un coup d'œil en arrière laisse penser qu'on aurait pu se dispenser d'en passer par là. Ce que les psychiatres découvrent de nos jours et

12e Année Cahier N° 8 Nouvelle série

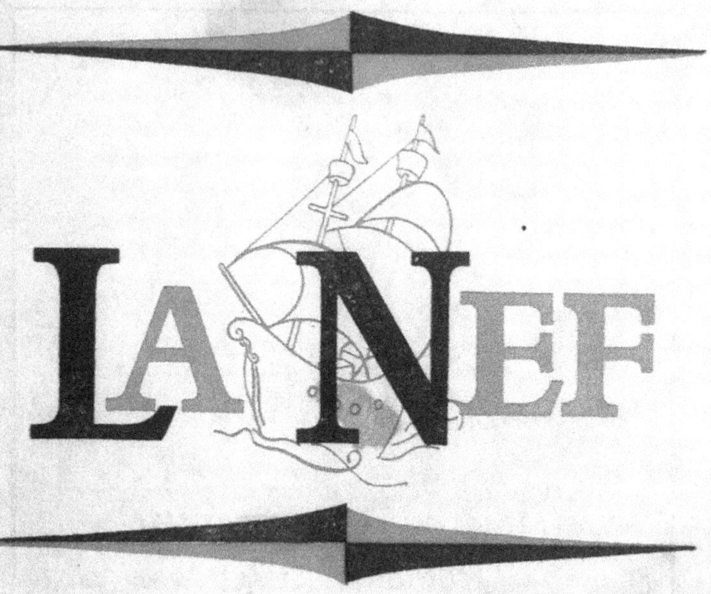

Dans ce numéro :

JEUNESSE QUI ES-TU ?

Voir sommaire au dos

JULLIARD

étudiante se trouverait en situation d'infériorité par rapport à ses camarades plus fortunés : son budget serait grevé de frais qui lui rendraient difficiles son établissement, son mariage... singulière façon de récompenser le succès ! Et si, au contraire, l'élève a échoué, subira-t-il la peine supplémentaire d'une charge matérielle sans avoir obtenu la situation qui lui aurait permis de s'en acquitter ? Chaque examen, chaque concours, à travers l'adolescence, pèsera-t-il pour les pauvres de ce poids, accru pour eux seuls ?

En réalité, les maîtres qui décident qu'un enfant doit poursuivre ses études, qui déclenchent ainsi le mécanisme de l'aide de l'Etat ont jugé souverainement. Aussi longtemps qu'ils maintiendront le même point de vue, l'assistance à cette richesse nationale que représente un élève méritant doit continuer. Le responsable de l'erreur, si elle doit apparaître, ce n'est pas l'enfant, c'est le professeur. Et, sans doute, le système de la détection des dons et de l'orientation doit-il être profondément modifié. Il ne sera jamais parfait. Mais les injustices qu'il entraînera seront toujours infiniment moins nombreuses et moins graves que la damnation à la naissance. Il faut atténuer le caractère bourgeois de l'enseignement, prévoir des repêchages plus nombreux pour corriger les hasards des épreuves et surtout établir des voies transversales pour éviter les conséquences de certaines erreurs d'orientation.

Mais la complexité du problème ne saurait constituer un empêchement préalable. Un ministère de la jeunesse, dans l'état actuel des choses, ne peut pas être, comme on l'a voulu, un ministère de l'espoir. Il est fatalement voué à être un ministère de l'illusion, à gérer les activités annexes d'une jeunesse qui ne possède pas son droit à la vie. Il sert aussi à donner à notre démocratie une bonne conscience dont elle est indigne. La justice ne réside pas dans l'égalité économique des adultes, mais dans la libre et égale possibilité pour chacun d'accéder à une certaine hauteur; la justice consiste dans l'établissement sur le mérite d'une hiérarchie sans hérédité. Donc la justice doit avoir l'âge de la jeunesse; si elle n'accueille pas l'enfant à sa naissance, elle l'a abandonné pour la vie.

GEORGES IZARD.

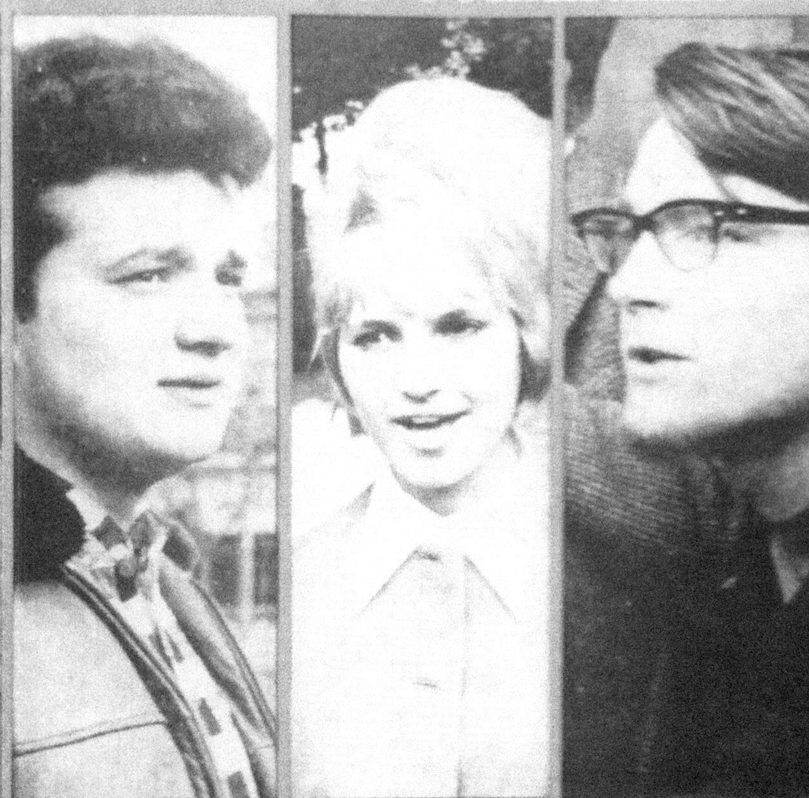
la Jeunesse et le communisme
choix de textes marxistes présentés par Léo Figuères
éditions sociales

[illegible] a écrit un [illegible] qui
en 57, huit ans après la parution
du Soulèvement de la jeunesse
avec ce système de découpage
falsification qui fait ~~[illegible]~~ du
figuratif de l'abstrait.

Marx confond la situation de
la jeunesse avec la situation
des prolétaires, c'est à dire des esclaves
avec des maîtres d'esclaves, ou des
des esclaves des esclaves de maîtres avec
la situation des esclaves de maîtres sans
voir le [illegible] - le double
enchaînement supplémentaire
de la jeunesse externe à toutes les
classes, double enchaînement
qu'on reconnaît dans ~~to~~ la jeunesse
de toutes les classes.

les ~~prolétaires~~ communistes ont
exploité la jeunesse au nom
des revendications prolétariennes :
en réalité ce ~~sont~~ ne sont [illegible]

les solutions prolétariennes qui
vont résoudre les problèmes
de la jeunesse, ce sont des solutions
plus importantes de, plus
grands, des problèmes de la
jeunesse qui vont résoudre
les problèmes prolétariens

9) Un livre de citations dont la partie
est faite de plaintes sur le fait que
le fascisme a su entraîner la
jeunesse et le communisme
n'a pas su l'entraîner ou
enfin a réussi à le faire.

loppement historique. Sur cette base, chaque industrie s'établit empiriquement, se perfectionne lentement et devient vite stationnaire, après avoir atteint un certain degré de maturité. Ce qui de temps en temps provoque des changements, c'est l'importation de marchandises étrangères par le commerce et la transformation successive de l'instrument de travail. Celui-ci aussi, dès qu'il a acquis une forme plus ou moins convenable, se cristallise et se transmet souvent pendant des siècles, d'une génération à l'autre.

Un fait des plus caractéristiques c'est que, jusqu'au XVIIIe siècle, les métiers portèrent le nom de *mystères*. Dans le célèbre *Livre des métiers* d'Etienne Boileau, on trouve entre autres prescriptions celle-ci :

> Tout compagnon, lorsqu'il est reçu dans l'ordre des maîtres, doit prêter serment d'aimer fraternellement ses frères, de les soutenir, chacun dans l'ordre de son métier, c'est-à-dire de *ne point divulguer volontairement les secrets du métier*[1].

En fait, les différentes branches d'industries, issues spontanément de la division du travail social, formaient les unes vis-à-vis des autres autant d'enclos qu'il était défendu au profane de franchir. Elles gardaient avec une jalousie inquiète les secrets de leur routine professionnelle dont la théorie restait une énigme même pour les initiés.

Ce voile, qui dérobait aux regards des hommes le fondement matériel de leur vie, la production sociale, commença à être soulevé durant l'époque manufacturière et fut entièrement déchiré à l'avènement de la grande industrie. Son principe, qui est de considérer chaque procédé en lui-même et de l'analyser dans ses mouvements constituants, indépendamment de leur exécution par la force musculaire ou l'aptitude manuelle de l'homme, créa la science toute moderne de la technologie. Elle réduisit les configurations de la vie industrielle, bigarrées, sté-

---

que la leur n'avait touchés, dont la matière était empruntée à la laine tondue par eux sur les moutons ou au lin qu'ils avaient eux-mêmes cultivé. Dans la confection des vêtements, il était à peine entré un article acheté, à l'exception des alênes, des aiguilles, des dés et quelques parties de l'outillage en fer employé pour le tissage. Les femmes avaient extrait elles-mêmes les couleurs d'arbustes et de plantes indigènes, etc.

1. Il doit aussi jurer qu'il ne fera point connaître à l'acheteur, pour faire valoir ses marchandises, les défauts de celles mal confectionnées, dans l'intérêt commun de la corporation *.

* Voir dans ETIENNE BOILEAU : *Règlements sur les arts et métiers de Paris, rédigés au XIIIe siècle et connus sous le nom de Livre des Métiers*, publié par G.-B. Depping, Paris, 1837 : les serments des différents métiers. (N.R.)

LA JEUNESSE
ET
LE COMMUNISME

Garau est un bavard capricieux, sans profondeur
sur le plan éthique et économique où il
n'est pas ouvrier : ça donne un écoulement
fiévreux apparenté à la diffamation
contredite sans cesse par lui-même.

isotypées et sans lien apparent à des applications variées de la science naturelle, classifiées d'après leurs différents buts d'utilité. La technologie découvrit aussi le petit nombre de formes fondamentales dans lesquelles, malgré la diversité des instruments employés, tout mouvement productif du corps humain doit s'accomplir, de même que le machinisme le plus compliqué ne cacha que le jeu de puissances mécaniques simples.

L'industrie moderne ne considère et ne traite jamais comme définitif le mode actuel d'un procédé. Sa base est donc révolutionnaire, tandis que celle de tous les modes de production antérieurs était essentiellement conservatrice[1]. Au moyen de machines, de procédés chimiques et d'autres méthodes, elle bouleverse avec la base technique de la production les fonctions des travailleurs et les combinaisons sociales du travail, dont elle ne cesse de révolutionner la division établie en lançant sans interruption des masses de capitaux et d'ouvriers d'une branche de production dans une autre.

Si la nature même de la grande industrie nécessite le changement dans le travail, la fluidité des fonctions, la mobilité universelle du travailleur, elle reproduit, d'autre part, sous sa forme capitaliste, l'ancienne division du travail avec ses particularités ossifiées. Nous avons vu que cette contradiction absolue entre les nécessités techniques de la grande industrie et les caractères sociaux qu'elle revêt sous le régime capitaliste, finit par détruire toutes les garanties de vie du travailleur, toujours menacé de se voir retirer avec le moyen de travail les moyens d'existence et d'être rendu lui-même superflu par la suppression de sa fonction parcellaire ; nous avons aussi que cet antagonisme fait naître la monstruosité d'une armée industrielle de réserve, tenue dans la misère, afin d'être toujours disponible pour la demande capitaliste ; qu'il aboutit aux hécatombes périodiques de la classe ouvrière, à la dilapidation la plus effrénée des forces de travail et aux ravages de l'anarchie sociale, qui fait

1. « La bourgeoisie ne peut exister sans révolutionner constamment les instruments de production, ce qui veut dire les conditions de la production, c'est-à-dire tous les rapports sociaux. Le maintien sans changement de l'ancien mode de production était, au contraire, pour toutes les classes industrielles antérieures, la condition première de leur existence. Ce bouleversement continuel de la production, ce constant ébranlement de tout le système social, cette agitation et cette insécurité perpétuelles distinguent l'époque bourgeoise de toutes les précédentes. Tous les rapports sociaux traditionnels et figés, avec leur cortège de conceptions et d'idées antiques et vénérables, se dissolvent ; ceux qui les remplacent vieillissent avant d'avoir pu s'ossifier. Tout ce qui avait solidité et permanence s'en va en fumée, tout ce qui était sacré est profané et les hommes sont forcés enfin d'envisager leurs conditions d'existence et leurs rapports réciproques avec des yeux désabusés. » (Karl MARX et Friedrich ENGELS : *Manifeste du Parti communiste*, p. 25. Éditions sociales, 1963.)

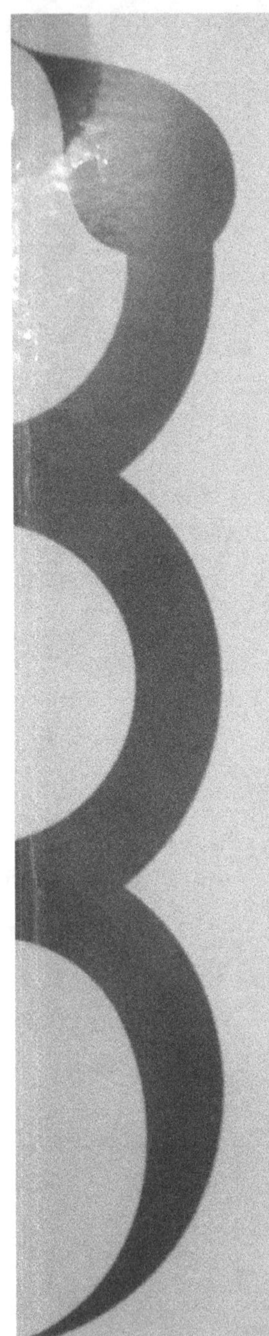

SYNTHESE

PREMIER CYCLE DES ÉTUDES MÉDICALES

46

CHIMIE

P.C.E.M.

fonctions simples

par B. Gross

armand colin

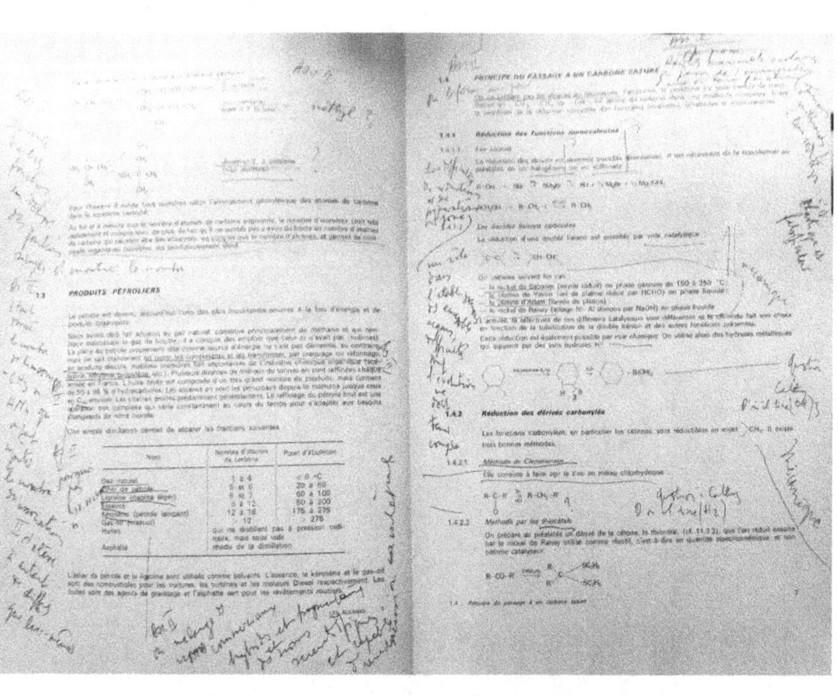

1.3 PRODUITS PÉTROLIERS

Nom	Nombre d'atomes de carbone	Point d'ébullition
Gaz naturel	1 à 4	< 0 °C
Éther de pétrole	5 et 6	20 à 60
Ligroïne (naphta léger)	6 et 7	60 à 100
Essence	6 à 12	60 à 200
Kérosène (pétrole lampant)	12 à 16	175 à 275
Gas-oil (mazout)	> 12	> 275
Huiles	qui ne distillent pas à pression ordinaire, mais sous vide	
Asphalte	résidu de la distillation	

1.4 PRINCIPE DU PASSAGE À UN CARBONE SATURÉ

1.4.1 Réduction des fonctions monovalentes

1.4.2 Réduction des dérivés carbonylés

1.4.2.1 Méthode de Clemmensen

1.4.2.2 Méthode par les thiocétals

MERLEAU-PONTY

phénoménologie de la perception

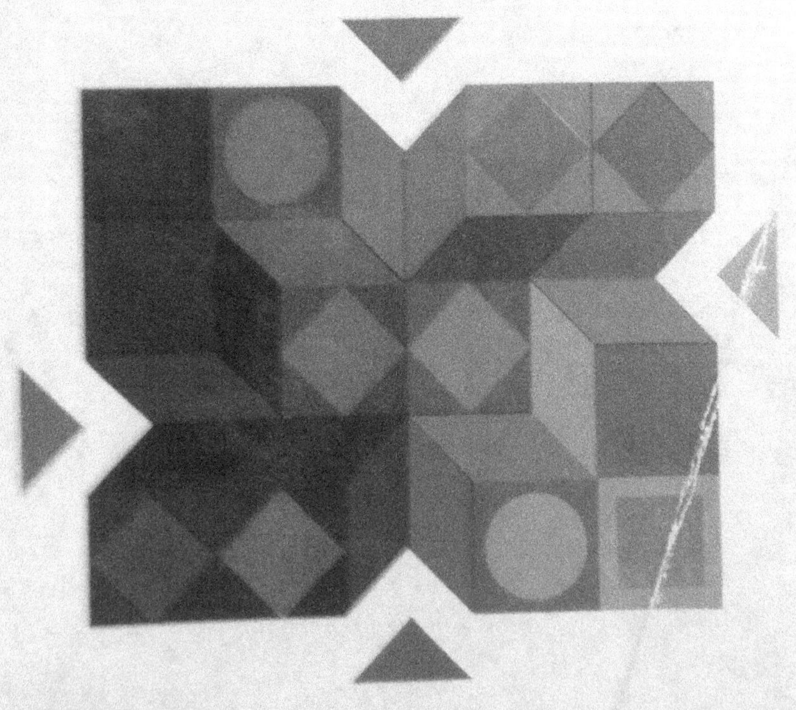

TEL gallimard

Si la rédemption de Dieu vient de la grâce de Dieu, alors ~~[illegible]~~ elle ne dépend de aucun de nos efforts (prière, charité, etc.) nous ne pouvons, donc, qu'être les meilleurs possibles par la création favorable de nos semblables, plus efficaces pour eux que par la simple prière, charité, etc et ~~[illegible]~~ attendre de la grâce de Dieu le meilleur ou le pire (accepter même l'Enfer éternel) si cela lui plaît de l'accorder à ceux qui ont ~~voulu~~ fait tout ce qu'ils ont pu pour gagner sa grâce

x/ L'Enfer ne peut être que le Purgatoire, s'il existe. Dieu ne peut pas être aussi cruel pour

Maurice Merleau-Ponty

nous laisser brûler une éternité pour des péchés humains et insignifiants d'une vie insignifiante.

Phénoménologie de la perception

x/ Les synagogues, les églises, les mosquées sont les maisons de rite et non les maisons de création, de méditation de recherche ~~[illegible]~~ des connaissances de Dieu, de découverte des merveilles ~~des merveilles de Dieu~~ de Dieu et d'invention ~~[illegible]~~ des merveilles ~~[illegible]~~ qui nous permettent d'accéder aux sources de béatitude de Dieu

Gallimard

x/ Craindre le jugement de Dieu, c'est plus que les hommes

Ce livre a initialement paru dans la « Bibliothèque des Idées » en 1945.

AVANT-PROPOS

Qu'est-ce que la phénoménologie ? Il peut paraître étrange qu'on ait encore à poser cette question un demi-siècle après les premiers travaux de Husserl. Elle est pourtant loin d'être résolue. La phénoménologie, c'est l'étude des essences, et tous les problèmes, selon elle, reviennent à définir des essences : l'essence de la perception, l'essence de la conscience, par exemple. Mais la phénoménologie, c'est aussi une philosophie qui replace les essences dans l'existence et ne pense pas qu'on puisse comprendre l'homme et le monde autrement qu'à partir de leur « facticité ». C'est une philosophie transcendantale qui met en suspens pour les comprendre les affirmations de l'attitude naturelle, mais c'est aussi une philosophie pour laquelle le monde est toujours « déjà là » avant la réflexion, comme une présence inaliénable, et dont tout l'effort est de retrouver ce contact naïf avec le monde pour lui donner enfin un statut philosophique. C'est l'ambition d'une philosophie qui soit une « science exacte », mais c'est aussi un compte rendu de l'espace, du temps, du monde « vécus ». C'est l'essai d'une description directe de notre expérience telle qu'elle est, et sans aucun égard à sa genèse psychologique et aux explications causales que le savant, l'historien ou le sociologue peuvent en fournir, et cependant Husserl, dans ses derniers travaux, mentionne une « phénoménologie génétique » (1) et même une « phénoménologie constructive » (2). Voudra-t-on lever ces contradictions en distinguant entre la phénoménologie de Husserl et celle de Heidegger? Mais tout Sein und Zeit *est sorti d'une indication de Husserl et n'est en somme qu'une explicitation du « natürlichen Weltbegriff » ou du « Lebenswelt » que Husserl, à la fin de sa vie, donnait pour thème premier à la phénoménologie, de sorte que la contradiction reparaît*

(1) *Méditations Cartésiennes*, pp. 120 et suivantes.
(2) Voir la VIe *Méditation Cartésienne*, rédigée par Eugen Fink et inédite, dont G. Berger a bien voulu nous donner communication.

plan intérimaire

stratégie pour deux ans 1982/1983

présentation de

michel rocard

flammarion

Plan basé sur la lutte
pour l'emploi : donc faire
des trous, puis revenir
combler les trous, ensuite
refaire des trous, puis recombler
les trous pourvu qu'on
~~travail~~ On revient
aux Ateliers Nationaux
de 1848 avec l'explosion
qui s'en est suivi.

X Il ignore la Kladologie et
la créatique : et malgré ce
qu'il a de ~~[illegible]~~ bon, par plagiat,
ce plan se cassera la gueule.

Pour recevoir régulièrement, sans aucun engagement de votre part, l'Actualité Littéraire Flammarion, il vous suffit d'envoyer vos nom et adresse à
Flammarion, Service ALF, 26, rue Racine, 75278 PARIS Cedex 06
Pour le CANADA à
Flammarion Ltée, 163 Est, rue Saint-Paul, Montréal PQ H2Y 1G8
Vous y trouverez présentées toutes les nouveautés mises en vente chez votre libraire : romans, essais, sciences humaines, documents, mémoires, biographies, aventures vécues, livres d'art, livres pour la jeunesse, ouvrages d'utilité pratique...

Printed in France
ISBN 2-08-064472-6

PRÉSENTATION

RAOUL VANEIGEM

Traité de savoir-vivre à l'usage des jeunes générations

essai

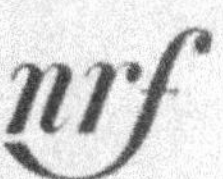

GALLIMARD

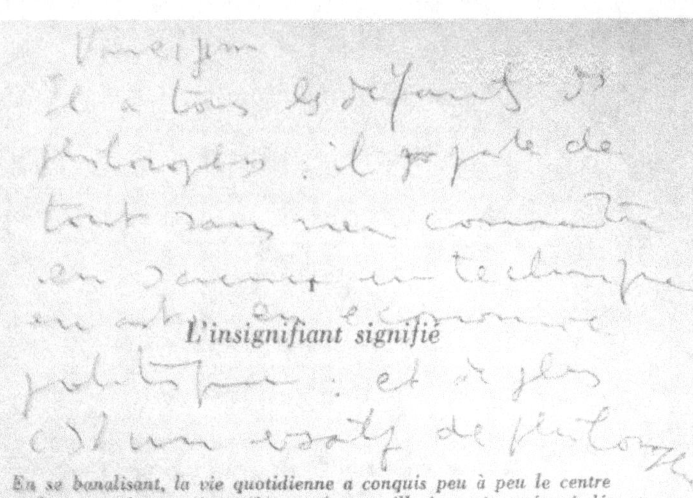

I

L'insignifiant signifié

En se banalisant, la vie quotidienne a conquis peu à peu le centre de nos préoccupations (1). — Aucune illusion, ni sacrée ni désacralisée (2), — ni collective ni individuelle, ne peut dissimuler plus longtemps la pauvreté des gestes quotidiens (3). — L'enrichissement de la vie exige, sans faux-fuyants, l'analyse de la nouvelle pauvreté et le perfectionnement des armes anciennes du refus (4).

L'histoire présente évoque certains personnages de dessins animés, qu'une course folle entraîne soudain au-dessus du vide sans qu'ils s'en aperçoivent, de sorte que c'est la force de leur imagination qui les fait flotter à une telle hauteur ; mais viennent-ils à en prendre conscience, ils tombent aussitôt.

Comme les héros de Bosustov, la pensée actuelle a cessé de flotter par la force de son propre mirage. Ce qui l'avait élevée l'abaisse aujourd'hui. A toute allure elle se jette au-devant de la réalité qui va la briser, la réalité quotidiennement vécue.

*

La lucidité qui s'annonce est-elle d'essence nouvelle ? Je ne le crois pas. L'exigence d'une lumière plus vive émane toujours de la vie quotidienne, de la nécessité, ressentie par chacun, d'harmoniser son rythme de promeneur et la marche du monde. Il y a plus de vérités dans vingt-quatre heures de la

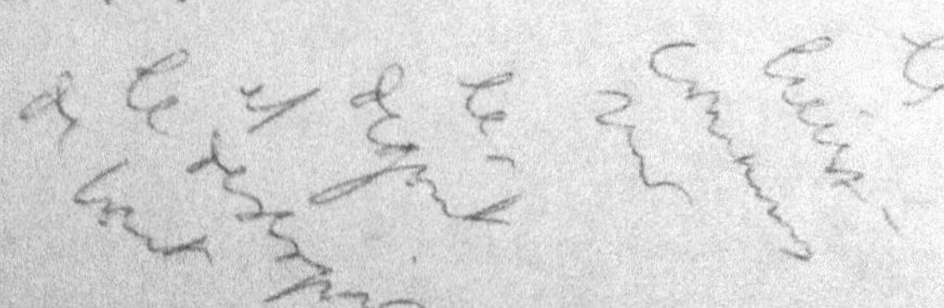

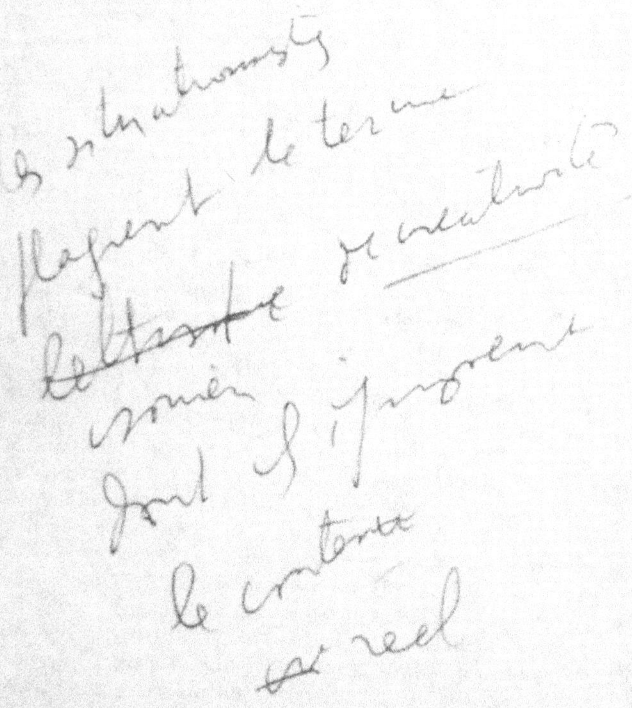

La participation impossible ou le pouvoir comme somme des contraintes

Les mécanismes d'usure et de destruction : humiliation (II), *isolement* (III), *souffrance* (IV), *travail* (V), *décompression* (VI).

II

L'humiliation

Fondée sur un échange permanent d'humiliations et d'attitudes agressives, l'économie de la vie quotidienne dissimule une technique d'usure, elle-même en butte au don de destruction qu'elle appelle contradictoirement (1). — Plus l'homme est objet, plus il est aujourd'hui social (2). — La décolonisation n'a pas encore commencé (3). — elle se prépare à rendre une valeur nouvelle au vieux principe de souveraineté (4).

I

Rousseau traversant une bourgade populeuse y fut insulté par un rustre dont la verve mit la foule en joie. Confus, décontenancé, Rousseau ne trouvant mot à lui opposer s'enfuit sous les quolibets. Quand son esprit enfin rasséréné eut fait moisson de reparties assez acerbes pour moucher d'un seul coup le railleur, on était à deux heures du lieu de l'incident.

Qu'est-ce le plus souvent que la trivialité quotidienne, sinon l'aventure dérisoire de Jean-Jacques, mais une aventure amenuisée, diluée, émiettée le temps d'un pas, d'un regard, d'une pensée, vécue comme un petit choc, une douleur fugitive presque inaccessible à la conscience et ne laissant à l'esprit qu'une sourde irritation bien en peine de découvrir son origine ? Engagées dans un chassé-croisé sans fin, l'humiliation et sa réplique impriment aux relations humaines un rythme obscène de déhanchements et de claudications. Dans le flux et le reflux des multitudes aspirées et foulées par le va-et-vient des trains de banlieue et envahissant les rues, les bureaux, les

Ironie de feuilletoniste, de [illegible]
[illegible]

lité. » Un bel avenir qui aurait fait la joie du passé, on n'en doute pas.

Le présent seul n'y trouve pas son compte. Ingrate et inculte, la jeune génération veut tout ignorer de ce glorieux passé offert en prime à tout consommateur d'idéologie trotskisto-réformiste. Elle prétend que revendiquer, c'est revendiquer pour l'immédiat. Elle rappelle que la raison des luttes passées est ancrée dans le présent des hommes qui les ont menées et que ce présent-là, en dépit des conditions historiques différentes, est aussi le sien. En bref, il y aurait, à la croire, un projet constant qui animerait les courants révolutionnaires radicaux : le projet de l'homme total, une *volonté de vivre totalement* à laquelle Marx le premier aurait su donner une tactique de réalisation scientifique. Mais ce sont là d'abominables théories que les Eglises chrétiennes et staliniennes n'ont jamais manqué de flétrir avec assiduité. Augmentation de salaires, de réfrigérateurs, de saints sacrements et de T.N.P., voilà qui devrait rassasier la fringale révolutionnaire actuelle.

Sommes-nous condamnés à l'état de bien-être ? Les esprits pondérés ne manqueront pas de regretter la forme sous laquelle est menée la contestation d'un programme qui, de Khrouchtchev au docteur Schweitzer, du pape à Fidel Castro, d'Aragon à feu Kennedy, fait l'unanimité.

En décembre 1956, un millier de jeunes gens se déchaînent dans les rues de Stockholm, incendiant les voitures, brisant les enseignes lumineuses, lacérant les panneaux publicitaires, saccageant les grands magasins. A Merlebach, lors d'une grève déclenchée pour décider le patronat à remonter les corps de sept mineurs tués par un éboulement, les ouvriers s'en prennent aux voitures en stationnement devant les bâtiments. En janvier 1961, les grévistes de Liège mettent à sac la gare des Guillemins et détruisent les installations du journal *La Meuse*. Sur les côtes belges et anglaises, et à l'issue d'une opération concertée, quelques centaines de blousons noirs dévastent les installations balnéaires, en mars 1964. A Amsterdam (1966), les ouvriers tiennent la rue pendant plusieurs jours. Pas un mois ne s'écoule sans qu'une grève sauvage n'éclate, dressant les travailleurs à la fois contre les patrons et les dirigeants syndicaux. Welfare State. Le quartier de Watts a répondu.

[illegible]

internationale
situationniste

5

LA

VÉRITABLE SCISSION

DANS

L'INTERNATIONALE

CIRCULAIRE PUBLIQUE

DE

L'INTERNATIONALE SITUATIONNISTE

PARIS

1972

1

L'Internationale situationniste s'est imposée dans un moment de l'histoire universelle comme la pensée *de l'effondrement d'un monde;* effondrement qui a maintenant commencé sous nos yeux.

2

Le ministre de l'Intérieur en France et les anarchistes fédérés d'Italie en ressentent la même colère : jamais projet si extrémiste, se déclarant dans une époque qui paraissait lui être si hostile, n'avait affirmé en si peu de temps son hégémonie dans la lutte des idées, produit de l'histoire des luttes de classes. La théorie, le style, l'exemple de l'I.S. sont adoptés aujourd'hui par des milliers de révolutionnaires dans les principaux pays avancés mais, bien plus profondément, c'est l'ensemble de la société moderne qui paraît s'être convaincue de la vérité des perspectives situationnistes, soit pour les réaliser, soit pour les combattre. Livres et textes de l'I.S. sont partout traduits et commentés. Ses exigences sont affichées dans les usines de Milan comme dans l'université de Coïmbra. Ses principales thèses, de la Californie à la Calabre, d'Ecosse en Espagne, de Belfast à Leningrad, s'infiltrent

11

pratique sociale crée, et que d'abord il ne connaît pas. L'I.S. appartenait elle-même à ce « mauvais côté ». Finalement, il ne s'agit donc pas d'une théorie *de l'I.S.*, mais de *la théorie du prolétariat.*

4

Chaque moment de ce processus historique de la société moderne qui accomplit et abolit le monde de la marchandise, et qui contient aussi le moment anti-historique de la société *constituée en spectacle*, a conduit l'I.S. à être *tout ce qu'elle pouvait être*. Dans ce que devient la pratique sociale, dans le moment qui se manifeste maintenant comme une nouvelle époque, l'I.S. doit reconnaître toujours plus sa vérité; savoir ce qu'elle a voulu et ce qu'elle a fait, et *comment* elle l'a fait.

5

L'I.S. n'a pas seulement vu venir la subversion prolétarienne moderne; elle est *venue avec elle*. Elle ne l'a pas annoncée comme un phénomène

---

de pratique que du prolétariat lui-même; qu'une théorie est situationniste dans la mesure où des situationnistes en exposent les moments et les données? (...) Ceux qui pensent que la théorie est un assemblage de concepts, les leurs, ne peuvent que s'opposer aux " concepts " des autres. Leur propagande et leur mensonge réussiraient-ils sur les masses, ils se demanderaient toujours comment un tel phénomène a pu se produire. Ils ne sauraient jamais à qui attribuer leur succès, ni même ce qu'est ce succès. (...) Nul ne s'étonnera que le prolétariat réalise la théorie si cela veut dire pour lui transformer le monde, et le savoir. Chotard ne s'en étonnera pas sans doute, à la limite. Mais ce qui l'effraye, c'est que le prolétariat réalise la théorie situationniste, et non la sienne. » Juvénal Quillet et Schumacher, *Histoire du Conseil de Nantes* (Nantes, juin 1970).

13

7

Le mouvement des occupations a été l'ébauche d'une révolution « situationniste », mais il n'en a été que l'ébauche, et en tant que pratique d'une révolution, et en tant que conscience situationniste de l'histoire. C'est à ce moment qu'une génération, internationalement, a commencé à être situationniste.

8

La nouvelle époque est profondément révolutionnaire, et *elle sait qu'elle l'est*. A tous les niveaux de la société mondiale, *on ne peut plus* et *on ne veut plus* continuer comme avant. En haut, on ne peut plus gérer paisiblement le cours des choses, parce que l'on y découvre que les prémices du *dépassement de l'économie* ne sont pas seulement mûres : elles ont commencé à pourrir. A la base, on ne veut plus subir ce qui advient, et c'est l'exigence *de la vie* qui est à présent devenue un programme révolutionnaire. La résolution de faire soi-même son histoire, voilà le secret de toutes les « sauvages » et « incompréhensibles » négations qui bafouent l'ordre ancien.

9

Le monde de la marchandise, qui était *essentiellement* inhabitable, l'est devenu *visiblement*. Cette

17

il croit au prolétariat et non à la jeunesse

que ses soldats ne veulent plus se battre; et ils se battront aux Etats-Unis. Les grèves sauvages passent à travers l'Europe, de Suède en Espagne, et ce sont maintenant les chefs d'industrie ou leurs journaux qui font la leçon aux ouvriers pour tenter de les persuader de l'utilité du syndicalisme. Dans ces « bacchanales de la vérité où personne ne reste sobre », la révolution prolétarienne britannique ne manquera pas cette fois au rendez-vous : elle pourra s'abreuver à la source de la guerre civile qui dès à présent marque le retour de *la question irlandaise.*

13

Chez les exploiteurs, et chez beaucoup de leurs victimes qui ont définitivement renoncé à leur propre vie en donnant à l'ordre régnant un acquiescement névrotique, le déclin et la chute de cet ordre sont ressentis dans l'angoisse et la fureur. Ces émotions se traduisent au premier plan par une peur et une haine de la jeunesse, qui poussées à une telle dimension n'ont pas de précédent. Mais au fond, ils n'ont peur que de la révolution. Ce n'est pas la jeunesse, en tant qu'état passager, qui menace l'ordre social; c'est la critique révolutionnaire moderne, en actes et en théorie, qui s'amplifie chaque année, à partir d'un point de départ historique que nous venons de vivre. Elle commence dans la jeunesse d'un moment, *mais elle ne vieillira pas.* Le phénomène n'est en rien cyclique; il est cumulatif. La jeunesse récemment n'effrayait personne, quand son agitation paraissait encore limitée au milieu étudiant; et c'est là en effet que se recrute le gauchisme néo-bureaucratique, qui n'est que la *nursery* du vieux monde, où l'on se

23

chande, sont trop chers pour elle. Les rapports de production et les forces productives ont enfin atteint un point d'incompatibilité radicale, car le système social existant a lié son sort à la poursuite d'une détérioration littéralement insupportable de toutes les conditions de vie.

18

Avec la nouvelle époque apparaît cette coïncidence admirable : la révolution est voulue sous une forme totale dans le moment même où elle ne peut être accomplie que sous une forme totale, et où la totalité du fonctionnement de la société devient absurde et impossible en dehors de cet accomplissement. Le fait fondamental n'est plus tant que tous les moyens matériels existent pour la construction de la vie libre d'une société sans classes; c'est bien plutôt que le sous-emploi aveugle de ces moyens par la société de classes ne peut ni s'interrompre ni aller plus loin. Jamais une telle conjonction n'a existé dans l'histoire du monde.

19

La plus grande force productive, c'est la classe révolutionnaire elle-même. Le plus grand développement des forces productives actuellement possible, c'est tout simplement l'usage qu'en peut faire *la classe de la conscience* historique, dans la production de l'histoire comme champ du développement humain, en se donnant les moyens pratiques de cette conscience : les futurs conseils révolutionnaires dans lesquels la totalité des prolétaires

32

aura à décider de tout. La définition nécessaire et suffisante du Conseil *moderne* — pour le différencier de ses faibles tentatives primitives toujours écrasées avant d'avoir pu suivre la logique de leur propre pouvoir, et par là le connaître — c'est *l'accomplissement de ses tâches minimum;* lesquelles tâches minimum ne sont rien de moins que le règlement pratique définitif de *tous* les problèmes que la société de classes est actuellement incapable de résoudre. La chute brutale de la production *préhistorique,* telle que seule peut l'obtenir la révolution sociale dont nous parlons, est la condition nécessaire et suffisante pour le commencement d'une ère de la grande production historique; la reprise indispensable et urgente de la production de l'homme par lui-même. L'ampleur des tâches présentes de la révolution prolétarienne s'exprime justement dans la difficulté qu'elle éprouve à conquérir les premiers moyens de la formulation et de la communication de son projet : à s'organiser d'une manière autonome et, par cette organisation déterminée, à comprendre et à formuler explicitement la totalité de son projet dans les luttes qu'elle mène déjà [(k)]. C'est que, sur ce point central, qui tombera le dernier, du monopole spectaculaire du dialogue social et de l'explication sociale, le monde entier ressemble à la Pologne : quand les travailleurs peuvent se rassembler librement et sans intermédiaires pour discuter de leurs problèmes réels, l'Etat commence à se dissoudre. On peut aussi déchiffrer la force de la subversion prolétarienne qui grandit partout depuis quatre ans dans ce fait négatif : elle reste bien au-dessous des revendica-

---

k. « Cette théorie n'attend pas de miracles de la classe ouvrière. Elle envisage la nouvelle formulation et la réalisation des exigences prolétariennes comme une tâche de longue haleine. »
La Société du Spectacle.

33

GUY DEBORD

CONSIDÉRATIONS
SUR L'ASSASSINAT
DE GÉRARD LEBOVICI

ÉDITIONS GÉRARD LEBOVICI

Naturellement, je ne peux pas être vu avec
les journalistes vertueux qui [illegible] enjoignent
qu'on soit [illegible] [illegible] ou un ennemi de [illegible]
[illegible] en [illegible] [illegible] à [illegible] par la police
je ne suis pas d'accord avec les
journalistes vertueux qui ont porté
le grand [illegible] et d'autres, idoles
au [illegible]

Debord qui refuse la société du
spectacle. Mais on ne peut pas
la refuser en vivant. Il faut
mourir. Même en mangeant
dans un restaurant, en achetant
un vêtement, en prenant le
métro ou le train, en publiant
un livre, on n'arrête pas de
faire du commerce avec la
société existante. Moi, je veux [* l'entretenir]
[illegible] la société créative et
la changer [illegible] je ne [illegible] jamais
prétendre la refuser, pas plus
que l'air que on respire, les
fleurs ~~[illegible]~~ qui
poussent dans un jardin
~~[illegible]~~
la terre que je foule de
mes pas

et revenu
production
réputation
et [illegible]

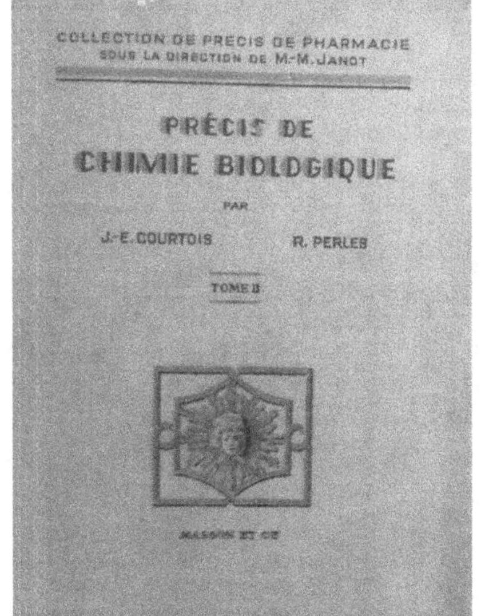
COLLECTION DE PRECIS DE PHARMACIE
SOUS LA DIRECTION DE M.-M. JANOT
PRÉCIS DE
CHIMIE BIOLOGIQUE
PAR
J.-E. COURTOIS
R. PERLES
TOME II
MASSON ET Cie

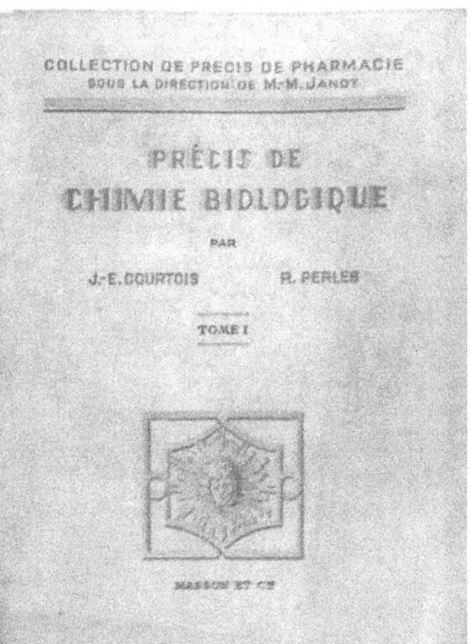
COLLECTION DE PRECIS DE PHARMACIE
SOUS LA DIRECTION DE M.-M. JANOT
PRÉCIS DE
CHIMIE BIOLOGIQUE
PAR
J.-E. COURTOIS
R. PERLES
TOME I
MASSON ET Cie

PREMIÈRE PARTIE

LES ENZYMES

CHAPITRE PREMIER

GÉNÉRALITÉS - RÉPARTITION - PURIFICATION

GÉNÉRALITÉS SUR LES ENZYMES

La matière vivante est le siège d'incessantes transformations chimiques. Ces transformations s'effectuent pour la plupart entre 0 et 50°, c'est-à-dire des températures où la plus grande partie des réactions de la Chimie organique n'évoluent qu'à une vitesse infime ou très réduite.

Un extrait aqueux d'une cellule animale ou végétale pourra hydrolyser en quelques minutes à 30-40° un ester phosphorique : pour réaliser cette même hydrolyse par voie purement chimique il faudra chauffer l'ester pendant des semaines en milieu acide à 30-40° ou douze heures au moins à 100°. Pour décarboxyler l'acide pyruvique $CH_3 - CO - CO_2H$ en aldéhyde éthylique CH_3CHO et anhydride carbonique il est nécessaire de chauffer à 100° en milieu acide concentré tandis qu'un extrait de levure réalise la même opération bien plus rapidement à 20°.

Il existe ainsi dans les cellules des substances capables d'accélérer la vitesse des réactions chimiques, ces substances sont donc des catalyseurs que l'on a dénommés successivement : diastases, ferments solubles et pour lesquelles le terme d'enzymes a finalement prévalu.

Les enzymes constituent un groupe relativement homogène de composés biochimiques par certains caractères : pour d'autres caractères au contraire on retrouve la diversité inhérente aux processus vitaux. Les enzymes sont des protéines associées ou non à d'autres substances : composés organiques, éléments minéraux. Théoriquement l'étude des enzymes devrait occuper dans ce précis une partie des chapitres consacrés aux protéines qui figureront dans le second volume. Un tel groupement ne serait valable que pour un traité de biochimie se bornant à décrire la structure des composés naturels et leurs principales réactions chimiques. Mais ces composés

COURTOIS-I.

mode de pliage d'un ressort plus ou moins tendu. Si le ressort se déplie il est parfois très difficile de le replacer dans son arrangement initial. La dénaturation de l'enzyme serait ainsi assimilable à la distension du ressort, et la réactivation à la reprise de la disposition primitive, aussi laborieuse à réussir pour un enzyme que pour un ressort au pliage complexe.

Les enzymes à constituant métallique dissociable

Cette comparaison de l'enzyme à un ressort laisse supposer que certains éléments pourront maintenir la tension du ressort comme un fil qui réunit deux spirales. C'est ainsi que l'on a été amené à envisager le rôle des cations bivalents participant à l'activité des enzymes, ils sont capables de se lier à deux groupements différents de la même molécule. L'une de ces combinaisons est celle qui se forme en milieu acide (Barré, Courtois et Wormser), une coordinence s'établit entre l'atome de métal et un atome possédant un doublet électronique disponible tel que l'oxygène et l'azote inclus dans les fonctions comme les hydroxyles alcooliques de certains A.A. tels que la sérine et la thréonine ou phénoliques comme la tyrosine, les groupements aminés, guanidiques, le noyau imidazole de l'histidine, etc. Avec l'azote le complexe est représentable ainsi :

$$\left\{\begin{array}{l} -R-C(=O)-O^- \\ -R'-NH_3^+ \end{array}\right. + Me^{++} \longrightarrow \left\{\begin{array}{l} -R-C(=O)-O \\ -R'-NH_2 \end{array}\right\} Me^+ + H^+$$

De nombreux enzymes exigent pour fonctionner la présence de cations métalliques. Ces enzymes sont en général inactivés par dialyse prolongée et leur activité est restaurée par addition d'un ou plusieurs cations déterminés. Les techniques insolubilisant les protéines tendent aussi à éliminer le cation qui demeure dans la fraction soluble : précipitations répétées par les solvants organiques ou le sulfate d'ammonium, le cation étant retenu de façon variable par l'enzyme. Enfin, certains réactifs complexant le cation feront disparaître de façon réversible l'activité, le cyanure inactive les enzymes où le cation est Cu^{++}, l'acide éthylène-diamine-tétra-acétique inhibe de très nombreux enzymes.

Certains de ces cations ne paraissent intervenir que pour stabiliser la structure interne de la protéine, en bloquant ses liaisons intramoléculaires par formation de complexes métalliques. Dans ce cas les cations sont interchangeables, ils ne diffèrent que par l'intensité de leur rôle à des concentrations moléculaires égales. L'un des principaux exemples est fourni par les phosphatases alcalines. Elles sont activées par divers cations bivalents : Mg^{++} — Ca^{++} — Ni^{++} — Co^{++} — Zn^{++}. A concentrations moléculaires égales Mg^{++} exerce une activation plus marquée que Zn^{++}, lui même plus actif que Ni^{++}, Co^{++}, et surtout Ca^{++}.

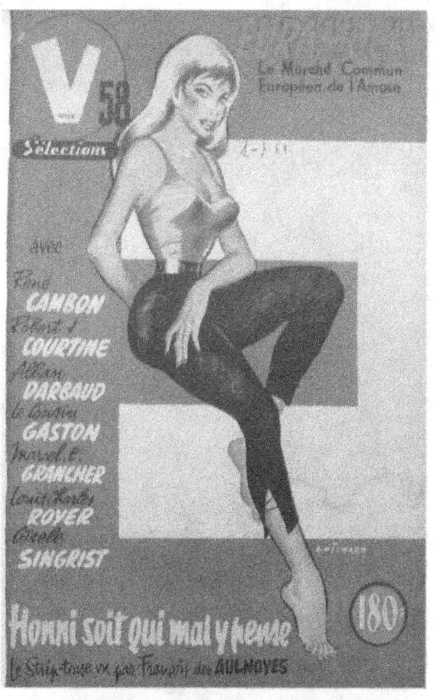
V
58
Sélections
Le Marché Commun Européen de l'Amour
avec
René
CAMBON
Robert J.
COURTINE
Alban
DARBAUD
GASTON
Marcel E.
GRANCHER
ROYER
Gisèle
SINGRIST
Honni soit qui mal y pense
180
AULNOYES

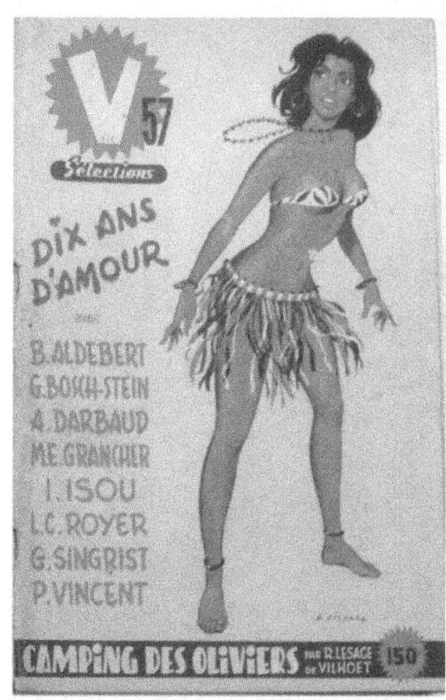
V
57
Sélections
DIX ANS D'AMOUR
B.ALDEBERT
G.BOSCH-STEIN
A.DARBAUD
M.E.GRANCHER
I.ISOU
L.C.ROYER
G.SINGRIST
P.VINCENT
CAMPING DES OLIVIERS par R.LESAGE de VILHOET
150

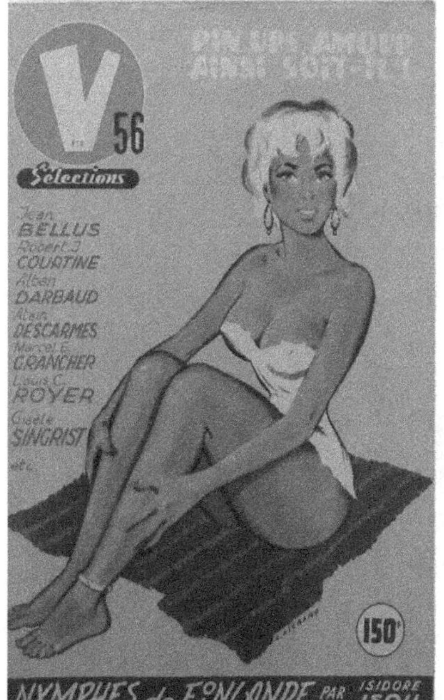
V
56
Sélections
Jean
BELLUS
Robert J.
COURTINE
Alban
DARBAUD
Alain
DESCARMES
Marcel E.
GRANCHER
Louis C.
ROYER
Gisèle
SINGRIST
etc.
150F
NYMPHES de FINLANDE PAR ISIDORE ISOU

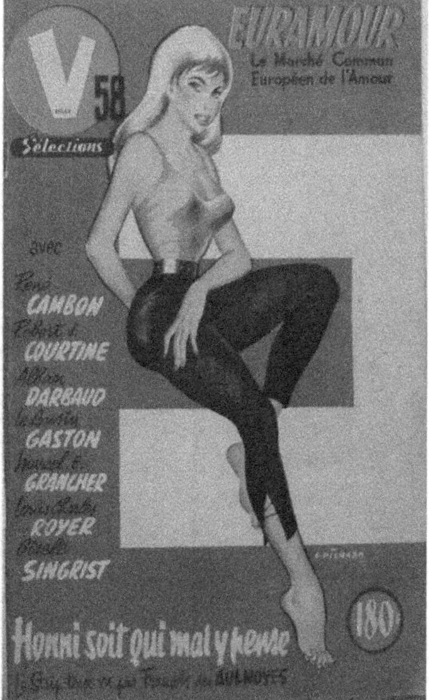
EURAMOUR
Le Marché Commun Européen de l'Amour
V
58
Sélections
avec
René
CAMBON
Robert J.
COURTINE
Alban
DARBAUD
GASTON
Marcel E.
GRANCHER
ROYER
Gisèle
SINGRIST
Honni soit qui mal y pense
180
AULNOYES

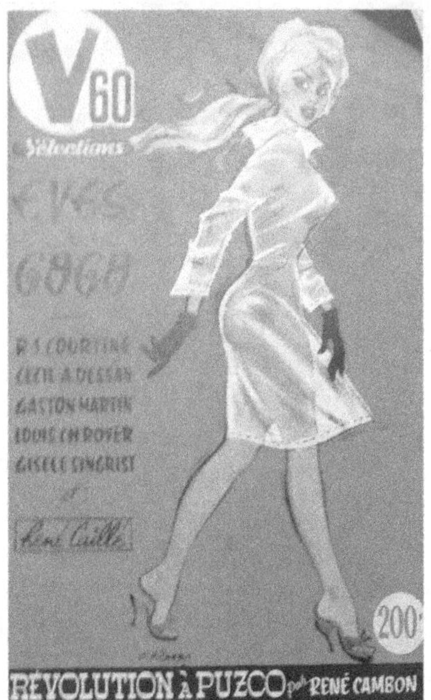
V60
Sélections
GASTON MARTIN
200
RÉVOLUTION À PUZCO par RENÉ CAMBON

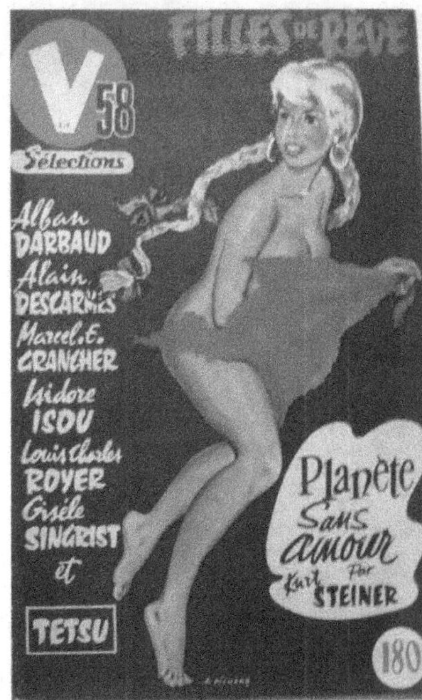
FILLES DE RÊVE
V58
Sélections
Alban DARBAUD
Alain DESCARMES
Marcel E. GRANCHER
Isidore ISOU
Louis Charles ROYER
Gisèle SINGRIST
et
TETSU
Planète sans amour par Kurt STEINER
180

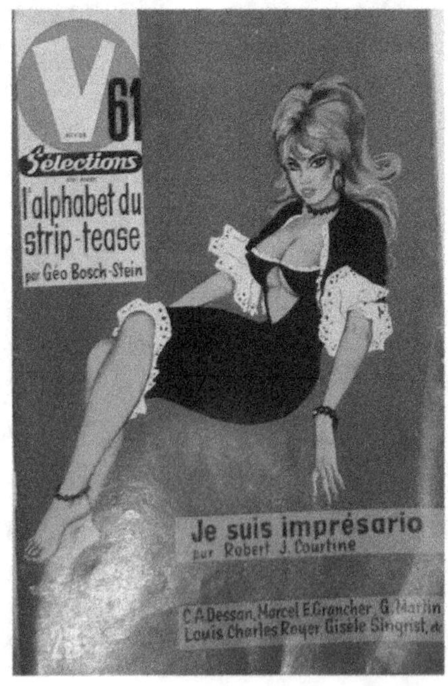
V61
Sélections
l'alphabet du strip-tease
par Géo Bosch-Stein
Je suis imprésario
par Robert J. Courtine
C.A.Dessan, Marcel E.Grancher, G. Martin
Louis Charles Royer, Gisèle Singrist, et

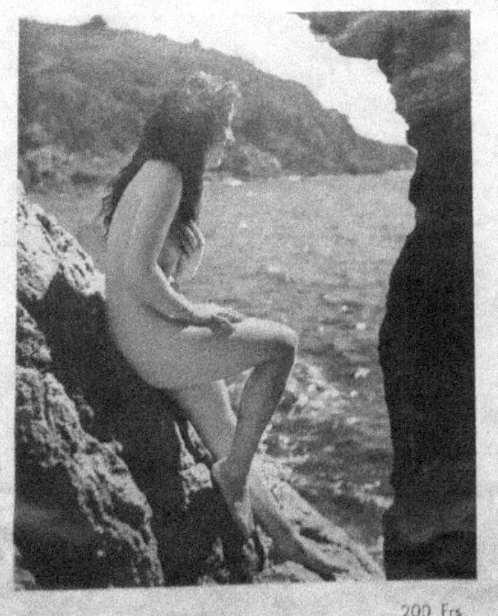
N° 4
LA REVUE
MAI 1956
NATURISTE
INTERNATIONALE
200 Frs

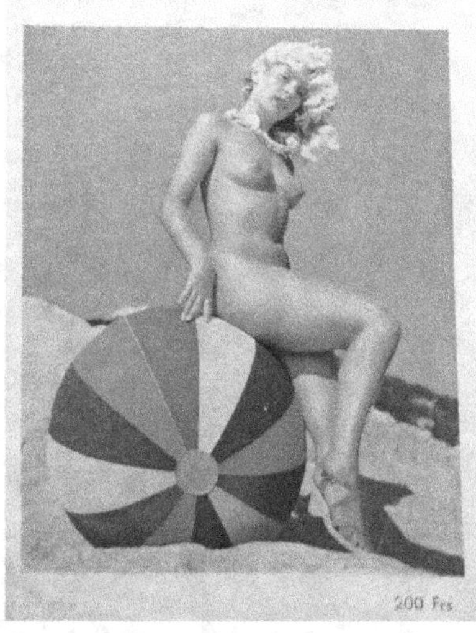
N° 2
MARS 1956
LA REVUE
NATURISTE
INTERNATIONALE
200 Frs

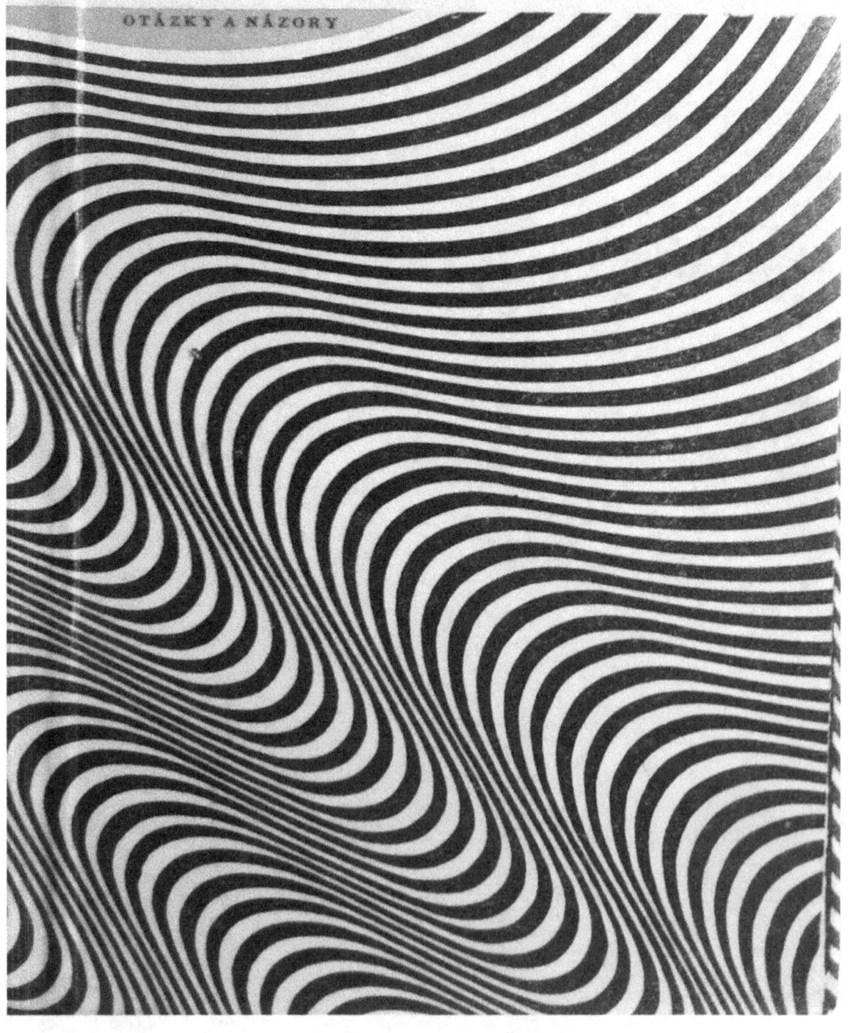
slovo, písmo
akce, hlas
svazek
63
československý spisovatel
OTÁZKY A NÁZORY

ANCORA

rivista di poesia

1

inverno primavera 1976

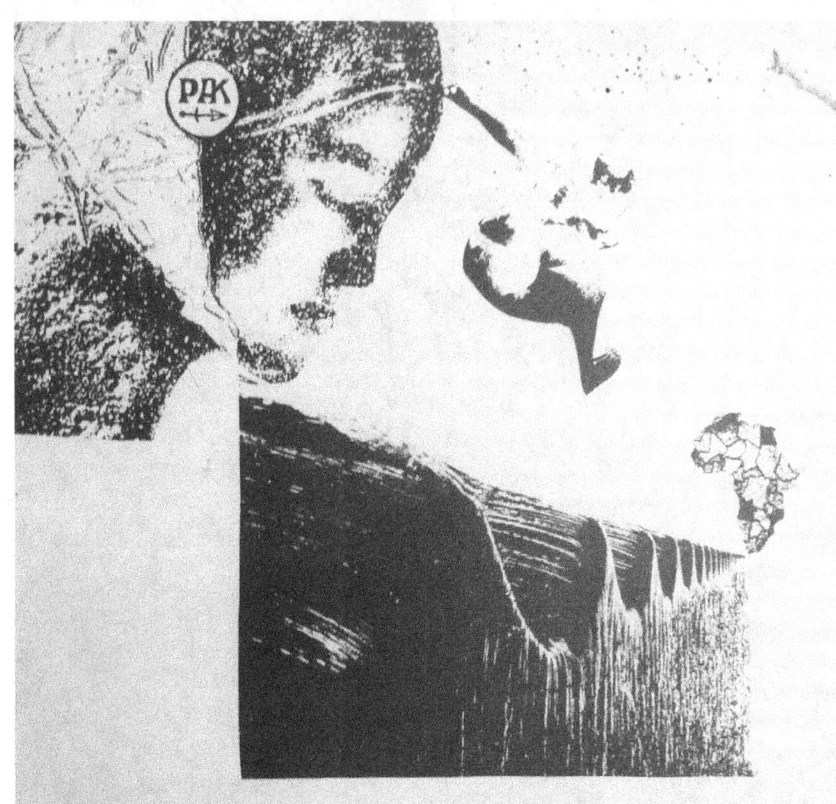

AME
RUS

an international journal

1979

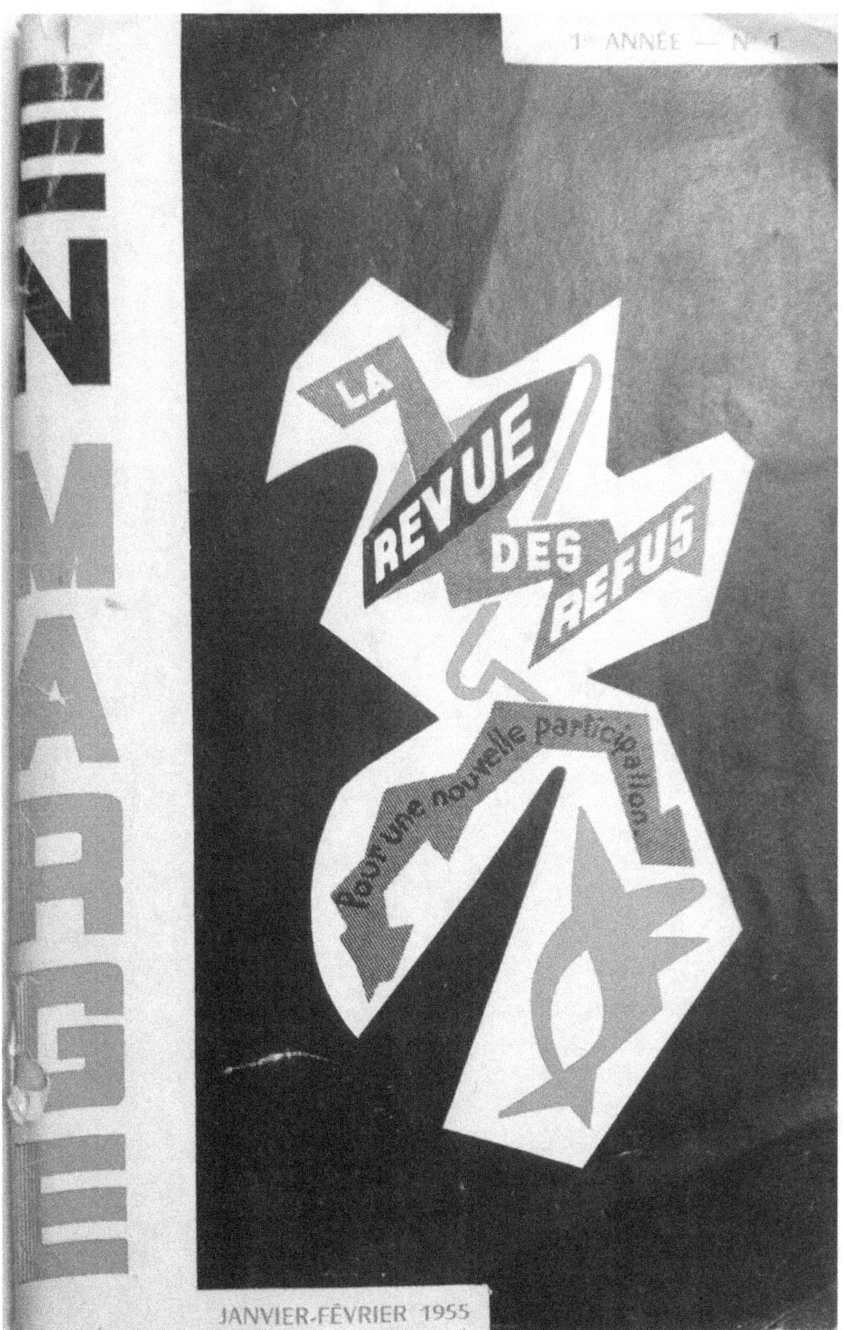
1re ANNÉE — N° 1
LA REVUE DES REFUS
Pour une nouvelle participation
JANVIER-FÉVRIER 1955
EN MARGE

"EN MARGE"

LA REVUE DU REFUS

pour une Nouvelle Participation

Rédaction : Serge BERNA B.P. : 14, Rue des Canettes, PARIS (6e)

SOMMAIRE :

Alain MARVIN

GERTRUDE

Editions de Bavière

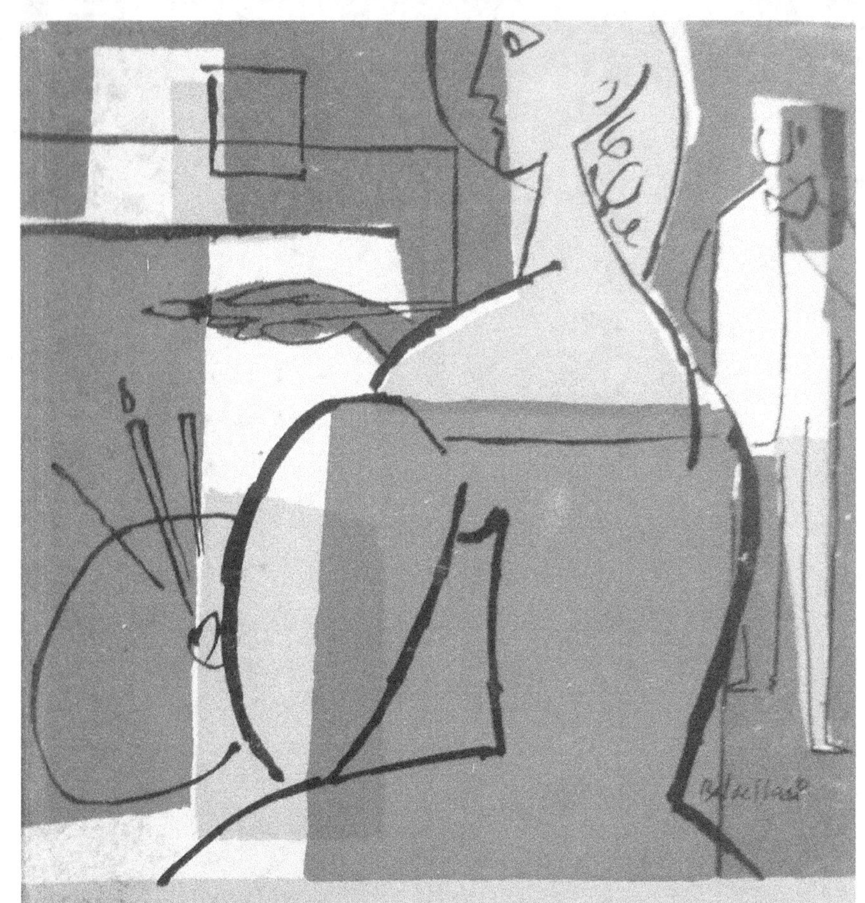
Claude Damiens
La reina
del impresionismo
Troquel

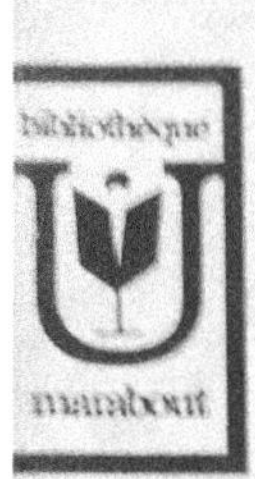

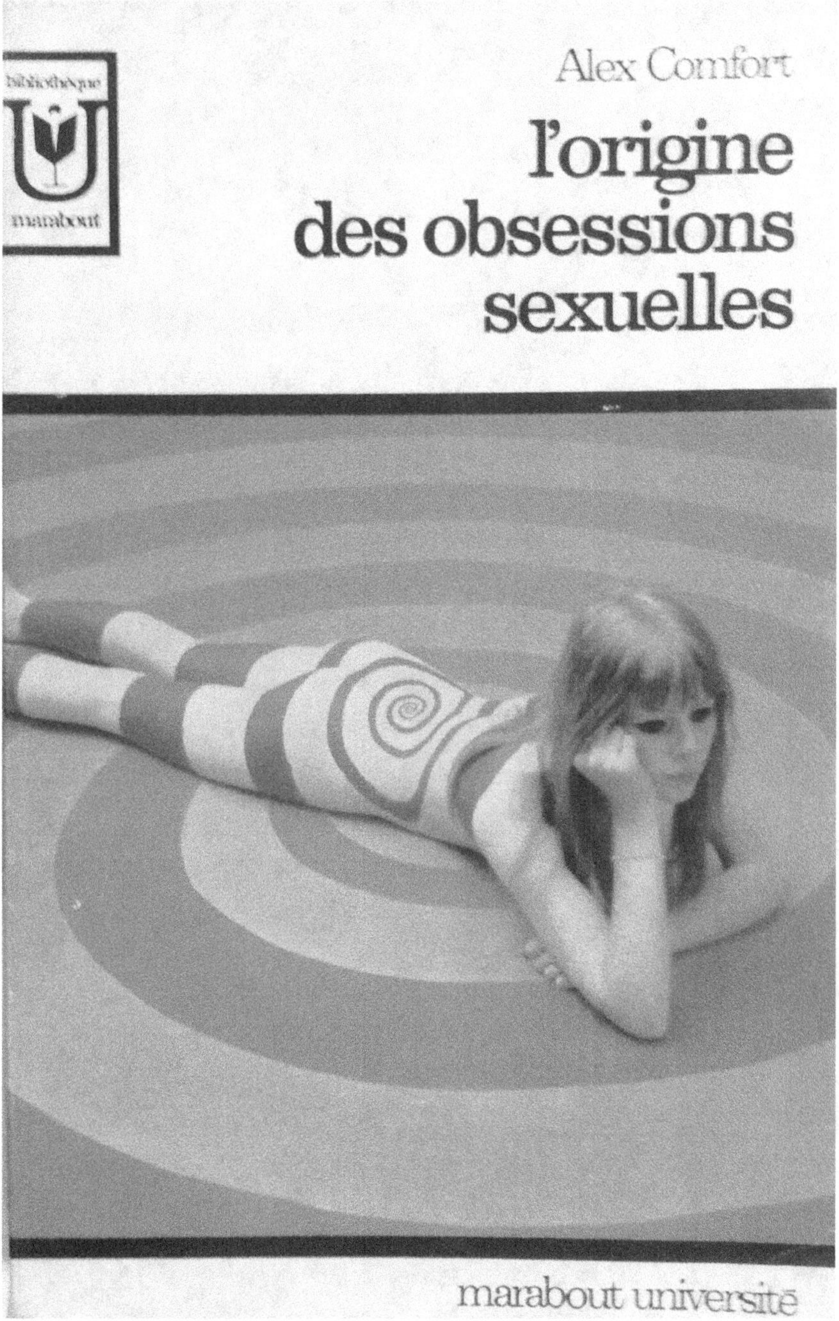

Alex Comfort

l'origine des obsessions sexuelles

marabout université

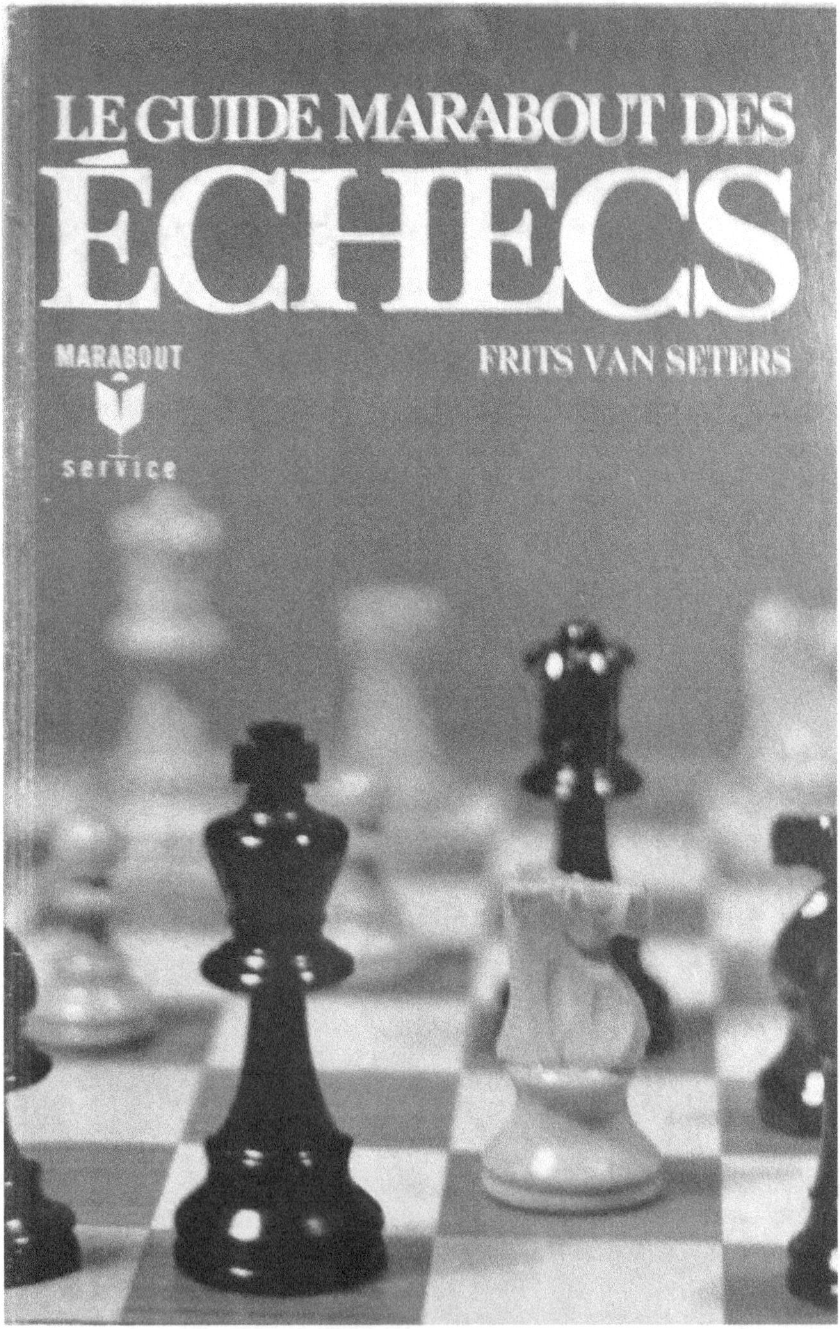

LE GUIDE MARABOUT DES

ÉCHECS

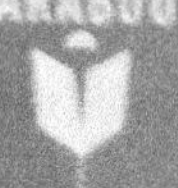

FRITS VAN SETERS

GREIL MARCUS . . . .

LIPSTICK TRACES

A SECRET

HISTORY

OF THE

TWENTIETH

CENTURY

HARVARD UNIVERSITY PRESS . CAMBRIDGE, MASSACHUSETTS . 1989

Histoire Comparée
des Littératures
de Langues
Européennes

les avant-gardes littéraires au XXe siècle

Akadémiai Kiadó
Budapest

www.ingramcontent.com/pod-product-compliance
Lightning Source LLC
LaVergne TN
LVHW020649110826
845149LV00012B/1956

* 9 7 8 2 9 5 3 9 4 0 6 1 9 *